MEIN WUNDER-VOLLES LEBEN

URI GELLER

URI GELLER
MEIN WUNDER-VOLLES LEBEN

**Die Autobiographie
eines Mega - Stars**

IIIIIIIIIIIIIIIII SILBERSCHNUR IIIIIIIIIIIIIIIII

ISBN 3-923 781-90-3

1. Auflage 1995

Coverbild: Uri Geller Enterprises

Covergestaltung: Stefan Huber
Druck: FINIDR s. r. o., CZECH - Republic

Verlag „Die Silberschnur" · Heddesdorfer Str. 7 · D-56564 Neuwied

Inhaltsverzeichnis

I. ES GESCHIEHT JEDEN TAG

Bei meiner zeitversetzt ausgestrahlten Radioshow in Texas verbiegen sich zum erstenmal metallene Gegenstände in den Wohnungen der Zuhörer. Während einer Radiosendung und einer Fernsehsendung in London im November 1973 krümmen sich in den Häusern Tausende von Metallobjekten, und Tausende von kaputten Uhren ticken wieder. Der Zeiger einer Uhr, die einem Wissenschaftler gehört, verbiegt sich. Diese Nachrichten verbreiten sich auf der ganzen Welt. Ich bin nur ein Kanal für diese äußeren Kräfte. Ich überzeuge den Wissenschaftsredakteur der Sunday Times von meinen Fähigkeiten. Um 12.30 Uhr konzentriere ich mich zusammen mit den Lesern der größten britischen Sonntagszeitung, und in den Häusern verbiegen sich Metallgegenstände. Mehr als 1000 Wunder ereignen sich. Magier und Kritiker sind widerlegt.

Da viele wichtige Funkgeräte und Computer während der Sendungen lahmgelegt waren, gelte ich als Risiko für die nationale Sicherheit Großbritanniens. Diejenigen, die meine Kräfte steuern, verhalten sich manchmal wie Clowns. Führende englische Physiker signalisieren ihr Interesse an meiner Arbeit. Ein Wissenschaftler bestätigt, daß Metalle sich ohne Chemikalien oder Hitze verbiegen. Ein Spiegel krümmt sich von selbst. Ich fotografiere durch einen festen schwarzen Schutzdeckel. Die beiden führenden wissenschaftlichen Zeitschriften der Welt fordern eine Untersuchung meiner Fähigkeiten.

Eine phantastische, unbekannte Intelligenz versucht Kontakt mit den Menschen aufzunehmen. Ich fühle mich verpflichtet, meine Fähigkeiten zu demonstrieren. Meine Fernsehshow in Norwegen hat die gleichen Folgen wie in England. Der norwegische Verteidigungsminister lädt mich zu einem geheimen Gespräch ein. Die Zeiger einer defekten Uhr drehen sich von selbst, bis sie die richtige Zeit anzeigen, und die Uhr geht wieder. War es Zufall oder lag es an meiner Konzentration, daß in Oslo der Strom ausfiel? Ein Schiff steht plötzlich still.

4. Uri verbiegt ganz Deutschland 49

Wie ich mir von anderen Leuten Bilder „senden" lasse. Während der Wim-Thoelke-Show im Januar 1974 verbiegt sich Eßbesteck nicht nur vor den Fernsehgeräten, sondern auch in Schubladen. 7000 Bild-Leser melden Erfolg. Im Schweizer Fernsehen krümmt sich der Schlüssel in der Hand des Moderators, ohne daß ich ihn berühre. Ein Kaffeelöffel zerbricht mit einem Knall. Das metallene Abzeichen einer Stewardess verbiegt sich. Während einer Fernsehshow in Österreich funktioniert eine Uhr wieder, die ein Fachmann „lahmgelegt" hat. Professor Bender beweist, daß nach meinen Fernsehauftritten Hunderte von Menschen ebenfalls Löffel verbiegen können.

5. Dänemark im Uri-Fieber 55

Fünf Uhren werden bewußt manipuliert. Ein berühmter Magier gesteht, daß man mich dadurch in Verlegenheit bringen wollte. Eine Zeitung bezeichnet meine Talente als die größte Revolution in der Geschichte der Menschheit. Karikaturen nehmen mich aufs Korn. Die Leser der größten dänischen Zeitung konzentrieren sich mit mir. Tausende von Wundern ereignen sich in ihren Wohnungen. Eine alte Dame kann ihre Beine wieder bewegen. Eines Tages werde ich heilen.

6. Das Lied, das Löffel verbiegt 69

Echt oder nicht? Der Streit wird heftiger. Ein siebenjähriger Junge verbiegt Gabeln. Einige meiner Fähigkeiten kann ich steuern, andere nicht. Ich „empfange" Gedichte. Bryon Janis vertont einige meiner Gedichte. Mein „Biegegedicht" wird im Rundfunk gesendet. Hunderte von Menschen berichten über verbogene Schlüssel oder Löffel. *Time* veröffentlicht einen negativen Artikel über mich. Pannen beim Druck. 95 Prozent der *Daily-Mail*-Leser glauben an meine Kräfte. Meine Talente werfen ernste und beunruhigende Fragen an die Wissenschaft auf.

7. Der „Geller-Effekt" wird wissenschaftlich bewiesen 85

Jede Täuschungsmöglichkeit wird ausgeschlossen. In Professor Taylors Labor verbiegen sich nicht nur Messingstäbe, sondern auch die Nadel eines Meßgeräts.

Ein Kristall in einem Plastikbehälter zerbricht. Gegenstände fliegen im Labor herum. Halten die sonderbaren Kräfte uns zum Narren? Gibt es einen kosmischen Humor? Experimente mit mir sind wiederholbar. Erstaunliche Biegetests mit Kindern. Geigerzähler spielen verrückt. Ein Kristall verschwindet. Wissenschaftler erklären: Meine Fähigkeiten sind echt und fordern die moderne Wissenschaft heraus.

II. Wie alles begann

unglaublichen Basketballwürfe. Ich hole ein Klavier aus dem türkischen Teil der Stadt. Ich werde verführt.

12. Als Fallschirmjäger in der Armee 163

Unsere komplizierte Fahrt nach Israel. Wie ich meinen Hund fand. Einberufung in die Armee. Mein alptraumhafter Fallschirmsprung. Ein leeres MG schießt. Gibt es immer wieder neue Phänomene?

13. Verwundet im 1967er Krieg 177

Ich schlafe ein und darf kein Offizier werden. Ich erkranke an Lungenentzündung. Vorbereitungen auf den Krieg. Ich weiß im voraus, daß ich verwundet werde, aber nicht falle. Ich sehe den Tod anderer Menschen voraus. Der Kampf an der jordanischen Grenze. Ich wache verwundet in einer Klinik auf. Der Aufenthalt in einem Kinderheim wird zum wichtigsten Wendepunkt meines Lebens. Ein dreizehnjähriger Junge namens Schipi verbiegt Schlüssel um neunzig Grad. Ich begegne seiner Schwester Hanna, meiner zukünftigen Frau. Schipi arrangiert meinen ersten öffentlichen Auftritt in seiner Schule. Mein erster Erfolg vor Publikum.

III. Woher kommen meine Kräfte?

14. Wie ich in Israel berühmt wurde 195

Ich führe meine Kräfte in großen Theatern überall in Israel vor. Golda Meir antwortet einem Reporter: „Warum fragen Sie nicht Uri Geller?" Der größte Fehler meines Lebens. Ein Hai greift mich an und löst sich plötzlich auf. Erster Auftritt außerhalb von Isreal. Ich beweise Sophia Loren, daß ich ihre Gedanken lesen kann. Amerikanische Wissenschaftler interessieren sich für mich.

15. UFOs am Himmel 211

Andrija Puharich kommt nach Israel, um mich wissenschaftlich zu testen. Sogar Metall hinter Glas verbiegt sich. Andrija hypnotisiert mich. Stehe ich in Verbindung mit Wesen aus dem Weltraum? Eine rätselhafte Stimme spricht vom Band. Wer ist „Spectra?" Ein Tonband verschwindet. Ein UFO verfolgt uns. Im Inneren eines UFOs bekomme ich als Beweis die verschwundene Mine eines Kugelschreibers zurück.

IV. In Richtung Frieden

einsetzen kann. Mein geheimes Gespräch mit dem US-Botschafter. Ich sitze fünf Stunden lang dem Leiter der sowjetischen Delegation in Genf gegenüber. Ich werde ins Kapitol eingeladen, um Senatoren und Pentagonmitarbeitern zu berichten. Mein Brief an Gorbatschow.

24. Mein Leben wird verfilmt<space_placeholder/>329

Ken Russel möchte mein Leben verfilmen. David Bowie empfiehlt mir Terence Stamp als einen der Hauptdarsteller. Seltsame Zufälle in Israel. Ich bringe aus der Ferne zweimal Big Ben zum Stillstand. Ein erfolgreiches Massenexperiment aus dem Hubschrauber. Ein stummer Junge kann wieder sprechen. Mein magischer orangefarbener Punkt in der Zeitung und im Fernsehen löst Tausende von Wundern aus. Mein „Friedensauto" wird in Jerusalem ausgestellt. Wir alle können unsere Welt positiv verändern.

Nachwort von **Trutz Hardo**<space_placeholder/>345

Die Bedeutung des Phänomens URI GELLER für unsere heutige Zeit

Wer mich alles testete

Was ich tue, ist real!
Meine Fähigkeiten - Präkognition, Telepathie, Hellsehen und
Psychokinese - wurden mehrfach untersucht und nachgewiesen,
nämlich:
am Stanford Research Institute
an der staatlichen Universität Los Angeles
an der staatlichen Universität Kent
an der Birkbeck-Universität in London
an der King's-Universität in London
im Labor der Foch-Klinik in Suresenes, Frankreich
im Lawrence-Livermore-Strahleninstitut
und in den Labors der US-Marine.
Warum geben sich einige sehr prominente Leute große Mühe, zu
„beweisen", daß echte Phänomene nur Zauberkunststücke für Kinder
sind? Ich weiß es nicht. Werden sie bedroht? Sind es Fanatiker? Gibt es
politische Gründe? Für so viel Widerstand muß es einen Grund geben.

„Unter doppelt strikten Laborbedingungen, sagen Targ und Puthoff, sei
'kein Magier imstande gewesen, die paranormalen Leistungen von Uri
Geller und anderen mit Hilfe von Tricks zu wiederholen. Manche
wollten es gar nicht erst versuchen'."
Los Angeles Times
„Uri Gellers, Mein Wunder-volles Leben wird bei den Lesern großen
Anklang finden. Zu recht - denn ich zweifle nicht im geringsten daran,
daß Uri Gellers Fähigkeiten real, ehrfurchtgebietend und äußerst
wichtig für die heutige Welt sind."
Ruth Montgomery
„Gellers Autobiographie ist ein Muß für Leute, die sich entweder für die
Wissenschaft oder für das Übersinnliche interessieren."
Detroit Sunday News
„Vor hundert Jahren hätten wir Uri Geller auf dem Scheiterhaufen
verbrannt. Heute lassen wir ihn in Fernsehshows auftreten. Wir haben
Fortschritte gemacht."
James Fadiman, Stanford Universität

Es geschieht jeden Tag

Das Jahr, in dem sich in England Tausende von Löffeln verbogen

Während meiner zeitversetzten Radioshow in Texas verbiegen sich zum ersten Mal metallene Gegenstände in den Stuben der Zuhörer. Während einer Radiosendung und einer Fernsehsendung in London im November 1973 krümmen sich in den Häusern Tausende von Metallobjekten, und Tausende von kaputten Uhren ticken wieder. Der Zeiger einer Uhr, die einem Wissenschaftler gehört, krümmt sich. Diese Nachrichten verbreiten sich auf der ganzen Welt. Ich bin nur ein Kanal für diese äußeren Kräfte. Wie ich den Wissenschaftsredakteur der *Sunday Times* von meinen Fähigkeiten überzeuge. Um 12.30 Uhr konzentriere ich mich zusammen mit den Lesern der größten britischen Sonntagszeitung, und in den Häusern verbiegen sich Metallgegenstände. Mehr als 1000 Wunder ereignen sich. Magier und Kritiker sind widerlegt.

Als ich an jenem Novembermorgen im Jahre 1973 in das winzige Radiostudio der BBC ging, um mich interviewen zu lassen, war ich nicht vorbereitet auf das, was sich ereignen sollte. Ich war zwar auf einiges gefaßt, aber nicht auf etwas derart Großartiges und Phantastisches. Ich mochte Jimmy Young, den Moderator. Er sah gut aus, und ich merkte gleich, daß er sehr herzlich und freundlich war. Meist kann ich sofort sagen, ob mir ein Mensch sympathisch ist. Jimmy gab mir das Gefühl, zu Hause zu sein, und das war gut, weil ich ein wenig nervös war - wie immer, wenn ich vor ein Publikum trete.

Die Jimmy-Young-Show hat eine große Hörergemeinde in ganz England bis nach Schottland und Irland, und ich bin sicher, daß Jimmy bei seinen Hörern sehr beliebt ist. Die nachfolgenden Reaktionen waren ein Beweis dafür.

13

Jimmy begann mit den üblichen Fragen. Er fragte, wann ich zum ersten Mal gemerkt hätte, daß ich Schlüssel, Nägel und andere Metallgegenstände durch bloßes Berühren verbiegen könne, und er wollte wissen, wann es mir zum ersten Mal gelungen sei, eine seit Jahren defekte Uhr wieder in Gang zu bringen. Ich sagte, dies alles sei mir in meinen ersten Schuljahren aufgefallen, zur großen Überraschung meiner Klassenkameraden, Lehrer und Eltern. Ich selbst war ebenfalls überrascht und bin es sogar heute noch, und es kommt mir immer noch wie ein Wunder vor, wenn diese Dinge geschehen.

Dann bat er mich, etwas für ihn zu demonstrieren. Natürlich hatte ich mich schon vor der Show dazu bereit erklärt. Jimmy nahm einen dicken Sicherheitsschlüssel aus seiner Tasche und legte ihn vor mir auf den Tisch. Ich tat, was ich gewöhnlich tue: Ich legte meine Hand auf den Schlüssel und wünschte, er möge sich verbiegen. Jimmy sah aufmerksam zu, und auch die Ingenieure im Regieraum schauten durchs Fenster zu. Alle waren aufgeregt und voller Erwartung. Ich war immer noch etwas nervös, weil diese Demonstrationen manchmal nicht funktionieren, was dann sehr peinlich für mich ist. Ich bin sicher, daß ich es fast immer schaffe, aber es kommt eben vor, daß ich versage.

Bevor ich die Hand auf den Schlüssel legte, erinnerte ich mich an die Vorfälle während einer Rundfunksendung in Texas vor ein paar Monaten. Was dort geschehen war, konnte ich selbst kaum glauben. Ich hatte eine Show aufgezeichnet, die einige Tage später ausgestrahlt wurde. In dieser Show hatte ich wie üblich Schlüssel und Nägel verbogen, während der Moderator erklärte, was vor sich ging. Was dann geschieht, ist sehr einfach und doch verblüffend: Der Schlüssel beginnt sich langsam zu biegen, sobald ich ihn sanft mit den Fingern reibe oder die Hand über ihn halte. Wenn ich die Hand wegnehme, verbiegt er sich weiter. Mitunter krümmt er sich nur leicht und hört dann auf, sich zu verformen. Manchmal erreicht die Biegung einen Winkel von 45 Grad oder gar einen rechten Winkel. Zuweilen scheint der Schlüssel ohne Hitzeeinwirkung zu schmelzen, und die Hälfte des Metalls tropft ab. Ich weiß selbst vorher nie genau, was ein Schlüssel tun wird.

Nachdem das aufgezeichnete Interview in Texas ausgestrahlt worden war, erhielt ich eine unterschriebene eidesstattliche Erklärung von drei Angestellten des Generalstaatsanwalts von Texas. Einer der Beamten dort hatte drei weibliche Bedienstete auf die Idee gebracht, sich die Sendung anzuhören und - nur zum Spaß - einige Metallgegenstände auf den Tisch in der Registratur zu legen und sich darauf zu konzentrieren. Zur Überraschung aller, so heißt es in der eidesstattlichen Erklärung, verbog sich ein Löffelgriff um etwa 45 Grad, ein Türschlüssel zerbrach in zwei Teile und eine große Papierklammer verschwand. Ich weiß, wie unglaubwürdig das klingt; aber der Bericht ist eindeutig, und diese Leute hatten gewiß keinen Grund, sich eine Geschichte auszudenken. Sie hätten damit kaum etwas gewonnen. Am meisten verblüffte mich, daß es sich um eine zeitversetzte Sendung gehandelt hatte und daß ich gar nicht mehr in Texas war, als sie ausgestrahlt wurde.

Als ich nun vier Monate später im Studio der BBC in London saß und mich auf den Schlüssel konzentrierte, den Jimmy Young mir zum Verbiegen gegeben hatte, kam mir diese Geschichte wieder in den Sinn. Es muß diese Erinnerung gewesen sein, die mich zu dem Vorschlag veranlaßte, die Zuhörer zu Hause sollten sich ebenfalls auf Schlüssel, Löffel oder Gabeln konzentrieren und abwarten, was geschehen würde. Die Worte schienen mir wie von selbst zu entschlüpfen. Dann fügte ich hinzu: „Wenn Sie zu Hause kaputte Armbanduhren haben, konzentrieren Sie sich bitte darauf, und versuchen Sie, sie in Gang zu bringen. Nehmen Sie die Uhr einfach in die Hand und konzentrieren Sie sich darauf."

Etwa um dieselbe Zeit nahm ich die Hand von Jimmy Youngs Schlüssel weg. Er begann sich zu biegen, und er bog sich weiter. Während wir zusahen, war Jimmy so verdutzt, daß er beinahe schrie: „Er biegt sich unmittelbar vor mir. Ich kann es nicht glauben!" Der Schlüssel bog sich tatsächlich, so wie ich es bereits viele Male erlebt hatte. Jimmy Youngs gefühlsbetonte, erregte Worte wurden live in ganz England, Schottland und Irland übertragen.

Wir unterhielten uns weiter, und ich setzte meine Vorführung fort. Der Regisseur des Studios stürzte mit einem Haufen Zettel herein. Zuerst wußte ich nicht, worum es sich handelte; darum redete ich weiter. Der Regisseur rannte ständig mit einem Zettel nach dem anderen ins Studio und wieder hinaus. Jetzt wurde mir klar, was vor sich ging. Die gesamte Telefonzentrale der BBC leuchtete wie ein Weihnachtsbaum. Es kamen Anrufe aus England, Irland, Schottland - aus allen Teilen der britischen Inseln. Ganz England schien sich zu biegen. Die Anrufer berichteten, daß nah und fern sich Messer, Gabeln, Löffel, Schlüssel und Nägel überall in den Wohnungen bogen. Eine Dame aus Harrow erzählte, sie habe Suppe umgerührt, und plötzlich habe der Schöpflöffel sich verbogen. Das goldene Armband eines Mädchens in Surrey verbog sich. Ein Polizist sagte, mehrere Messer und Löffel hätten sich gekrümmt. Ein Juwelier berichtete, Besteckteile auf einem Tablett hätten sich verbogen. Ein Uhrmacher beobachtete, wie seine Pinzette sich krümmte. Es gab Berichte von Uhren und Armbanduhren, die wieder gingen, nachdem sie jahrelang defekt gewesen waren.

In der BBC herrschte das reine Chaos. Nach dem Erlebnis in Texas hatte ich zur Hälfte damit gerechnet. Ich dachte: Wenn die Leute ernsthaft wollen, daß diese Dinge bei ihnen zu Hause geschehen, und sich wirklich konzentrieren, müßte ich solche Vorgänge auslösen können; denn was ich tue, kann vielleicht in anderen Menschen die gleiche seltsame Energie freisetzen. Dennoch war ich erstaunt, daß so viele Anrufe aus so vielen Orten eingegangen waren. Die Telefonzentrale der BBC war völlig blockiert.

Als ich nach der Radioshow ins Hyde-Park-Hotel zurückkehrte, warteten Reporter aller Presseagenturen und Zeitungen auf mich. Die Nachrichten über die Vorgänge in ganz England hatten sich rasch verbreitet. Ich sah Journalisten von Reuters, Associated Press, UPI und vielen britischen Zeitungen - sogar aus Japan. Sie überschütteten mich mit Fragen und baten mich, ihnen zu zeigen, wie ich Schlüssel und Löffel und Ringe verbog. Ich tat ihnen den Gefallen. Alle schienen sich zu fragen, was wohl geschehen würde, wenn ich meine Vorführung am nächsten Abend in „David Dimblebys Talk-In", einer der beliebtesten Fernsehshows der BBC, wiederholen würde.

Das fragte ich mich selbst. Wenn so viele Dinge als Folge einer Radiosendung passiert waren - obwohl niemand sehen konnte, was sich im Studio abspielte -, was würde dann unter dem mächtigeren Einfluß des Fernsehens geschehen? Ich hatte gehört, die Zuschauerzahl werde sehr groß sein, weil unmittelbar vor meinem Auftritt die Wahl der Miss Universum übertragen werde.

Als ich am nächsten Morgen aufwachte, las ich in allen Londoner Zeitungen große Schlagzeilen auf den Titelseiten. Einige von ihnen zielten auf den Humor der Leser ab: „URI VERDREHT GANZ GROSSBRITANNIEN" oder „URI HAT'S ERREICHT. GROSSBRITANNIEN DREHT DURCH." Nie zuvor hatte ich so viel Aufmerksamkeit erregt. Es gibt wohl wenige, die ihren Namen nicht gerne auf den Titelseiten lesen, und ich bin keine Ausnahme. Außerdem, sagte man mir, hatten die Agenturen die Neuigkeit in der ganzen Welt verbreitet.

Wie immer war ich auch ein wenig verblüfft. Ich bin nämlich davon überzeugt, daß die seltsamen Geschehnisse mit den Objekten aus Metall und anderem Materiel einen sehr ernsten Hintergund haben. In den vergangenen paar Jahren hatte ich getan, was ich konnte, um herauszufinden, was das alles zu bedeuten hatte. Doch in jenem Herbst in England hatte ich nicht viel Zeit zum Philosophieren. Ich bereitete mich auf eine Vortrags- und Demonstrationsreise durch viele Länder Europas und anderer Erdteile vor, und der Zeitplan ließ mir wenig Zeit zum Nachdenken.

Wie gewöhnlich war ich ein bißchen nervös, als ich am nächsten Tag wieder zur BBC fuhr. Erneut fürchtete ich, es würde mir nicht gelingen, meine Fähigkeiten vor den Fernsehkameras zu demonstrieren. Zwei weitere Gäste sollten an der Show teilnehmen. Einer von ihnen war Professor John Taylor, ein bekannter Mathematiker vom King's College der Universität London. Ich hatte gehört, daß er fair sei. Der andere Gast sollte Dr. Lyall Watson sein, ein bekannter Biologe und Autor des Buches *Supernature*.

David Dimbleby war ein sehr netter Mann. Er und andere hatten einige Gegenstände mitgebracht, mit denen ich experimentieren sollte - Gabeln, Löffel, Schlüssel und mehrere kaputte Uhren. Kurz vor Beginn der Show gingen der Moderator und die anderen Gäste in einen Nebenraum, um eine Zeichnung vorzubereiten, die sie in einem Umschlag verschlossen. Ich sollte dann erraten, worum es sich handelte, und das Bild während der Sendung nachzeichnen.

Ohne die erstaunlichen Ereignisse während der Radioshow am Tag zuvor wäre ich vielleicht nicht so nervös gewesen. Aber ich wollte nicht, daß die Fernsehshow vor einem derart großen Publikum ein Reinfall wurde. Außerdem wußte ich, daß ein Wissenschaftler wie John Taylor von Natur aus skeptisch ist, selbst wenn sich etwas vor seinen Augen abspielt.

Als wir auf Sendung gingen, schien alles in Ordnung zu sein. Ich konzentrierte mich auf den versiegelten Umschlag, schloß die Augen und wartete darauf, daß auf dem „Schirm", den ich immer hinter meiner Stirn sehe, ein Bild erscheinen würde. Es dauerte nicht lange, und ich sah sehr deutlich eine Figur - ein Segelboot. Der Umschlag wurde geöffnet, und tatsächlich zeigte die Zeichnung ein Segelboot. Alle waren erstaunt. Aber das war erst der Anfang.

Verschiedene Gegenstände lagen auf dem Tisch: Gabeln, Löffel, defekte Uhren und Schlüssel. Ich schlug vor, das Publikum solle sich zusammen mit mir konzentrieren. Dimbleby hielt einen Löffel in der Hand, und ich streichelte ihn sanft mit zwei Fingern. In sehr kurzer Zeit verbog er sich fast zweimal. Während der Löffel sich in Dimblebys Hand verbog, krümmte sich auch eine Gabel auf dem Tisch, ohne daß jemand sie berührt hätte. Ich streichelte eine andere Gabel, und sie bog sich, bis der Griff abbrach und auf den Tisch fiel. Dann begann ich mich auf die kaputten Uhren auf dem Tisch zu konzentrieren. Sie fingen beinahe sofort zu ticken an. Lyall Watsons Armbanduhr, die einwandfrei funktioniert hatte, blieb plötzlich stehen. Die Zeiger einer anderen Uhr bogen sich unvermittelt in Richtung Glas.

Professor Taylor, der zu Beginn der Sendung skeptisch gewesen war, schien angesichts der Ereignisse bestürzt zu sein. Den anderen erging es nicht besser. Die Vorführung hätte nicht erfolgreicher verlaufen können. Und alle Zweifel, die ich gehabt hatte, was die Auswirkung der Fernsehshow in ganz England betraf, waren bald beseitigt. Wieder war die Telefonzentrale der BBC überlastet, so sehr, daß sie fast zusammenbrach. Und wieder geschah Seltsames in den Wohnungen des ganzen Landes. Sogar auf der Kanalinsel Guernsey sahen drei Familien, wie ihre Löffel sich verbogen und defekte Uhren zu ticken begannen. Vierzehn Anrufer berichteten, auch sie hätten die Zeichnung des Segelbootes telepathisch empfangen.

Nach der Fernsehsendung waren die Schlagzeilen noch größer, und erneut strömten die Reporter in mein Hotelzimmer. Sie wollten Interviews machen; aber sie wollten mich auch herausfordern. Ich war daran gewöhnt, weil mich schon immer viele Leute beschuldigt haben, Zaubertricks anzuwenden. Ich verstehe das. Wenn ich in einer Zeitung ähnliche Dinge über einen anderen lesen würde, wäre ich ebenfalls mißtrauisch. Ich hätte den Wunsch, es mit eigenen Augen zu sehen, und ich würde mich persönlich davon überzeugen wollen, daß keine Tricks im Spiel sind.

Ich war froh über die Ereignisse während der BBC-Shows, weil Tausende von Menschen überall in England daran beteiligt waren. Wenigstens diesmal konnte man mir keine Tricks unterstellen, wie dies so oft geschah. Ich konnte unmöglich in Tausenden von Wohnungen im ganzen Land mit Hilfe von Tricks Gegenstände verbiegen und Uhren in Gang bringen. Die Zeitungen schickten ihre Reporter hinaus, um die Zuhörer und Zuschauer persönlich zu überprüfen. Sie bestätigten Dutzende jener Fälle, die der BBC bereits telefonisch berichtet worden waren. Es gab keinerlei Zweifel daran, daß diese Dinge geschehen waren. Meine wichtigste Frage war: Verfügten viele Menschen über diese Kräfte, und waren sie ausgelöst worden, während die Leute die Rundfunk- oder Fernsehshow verfolgten?

Die Antwort kenne ich heute noch nicht. In den zwei Jahren vor den BBC-Sendungen hatte ich mich im Stanford Research Institute

(SRI) in Menlo Park, Kalifornien, wissenschaftlichen Tests unterzogen. Die ersten Ergebnisse hatten bestätigt, daß etwas Merkwürdiges und Neues im Gange war. Das galt sowohl für die Experimente mit den Metallgegenständen wie auch für die Telepathieversuche. Wenn die bisherigen Testergebnisse sich bestätigen sollten - das hatten die Forscher angedeutet -, wären die Auswirkungen auf die Naturwissenschaft beträchtlich. Das war natürlich aufregend. Einer der Wissenschaftler war sogar der Meinung, man müsse die Theorien Galileis, Newtons und Einsteins in einem ganz neuen Licht sehen, wenn die Tests voll und ganz bestätigt werden könnten.

Einer der britischen Zeitungsartikel, über die ich mich am meisten freute, stammte von Clifford Davis, dem TV-Redakteur des *Mirror*, der zugleich Magier und Mitglied des „inneren magischen Zirkels", Englands führender Magiervereinigung, war. Er schrieb im Mirror: *„Jeder Magier, der diesen Namen verdient, könnte ähnliche Kunststücke vorführen; aber es würde sich um Tricks handeln. Uri muß echt sein."* Weiter schrieb er: *„Wer solche Phänomene unter derartigen Bedingungen zustandebringt, kann kein Schwindler sein. Uri hat sich dreizehn Labortests in den USA unterzogen. Das zeigt, daß die Macht des Geistes in seltenen Fällen leblose Objekte bewegen oder gar verbiegen kann."*

Da viele Zauberer zu beweisen versucht hatten, daß ich nichts weiter als ein Trickkünstler sei, war es schön, daß einer von ihnen diese Worte in der Zeitung geschrieben hatte, obwohl ich gelernt hatte, Leute zu ignorieren, die mir Betrug vorwarfen. *Ich weiß, daß meine Fähigkeiten real sind, und nur das zählt.*

Die Ereignisse in England waren nicht die Folge von Tricks, sondern echt. Und sie waren wichtig. Zum erstenmal waren diese Kräfte und Energien auch bei anderen Menschen, die mir zugehört oder zugeschaut hatten, in der eigenen Wohnung aufgetreten. Das war auch deshalb bedeutsam, weil es dazu beitragen konnte, das Interesse am wissenschaftlichen Studium unbekannter Energien zu vergrößern. Ich glaube, der Ursprung dieser Kräfte liegt weit außerhalb von mir - ich bin eine Art Kanal, der sie leitet. Noch wichtiger ist die Frage, welche Rolle sie im ganzen Mysterium des Universums spielen. Ich weiß, daß hier etwas Ungewöhnliches vorgeht, und ich möchte gerne, daß möglichst viele Menschen davon erfahren, damit wir es gemeinsam erforschen können. Ich weiß, es war und ist wichtig, mit Wissenschaftlern zusammenzuarbeiten. Doch alles, was ich zu zeigen oder zu sagen habe, gewinnt an Bedeutung, wenn es Millionen von Menschen erreicht.

Das sagte ich auch Bryan Silcock, dem wissenschaftlichen Redakteur der *Sunday Times*, als er nach den beiden BBC-Shows mit mir im Taxi zum Flughafen Heathrow fuhr. Silcock ist ein angesehener Wissenschaftsjournalist, und die Sunday Times ist eine der besten Londoner Zeitungen. Ich wußte, was er schrieb, hatte für viele intelligente Leser, unter ihnen auch Wissenschaftler, Gewicht. Ich war froh, daß er sich Zeit genommen hatte, mit mir zu reden. Während der Fahrt hielt er einen seiner Schlüssel hoch, und ich strich leicht mit den Fingern darüber. Fast sofort begann er sich zu krümmen. Silcock, zunächst noch skeptisch, war beeindruckt. Im Flughafen bat mich eine Ticketverkäuferin der KLM, die am Abend zuvor meine Fernsehshow gesehen hatte, ihre defekte Uhr in Gang zu bringen. Ich hielt sie einige Sekunden lang zwischen den Handtellern, und die Zeiger bewegten sich direkt in die richtige Position. Außerdem verbog ich einen dicken Brieföffner. Silcock war verwundert. Er schrieb seine Kolumne unter der Überschrift: „URI VERBIEGT EIN MESSER - UND MEINEN ZYNISMUS." In dem Artikel hieß es: *„Uri Geller bestieg sein Flugzeug nach Paris und ließ einen zunächst überaus skeptischen Wissenschaftsjournalisten total verblüfft zurück. Ich verpaßte seine Fernsehsendung. Selbst wenn ich sie gesehen hätte, wäre ich wahrscheinlich ein Zweifler geblieben. Doch es ist völlig unmöglich, skeptisch zu bleiben, wenn man Uri Geller in Aktion gesehen hat ... Er sagt, er sei bereit weiterzumachen, bis die Mehrheit der Wissenschaftler überzeugt sei. Er sei zu jedem seriösen wissenschaftlichen Experiment bereit."*

Silcock zitierte auch einen Kommentar von John Taylor zu den Ereignissen während der Fernsehsendung. *„Wir wissen, was er kann"*, sagte Professor Taylor. *„Ich würde gerne herausfinden, wie er es*

macht. Vielleicht gibt es eine Erklärung im Rahmen der anerkannten Wissenschaft. Ich würde sehr gerne Verbindung mit Leuten aufnehmen, die während der Fernsehsendung seltsame Erlebnisse hatten. Möglicherweise haben sie ähnliche, aber weniger entwickelte Kräfte."

Später tat der Professor genau das - mit erstaunlichen Ergebnissen. Doch in diesem Augenblick hatte ich kaum Zeit, mich an seinen und Silcocks Bemerkungen zu weiden. Ich war unterwegs nach Paris, um ein Interview mit *Paris Match* zu führen. Das war ein Teil meiner Reise, die mich noch einmal nach England, dann kurz in die USA und anschließend nach Deutschland, in die Schweiz und nach Norwegen, Schweden, Dänemark, Holland und Japan führen sollte.

Kurz bevor ich London verließ, hatten Journalisten einer Sonntagszeitung mich gebeten, mit ihnen ein Experiment zu machen, das ihrer Meinung nach interessant und amüsant sein würde. Ich wollte zur gewünschten Zeit in Paris sein; aber ich sagte zu, mich um halb eins Londoner Zeit intensiv zu konzentrieren. Dann wollten wir abwarten, was geschehen würde. Die *Sunday People* hatte eine Auflage von 15 Millionen, und darum war ich ziemlich zuversichtlich, daß etwas geschehen würde.

Ich schlug der Zeitung vor, ihre Leser sollten verschiedene Metallgegenstände bereitlegen und um 12.30 Uhr Löffel und Gabeln in die Hand nehmen und sich mit mir auf die Objekte konzentrieren, auch wenn ich jenseits des Ärmelkanals in Frankreich sein würde. Außerdem empfahl ich ihnen, die Objekte sanft mit Daumen oder Fingern zu streicheln. Wer kaputte Uhren hatte, sollte mit ihnen das gleiche tun. Ich sagte den Redakteuren, oft geschehe gar nichts; aber es werde interessant sein, die Dinge zu beobachten.

Am Sonntag, dem 25. November, war ich auf dem Pariser Flughafen Orly und bereitete mich auf meinen Rückflug nach London vor. Von 12.15 Uhr an konzentrierte ich mich heftig und versuchte, Gedanken und Energie über den Kanal zu schicken. Wenn ich Erfolg haben würde, wäre das ein erneuter Beweis dafür, daß man diese Energie übertragen kann. Und man könnte es gewiß nicht als gewöhnlichen Zaubertrick abtun. Ich war sehr neugierig auf das Resultat.

Um genau halb eins rief ich: „Biegt euch!" Ich weiß nicht, ob die Leute auf dem Flughafen mich für verrückt hielten. Aber ich weiß, daß die Redakteure der Zeitung verblüfft waren. *Sunday People* erhielt innerhalb von wenigen Tagen mehr als tausend Zuschriften. Hunderte von kaputtten Uhren und Armbanduhren, die als unbrauchbar abgeschrieben worden waren, funktionierten wieder, und erneut hatten sich in ganz England Gabeln und Löffel verbogen. Die Armbanduhr einer Frau in Dorset, die seit vierzig Jahren nicht mehr gegangen war, begann wieder zu ticken. Eine Uhr in Birmingham ging ebenfalls wieder - doch die Zeiger drehten sich in die falsche Richtung. In einem Haus sprangen die Schrauben aus einem Schrankscharnier, und in einem anderen krümmten sich die Stäbe eines Vogelkäfigs.

Die abschließende Statistik der Zeitung zu den Erlebnissen ihrer Leser sah so aus:

Defekte Uhren, die wieder gingen	1.031
Gabeln und Löffel, die sich bogen oder zerbrachen	293
andere Objekte, die sich bogen oder zerbrachen	51
Summe	1.375

Dr. Edward Bastin, ein Mathematiker der Abteilung Sprachforschung von der Universität Cambridge, sagte der Zeitung: „Wir müssen uns jetzt die Frage stellen, ob die Eigentümer selbst auf die Objekte eingewirkt haben oder ob Uri das durch sie getan hat." Er sagte, es sei eine Druckkraft von 26 Kilo notwendig, um diesen speziellen Schlüssel zu verbiegen, den ich zudem noch nicht einmal berührt hätte. Ich hatte mich nur auf ihn konzentriert, und er hatte sich ohne Berührung gekrümmt.

Die Ereignisse in England Ende 1973 waren insofern etwas Besonderes, als der Effekt zum erstenmal Tausende von Menschen erreicht und sie unmittelbar betroffen hatte. Wer geglaubt hatte, ich sei eine Art Zauberkünstler oder Magier, konnte diese Vorfälle nicht erklären. Sie ereigneten sich weit entfernt von mir bei anderen Leuten. Die Beweise lagen für alle auf der Hand: die Telefonanrufe bei der BBC, die nachfolgenden Zeitungsinterviews, die lange Reihe von Zeitungsartikeln, die direkten Demonstrationen vor Reportern und die Hunderttausende von Fernsehzuschauern, die diese Energie nicht nur erlebten, sondern selbst anwendeten.

Trotz allem gab es immer noch Magier, die behaupteten, ich sei nichts weiter als ein geschickter Trickkünstler. Sie waren fanatisch und eifersüchtig. Sie behaupteten, sie könnten meine „Tricks" nachahmen. Doch keiner von ihnen wollte es unter den kontrollierten Bedingungen versuchen, denen ich am SRI monatelang unterworfen war, und sie wollten auch nicht mit anderen angesehenen Forschergruppen zusammenarbeiten, die mich bereits getestet hatten oder es in naher Zukunft tun wollten. Ich wäre mit jedem Magier als Mitglied eines Kontrollgremiums einverstanden gewesen, wenn er sich den gleichen wissenschaftlich überwachten Tests unterzogen hätte wie ich und wenn auch Wissenschaftler anwesend gewesen wären.

Die Kritiker, die gegen mich waren, versuchten oft zu erklären, wie ich meine Vorführungen zustande brachte. Einige von ihnen behaupteten, ich hätte die Metallgegenstände, die ich verbog, mit einer Säure weich gemacht. Andere meinten sogar, ich müsse mit einer Art Laserstrahl arbeiten. Wenn sie darüber nachgedacht hätten, wie lächerlich ihre Beschuldigungen waren, hätten sie sie nicht erhoben. Hätte ich Säure verwendet, hätte ich mir die Finger verätzt, und sie wären schon vor Jahren abgefallen. Gäbe es ein tragbares Lasergerät und ich hätte es benutzt, hätte ich mich wahrscheinlich längst selbst verbrannt. Soviel ich weiß, erzeugt ein Lasergerät Strom mit einer Spannung von vielen tausend Volt, und die elektronische Ausstattung ist extrem komplex. Vermutlich würde mich das bloße Herumschleppen bereits erschöpfen, falls ich dazu überhaupt imstande wäre.

Keiner der englischen Kritiker versuchte zu erklären, warum die beiden Sendungen und das Experiment in Frankreich so viele Menschen in ihren Wohnungen erreicht hatten. Es war völlig unmöglich, diese Phänomene durch Zauberkunststücke hervorzurufen. Dazu fiel ihnen nichts ein. Auch zu den Uhren, die plötzlich wieder gingen, nachdem sie jahrelang defekt gewesen waren, gaben sie keine Kommentare ab. Meist begnügten sie sich damit zu zeigen, wie man durch Taschenspielertricks Schlüssel oder Nägel scheinbar verbiegen oder scheinbar rätselhafte telepathische Künststücke vorführen kann.

Zauberer können tatsächlich einige meiner Fähigkeiten so imitieren, daß sie echt aussehen. Sie sind darin oft sehr geschickt. Wenn sie auf einer Bühne unter Bedingungen auftreten, die sie selbst festgelegt haben, versagen sie nie. Wenn sie jedoch versuchen, das gleiche unter Laborbedingungen zu wiederholen, scheitern sie kläglich. Ich gebe gerne zu, daß ich manchmal versage, und das ist dann ziemlich peinlich. Da ich davon überzeugt bin, daß meine Kräfte von einer Energie gespeist werden, deren Ursprung weit außerhalb meines Selbst liegt, weiß ich nie im voraus, wann mir etwas mißlingt. Wäre ich ein Berufsmagier - was nicht der Fall ist -, würde ich bestimmt so lange üben, bis ich ebenso unfehlbar würde wie meine Kritiker. So wie die Dinge jetzt liegen, gäbe ich einen ziemlich lausigen Zauberer ab.

Die englische Presse bereitete mir Ende 1973 einen wirklich eindrucksvollen Empfang. Bryan Silcock schrieb in der *Sunday Times* einen zweiten Artikel, der mir Mut machte: *„Wenn Menschen wirklich Metall durch die Kraft ihres Geistes verbiegen können, bedeutet das eine Revolution in der Wissenschaft und in unserem gesamten Weltbild. Diese Revolution wäre tiefgreifender als alles andere, seit Newton vor dreihundert Jahren aus dem Universum ein Uhrwerk machte."*

In einem Artikel in der Times hieß es, die Tatsache, daß ein Magier offenbar unter bestimmten Bedingungen imstande sei, einige meiner Demonstrationen zu wiederholen, sei keine Erklärung dafür, wie ich Objekte beeinflussen könne, die sich Hunderte von Meilen von den BBC-Studios entfernt in den Wohnungen befänden. Doch keines der Ereignisse im Spätherbst 1973 in England war so verblüffend wie die Neuigkeiten, die mir später ein Brief eines bekannten englischen Wissenschaftsberaters übermittelte. Was er mir schrieb, war unglaublich. Es gibt heute noch keine Erklärung dafür, und ich frage mich, ob es sie jemals geben wird.

2
Herausforderung an die Wissenschaft

Da viele wichtige Funkgeräte und Computer während der Sendungen lahmgelegt waren, gelte ich als Risiko für die nationale Sicherheit Großbritanniens. Diejenigen, die meine Kräfte steuern, verhalten sich manchmal wie Clowns. Führende englische Physiker signalisieren ihr Interesse an meiner Arbeit. Ein Wissenschaftler bestätigt, daß Metalle sich ohne Chemikalien oder Hitze verbiegen. Ein Spiegel krümmt sich von selbst. Ich fotografiere durch einen festen schwarzen Schutzdeckel. Die beiden führenden wissenschaftlichen Zeitschriften der Welt fordern eine Untersuchung meiner Fähigkeiten.

Ich habe volles Verständnis dafür, daß es vielen Lesern schwerfällt, an meine Fähigkeiten zu glauben oder sie zu begreifen, solange sie sich nicht selbst davon überzeugt haben. Da ich diese Gaben von Kindheit an besitze, vergesse ich mitunter, daß ich nicht einfach darüber reden und dann von den Leuten erwarten kann, mir zu glauben. Diese Geschehnisse sind so mit meiner Persönlichkeit und meinem Glauben verwoben, daß ich keine Mühe mehr habe, sie zu glauben. Wenn ich allen Skeptikern und Ihnen diese Energie vorführen könnte, wäre es die einfachste Sache der Welt, Sie zu überzeugen. Aber ich bin nur ein einzelner Mensch. Ich versuche, mein Wissen durch ein Buch oder eine Schallplatte, über Rundfunk oder Fernsehen oder durch die wissenschaftlichen Veröffentlichungen weiterzugeben; aber ich bin nicht sicher, ob meine Botschaft so ankommt, wie ich es mir wünsche.
Es ist beinahe so, als sagte jemand zu mir: „Hören Sie, gestern sah ich einen Hund, der Harmonika spielte." Ich würde erwidern: „Na, na, das glaube ich nicht." Doch wenn der Hund vor mir mit einer Harmonika aufkreuzen und ein Lied spielen würde, müßte ich es glauben. Selbstverständlich wäre ich zunächst sehr mißtrauisch und würde alles genau untersuchen: „Warten Sie mal - ist das ein echter Hund? Gibt es hier eine versteckte Harmonika, und jemand anders spielt die Melodie? Befindet sich ein Tonbandgerät im

Inneren des Hundes? Was für eine Harmonika ist das, und wie wurde das Gebiß des Hundes verändert, damit er sie spielen kann?" Doch wenn ich all diese Dinge überprüft hätte, wenn ich selbst das Maul des Hundes inspiziert und die Schwingungen des Instruments unmittelbar im Maul gespürt hätte und wenn ich die Harmonika auseinandergenommen und dabei festgestellt hätte, daß sich in ihrem Inneren kein Verstärker und kein Tonband befindet - dann müßte ich einräumen, daß das Ereignis real ist. Selbst dann wäre ich noch ein bißchen argwöhnisch.

Würde ich aber nur in der Zeitung, in einer Zeitschrift oder in einem Buch davon lesen, würde es mir schwerfallen, dem Bericht zu glauben. Darum verstehe ich, wie ein Leser sich fühlt, wenn er meine Geschichte liest. Ich kann nicht von ihm verlangen, allein meinem Wort zu glauben. Es handelt sich um ein Phänomen, und es ist sehr umstritten. Ich denke, es ist wichtig, in diesem Buch zu beschreiben, was bei wissenschaftlichen Experimenten geschieht, unter streng überwachten Bedingungen, die keine Tricks zulassen. Und ich glaube, es ist ebenfalls wichtig zu zeigen, welche Wirkung die Ereignisse auf andere Menschen haben, und alle Beweise vorzulegen, die sowohl skeptische Wissenschaftler wie auch gewöhnliche Leute gesammelt haben.

Was Ende 1973 in England geschah, war ein schlüssiger Beweis. Denn ich hatte keine Möglichkeit, irgend etwas vorzutäuschen, selbst wenn ich es gewollt hätte. Ich bin so sehr davon überzeugt, daß es in uns und über uns große Energien gibt, die wir noch nicht einmal angetastet haben, daß ich sie zusammen mit anderen erforschen möchte. Ich will den Menschen helfen, die Realität dieser Kräfte zu akzeptieren. Ich mache mir auch Gedanken über Intelligenzen außerhalb unseres Selbst. Und je mehr ich meine Fähigkeiten demonstrieren kann - selbst wenn sie trivial und einfach sein sollten, desto besser kann ich tiefere Gedanken vermitteln. In uns schlummern gewaltige Energien. Es ist wichtig, daß die Menschen sich dessen bewußt werden, und dabei will ich ihnen helfen.

Der Brief des englischen Wissenschaftsberaters überraschte mich, weil darin von einem Effekt die Rede war, der die Geschehnisse in vielen Wohnungen in ganz England noch übertraf. Der Brief begann ziemlich ruhig mit allgemeinen Grüßen und dem Hinweis auf meinen Besuch in England. Dann kam er zum Thema:

„Nach Ihrem reichlich kometenhaften Besuch in London waren außergewöhnliche psychosoziologische Ereignisse zu beobachten. Ihr Name hat deutliche Spuren im Bewußtsein Großbritanniens hinterlassen, und daß sich solche Phänomene innnerhalb von nur 48 Stunden ereignen können, hätten nur wenige von uns - vielleicht niemand - vorausgesagt... und habe mich speziell mit den Auswirkungen Ihres Besuchs auf die Wissenschaftler und die Medien einschließlich der Ideologen befaßt.

Auf sämtlichen Ebenen gab es verschiedene, interessante Reaktionen. Wie gewöhnlich gibt es die Skeptiker und die Magier. *Wenn man sieht, wie sie sich gewissermaßen die Hände reichen, fragt man sich, ob wir die meisten skeptischen Wissenschaftler in Zukunft nicht besser als ernstlich bedrohte Magier ansehen sollten!*

Es gab jedoch auch viele Reaktionen, die interessanter waren, und diese haben mehr Beachtung und Erörterung verdient. Am dramatischsten waren vielleicht die starken Worte aus einer Quelle, die ich noch nicht nennen möchte. Sie laufen darauf hinaus, daß man Ihnen womöglich nie wieder erlauben wird, in Großbritannien live aufzutreten! Warum? Weil sich während Ihrer Sendungen bei der BBC offenbar einige sehr seltsame Dinge mit wichtigen Zeitmeß- und Funkgeräten in Großbritannien zugetragen haben. Anscheinend gaben diese Geräte <u>den Geist auf,</u> <u>während Sie auf Sendung waren.</u>" Ich unterstreiche diese Worte, weil sie mich wirklich schockierten.

„Außerdem hörte ich eine Geschichte über ein Multimillionen-Pfund-Projekt im Bereich der ‚Gehirnforschung' (nennen wir es einmal so); und sie hört sich so phantastisch an, daß ich erst einiges überprüfen muß, ehe ich mehr dazu sage. Ich möchte nur erwähnen, daß die daran beteiligten Leute einige recht bemerkenswerte Ideen haben, die Sie betreffen. Ihre Reaktion auf Ihren Auftritt läßt darauf schließen, daß das gleichzeitige Versagen wichtiger Einrichtungen als bedeutsamer Vorfall und potentielle Gefahr für die nationale Sicherheit angesehen wird."

Das ging weit über die Ereignisse in den Wohnzimmern überall auf den britischen Inseln hinaus, so ungewöhnlich diese auch waren.

Ich hatte etwas Ähnliches bereits früher erlebt, und darum war ich nicht zu sehr bestürzt. Als man mich im kalifornischen SRI testete, hörte ich gerüchteweise, die Computer eines militärischen Projekts im gleichen Gebäude hätten verrückt gespielt. Das ist nie ganz bestätigt worden; aber es ging mir durch den Kopf, als ich den Brief aus London las.

Was ich von diesen Intelligenzen oder Energien weiß, deutet darauf hin, daß sie immer für das Gute wirken. Ich habe nie versucht, mit ihrer Hilfe anderen zu schaden, und ich habe nicht die Absicht, es je zu tun. Aber ich habe auch das Gefühl, daß es gar nicht möglich ist, sie für böse Zwecke zu nutzen oder andere damit zu gefährden. Das mag sich optimistisch anhören, doch ich bin davon überzeugt. Ich habe einmal versucht, die Energie in Las Vegas einzusetzen, und hatte nicht den geringsten Erfolg. Nicht daß eine solche Anwendung schädlich wäre - aber sie wäre nicht ganz ehrlich. Was auch immer in England geschehen ist, ich bin sicher, daß es niemandem geschadet hat. Natürlich bin ich nicht über alle Ereignisse informiert.

Es sieht beinahe so aus, als handle es sich bei diesen Intelligenzen oder Kräften um Clowns irgendwo im Universum. Sie tun oft etwas, womit ich überhaupt nicht gerechnet habe. Wenn ich auftrete und mich zum Beispiel auf ein Metallobjekt konzentriere, beherrsche ich diese Kräfte. Doch manchmal geschehen scheinbar alberne Dinge.

Ich fliege um die ganze Welt, und nichts geschieht mit den Flugzeugen. Darüber bin ich ebenso froh wie die Piloten. Doch dreimal löste sich in einer Boeing 747 ein Film von der Spule eines Projektors. Manchmal erhebt sich ein Aschenbecher von einem Tisch, und bald darauf sieht man ihn am anderen Ende des Raumes auf den Boden fallen. Ich weiß, wie lächerlich sich dies für jemanden anhört, der es nie mit eigenen Augen beobachtet hat.

Die Nachricht vom Einfluß der BBC-Sendung auf wichtige und geheime Einrichtungen machte mich neugierig; aber ich konnte nichts tun, um mehr darüber zu erfahren. Es gab einige Gerüchte, wonach die Computer im britischen Verteidigungsministerium während der Sendungen durchgedreht hätten; doch auch das ließ sich nicht bestätigen. Natürlich war mir klar, daß solche Vorkommnisse, wenn sie real sein sollten, zu Schwierigkeiten führen können. Das lag nicht in meiner Absicht, und dies ist einer der Gründe dafür, daß ich nur öffentlich auftreten möchte. Ich will nicht heimlich mit irgendeiner Regierung zusamenarbeiten. Ich glaube sehr an die Macht der Liebe in allen Menschen. Außerdem glaube ich fest an Gott, auch wenn ich nicht an religiösen Ritualen teilnehme. Und ich glaube fest daran, daß wir in dieser Welt Frieden schaffen müssen, wenn wir überleben wollen.

Im Brief meines Londoner Freundes standen noch ein paar andere bemerkenswerte Dinge. Er hatte mit Professor David Bohm von der physikalischen Fakultät des Birbeck-College der Universität London gesprochen. Bohm ist ein berühmter Wissenschaftler, der in den fünfziger Jahren mit Einstein gearbeitet hat, ebenso mit Niels Bohr, einem jener Forscher, die an der ersten Atomspaltung beteiligt waren. Professor Bohm, schrieb mein Freund, sei über die BBC-Sendungen und ihre Folgen in England informiert.

In dem Brief hieß es: *„Wichtig ist, daß Bohm nicht irgendein Akademiker ist. Im Gegenteil - er ist ein brillanter und sensibler Mensch, der anscheinend über wirklich tiefe Erkenntnisse verfügt. Unter jenen Leuten, mit denen ich über Dich gesprochen habe, war er der erste, der nicht nur die Bedeutung aller Vorfälle erkannt zu haben schien, sondern auch einige tiefgründige, konstruktive Gedanken beisteuerte. Seit Deinem Besuch habe ich mehrere weitere Gespräche mit ihm geführt, und er hat den dringenden Wunsch geäußert, Dich zu treffen und sich mit Dir zu unterhalten und, wenn Du willst, einige Experimente zu machen, über die er danach in einem Artikel in NATURE berichten will. Wie Du vielleicht weißt, ist dies die wohl bedeutendste wissenschaftliche Wochenzeitschrift. Im Laufe der Jahre hat sie über viele wichtige Entdeckungen erstmals berichtet."*

Mein Freund fuhr fort: „Bohm hat mir gegenüber angedeutet, daß er zunächst einmal ein ruhiges Gespräch mit Dir führen möchte, um allgemeine Fragen zu erörtern. Damit will er ein gutes persönliches Verhältnis herstellen und dann gemeinsam mit Dir über ein geeignetes

Vorgehen entscheiden. Wenn Du einverstanden bist, wird er einige Tests mit Dir machen mit dem Ziel, ein gewisses theoretisches Verständnis zu erlangen."

Das hörte sich sehr interessant an, denn Dr. Bohm war ein bemerkenswerter Mann. Und es war natürlich sehr schmeichelhaft für mich. Manchmal werde ich nervös, wenn ich mich wissenschaftlichen Tests unterziehe, obwohl die meisten von ihnen - wenn auch nicht alle - erfolgreich verlaufen. Je freundlicher und sympathischer der Forscher ist, desto bessere Ergebnisse erziele ich. Wenn er sehr grob und negativ ist, spanne ich mich so stark an, daß ich keine sehr guten Resultate erreiche. Ich entschied, daß ich mich auf einer meiner nächsten Reisen nach England gerne mit Professor Bohm treffen würde.

In der Zwischenzeit waren andere Wissenschaftler an weiteren Tests interessiert - eine Folge der BBC-Sendungen. Darunter war eine Gruppe des *New Scientist,* einer anderen wichtigen Wissenschaftszeitschrift, und eine Gruppe, die Dr. Bastin aus Cambridge zusammengestellt hatte. Er hatte einige der Tests beobachtet, die ich in den USA gemacht hatte, und sogar mehrere Metallproben, mit denen ich gearbeitet hatte, mit nach England gebracht und Dr. J. P. Chilton, einen Metallurgen von der Universität Cambridge, um eine Laboruntersuchung gebeten.

Ich erfuhr von diesen Untersuchungen, als ich mich noch in England aufhielt. Dr. Chilton schrieb unter anderem: *„Die genaue Untersuchung der sechs gehärteten Metallschraubenzieher, deren Spitzen abgebrochen waren, wiesen keine Anzeichen einer chemischen Behandlung oder einer Einwirkung von Hitze auf. Es gab auch keine anderen Hinweise darauf, wie es zu den Brüchen gekommen war. Es handelte sich um normale Brüche, die auf rätselhafte Weise erzielt worden sind."*

Natürlich war das kein Labortest, den man offiziell anerkennen konnte, da der Bruch nicht unter vollständig kontrollierten Bedingungen erfolgt war. Doch Dr. Bastin hatte bestätigt, unter welchen Bedingungen die Schraubenzieher zerbrochen waren, und Dr. Chilton sagte - zumindest inoffiziell : *„Geller ist entweder der geschickteste Magier des Jahrhunderts, oder er hat etwas Neues an sich. Eine dritte Möglichkeit gibt es nicht."*

Selbstverständlich wußte ich, daß ich kein Magier war, nicht einmal ein ungeschickter. Ich bemühte mich ebensosehr wie sie, die richtige Antwort zu finden. Ich wollte noch stärker mit Wissenschaftlern zusammenarbeiten, wenn ich nach England zurückkehren würde. Aber ich mußte zuerst wieder in die Vereinigten Staaten reisen, um weitere Vorträge zu halten, und darum konnte ich zu diesem Zeitpunkt nichts unternehmen.

Kurz bevor wir in die USA aufbrachen, veröffentlichte Professor John Taylor eine Stellungnahme, die einmal mehr zeigte, wie ernst die britischen Wissenschaftler das Phänomen nahmen. Er teilte der Presse mit, er wolle im Lichte der landesweiten Auswirkungen der Rundfunk- und Fernsehsendungen eine seriöse Untersuchung vornehmen. *„Vielleicht können wir beweisen, daß seine Fähigkeiten nicht einzigartig sind"*, sagte er. *„Aber wenn er bereit ist, mit uns zusammenzuarbeiten, hilft er uns möglicherweise, überaus wichtige Entdeckungen über den menschlichen Geist zu machen. Wir denken nicht an einen neuen Fernsehzirkus. Was wir vorhaben, ist eine ernsthafte wissenschaftliche Untersuchung, bei der sehr viel auf dem Spiel steht."*

Ich hatte keine Ahnung, ob ich die Ergebnisse der BBC-Sendungen auf meiner Europareise würde wiederholen können. Während meines kurzen Aufenthalts in den USA gab ich nur Bühnenvorführungen, trat aber nicht in Rundfunk- oder Fernsehsendungen auf.

Eine Londoner Zeitung schickte einen Reporter mit mir in die Staaten, um die Story nach den britischen Sendungen warm zu halten. Ich sollte in rascher Folge einige amerikanische Colleges besuchen, dann nach England zurückkehren und anschließend das übrige Europa und Japan bereisen. Roy Stockdill, der Reporter, war ein netter Bursche, und wie die meisten Leute wollte er meine Vorführungen mit eigenen Augen sehen.

Stockdill blieb während der gesamten Vortragsreise in den USA bei mir und sah, was ich gewöhnlich zu tun imstande bin. Im Flugzeug bat Stockdill mich, seinen Hausschlüssel zu verbiegen. Ich rieb ihn sanft mit den Fingern, während er auf der Armstütze des Flugzeugsessels lag. Sofort krümmte er sich. Als wir in den USA ankamen, bat er mich, das gleiche mit dem Hotelschlüssel zu tun, der viel dicker und stärker war. Ich versuchte es, doch es gelang mir nicht. Der Schlüssel wollte sich nicht biegen.

Stockdill hatte einen sehr starken, stählernen Rasierspiegel bei sich. Er versuchte, ihn mit den Händen zu verbiegen, und natürlich gelang es ihm nicht. Ich rieb den Spiegel versuchsweise, hatte aber kein Glück. Es war anscheinend einer jener Tage, an denen nichts klappt. Ich probierte es wieder mit dem Hotelschlüssel. Jetzt begann er sich plötzlich zu verbiegen. Wir sahen zu, wie er sich bis zu einem Winkel von 45 Grad bog.

Das geschieht oft - das heißt, der erste Versuch schlägt fehl, und der zweite gelingt. Aber es sollte noch eine größere Überraschung folgen. Stockdill sah zum Spiegel hinüber, den wir auf einem Tisch in der Nähe hatten liegen lassen. Der Spiegel bog sich sichtbar in der Mitte und bewegte sich dabei leicht hin und her. Vor unseren Augen krümmte er sich, bis er die Form eines V hatte. Auch das geschieht oft - es ist eine Art verzögerte Reaktion. Manchmal kommt es zu Simultanreaktionen: Ich reibe eine Gabel oder einen Löffel mit den Fingern, und mehrere andere Gegenstände auf dem Tisch krümmen sich gleichzeitig mit dem Metall in meiner Hand. Ich bin selbst ehrlich erstaunt, wenn das geschieht.

An diesem Abend aß ich mit Stockdill in einem Restaurant, in dem ein Film auf eine Wand projiziert wurde. Wir saßen noch nicht lange am Tisch, als der Projektor plötzlich den Film auf den Fußboden abrollen ließ. Wieder geschah etwas, worauf ich mich überhaupt nicht konzentriert hatte. Stockdill war verdutzt, und ich war es ebenfalls.

Stockdill wurde von einem Fotografen, Michael Brennan, begleitet, der einmal zum britischen Pressefotografen des Jahres gewählt worden war. Wir wohnten im Hotel „Eden Roc" in Miami Beach, wo ich einen der mit Demonstrationen verbundenen Vorträge meiner Reise hielt.

In der Vergangenheit war es mir manchmal gelungen, mich selbst durch eine feste schwarze Kappe hindurch, die vor der Linse saß, zu fotografieren, ohne sie zu entfernen oder zu berühren. Ich fragte

Stockdill, ob sie an einem Versuch interessiert seien. Sie bejahten - vorausgesetzt, ich würde genau ihren Anweisungen folgen. Ich willigte ein, und Brennan bereitete seine eigene Kamera vor, eine Nikon F mit einem Objektiv von 35 Millimetern Brennweite. Sie enthielt einen Schwarzweißfilm namens „Tri-X Professional", wie mir Brennan sagte.

Sie rückten beide sehr dicht an mich heran und reichten mir die Kamera. Ich verschoß drei Filmrollen, wobei ich die Kamera eine Armlänge weghielt und die Verschlußkappe auf mein Gesicht richtete. Nach jeder verbrauchten Filmrolle nahm Brennan die Kamera, holte den Film heraus, versiegelte ihn und schloß ihn in seinem Kamerakasten ein. Ich berührte den Film zu keinem Zeitpunkt. Als die beiden wieder in London waren, ließen sie die Filme entwickeln. Brennan war sicher, daß sie völlig leer sein würden. Zwei Rollen waren tatsächlich leer; doch in der Mitte der dritten waren zwei Bilder von mir. Keines von ihnen wird je einen Preis gewinnen; aber sie waren klar und eindeutig.

Am Sonntag, dem 2. Dezember 1973, veröffentlichte die *News of the World*, eine der auflagenstärksten Zeitungen der Welt, die Bilder über die gesamte Titelseite verstreut und nannte sie „URIS WUNDERBILDER". Selbstverständlich lösten sie eine Menge Kontroversen aus. Die *Daily Mail* zitierte Experten, die sagten, es gebe weder eine physikalische noch eine chemische Methode, die Bilder durch eine Verschlußkappe hindurch aufzunehmen. Brennan und Stockdill beharrten darauf, daß kein Trick im Spiel gewesen wäre. Wie gewöhnlich mußte ich mich damit zufrieden geben, daß es wirklich geschehen war, und den Streit ignorieren, der wegen dieser Fotos entbrannte.

Roy Stockdill begann seine Reportage mit folgenden Worten: *„Ich finde sie immer noch unglaublich, diese irre Woche mit Uri Geller. Eine Woche, in der ‚sehen' nicht ‚glauben' bedeutete."* Er beendete die Artikelserie mit der Aussage: *„Uri Geller ist etwas Besonderes. Ich habe ihn bei der Arbeit beobachtet, und es gibt keine logische Erklärung für die Dinge, die geschehen, wenn er in der Nähe ist. Ich entdeckte auf jeden Fall keine*

Anhaltspunkte dafür, daß er ein Schwindler ist. Ein Magier mit einer flinken Hand, die das Auge täuschen kann, ist vielleicht imstande, einige seiner Kunststücke nachzumachen. Doch das würde nicht erklären, wie Schlüssel sich krümmen und Löffel sich verbiegen, wenn niemand in ihrer Nähe ist. Es bedarf gewiß eines klugen Teams von Wissenschaftlern, um die volle Wahrheit über Uri Geller herauszufinden."

Inzwischen bezeichneten einige wissenschaftliche Zeitschriften das Verbiegen von Objekten als „Geller-Effekt". Das war sehr schmeichelhaft; aber es löste das Rätsel nicht. Auf jeden Fall stärkten die Shows in England und das Aufsehen, das sie erregten, mein Selbstvertrauen gegenüber meinen Kritikern, und offensichtlich machten sie einige Wissenschaftler aufgeschlossener.

Meiner Erfahrung nach ist das nicht leicht zu erreichen. Doch ein Leitartikel in *Nature* am 7. Dezember 1973 zeigte, daß Aufgeschlossenheit möglich ist. Da diese Zeitschrift unter Wissenschaftlern großes Ansehen genießt, konnte sie sehr dazu beitragen, einige Kontroversen aus der Welt zu schaffen, um die Vorgänge anschließend mit größerem Erfolg erforschen zu können. Der Leitartikel war mit *„Herausforderung an die Wissenschaftler"* überschrieben. In dem Artikel hieß es, die Herausforderung stelle sich, *„wenn die Tests auch in Zukunft Hinweise auf psychokinetische Kräfte liefern, was angesichts der bisherigen Anhaltspunkte gewiß nicht auszuschließen ist. Dann wäre es für die Wissenschaft äußerst dringlich, ein Phänomen einzuordnen, das sie derzeit überhaupt nicht erklären kann - ein Phänomen, das man im Bereich der Religion als Wunder bezeichnen würde. Die Öffentlichkeit erwartet, daß die Wissenschaftler Herrn Gellers Glaubwürdigkeit prüfen und seine Fähigkeiten erklären. Einerlei, wie heikel dieser Wunsch sein mag - wir sollten ihm nicht ausweichen. ... Die aufmerksame Öffentlichkeit, die in dieser Woche eine Brustoperation unter Akupunktur und nächste Woche sich biegende Messer sieht, stellt selbstverständlich bohrende Fragen, die die konventionelle wissenschaftliche Weisheit betreffen."*

Einige der Wissenschaftler, die ich traf, sagten mir, es sei fast eine Sensation, daß *Nature* einen solchen Leitartikel gedruckt habe. Auch der *New Scientist* widmete den Sendungen der BBC einen ganzseitigen Leitartikel. Er forderte eine unvoreingenommene Untersuchung durch eine spezielle wissenschaftliche Kommission. Selbstverständlich schlossen meine Pläne eine ganze Reihe von längeren Tests mit Wissenschaftlern ein, und zwar zwischen meinen Vortrags- und Vorführungsreisen. Daher freute ich mich über dieses neue Denken, das in beiden Zeitschriften zum Ausdruck kam. Lange Zeit wurde jeder Wissenschaftler von seinen Kollegen kritisiert, wenn er auch nur untersuchte, was vor sich ging. Es war erfreulich, daß dieser Vorhang sich zu heben begann.

3
Als in Oslo die Lichter ausgingen

Eine phantastische, unbekannte Intelligenz versucht Kontakt mit den Menschen aufzunehmen. Ich fühle mich verpflichtet, meine Fähigkeiten zu demonstrieren. Meine Fernsehshow in Norwegen hat die gleichen Folgen wie in England. Der norwegische Verteidigungsminister lädt mich zu einem geheimen Gespräch ein. Die Zeiger einer defekten Uhr drehen sich von selbst, bis sie die richtige Zeit anzeigen, und die Uhr geht wieder. War es Zufall oder lag es an meiner Konzentration, daß in Oslo der Strom ausfiel? Ein Schiff steht plötzlich still.

Nach den Ereignissen in England konnte ich nicht umhin, mich zu fragen, was wohl in Norwegen geschehen würde, wenn mein Programm ähnlich wie in England aussehen sollte. Während des Fluges hatte ich Zeit, über die Bedeutung der Phänomene nachzudenken. Es war beunruhigend, sich im Zentrum eines Streits zu befinden, der nach Auffassung einiger Leute die Grundfesten der Wissenschaft zu erschüttern drohte. Ich konnte das nicht so gut beurteilen wie jene, die sich in der Wissenschaft auskannten. Doch diese Leute wiesen - sofern sie meine Demonstrationen miterlebt hatten - immer wieder darauf hin, daß eine völlig neue Kraft im Spiel sein müsse, wenn die Ergebnisse der Tests auch künftig so ausfallen sollten, wie es jetzt den Anschein habe.
Meine Vorführungen hatten sich allmählich zu etwas entwickelt, das fast eine Nummer zu groß war, um darüber nachzudenken. Die Andeutung, daß Geräte, die der nationalen Sicherheit dienten, während der Sendungen verrückt gespielt hatten, war erschreckend und konnte nicht ignoriert werden. Die Demonstrationen selbst waren interessant, aber oberflächlich. Sie ließen auf etwas ungleich Tieferes schließen, und ich hatte nur sehr undeutliche Hinweise darauf, worum es sich handelte und was es bedeutete.
Alles in allem war meine Einstellung reifer geworden und hatte sich weiterentwickelt; doch ich war immer noch nicht zum Kern

der Sache vorgedrungen. Inzwischen glaubte ich, dieser Kern habe etwas mit einer phantastischen Intelligenz zu tun. Ich wußte nicht, wie ich sie nennen sollte, denn ich bin der Meinung, daß wir Gott nicht unmittelbar erfassen können. Doch all diese Intelligenzen existieren unter Gott. Viele Millionen. Und eine, zwei, fünf von ihnen - wer weiß, wie viele? - versuchen, Kontakt mit den Menschen aufzunehmen. Ich kann mich irren. Es könnte sich um etwas derart Großes handeln, daß der menschliche Geist in seiner heutigen Beschaffenheit es nicht begreifen kann, weil wir an einem normalen Zeitrahmen festhalten müssen. Vielleicht benötigen wir eine Bewußtseinserweiterung. Ich habe eine Theorie, die manche Leute für weit hergeholt halten. Ich bin davon überzeugt, daß wir uns in der Mitte einer großen Landkarte befinden, eines gewaltigen Plans, der auch andere Zivilisationen, Planeten, Sonnensysteme und Galaxien umfaßt. Doch irgendwo unten, in der Mitte des Kerns, sind wir eins. Ich betrachte es als eine Art Netzwerk, wie ein Golfball, wenn man seine Hülle entfernt und abwickelt. Es ist Gummi, Gummi, Gummi, und es scheint nie aufzuhören, obwohl es nur ein Ball ist. Es gibt unendlich viele Bälle, aber sie kommen von einem einzigen Schöpfer.

Was sich ereignet, wenn ich auftrete, ist unglaublich für mich und für alle anderen. Dennoch handelt es sich um oberflächliche Phänomene, unabhängig davon, welche Bedeutung sie letztlich für die Wissenschaft haben mögen. Oft frage ich mich: Warum müssen es unbedingt Uhren und Schlüssel und andere Dinge aus Metall sein? Warum geschieht nicht das, was ich gerne zeigen möchte? Warum offenbaren diese Intelligenzen sich mir nicht? Warum werfen sie mir andauernd Symbole vor die Füße?

Ich glaube, bisher habe ich den Kern noch nicht einmal angekratzt. Eines steht für mich fest: daß diese Energien auf irgendeine Weise durch mich wirken und daß ich sie nicht ignorieren kann. Ich glaube, die Kontroversen sind gut, weil sie dazu beitragen, immer mehr Menschen mit den Ereignissen vertraut zu machen. Ich habe das sichere Gefühl, daß diese Kräfte - einerlei, worum es sich handelt - eines Tages ebenso anerkannt sein werden, wie es die

Elektrizität heute ist. Ich glaube, zunächst wird man sie als Phänomene anerkennen, dann als Theorien und schließlich vielleicht als physikalische Gesetze. Sich verbiegende Metallobjekte sind am einfachsten zu beobachten, weil die Ereignisse sich unmittelbar vor den Augen abspielen. Wissenschaftler können die Vorgänge klar und deutlich verfolgen. Und der Rest - Telepathie, kaputte Uhren, die wieder gehen, die vielen seltsamen Dinge, die geschehen, ohne daß ich bewußt versuche, sie auszulösen? Die Antwort darauf werden wir wahrscheinlich später finden. Eines weiß ich sicher: Ich spüre einen Zwang, diese Phänomene zu demonstrieren, nicht nur, um meinen Lebensunterhalt zu verdienen, sondern auch, weil ich weiß, daß das alles eines Tages wichtige Folgen haben wird, auch wenn ich nicht weiß, welche.

Ich trat am 19. Januar 1974 im staatlichen norwegischen Fernsehen auf. Zum erstenmal seit dem Aufruhr in England war ich wieder Gast einer Radio- oder Fernsehsendung, und ich war neugierig.

Das Interview begann, und wir waren noch nicht weit gekommen, als die ersten Telefonanrufe eingingen. Es war genau wie bei der BBC. Die Telefonzentrale war überlastet. In ganz Norwegen verbogen sich Gegenstände in den Wohnungen, genau wie in Großbritannien. Ich hatte das gleiche merkwürdige Gefühl. Ich war überrascht und gleichzeitig nicht überrascht. War es wirklich eine neue Energie, die sich hier manifestierte? War das alles möglich, und paßte es zu den wissenschaftlichen Tatsachen? Vor vielen Jahren hatte sich etwas Neues ereignet, als man die Elektrizität nutzbar machte. Von der Radioaktivität wissen wir erst seit etwa einem Lebensalter. Es war unglaublich, daß ich möglicherweise eine neue Ära einleitete; aber wenn es so war, hatte ich keine Ahnung, warum und wie.

Ich beendete die Sendung und fuhr zurück ins Hotel Continental. Ich wollte meine Vorführungen in Deutschland, Schweden, Finnland, Dänemark, Holland und in der Schweiz fortsetzen. Würden sich die gleichen Phänomene in all diesen Ländern wiederholen? Es war wie eine utopische Geschichte. Doch alles wurde aufgezeichnet und ist der Öffentlichkeit zugänglich - auf den Bändern der norwegischen und britischen Rundfunk- und Fernsehanstalten und auf den Titelseiten fast aller Zeitungen in beiden Ländern. Mitunter mußte ich nachlesen, um mich zu vergewissern, daß diese Ereignisse real waren.

Eines verblüffte mich immer noch: Warum waren viele dieser Vorgänge so banal? Wie alle anderen Leute wollte ich wissen, ob sich eines Tages etwas Bedeutungsvolleres ereignen würde. Ich produzierte so etwas wie eine Reihe von abergläubischen Zeichen. Doch im Zeitalter der modernen Wissenschaft kam mir das lächerlich vor. Ich wollte *wissen*, was vor sich ging. Diese kosmische Energie war oft ebenso ärgerlich und verblüffend wie unglaublich.

Als ich im Hotel ankam, ging ich zum Empfang und fragte, ob Post für mich gekommen sei. Der Portier überreichte mir einen sehr offiziell aussehenden Umschlag, und ich öffnete ihn. Drinnen fand ich eine Visitenkarte von Alv Jakob Fostervoll, dem norwegischen Verteidigungsminister. Auf die Rückseite hatte er eine Mitteilung geschrieben. Er wollte dringend mit mir sprechen, und er würde am nächsten Tag einen Wagen schicken, um mich abzuholen.

Das erste, woran ich dachte, war der Brief, den ich aus England erhalten hatte, mit seinen Andeutungen über die Sicherheit Großbritanniens. Als ich an diesem Abend schlafen ging, fragte ich mich, was in aller Welt der Verteidigungsminister von Norwegen mit mir besprechen wollte und warum er sich die Mühe machte, mir einen Chauffeur zu schicken.

Am nächsten Morgen waren die norwegischen Zeitungen voll mit Schlagzeilen über die sonderbaren Ereignisse im ganzen Land während der Fernsehshow.

Diese „Fernwirkung", die zum ersten Mal in kleinem Umfang in Texas aufgetreten war und sich in England in größerem Maßstab fortgesetzt hatte, war immer noch neu für mich. Sie schien so viel größer zu sein als alles, was sich zuvor ereignet hatte, daß ich verblüffter war denn je. Versuchen Sie einmal sich vorzustellen, wie Sie sich fühlen würden, wenn Sie solche Erlebnisse hätten. Man erreicht einen Punkt, an dem man ebenso fassungslos wie fasziniert ist.

An die einfachen Vorfälle - Schlüssel, die sich bogen, und defekte Uhren, die wieder funktionierten - hatte ich mich gewöhnt, denn sie hatten sich seit meinen ersten Schultagen ereignet. Doch was die Kräfte anging, die durch Radiowellen zu Tausenden von anderen Menschen übertragen wurden - entweder über das Radio oder über den Fernseher -, so war ich darüber nicht weniger überrascht als andere. Dieses Rätsel vergrößerte meinen Wunsch, mehr über die wissenschaftlichen Fakten hinter den Phänomenen herauszufinden. Ich wollte den Magiern und den anderen, die diese Geschehnisse als Tricks wegzuerklären versuchten, keinesfalls erlauben, mich aus der Fassung zu bringen.

Niemand konnte Tausende von Menschen, die von ungewöhnlichen Dingen in ihren Wohnzimmern berichteten, als Lügner oder Schwindler hinstellen; und die Zeitungen waren voll von Fotos, die zeigten, wie diese Leute verbogene Schlüssel, Gabeln und Löffel in den Händen hielten - überall in Norwegen und England. Ich vermute, ein paar von ihnen wollten sich nur wichtig machen, aber gewiß nicht Tausende von Menschen überall im Land.

Was geschehen war, konnte man auch nicht auf psychologische Einflüsse oder eine Art Hypnose oder Massenhysterie zurückführen. Jeder konnte die Beweise sehen. Aber mir ist klar, daß man derart merkwürdige Vorkommnisse unter jedem möglichen Aspekt prüfen muß. Eine gewisse Skepsis ist vernünftig. Es stört mich nur, wenn einige Menschen sich weigern zu glauben, was unmittelbar vor ihren Augen geschieht.

Während des Tages hatte ich nicht viel Zeit, über die Mitteilung des norwegischen Verteidigungsministers nachzudenken; aber einige Male wunderte ich mich doch darüber. Als am Spätnachmittag ein großer schwarzer Mercedes vor dem Hotel hielt, wurde ich noch neugieriger. Es war eine wichtig aussehende Limousine mit einer Halterung für offizielle Flaggen. Eine Flagge fehlte allerdings. Obwohl aus der kurzen Notiz auf der Rückseite der Karte hervorging, daß der Verteidigungsminister mit mir über eine persönliche Angelegenheit sprechen wollte, fragte ich mich immer noch, ob es nicht doch um das Verteidigungsministerium ging.

Sowohl in England wie auch während der Tests im SRI waren ja „Sicherheitsprobleme" aufgetreten.

Darüber konnte ich nichts Näheres herausfinden. Aber ich begann mir selbst Fragen zu stellen, als wir ein langes, graues Regierungsgebäude erreichten, das von einem hohen, eisernen Zaun umgeben war. Es war am Spätnachmittag, und es wurde allmählich dunkel. Ich sah ein paar Antennen in verschiedenen Größen und Formen. Der Chauffeur erwähnte, es handle sich um irgendein militärisches Hauptquartier, aber ich verstand nicht, was es genau war. Verwundert beobachtete ich, daß er jetzt fast im Kriechtempo und ganz nahe am Zaun entlang fuhr. Es schien keinen Grund dafür zu geben, langsamer als zehn Stundenkilometer zu fahren. Auf Straßen in schlechterem Zustand war er viel schneller gefahren.

Ich konnte mich des Verdachts nicht erwehren, daß sich in dem Gebäude Computer oder Radargeräte befanden und daß er deshalb so langsam fuhr, weil jemand feststellen wollte, ob ich die elektronischen Instrumente beeinflußte. So viele seltsame Dinge waren geschehen - ich mußte aufpassen, daß meine Phantasie nicht mit mir durchging. Vielleicht war während der Fernsehsendung etwas mit den Apparaten geschehen, und man wollte jetzt genauere Untersuchungen durchführen. Ich erfuhr jedoch nie etwas Definitives.

Nachdem ich im Haus des Ministers eingetroffen war, setzten wir uns und tranken Kaffee. Der Minister fragte mich, ob ich mit meinen Kräften, oder was immer es sei, Raketen und ähnliche Dinge beeinflussen könne. Ich konnte ihm nur von den Ereignissen im SRI berichten und hinzufügen, sie hätten mich ebenso neugierig gemacht wie ihn.

Als ich wieder in meinem Hotelzimmer war, interviewte mich ein Reporter namens Gunner Moe von der norwegischen Zeitschrift *Now*. Er verbrachte viel Zeit damit, mehr über den „Geller-Effekt" herauszufinden, und wie immer hatte ich selbst Mühe, ihn zu definieren. Er hatte eine fünfzehn Jahre alte Uhr dabei, die nach seinen Angaben seit vier Jahren nicht mehr gegangen war. Ich hielt die Faust über sie und konzentrierte mich stark, und innerhalb einer Minute tickte sie. Ich konzentrierte mich noch einige Augenblicke länger, um sicherzustellen, daß sie weiterhin funktionieren würde. Als wir uns die Uhr wieder ansahen, hatte der Minutenzeiger sich nach oben gekrümmt, obwohl zwischen dem Zifferblatt und dem Glas gar nicht genügend Platz dafür war. Später schrieb der Reporter noch über eine andere Uhr, die einige Zeit nach dem Interview wieder anfing zu gehen.

Ich bekomme viele Berichte über solche verzögerte Wirkungen. Einmal bog ich einen Schlüssel für einige Freunde in Connecticut - Donn Blinn, einen Jetpiloten, und seine Frau Sally. Sie wollten bald zu ihrem Sommerhaus in Maine aufbrechen, und irgendwie hatte ich das Gefühl, sie würden dort etwas Ungewöhnliches vorfinden. Später erfuhr ich, daß sie nach dem Betreten des Hauses den Reservetürschlüssel, der immer an der Wand hing, deutlich verbogen vorgefunden hatten. Niemand hatte ihn seit dem vergangenen Sommer berührt.

Nach dem ersten Interview im Hotel unterhielt ich mich mit einem anderen norwegischen Reporter. Er stellte mir Fragen zu verschiedenen Ereignissen, und ich sagte ihm, ich hätte keine Ahnung, warum die Energien manchmal sehr schwach und manchmal ziemlich stark seien. Wir saßen am Fenster im Hotelzimmer, von dem aus wir einen großen Teil Oslos überblicken konnten. Draußen sah man eine Menge Straßen- und Kinolichter und viele Leuchtreklamen.

Ich sagte: „Wissen Sie, manchmal sind diese Energien so stark, daß Lichter ausgehen."

Kaum hatte ich diesen Satz ausgesprochen, als wir durchs Fenster beobachten konnten, wie ein großer Teil Oslos, der hell erleuchtet gewesen war, plötzlich dunkel wurde. Im Hotel brannte noch Licht, und der Reporter eilte ans Telefon und rief sein Büro an, um zu erfahren, was geschehen war. Seine Kollegen berichteten ihm, in einem großen Teil Oslos sei der Strom ausgefallen und man bemühe sich, die Versorgung unverzüglich wiederherzustellen.

Das war ein sonderbarer Vorfall, und der Reporter war ganz aufgeregt. Ich selbst bin jedoch skeptisch, denn ich habe gelernt, daß man keine voreiligen Schlüsse ziehen darf. In den USA habe ich beispielsweise von Leuten gehört, die genau in dem Moment, als der große Stromausfall an der Ostküste begann, Elektrorasierer oder die Küchenlampe eingeschaltet oder eine einzige Sicherung herausgenommen und den Stromausfall auf einen Kurzschluß in ihrem Hause zurückgeführt hatten. Es gibt viele Zufälle wie diese, und man zieht leicht törichte Schlußfolgerungen. Interessant wird es allerdings dann, wenn sich über einen langen Zeitraum hinweg eine ganze Serie dieser Vorfälle, einer nach dem anderen, ereignet. Aber ich suche immer zuerst nach einer normalen Erklärung. Nur wenn diese völlig auszuschließen ist, muß ich annehmen, daß die Energien durch mich wirken. Dann gibt es keine andere Erklärung mehr.

Manche Vorkommnisse sind Grenzfälle. Einer ereignete sich, als zwei meiner besten Freunde, Byron und Maria Janis, mich zu einer Kreuzfahrt von Bordeaux nach Italien auf dem Linienschiff *Renaissance* einluden. Byron ist ein weltbekannter Konzertpianist, und seine Frau Maria - die Tochter von Gary Cooper - ist eine wunderbare Künstlerin. Es war eine musikalische Kreuzfahrt. Byron spielte Klavier. Auch das Ungarische Streichquartett befand sich an Bord.

Nach einem kurzen Aufenthalt in Spanien fuhren wir auf Italien zu. Ich scherzte mit den Orchestermitgliedern, die mich aufforderten, etwas Besonderes zu tun - zum Beispiel, das Schiff mitten auf dem Meer anzuhalten. An diesem Tag waren ziemlich wenig Menschen an Deck, und alle befanden sich in Urlaubsstimmung. Ich ließ mich von ihrer guten Laune anstecken und sagte: „Na schön. Konzentrieren wir uns alle, und bringen wir das Schiff zum Stehen."

Alle waren einige Augenblicke still. Dann begann das Schiff zu meiner großen Überraschung langsamer zu werden, und schließlich stand es völlig still. Wir waren alle wirklich verblüfft. Einige Mitglieder des Orchesters waren sogar ziemlich verängstigt. Wir suchten einen Schiffsoffizier und fragten ihn, was geschehen sei. Er wußte es nicht. Dies war einer jener Vorfälle, die ich halb erwartet hatte, aber nicht ganz glauben konnte.

Nach einer Unterbrechung von etwa einer Stunde begannen die Maschinen wieder zu arbeiten. Das Schiff bewegte sich und beschleunigte allmählich auf seine normale Geschwindigkeit. Jetzt endlich sagte die Mannschaft uns, was geschehen war. Die metallene Haupttreibstoffleitung hatte sich plötzlich verbogen, so daß eine der Maschinen keinen Treibstoff mehr bekommen hatte. Man hatte das Schiff angehalten, um den Schaden zu reparieren, was nicht allzu schwierig war. Etwas derartiges war nie zuvor geschehen, und es gab keine Erklärung dafür.

Keiner von uns wagte zu erwähnen, was wir getan hatten. Außerdem konnte es bloßer Zufall gewesen sein. Doch dieses Mal hatte ich das Gefühl, daß wir das Experiment etwas zu weit getrieben hatten. Als ich später darüber nachdachte, kam mir dieser Zufall doch etwas zu unwahrscheinlich vor. Immerhin hatte sich ein Metallstück zur gleichen Zeit verbogen, als einige Leute sich mit mir konzentrierten. An diesem Beispiel sehen Sie, wie verblüffend und verwirrend solche Ereignisse manchmal auf mich wirken - sie geschehen so oft und immer wieder auf verschiedene Weise.

Der Stromausfall in Oslo war gewiß erstaunlich; doch ein unmittelbarer Zusammenhang mit mir war nicht ganz so leicht herzustellen wie damals auf dem Schiff. Ich fand nie heraus, was wirklich in Oslo geschehen war, doch der Reporter von *Now* war ebenso verdutzt wie ich.

Ich glaube, all diese Ereignisse offenbaren sich nur langsam, und vielleicht ergeben sie eines Tages ein großes Bild, das verständlicher ist als eine bloße Reihe von Ereignissen, die uns mitunter lustig vorkommen. Es muß mehr dahinterstecken als das, was an der Oberfläche zutage tritt. Später werde ich noch andere Geschehnisse ansprechen, die zumindest teilweise erklären, was ich meine. Alles mutet noch sehr phantastisch an.

Nachdem ich in Oslo gepackt hatte, brach ich nach Deutschland auf. Würden sich dort die gleichen seltsamen Massenphänomene ereignen? Nach meinen Erfahrungen in zwei Ländern hatte ich das Gefühl, daß die Antwort ,ja' lautete. Doch ich hatte gelernt, immer wieder mit Überraschungen zu rechnen.

4
Uri verbiegt ganz Deutschland

Wie ich mir von anderen Leuten Bilder „senden" lasse. Während der *Wim-Thoelke-Show* im Januar 1974 verbiegt sich Eßbesteck nicht nur vor den Fernsehgeräten, sondern auch in Schubladen. 7000 *Bild*-Leser melden Erfolg. Im Schweizer Fernsehen krümmt sich der Schlüssel in der Hand des Moderators, ohne daß ich ihn berühre. Ein Kaffeelöffel zerbricht mit einem Knall. Das metallene Abzeichen einer Stewardess verbiegt sich. Während einer Fernsehshow in Österreich funktioniert eine Uhr wieder, die ein Fachmann „lahmgelegt" hat. Professor Bender beweist, daß nach meinen Fernsehauftritten Hunderte von Menschen ebenfalls Löffel verbiegen können.

Die Fernsehauftritte hatte mein Partner, Werner Schmid, vereinbart. Wenn ich später im Jahr zurückkehren würde, um eine Reihe von Vorträgen zu halten und Vorführungen zu geben, sollten mich in diesen Ländern bereits mehr Leute kennen und meine Veranstaltungen besuchen. Ich weiß, daß viele Menschen der Ansicht sind, ich sollte mich auf wissenschaftliche Tests beschränken statt diese Vorträge zu halten, weil sie einen so kommerziellen Eindruck machen.

Sie *sind* kommerziell; aber ich bin nicht der Meinung, daß ich auf sie verzichten sollte. Je mehr Menschen von diesen Kräften wissen, desto schneller werden die Wissenschaftler ihr unverständliches Mißtrauen aufgeben und sich ernsthaft mit ihnen befassen. Es sieht sogar danach aus, als habe die Öffentlichkeit die Wissenschaft bereits ermuntert. Die Zeitschrift *Nature* wies in ihrem Leitartikel vom 7. Dezember 1973 darauf hin, daß die Öffentlichkeit, die die seltsamen Vorgänge im Fernsehen beobachte, *„selbstverständlich bohrende Fragen, die die konventionelle wissenschaftliche Weisheit betreffen, stelle."* Wenn nicht so viele Leute von diesen Energien erfahren würden, wären die Wissenschaftler verständlicherweise zurückhaltender.

Natürlich muß ich auch meinen Lebensunterhalt verdienen, und ich sehe nicht ein, warum ich mich dafür entschuldigen sollte.

Am 16. Januar 1974 kam ich in Offenburg an. Zahlreiche Journalisten besuchten die Pressekonferenz, denn am nächsten Tag sollte ich in Wim Thoelkes Show „Dreimal Neun" auftreten. Ich verbog für die neugierigen Presseleute eine Menge Schlüssel. Einen Reporter bat ich, etwas auf ein Blatt Papier zu zeichnen und dann die Zeichnung in mein Gehirn zu „senden". Er zeichnete hinter einer großen Zeitung, und ich konnte nicht sehen, was er tat. Nachdem ich das Bild auf meinem inneren „Bildschirm" empfangen hatte, machte ich eine Zeichnung. Es war ein Haus, aber sein Dach war alles andere als normal. Dennoch, als wir die beiden Werke verglichen, stimmten sie völlig überein. Allerdings brauchte ich eine ganze Weile, um das Bild korrekt zu zeichnen. Denn ich wurde vom Bild eines Hundes abgelenkt, das sich hinter meiner Stirn festsetzte. Nachdem alle Beifall geklatscht hatten, fragte ich daher, ob jemand ständig an einen Hund denke. Ein Mann des Fernsehteams räumte ein, daß ihm vor kurzem ein Hund ziemliche Schwierigkeiten gemacht habe. Er dachte immer noch die ganze Zeit an diesen Hund.

Wenn jemand mir ein Bild sendet, das ich empfangen soll, habe ich oft Probleme, es von den Bildern anderer zu unterscheiden. Es kann sein, daß auf meinem inneren Schirm mehrere Szenen erscheinen. Manchmal bitte ich während einer Vorführung einen Zuschauer, die Bezeichnung einer Farbe an eine Tafel zu schreiben, und zwar so, daß alle außer mir es lesen können. Dann fordere ich das Publikum auf, mir diese Farbe oder das Wort zu „senden". Ich merke es, wenn jemand mich auf die Probe stellt und mir eine falsche Farbe sendet. Meist frage ich dann die Zuschauer, und häufig gibt einer von ihnen zu, der Sünder gewesen zu sein.

Diese Wim-Thoelke-Show war ein großer Erfolg. Nicht nur, daß kaputte Uhren wieder gingen und Eßbesteck sich im Studio verbog - nein, in Tausenden von Wohnungen ereignete sich das gleiche. Menschen riefen den Sender an oder telefonierten am nächsten Tag mit ihrer Zeitung, und manche besuchten kurzerhand die Redaktion, um ihre verbogenen Beweise vorzulegen. Meist handelte es sich um Gegenstände, die sie vor dem Fernseher zurechtgelegt hatten.

Es geschahen auch noch andere seltsame Dinge. So hörte ich zum Beispiel, daß bei einer Familie während der Show mit den Gabeln und Löffeln vor dem Fernsehgerät nichts geschah. Aber als sie sie zurück in die Schublade legen wollten, sahen sie, daß der größte Teil ihres Bestecks verbogen oder gar zerbrochen war.

Ein Fernsehjournalist erzählte mir später, während er diese Show verfolgt habe, sei mit den Löffeln in seinem Studio nichts geschehen. Danach ging er zu seinem Auto, in dem seine Hausschlüssel lagen. Alle drei hatten sich um 15 Grad verbogen. Das geschah etwa 50 Meter von dem Ort entfernt, an dem er sich die Show angesehen hatte.

Überall in Deutschland schrieben die Zeitungen an den folgenden Tagen über viele aufgeregte Leute, die berichteten, was mit ihren Uhren, Löffeln usw. geschehen war. Die Schlagzeilen waren größer denn je. Eine von ihnen lautete: „URI VERBIEGT GANZ DEUTSCHLAND." Die *Bildzeitung* hatte ihre Leser aufgefordert, während der Fernsehsendung einen Löffel auf ihre Zeitung zu legen. Am nächsten Tag lautete ihre Schlagzeile: „BEREITS 7000 BILDLESER BERICHTEN VON ERFOLGEN."

Einige Tage später war ich in Zürich, um an einer anderen Show teilzunehmen. Ich bat die Kameramänner, eine Kamera stets auf mich zu richten, um mich ständig zu überwachen. Wenn die Kamera mich nur für Sekundenbruchteile verlieren würde, könnten Kritiker behaupten, ich hätte diese kurze Zeit für einen Trick benutzt. Eine Journalistin hatte heimlich ein Bild gezeichnet und es in drei verschlossene ineinander liegende Umschläge gesteckt. Als sie es mir „sendete", empfing ich einen komplizierten Baum, dessen Stamm unten offen war. Wir verglichen unsere Zeichnungen und stellten fest, daß sie in Form und Größe nahezu identisch waren. Walter Klapper, der Moderator dieser Show, zeigte mir seinen Türschlüssel. Zu meinem eigenen Erstaunen begann er sich vor der Kamera zu verbiegen, bevor ich ihn berührt und mich auf ihn konzentriert hatte. Später zeigte Klapper diesen großen Schlüssel einem Physikprofessor, der anwesend war, um meine Vorführungen zu kommentieren. Er warf ihn einfach zu Boden, drückte

ihn mit dem Absatz gerade und behauptete, es handle sich zweifellos um einen Trick. Der Moderator war wütend auf den Professor. Manchmal genieße ich es, wenn Fernsehleute Partei für mich
ergreifen, während skeptische Wissenschaftler versuchen, meine
Fähigkeiten zu ignorieren oder zu leugnen.
Als ich wieder in meinem Hotelzimmer war, verbog ich zahlreiche
Objekte für Journalisten des *Spiegels*. Dann ging ich hinunter in den
Speisesaal, um mit Walter Klapper eine Tasse Kaffee zu trinken. Er
erzählte mir von dem dickköpfigen Professor und zeigte mir erneut
seinen Schlüssel. Mir fiel ein haarfeiner Riß daran auf. Als der
Kellner die leeren Tassen abräumte, stellte er sie auf ein Tablett, das
sich auf derselben Höhe befand wie Klappers Kopf. Plötzlich
hörten wir ein Knacken, und einer der Kaffeelöffel auf dem Tablett
hüpfte hoch, zerbrach in zwei Teile und fiel auf den Tisch. Ich bin
immer aufgeregt, wenn etwas Ungewöhnliches geschieht, und
darum rief ich: „Sehen Sie doch, das ist noch nie passiert!" Es war
wieder einmal ein Phänomen, das ich nie zuvor erlebt hatte. Später
berichtete mir Klapper, während er auf mich gewartet habe, habe er
eben diesen Löffel in der Hand gehalten und ihn leicht mit den
Fingern berührt, um zu prüfen, ob er sich verbiege. Er tat es nicht.
Und um das Maß voll zu machen, sprang nun auch Klappers Türschlüssel, der noch auf dem Tisch gelegen hatte, plötzlich mit
einem klickenden Geräusch in die Luft und zerbrach in zwei Teile,
die 15 Zentimeter voneinander entfernt liegen blieben.
Die beiden Reporter des *Spiegels* begleiteten uns auf dem Flug nach
Wien. Der österreichische Autor und Journalist Paul Uccusic reichte
mir eine gegossene Schlagzeile der Zeitschrift *Kurier*. Sie lautete:
„Das biegen wir!" Während ich das Metall in der Hand hielt, spürte
ich eine große Energie darin. Ich bat ihn, es zu berühren. Er tat es
und bekam einen elektrischen Schlag wie aus einer größeren
Batterie. Dann krümmte sich das Metall. Ich bat auch die
Stewardess, es anzufassen. Sie verspürte ebenfalls einen leichten
Stromschlag. Schließlich brach das Objekt entzwei. Am nächsten
Tag veröffentlichte der *Kurier* einen Artikel von Uccusic mit der
nun krummen Überschrift jener zerbrochenen Schlagzeile.

Die Stewardess eilte fort, um weitere Metallgegenstände zu holen, und bat ihre Kolleginnen, sie zu begleiten. Und während ich verschiedene Objekte aus Metall verbog, begann sich auch das metallene Namensssschild an ihrer Bluse zu krümmen.

Manchmal gelingt mir alles, was ich im Fernsehen vorführe. Doch mitunter geht es auch schief - so zum Beispiel in einer Show des österreichischen Fernsehens in Wien, die Alfred Payrleitner moderierte. Man informierte mich bereits im voraus darüber, daß er nicht an paranormale Phänomene glaubte und daß er fürchtete, seinen Ruf als kritischer politischer Kommentator zu verlieren. Folglich war die Atmosphäre von Anfang an negativ geladen. Der telepathische Versuch mit den Zeichnungen klappte halbwegs. Einige defekte Uhren tickten wieder, außerdem viele Uhren zu Hause bei den Zuschauern. Doch kein Löffel wollte sich biegen. Das kommt natürlich sehr selten vor, aber ich fühle mich jedesmal unbehaglich und frage mich: „Warum ist es schiefgegangen?"

Hinter der Bühne gewann ich all meine Kräfte zurück: Schlüssel verbogen sich, und ich gab sogar die komplizierte Zeichnung eines Professors richtig wieder. Als Payrleitner sich zu uns gesellte, verbog ich seiner Skepsis zum Trotz einen Löffel in seiner Hand.

Später erfuhr ich, daß ein Uhrmacher namens Andlinger in eine der Uhren, die während der Show gezeigt worden waren, einen Bolzen gesteckt hatte, so daß sie unmöglich funktionieren konnte. Aber ihre Zeiger bewegten sich doch - zu seiner großen Verwunderung. Als er diese Uhr öffnete, stellte er fest, daß der Bolzen herausgezogen worden war und nun unten im Uhrgehäuse lag. Das war unmöglich, ohne die Uhr zuvor zu öffnen - ein weiteres überraschendes Ereignis für mich.

Professor Hans Bender war der einzige Professor für Parapsychologie in Deutschland. Er ging den Berichten der vielen Fernsehzuschauer nach, die behaupteten, seltsame Vorfälle hätten sich in ihren Wohnungen ereignet, während sie meine verschiedenen Fernsehauftritte verfolgt hätten. Bei einer Dame verbogen sich 65 Teile eines Eßbestecks. Am erstaunlichsten war es für mich jedoch, daß Professor Bender Hunderte von Menschen - meist Jugendliche

- fand, die ebenfalls Gabeln und Löffel verbiegen konnten, nachdem sie mich im Fernsehen beobachtet hatten.

Als ich das Land verlassen hatte, um nach Holland, Finnland und Schweden weiterzureisen, schlugen sich zwei bekannte deutsche Zeitschriften auf die Seite der Kritiker. Das geschieht häufig. Sowohl der *Stern* als auch der *Spiegel* behaupteten, ich hätte Zaubertricks angewandt, und wiederholten die Theorie, wonach ich irgendwelche Chemikalien benutze, um das Metall weich zu machen. Doch sie ignorierten die Vorfälle in den Wohnungen überall in Deutschland, die ich selbst als versierter Magier nicht hätte auslösen können, und sie konnten nicht erklären, warum meine Finger nicht längst verätzt waren.

Selbstverständlich war die Publicity gewaltig, und natürlich handelte es sich um kommerzielle Veranstaltungen. Aber was mich betraf, schmälerte das nicht den ernsthaften Aspekt der Angelegenheit, auch wenn diese Energien meinen Auftritten scheinbar eine sehr heitere Note verliehen. Für mich war das weder Zirkus noch eine Nebenvorstellung, sondern mich erfüllte ein Gefühl der Verwunderung und der Erregung angesichts dieser Kräfte. Außerdem wußte ich genug, um mit beiden Beinen auf der Erde zu bleiben und mir meine Erfolge nicht zu Kopfe steigen zu lassen. Ich war nur ein Kanal, an dem andere teilhaben konnten, wenn jemand als Auslöser fungierte.

Meine Rundreise führte mich weiter nach Schweden und Finnland. Überall ereigneten sich bei meinen Shows ähnliche Vorfälle wie in England, Norwegen und Deutschland. Die größte Überraschung sollte ich jedoch in Dänemark erleben. Es fällt mir immer noch schwer, meine dortigen Erlebnisse einzuordnen und daraus schlau zu werden.

5
Dänemark im Uri-Fieber

Fünf Uhren werden bewußt manipuliert. Ein berühmter Magier gesteht, daß man mich dadurch in Verlegenheit bringen wollte. Eine Zeitung bezeichnet meine Talente als die größte Revolution in der Geschichte der Menschheit. Karikaturen nehmen mich aufs Korn. Die Leser der größten dänischen Zeitung konzentrieren sich mit mir. Tausende von Wundern ereignen sich in ihren Wohnungen. Eine alte Dame kann ihre Beine wieder bewegen. Eines Tages werde ich heilen.

Mir war völlig klar, daß die Ereignisse in Europa sich nicht unter kontrollierten Bedingungen abgespielt hatten, wie Wissenschaftler sie benötigen, um herauszufinden, welche Kräfte am Werk waren. Dennoch sollten diese Vorfälle später für einige Forscher ein Hinweis darauf sein, wie sie dem „Geller-Effekt" auf die Spur kommen konnten. Wenn Tausende von Menschen, nicht nur ich, beteiligt waren, hatten die Forscher einen Ansatzpunkt. Sie konnten untersuchen, vergleichen und messen; und danach konnten sie unter den kontrollierten Bedingungen weiterarbeiten, die sie als Wissenschaftler benötigten. Selbst wenn die Sendungen die Kräfte in anderen Menschen nur vorübergehend auslösten, boten sie den Wissenschaftlern eine Möglichkeit, ihre Untersuchungen auszuweiten und sich davon zu überzeugen, daß der „Geller-Effekt" kein raffiniertes Täuschungsmanöver war.

Auf dem Weg nach Dänemark versuchte ich die Ausbreitung des Effekts zu analysieren. In meinem Kopf begann eine Theorie Gestalt anzunehmen, die ich heute noch nicht so weit ausgefeilt habe, wie es mir vorschwebt. Ich gewann allmählich die Überzeugung, daß jeder Mensch tief in seinem Inneren verborgene Kräfte hat, die er auf drei mögliche Arten nutzbar machen kann: 1. psychologisch, vielleicht durch Suggestion, 2. indem er eine Vorführung dieser Kräfte beobachtet, sogar, wenn er nur davon hört (dies war bei der Radioshow in Texas der Fall), 3. indem er einfach fest daran glaubt. Ich glaubte, es gäbe viele Möglichkeiten, Phänomene hervorzurufen, wie sie sich bei meinen Vorführungen zeigten. Bei Erwachsenen schienen diese Kräfte nur für kurze Zeit aufzutreten. Aber ich war davon überzeugt, daß Kinder besser mit ihnen umgehen können, weil sie sich noch nicht die negativen Einstellungen zu eigen gemacht haben, die wir alle im Laufe des Lebens erwerben.

Die Kräfte mögen zwar in jedem von uns verborgen sein; aber es muß etwas geben, was man als kosmisches Energiesystem bezeichnen könnte, und ich nehme an, daß wir eine Verbindung zu ihm herstellen können. Der Schlüssel ist meiner Meinung nach der *Glaube*. Er ist eine Art Zündschlüssel, der diese im Körper ruhenden Energien freisetzt. Wer von diesen außergewöhnlichen Kräften hört oder wer sie sieht, kann meiner Überzeugung nach einen direkten Kanal zu diesem kosmischen System herstellen. Ich glaube allerdings, daß nur ganz wenige Menschen so weit kommen. Doch wer fest daran glaubt, kann die kosmische Energie möglicherweise anzapfen.

Ich möchte nicht unbescheiden sein, aber ich glaube, daß ich ständig mit diesem kosmischen Energiesystem in Verbindung stehe. Warum, weiß ich nicht. Da ich jedoch Kontakt mit ihm habe, kann ich Energie an andere weiterleiten, und sei es nur für kurze Zeit. Wenn ich also Gast einer Fernsehsendung bin oder eine Vorführung gebe, ist das für mich eine günstige Gelegenheit, mit anderen Menschen Kontakt aufzunehmen und ihnen zu helfen, eine Verbindung mit den Kräften außerhalb unseres Selbst herzustellen. Es ist wie die Erforschung einer völlig neuen Welt, und es ist sehr aufregend.

Mit mir saßen drei andere Gäste in einem Studio des dänischen Fernsehens in Kopenhagen. Einer von ihnen war der Vorsitzende der Uhrmachervereinigung, der zweite war Psychologe. Der dritte wurde als Geschäftsmann vorgestellt. Aber später fand ich heraus, daß er ein fähiger dänischer Magier namens Leo Leslie war.

Was ich nicht wußte und erst später erfuhr, war, daß Leslie sich sehr sorgfältig vorbereitet hatte, um mich zu „überführen". Zunächst hatte er sich eine Chemikalie namens Quecksilberbichlorid besorgt, die angeblich Metall weich macht. Er plante, in der Sendung einen Schlüssel so zu biegen, wie ich es durch Konzentration tat.

Außerdem hatte er mit dem Regisseur vereinbart, daß eine Kamera ständig auf meine Hände gerichtet sein und sie nicht einmal für einen Sekundenbruchteil unbeobachtet lassen sollte. Zudem hatte er sich von dem Uhrenexperten fünf Wecker geben lassen, die so geschickt manipuliert worden waren, daß sie unter keinen Umständen wieder funktionieren konnten. In einen dieser Wecker hatten sie ein wenig Zement gegeben, ein anderer war in Salatöl getaucht worden, den dritten hatten sie mit einer Büroklammer blockiert und so weiter.

Leslie hatte ferner mehrere Nägel und Schlüssel so vernickelt, daß sie einer Chemikalie widerstehen konnten, falls ich eine benutzen würde (was ich niemals tue). Es gab noch andere Vorbereitungen, die ich nicht kenne. Als ich ankam, stellte sich außerdem heraus, daß eine sehr freizügige Diskussion über Sex, an der ich nicht teilnehmen wollte, zum Programm gehörte. Ich bin durchaus nicht gegen Sex, aber dieser Programmpunkt hatte nichts mit meiner Vorführung zu tun und würde die Zuschauer wahrscheinlich davon ablenken. Der Sender war schließlich damit einverstanden, diesen Teil des Programms von meinem zu trennen. Ich muß zugeben, daß ich in Versuchung geriet, als man mich bat, mich auf den Büstenhalter eines Mädchens im Studio zu konzentrieren. Er wurde von Metallspangen zusammengehalten. Die junge Dame war hinreißend und hatte eine wundervolle Figur. Werner Schmid lehnte diesen Vorschlag unverzüglich ab und erinnerte mich daran, daß dieser Ulk meinem Ruf schaden würde. Aber ich frage mich oft, was wohl geschehen wäre, wenn ich es getan hätte. Die Dänen sind sehr liberal, und es wäre ein interessantes Experiment gewesen!

Ich sollte mit den anderen Gästen in zwei Abschnitten der Show auftreten, mit einer Pause dazwischen. Die Show begann, und sie brachten die verstopften Uhren, die nicht gehen konnten. Natürlich hatte ich keine Ahnung, was Leslie mit ihnen angestellt hatte, und ich konzentrierte mich wie gewöhnlich auf sie. Den Zuschauern im ganzen Land schlug ich vor, sich auf ihre eigenen nicht gehenden Uhren, auf ihre Schlüssel und so weiter zu konzentrieren.

Ich bemühte mich, aber die Uhren im Studio rührten sich nicht. Ich war überrascht, denn wenigstens einige der fünf Uhren hätten funktionieren sollen. Es war ein peinlicher Augenblick für mich, da es so aussah, als hätte ich völlig versagt. Ich fühlte mich unwohl. Es ist ein schreckliches Gefühl, vor einer Fernsehkamera zu sitzen und zu wissen, daß Millionen von Menschen miterleben, wie man versagt.

Bei den Metallgegenständen, die sie mitgebracht hatten, hatte ich mehr Glück, denn die Energien nichts mit Chemikalien oder vernickelten Oberflächen zu tun haben. Dennoch war ich sehr enttäuscht. Ich wußte immer noch nicht, was mit den Uhren schiefgelaufen war.

In der Pause, während der zweite Teil des Programms ausgestrahlt wurde, gingen wir in ein anderes Studio. Solange wir allein waren, demonstrierte ich ihnen einige meiner Fähigkeiten, und sie verloren allmählich ihre Skepsis. In der Zwischenzeit informierten mich die Fernsehleute darüber, daß die Telefonzentrale von Anrufen überschwemmt wurde und daß die Zuschauer von den gleichen Vorfällen berichteten, die ich aus England, Norwegen und anderen Ländern auf meiner Reiseroute kannte - und das *obwohl* die Uhren im Studio nicht gehen wollten. Wie in den anderen Sendern konnte die Zentrale nicht alle Anrufe entgegennehmen. Ich begann mich ein wenig besser zu fühlen, und dann gestand Leo Leslie, was er angestellt hatte, um mir das Leben schwer zu machen.

Schon einmal hatten Skeptiker in Österreich versucht, mich zu behindern. Als sie mich aber darüber informierten, welche Tricks sie angewandt hatten, um Uhren zu blockieren, konzentrierte ich mich besonders intensiv und gab mir noch größere Mühe - und einige Uhren begannen tatsächlich zu ticken. Ich sagte Leslie, er hätte mich über seine Manipulationen unterrichten sollen. Aber es war bereits zu spät, etwas zu unternehmen, weil der zweite Teil unseres Auftritts in wenigen Minuten beginnen sollte. Als wir wieder auf Sendung waren, teilten der Psychologe, der Uhrmacher und Leslie den Zuschauern mit, was sie getan hatten und was während der Pause geschehen war. Sie fügten hinzu, sie seien fest davon überzeugt, daß meine Leistungen nicht die Folge von Illusionen oder Zaubertricks seien, und wir lachten alle von Herzen. Inzwischen gingen immer noch aus ganz Dänemark Anrufe ein. Trotz der Tricks mit den Uhren war die Sendung also ebenso erfolgreich wie in anderen Ländern.

Leo Leslie sagte mir, er habe versucht, mit Hilfe von Quecksilber-bichlorid Schlüssel, Löffel und andere Gegenstände aus Metall zu verbiegen; es sei ihm aber völlig unmöglich gewesen, die gleichen Effekte hervorzurufen, und darum habe man diese Idee vor der Sendung verworfen. Es klappte teilweise bei Aluminium - aber wie viele Schlüssel bestehen aus Aluminium? Außerdem informierte er mich darüber, daß meine Hände nie den Aufnahmebereich einer speziell für diesen Zweck aufgestellten Kamera verlassen hätten. Später schrieb Leo Leslie ein Buch über dieses Erlebnis, und ob-wohl er Magier war, wurde er einer meiner überzeugtesten An-hänger.

Die dänischen Zeitungen waren so überschwenglich wie die Blätter in anderen Ländern. Sie schilderten in allen Einzelheiten die sonderbaren Ereignisse in ganz Dänemark, und eine von ihnen, die *Berlingske Tidende*, schrieb: „Jetzt beginnen die Zweifler und Skeptiker aufzugeben. Es gibt eindeutige Beweise dafür, daß Uri Geller Fähigkeiten hat, die man als die größte Revolution in der Geschichte der Menschheit bezeichnen muß." Angesichts dieser Worte hätte ich eigentlich auf meine Hutgröße achten müssen. Aber ich zweifelte daran, daß die Skeptiker so schnell aufgeben würden. Außerdem vergesse ich nie, daß die Kräfte oder Energien nicht wirklich mir gehören - ich habe sie lediglich von den kosmischen Kräften geborgt, die sie mir zusenden.

Kurz bevor ich Dänemark verließ und wieder nach England aufbrach, bat mich eine führende dänische Zeitschrift, das *Billed Bladet*, mit ihr ein Experiment wie in Paris und England zu machen: Ich sollte mich zu einer bestimmten Zeit konzentrieren, und die Zeitschrift wollte ihre Leser auffordern, das gleiche zu tun.

Ich war an diesem Fernversuch sehr interessiert, denn wenn er klappte, war das eine Bestätigung des Experiments, das ich über den Ärmelkanal hinweg unternommen hatte. Wir konnten dadurch eine bessere Vorstellung davon gewinnen, aus welcher Entfernung diese Energien wirksam waren. Zudem hoffte ich, der Versuch werde das Interesse der Wissenschaftler vergrößern. Wenn Menschen auf der ganzen Welt immer wieder Beweise dafür lieferten, daß die Kräfte auch über großer Entfernungen wirkten, konnte die Wissenschaft es sich einfach nicht erlauben, sie zu ignorieren. Darauf hatte auch der Leitartikel in *Nature* hingewiesen. Natürlich konnte ich nicht wissen, ob ich Erfolg haben würde oder nicht. Ich wußte, daß alle meine Kritiker behaupten würden, es habe sich um einen Werbegag für die Zeitschrift und meine künftigen Vorführungen gehandelt. Nun ja, damit hatten sie zweifellos recht. Wenn es klappte, wäre es gut für die Zeitschrift, und es würde zweifellos meine Vortragsreisen fördern - und das alles störte mich überhaupt nicht. Dennoch waren keine Tricks im Spiel. Alles war völlig einwandfrei. Wir legten fest, wann ich mich in Anwesenheit von Vertretern der Zeitschrift in London auf ihre Leser konzentrieren sollte, während diese sich in ihren Häusern in Dänemark auf Metallgegenstände und kaputte Uhren konzentrierten.

Als ich in London eintraf, hatte ich vor, bei Freunden in einer ruhigen Gegend zu wohnen. Inzwischen folgten mir die Reporter überallhin, und es hatte den Anschein, als könne ich keine ruhige Minute für mich selbst finden. Ich versuchte, mich mit einer dunklen Brille zu tarnen; aber es gelang ihnen immer, mich aufzuspüren. Sie verfolgten mich zur Wohnung meines Freundes und warteten draußen. Einmal mußte ich in einen anderen Stadtteil fahren, und mir war klar, daß ich unmöglich entschlüpfen konnte, ohne daß mir jemand folgte. Wir spähten durch die Vorhänge - das Haus war praktisch umzingelt. Mein bester Freund, Schipi Schtrang, sowie Yascha Katz, die sich zusammen mit Werner Schmid um die vielen Details einer Demonstrationsreise durch acht englische Städte kümmerten, waren bei mir. Wir beschlossen, daß die beiden ihre Mäntel über die Köpfe ziehen, zum großen Land Rover laufen und mit hoher Geschwindigkeit wegfahren sollten. Wir hofften, daß die Reporter ihnen folgen würden, während ich mich verdrückte. Schipi wurde mit dunkler Brille fotografiert und mit mir verwechselt. Es klappte, und am nächsten Tag schrieben die Zeitungen alles über mein „trickreiches Verschwinden".

Es gab aber auch triftigere Gründe dafür, daß ich möglichst nicht erkannt werden wollte. Ich hatte bereits früher mehrere Morddrohungen erhalten, angeblich von einer arabischen Terrorgruppe. Auch mit der Post mußten wir sehr vorsichtig sein. Werner Schmid hatte eine weitere Drohung erhalten, als wir, aus Dänemark kommend, in England eintrafen.

Ich hoffe immer auf Frieden, und ich habe sogar davon geträumt, daß ich als erster Israeli einen Vorführungsabend in Ägypten gebe. Ich weiß instinktiv, daß die geheimnisvollen Kräfte oder Intelligenzen sich niemals für Kriegszwecke mißbrauchen lassen. Aber darüber werden viele Witze gemacht. Eine Karikatur in einer europäischen Zeitschrift zeigte zwei Panzer, die ineinander verknotet waren. Ein Offizier sagte zum anderen: „Nein, du biegst deinen zurück." Auf einer anderen Karikatur war ein Flugzeug zu sehen, dessen Rumpf halb verbogen war. Der Pilot sagte zu seinem Gegenüber: „Also, ich sagte zu diesem Geller: ‚Okay, Schlaumeier - was kannst du außer Löffeln sonst noch verbiegen?'"

Wahrscheinlich ist es gut, daß die Energien in negativer Richtung nicht wirksam sind. Ich habe einen Krieg als Fallschirmjäger durchgemacht und kenne seine Schrecken. Ich wurde an beiden Armen und an der Stirn verwundet, während ich 1967 im Sechstagekrieg einen Bunker stürmte. Nach meiner Verwundung unterhielt ich die Truppe an der Front. Aber eine höhere Macht wollte offenbar nicht, daß ich meine Kräfte für andere als friedliche Zwecke benutzte oder jemandem damit schadete.

Die letzte Drohung hörte sich ernst an, und wir setzten uns sofort zusammen, um darüber zu sprechen, wie wir uns auf der Acht-Städte-Tour verhalten sollten. Werner Schmid nahm Verbindung mit Scotland Yard auf, und man schickte sofort mehrere Männer zu uns. Gemeinsam beschlossen wir, in ein großes Londoner Hotel umzuziehen. Dort hielten Polzisten Wache, während wir uns überlegten, was wir angesichts der Drohungen tun sollten. Sowohl der Eingang wie auch das Foyer des Hotels wurden bewacht.

Da die dänischen Korrespondenten Torben Dahlvad und Ulla Ave angekommen waren, um das Experiment zu beobachten, das wir ihnen versprochen hatten, unterrichteten wir sie über unseren Umzug. Sie suchten uns auf, während wir noch darüber diskutierten, ob wir die Englandreise fortsetzen sollten oder nicht. Sie wollten den Fernversuch überwachen und zum vorgesehenen Zeitpunkt - Sonntag, ein Uhr dänischer Zeit - einige Fotos machen.

Wir bereiteten uns auf den Versuch im Hotel vor, als handle es sich um eine Fernsehsendung. Ich freute mich darauf, nicht nur, weil ich auf das Ergebnis neugierig war, sondern auch, weil er uns eine Weile von den Drohungen und und der Bewachung durch Scotland Yard ablenkte.

Die dänischen Journalisten hatten mehrere defekte Armbanduhren und eine große Sammlung von Messern, Gabeln, Löffeln und Schlüsseln mitgebracht. Alles lag auf einem Tisch, und ich setzte mich und machte mich fertig. Ich wußte, daß eine starke Konzentration notwendig war, wenn das Experiment auf eine so große Entfernung gelingen sollte. Genau zur Mittagsstunde britischer Zeit, also um ein Uhr dänischer Zeit, begann ich mich zu konzentrieren. Ich ergriff eine der kaputten Uhren und drückte sie fest. Dann legte ich sie sanft auf den Tisch, und sie fing zu ticken an. Das gleiche tat ich mit zwei anderen Uhren und schickte gleichzeitig meine Gedanken nach Dänemark.

Aus irgendeinem Grund, den ich selbst nicht verstehe, weiß ich, wann die Energie stark ist, und an diesem Tag spürte ich, daß sie sehr stark war. Nachdem ich die dritte Armbanduhr auf dem Tisch schnell in Gang gebracht hatte, sagte ich zu den Dänen, ich sei davon überzeugt, daß das Experiment gelingen werde und daß bereits Tausende von kaputten Uhren in Dänemark wieder zu ticken begonnen hätten. Dann wandte ich mich den Gabeln und Löffeln auf dem Tisch zu und hielt über mehrere von ihnen die

Hände. Bald fingen sie an sich zu verbiegen. Ein Messer und eine Gabel brachen entzwei, und einmal war dabei ein sehr lautes Krachen zu hören. Die dänischen Reporter und die Männer von Scotland Yard waren wirklich verblüfft. Einer der Reporter gab mir den Schlüssel zur Haupttür des Bürogebäudes, in dem sich seine Redaktion befand. Er bog sich rasch.

Nach ungefähr zehn Minuten sagte ich ihnen, daß der Versuch sehr erfolgreich verlaufe - sogar phantastisch. Kaum hatte ich diese Worte ausgesprochen, als das Telefon klingelte. Es war der erste Bericht aus der Redaktion der dänischen Zeitschrift. Ihre Telefonzentrale wurde bereits mit Anrufen von Lesern überschwemmt, die erzählen wollten, was in ihren Wohnungen geschehen war. Innerhalb von wenigen Minuten gingen mehr Anrufe ein, als die Redaktion verkraften konnte. Ich war wirklich glücklich, trotz all der Probleme in England und der Drohungen, die uns immer noch per Telefon erreichten.

Ich verdrängte den Erfolg des dänischen Experimentes, als ich zusammen mit Yascha, Schipi und Werner versuchte, eine Entscheidung hinsichtlich der Englandtour zu treffen. Es war nicht einfach. Aber das Klima in England war damals sehr angespannt. Ein Kaufhausangestellter, der viel für jüdische Wohltätigkeitsorganisationen getan hatte, war auf offener Straße erschossen worden, und die Terrorgruppe hatte eine Liste von zwanzig bekannten englischen Juden veröffentlicht, die sie ermorden wollte. Ich wollte nicht aufgeben, doch Werner Schmid bestand darauf, daß eine Fortsetzung der Reise zu gefährlich sei.

Einige Zeit später veröffentlichte die dänische Zeitschrift eine Bilanz der Ereignisse an jenem Sonntagnachmittag: 1098 Menschen hatten angerufen, und alle hatten von außergewöhnlichen Ereignissen berichtet. Eine Frau beklagte sich darüber, daß nichts geschehen sei, als sich plötzlich das metallene Brillengestell auf ihrer Nase verbog. Erneut gab es Hunderte von Berichten über defekte Uhren, die wieder gingen. In einigen Häusern gingen die Lichter aus, oder sie begannen sogar zu blinken. Ein kaputter Ölofen fing auf einmal an zu arbeiten. Und denken Sie daran: Das alles geschah ohne die

Unterstützung des Rundfunks oder des Fernsehens - ich konzentrierte mich einfach genau zu dem Zeitpunkt, als Tausende, vielleicht Hunderttausende von Dänen das gleiche taten. Es war also nicht nur meine Energie, sondern auch ihre.

Ein Umstand deutete darauf hin, daß die Anrufer ihre Geschichten nicht erzählten, um sich wichtig zu machen: Die Zeitschrift erhielt Berichte von vielen Leuten, die ihren Namen nicht nennen wollten. Eine Frau, deren alte Uhr wieder ging, sagte: „Nein, ich möchte nicht sagen, wer ich bin. Ich zittere immer noch nach diesem Erlebnis." Eine andere Frau verließ an jenem Sonntag das Land, um ihre Großmutter in Schweden zu besuchen. Sie nahm ein Heft der Zeitschrift mit und hatte auch eine goldene Armbanduhr bei sich, die seit Jahren nicht mehr funktioniert hatte. Sie legte die Uhr auf die Zeitschrift, und sie begann zu ticken. Offensichtlich war der Versuch also sogar außerhalb der dänischen Grenzen erfolgreich. Frau R. Smith aus Glostrup vergaß das Experiment; doch ein alter Wecker, den sie auf eine Ausgabe des *Billed-Bladet* gestellt hatte, begann dennoch zu ticken.

Am meisten erstaunte mich der folgende Vorfall: Im Kopenhagener Büro der Zeitschrift ging ein Anruf von einer kleinen Insel im Holbeck-Fjord ein. Eine 76jährige Frau, Elisabeth Sörensen, die eben Urgroßmutter geworden war, besuchte dort ihren Schwiegersohn C. V. Brunn und ihre Tochter. Die Familie beschloß, sich nur zum Spaß auf die Zeitschrift zu konzentrieren und ein paar alte Uhren wieder in Gang zu bringen. Dem Anrufer zufolge merkte Frau Sörensen plötzlich, daß sie zum erstenmal seit zwei Jahren ihr Knie wieder beugen konnte. Dänische Reporter fuhren zu ihr, um sie zu interviewen, und sie stellten fest, daß sie chronische Arthritis hatte. Statt auf Uhren hatte sie sich auf ihr Knie konzentriert!

In diesem Haus gab es keine Uhren, die wieder gingen. Doch zur Überraschung ihrer Familie stand Frau Sörensen auf und begann zum erstenmal seit 24 Monaten wieder normal zu gehen. Als die Reporter ankamen, sprach man auf der kleinen Insel immer noch über das Ereignis.

Ich war sehr glücklich darüber, daß Frau Sörensen sich nach dem Experiment anscheinend besser fühlte. Aber ich möchte wiederholen, daß sie diesen Erfolg - sofern der Bericht korrekt war - selbst herbeigeführt hat, ebenso wie jene Menschen, die sich auf Schlüssel, Löffel und Uhren konzentrierten. Ich bin alles andere als ein mystischer Prophet, obwohl offenbar manchmal Heilprozesse ausgelöst werden, wenn ich mich konzentriere. Mitunter möchte ich gerne heilen, und ich wünschte, ich könnte es besser. Aber ich weiß, daß ich dafür noch nicht reif bin. Allerdings habe ich das Gefühl, daß der Tag kommen wird, und darum sollte ich eigentlich nicht so überrascht sein, wenn ich Nachrichten wie jene aus Dänemark erhalte.

Wenn ich jemals imstande sein sollte, regelmäßig zu heilen, möchte ich systematisch diese Fähigkeit voll entwickeln, damit ich sie in den Griff bekomme, und ich würde gerne mit Ärzten zusammenarbeiten. Um keine falschen Hoffnungen zu erwecken, möchte ich öffentlich und nur unter ärztlicher Aufsicht arbeiten, so wie ich heute mit Wissenschaftlern des SRI und der Universität London zusammenarbeite und herauszufinden versuche, was diese Kräfte sind, wie sie wirken und was sie vielleicht eines Tages für die Welt bedeuten können.

Ich glaube, Heilen ist eine andere Form dieser noch unentdeckten Energien. Jeder, der mit unbekannten Kräften heilt, sollte damit nicht die Medizin herausfordern, sondern mit ihr zusammenarbeiten. Mit diesen Energien darf man nicht herumspielen. Ich bin davon überzeugt, daß ich keine bewußten Heilungen versuchen darf, solange ich nicht gemeinsam mit Wissenschaftlern viele weitere Experimente gemacht habe, die sich mit Telepathie, Psychokinese und Hellsehen befassen. Anschließend könnten wir uns dem Heilen zuwenden, zusammen mit Medizinern anstelle von Physikern oder Psychologen. Wenn die wissenschaftlichen Untersuchungen auch in Zukunft die gleichen stetigen Fortschritte bei der Erforschung dieser Energien machen wie heute, bin ich sicher, daß die Ergebnisse die Mediziner ermutigen und ihnen die Angst davor nehmen werden, Phänomene zu erforschen und zu testen, die bisher noch als unwissenschaftlich gelten.

Ich bin davon überzeugt, daß wir alle Heiler unseres eigenen Körpers sein könnten, wenn wir den Schlüssel finden würden, mit dem wir diese Kräfte freisetzen können. Vielleicht entdecken wir einen Weg, bestimmte Zellen im Gehirn zu öffnen und zur Selbstheilung zu veranlassen. Ärzte haben mir bestätigt, daß Heilungen zum größten Teil der Natur zuzuschreiben sind. Ärzte tun in Notfällen alles in ihrer Macht Stehende, um dem Organismus zu helfen, aber die eigentliche Heilung besorgt der Körper selbst. Ich glaube, die Natur und Gott wirken zusammen und unterstützen uns bei unserer Selbstheilung. Eines Tages werden wir lernen, diesen Prozeß zu beschleunigen. Ich weiß, das hört sich weit hergeholt an. Aber ich glaube, daß wir in Zukunft Maschinen oder Computer konstruieren können, die das Immunsystem veranlassen können, eine Selbstheilung herbeizuführen. Sobald wir das erreicht haben, werden wir noch größere medizinische Fortschritte machen. Ich bin sicher, daß die Gesundheit in uns selbst liegt.

Ich glaube allerdings auch, daß die Liebe einer der Schlüssel zur Gesundheit ist. Liebe, die tief in der Seele wurzelt, ist eine gewaltige Kraft. Ich halte sie für den Hauptschlüssel zur Heilung. Wer im Krankenhaus liegt, wird viel schneller gesund, wenn er geliebt wird. Doch das ist nur ein kleiner Teil dessen, was möglich ist. Ich möchte nicht den Anschein erwecken, als seien die heilenden Energien einfach und leicht verfügbar, ohne daß wir sie langsam entwickeln und mit der modernen Wissenschaft verbinden müßten. Eine solche Auffassung wäre ein großer Fehler. Der Vorfall während des dänischen Experiments war nicht beabsichtigt, und vielleicht ist er nicht mehr als ein Hinweis und war allein deshalb bemerkenswert. Es ist schön, wenn der Zufall uns heute einige Erfolge schenkt; doch weiter sollten wir im Augenblick nicht gehen. Ich hoffe, daß ich mir meiner Grenzen immer bewußt bin.

Da ich die Vortragsreise durch England abgesagt hatte, konnte ich mich ein wenig in den USA erholen und hatte etwas Zeit, mich auf eine Reise nach Japan vorzubereiten, wo ich einige Male auftreten wollte. Außerdem hatte ich Gelegenheit, darüber nachzudenken, wohin ich mich entwickelte und was das alles für mich und den Rest der Welt bedeutete. Was kürzlich und vor längerer Zeit geschehen war, überzeugte mich davon, daß es hinter all dem einen Plan gab, auch wenn seine Umrisse mitunter auf rätselhafte Weise meinem Geist entglitten. Was sich in den nächsten Monaten ereignen sollte, kam allerdings für mich ebenso überraschend wie für die Wissenschaft.

6
Das Lied, das Löffel verbiegt

Echt oder nicht? Der Streit wird heftiger. Ein siebenjähriger Junge verbiegt Gabeln. Einige meiner Fähigkeiten kann ich steuern, andere nicht. Ich „empfange" Gedichte. Bryon Janis vertont einige meiner Gedichte. Mein „Biegegedicht" wird im Rundfunk gesendet. Hunderte von Menschen berichten über verbogene Schlüssel oder Löffel. *Time* veröffentlicht einen negativen Artikel über mich. Pannen beim Druck. 95 Prozent der *Daily-Mail*-Leser glauben an meine Kräfte. Meine Talente werfen ernste und beunruhigende Fragen an die Wissenschaft auf.

Ohne daß es mir wirklich bewußt gewesen wäre, spitzten die Dinge sich nach meiner Skandinavien- und Europareise in gewisser Weise zu. Der Streit darüber, ob meine Fähigkeiten echt waren oder ob ich Tricks benutzte, wurde heftiger. Ich versuchte, mich nicht andauernd zu verteidigen, aber manchmal fiel es mir schwer. Einer der Gründe für den Rummel war die lange Reihe von wissenschaftlichen Tests, denen ich mich seit 1972 - ein Jahr vor meiner Rundreise - am Stanford Research Institute (SRI) unterzogen hatte und die ich im August 1973 fortsetzte.
Die Forschungen dieses Instituts sind mit die anspruchsvollsten der Welt, und es arbeitet sowohl für die Industrie als auch für die Regierung. Komplexe Computerforschungen für die Streitkräfte waren ein Teil seiner Arbeit. Nachdem die erste Testreihe im Jahre 1972 beendet war, veröffentlichte das SRI einen vorläufigen Bericht, in dem es hieß: „Wir haben gewisse Phänomene beobachtet, die wir wissenschaftlich nicht erklären können. Derzeit können wir nur sagen, daß weitere Untersuchungen eindeutig gerechtfertigt sind."
Da das SRI auf der ganzen Welt hohes Ansehen genießt, erregte selbst die vorläufige Stellungnahme beträchtliches Aufsehen. Allerdings wurden die Ergebnisse nicht sofort veröffentlicht, weil die Wissenschaftler, die die Tests geleitet hatten, ihren Bericht noch nicht in einer wissenschaftlichen Zeitschrift veröffentlicht hatten. Soviel ich weiß, ist das Voraussetzung dafür, daß die Wissenschaftler sie voll anerkennen.

Ich war zusammen mit Dr. Andrija Puharich und dem Astronauten Edgar Mitchell zum SRI gefahren. Puharich hatte mich aus Israel mitgenommen, nachdem er mich dort getestet hatte. Die beiden Wissenschaftler am Institut, die die Tests durchführten, waren Russell Targ, ein Spezialist der Laser- und Plasmaforschung, und Dr. Harold Puthoff, der sich auf Quantenphysik spezialisiert hat. Beide sind auch an Parapsychologie äußerst interessiert, und wir verdanken ihnen zahlreiche Studien auf diesem Gebiet.

Sowohl Targ als auch Puthoff waren im Frühling des Jahres 1974 entschlossen, den Bericht über die Tests, die sie mit mir gemacht hatten, nur in der besten wissenschaftlichen Zeitschrift zu veröffentlichen. Nach fast allgemeiner Meinung ist dies *Nature,* weil diese Zeitschrift überaus vorsichtig ist und eine wissenschaftliche Arbeit vor der Veröffentlichung gründlich überprüft.

Zu diesem Zeitpunkt war der Bericht des SRI noch nicht veröffentlicht worden, obwohl er *Nature* seit vielen Monaten vorlag. Ich hatte gehört, daß nahezu alle wissenschaftlichen Zeitschriften Studien über paranormale Vorgänge ablehnten, weil dieser Bereich seit langem als unwissenschaftlich galt. Wenn *Nature* die Arbeit des SRI akzeptieren würde, wär das ein großer Durchbruch. Vielleicht würden dann sogar die Kritiker verstummen, die ständig versuchten, mich unglaubwürdig zu machen. Ich hoffte sehr, daß die wissenschaftliche Arbeit in *Nature* erscheinen und mich von einem Teil des gräßlichen Drucks befreien würde, den viele Magier und einige Zeitungen mir andauernd auferlegten. Wenn *Nature* mit seinem hohen wissenschaftlichen Anspruch den Artikel nach monatelanger Überlegung annähme, dann, so dachte ich, würden auch die Wissenschaftler und die Presse ihn akzeptieren und ich wäre nicht mehr mit diesem ewigen Streit konfrontiert.

Selbst in den Ländern, die ich gerade erst besucht hatte und wo die unglaublichen Ereignisse in den Fernsehstudios sich in Tausenden von Wohnungen wiederholt hatten, hielten die Kontroversen an. Ich erfuhr, daß ein Professor der Universität Wales die ganze Geschichte für „ziemlich lächerlich" erklärt hatte. „Ein halbstündiger, gut kontrollierter Test würde genügen, um Geller zu entlarven", sagte er. Weder er noch viele andere, die seine Auffassung teilten, konnten wissen, daß die kontrollierten Bedingungen im SRI so streng wie nur möglich waren. Das SRI hatte sich bei der Vorbereitung der Tests von Berufszauberern beraten lassen, und Russel Targ ist selbst ein Amateurzauberer. Sie hatten mich völlig isoliert und jede Art von Komplizenschaft unmöglich gemacht. Während der Tests, in denen ich versuchte, nach dem Zufallsprinzip ausgewählte Zeichnungen zu duplizieren, saß ich in einem engen abgeschirmten Raum, einem sogenannten Faradayschen Käfig, in den Radiowellen oder elektromagnetische Kräfte nicht eindringen können.

Nach den Rundfunk- und Fernsehsendungen in Großbritannien zeigten einige Wissenschaftler echtes Interesse daran, den Berichten von Menschen nachzugehen, die seltsame Vorfälle in ihren Wohnungen beobachtet hatten, während die Shows ausgestrahlt wurden. Einer von ihnen war Professor John Taylor. Er plante, Leute zu überprüfen, bei denen sich Metallobjekte verbogen hatten und deren kaputte Uhren wieder funktionierten, und die Ergebnisse mit den Tests zu vergleichen, die er mit mir machen wollte. Taylor war davon überzeugt, daß er auf diese Weise alle Tricks ausschließen konnte. Mit anderen Worten: Er wollte eine Gruppe aus Kindern und Erwachsenen zusammenstellen, die offenkundig keine Zauberkünstler waren; und wenn sie Metall verbiegen konnten, ohne es zu berühren, war es so gut wie sicher, daß er einige neue Kräfte entdeckt hatte.

Eine Londoner Zeitung hatte bereits zehn solcher Leute zum Mittagessen in ein Hotel eingeladen und sie gebeten, Löffel oder Schlüssel zu verbiegen, defekte Uhren zum Laufen zu bringen oder gehende Uhren anzuhalten. Obwohl es sich bei weitem nicht um einen wissenschaftlichen Test handelte, waren die Ergebnisse erstaunlich. Vor den Augen der Reporter setzten zwei Kinder kaputte Uhren in Gang, die sie in der Hand hielten. Ein siebenjähriger Junge namens Mark Shelley konzentrierte sich auf eine Reihe von Gabeln und verbog sie alle. „Ich stelle mir einfach vor, daß die Gabel sich biegt, und sie tut es", sagte er.

Während der kurzen Atempause vor meiner Reise nach Japan hatte ich Gelegenheit, über die Phänomene nachzudenken. Die Energien oder Kräfte traten in vielen verschiedenen Formen auf. Einige von ihnen konnte ich beherrschen, wenn ich mich auf sie konzentrierte. Andere schienen zu wirken, selbst wenn ich überhaupt nicht daran dachte.

Ich konnte willentlich Schlüssel und andere Objekte aus Metall verbiegen, kaputte Uhren in Gang setzen und Kompasse, Magnetometer und Laborinstrumente beeinflussen. Doch manchmal, während ich das tat, erzielte ich Ergebnisse, die über den Rahmen meiner Konzentration hinausgingen. Oft verbog ich eine Gabel oder einen Löffel, und ein anderer Gegenstand in der Nähe krümmte sich ebenfalls, ohne daß ich ihn berührt oder auch nur beachtet hätte. Die Fernexperimente - zum Beispiel jenes über den Kanal von Frankreich nach England - hatte ich nur zum Teil bestimmt; denn ich wußte nicht, wie viele Leute davon beeinflußt wurden und wo sie sich befanden. Das gleiche galt selbstverständlich für die verschiedenen Vorfälle, die sich während der Fernsehsendungen in ganz Skandinavien und im restlichen Europa ereignet hatten.

Telepathie praktizierte ich ebenfalls bewußt. Ich sah versteckte Bilder klar in meinem Geist, und meist gelang mir das am besten in einer sympathischen Umgebung ohne viele negative Gefühle. In manchen Fällen hatte ich sogar ein Bild reproduziert, das in Form und Größe mit dem Original nahezu identisch war. Außerdem konnte ich einem anderen Menschen eine dreistellige Zahl oder ein Bild „zusenden", während ich, ohne daß er es sehen konnte, die Zahl oder das Bild zu Papier brachte, und er sich darauf konzentrierte. Man hat mir gesagt, die Wahrscheinlichkeit, eine dreistellige Zahl zu erraten sei tausend zu eins. Trotzdem klappt es oft bei ganz gewöhnlichen Leuten, die anscheinend nie über paranormale Fähigkeiten verfügt haben.

Diese Kräfte schienen mir auch die Gabe des Hellsehens zu verleihen. In einem der Tests im SRI gelang es mir, in acht von zehn Fällen korrekt zu sagen, welche Zahl ein Würfel zeigte, der in einem Metallkasten lag und von einem der Versuchsleiter geschüttelt worden war. Zweimal bekam ich kein klares Bild und mußte passen. Man sagte mir, die Wahrscheinlichkeit eines solchen Ergebnisses sei etwa eine Million zu eins.

Ihre verblüffendste Wirkung entfalteten die Energien, wenn Gegenstände sich materialisierten und dematerialisierten, sich von selbst durchs Zimmer bewegten oder unerwartet auf einen Tisch oder auf jemandes Füße fielen. Auf derartige Phänomene konzentriere ich mich nicht. Sie geschehen einfach. Ich bin darüber ebenso erstaunt wie alle anderen, und ich kann sie nie vorhersehen. Dennoch ereignen sie sich fast jeden Tag vor vielen Zeugen. Später werde ich mehr darüber sagen.

Ich möchte ein volles, ausgeglichenes Leben führen. Ich sehe gerne fern, gehe gerne ins Kino und interessiere mich für Sport. Vor meiner Verlobung machte es mir Spaß, mit Mädchen auszugehen. Ich reise gerne und komme überall gerne mit Menschen zusammen. Es macht mir Freude, auf der ganzen Welt meine Vorführungen zu geben. Ich spiele gerne Klavier und schreibe gerne Gedichte. Gedichte stellen sich bei mir auf seltsame Weise ein, und ich glaube, daß ich sie nicht wirklich selbst schreibe. Es ist fast so, als befände ich mich in Trance, und meist spreche ich sie auf Band, als wäre ich nicht Verfasser, sondern nur Verkünder der Gedichte. Manchmal weiß ich, was ich gesprochen habe, und manchmal weiß ich es nicht. Und mitunter bin ich überrascht, wenn ich die Worte auf dem Band abhöre.

Ich fing damit an, kurz bevor ich nach Amerika ging. Eines Tages befand sich eine Schreibmaschine in meinem Zimmer, und obwohl ich nie Maschinenschreiben gelernt habe, setzte ich mich einfach hin und begann, einige Gedichte zu tippen. Es ist eher Lyrik, weil ich Musik darin spüre. Manche von ihnen scheinen von weit her zu kommen - ihre Quelle liegt außerhalb meines Ichs. In einigen dieser Gedichte geht es um Liebe, Einsamkeit, Trauer oder kosmische Intelligenzen. Manche von ihnen sind kurz, andere lang. Hier ein kurzes:

Schließ die Augen und versuche,
Das helle Licht zu sehen, das von oben kommt.
Versuch es zu beherrschen, denk hin zum Strahl,
Der deinen Geist berühren wird,
Ausgesandt von Evolution und Verständnis.

Ich weiß, meine Gedichte sind keine geschliffenen literarischen Perlen, aber sie kommen aus meinem Herzen. Und wenn sie kommen, scheint mich eine Kraft zu packen. Ich spüre sie seltsamerweise in der Mitte meiner Stirn als leichten Druck.

Einige Gedichte zeigte ich Byron und Maria Janis, und sie gefielen ihnen. Byron fand an mehreren von ihnen derart Gefallen, daß er sogar Musik dazu komponierte. Auch Del Newman, der für berühmte Popsänger wie Paul McCartney, Elton John, Cat Stevens und Paul Simon arrangiert, bekam die Gedichte zu Gesicht, und viele gefielen ihm. Schließlich beschlossen Yascha, Werner und ich, in England und Deutschland ein Album mit Liedern zu den Gedichten aufzunehmen. Ich spreche mehrere Sprachen einschließlich Englisch, Griechisch, Hebräisch und Ungarisch und etwas Deutsch, und wir beschlossen, mehrere Versionen in verschiedenen Sprachen aufzunehmen. Byron und Del wollten die Musik komponieren, und ich wollte die Lyrik sprechen. Maxine Nightingale, die im Musical Hair gesungen hatte, wollte die Lieder singen, die im Ausdruck schwierig waren, und ein Chor sollte uns bei vielen Titeln unterstützen. Das Album würde einfach *Uri Geller* heißen.

Das war nicht gegen meine Natur, denn ich habe mir schon als Kind gewünscht, Schauspieler und Künstler zu sein. Als ich heranwuchs, versuchte ich sogar, meine Kräfte oder Energien zu verdrängen, um mir diesen Wunsch zu erfüllen. Ich war und bin ein ganz normaler Mensch, abgesehen von diesen Kräften.

Der Wunsch aufzutreten, schöpferisch zu sein ist für mich etwas völlig Natürliches, obwohl manche Leute glauben, er hindere mich an meinem Vorhaben, die außergewöhnlichen Phänomene verstehen zu lernen. Ich bin anderer Meinung. Ich glaube, gerade die Gedichte sind ein Teil des Bildes, das sich langsam abzeichnet.

Es ist wie bei einem Film, den man in einen Entwickler legt. Das Bild wird langsam sichtbar, nicht plötzlich. Man muß darauf warten, daß es alle Einzelheiten und seine Bedeutung zeigt. Was meine menschlichen Gefühle und Emotionen angeht, so gibt es Vergangenheit, Gegenwart und Zukunft. Doch wenn ich über tiefere Dinge nachdenke, weiß ich, daß es für sie im Grunde keine Vergangenheit, Gegenwart und Zukunft gibt. In Wirklichkeit geschieht alles gleichzeitig. Ich spüre, daß wir alle zwei Kanäle haben, einen kosmischen und einen gewöhnlichen, und daß wir sie zu verschiedenen Zeiten nutzen können.

Durch eines der Lieder auf dem Album - es ist das letzte - hoffe ich herauszufinden, in welchem Umfang ich meine Kräfte auf andere übertragen kann. Ich nenne dieses Lied „Stimmung", und es geht so:

Komm, laß uns zusammen glauben
Und versuchen, mit Gedankenkraft etwas zu tun,
Was wir nie für möglich hielten.
Komm, heben wir etwas auf,
Vielleicht eine Gabel, einen Löffel oder Schlüssel.
Konzentrier dich jetzt,
Glaube fest und spüre
Den starken Wunsch, daß es geschehen möge.
Halte die Gabel oder den Schlüssel sanft in der Hand
Und fang an, in deinem Kopf und Geist zu wiederholen:
„Biege dich ... biege dich ...".
Und streiche mit den Fingern sehr sacht darüber,
Kaum das Metall berührend.
Streichle es sanft
Und wiederhole im Geiste das
„Biege dich ... biege dich ...".
Und wenn es sich biegt, sei einfach froh
Und wünsche, daß es weitergeht.
Du bist Teil eines faszinierenden Effekts,
Der wirklich in vielen von uns verborgen ist.

Doch wenn sich nichts rührt,
Sei bitte nicht enttäuscht,
Denn es glückt nicht allen.
Vielleicht ist jetzt nicht die Zeit,
Oder der Mond steht nicht richtig,
Manchmal mißlingt es selbst mir.

Es dauerte nicht lange, und wir fanden heraus, daß diese Lieder tatsächlich wirkten. Auf die Rückseite der Plattenhülle hatten wir drucken lassen: „Alle an diesem Album Beteiligten übernehmen keine Verantwortung für die Experimente und ihre Folgen." Dieser Haftungsausschluß war für alle Eventualitäten gedacht: Wenn sich etwas verbog, weil jemand die Platten hörte, wollten wir natürlich nicht haften; und wir wollten auch nicht, daß jemand enttäuscht war, wenn nichts geschah. Beides ließ sich unmöglich voraussagen. Als die Platte 1974 herauskam, wurde sie über den Schweizer Rundfunk gespielt. Wie nicht anders zu erwarten war, gingen beim Sender Hunderte von Telefonanrufen ein, und die Leute berichteten, Löffel, Gabeln und Schlüssel hätten sich in ihren Wohnungen verbogen, so wie früher während der Sendungen in England und anderen Ländern. Wenn es auch künftig zu diesen Reaktionen kommt, ist das eine wichtige Bestätigung der Theorie, wonach es eine neue Kraft in der Welt gibt, die in anderen ausgelöst werden kann und mit der wir uns sofort und intensiv befassen sollten. Darum war ich so erfreut über die Nachricht, daß Professor Taylor plante, im Rahmen einer wissenschaftlichen Studie den Berichten einiger Leute nachzugehen, bei denen sich während der BBC-Sendungen Metallgegenstände verbogen hatten. Endlich gab es klare und nachprüfbare Fakten, die die Kritiker nicht auf Tricks zurückführen konnten.
Es gab viel zu tun, um das Album fertigzustellen, und inzwischen hatte ich für Februar mehrere Fernsehauftritte in Japan und für März eine zweite Reise in einige skandinavische Länder eingeplant. Es stellte sich heraus, daß die Reaktionen in Japan in jeder Hinsicht ebenso spektakulär waren wie die in Europa. Sie bewiesen offenbar,

daß die Sprachbarriere nichts mit der Wirkungsweise der Energien zu tun hat. Wieder gab es ungewöhnliche Vorfälle im ganzen Land, während die Fernsehshow auf allen japanischen Inseln ausgestrahlt wurde.

Und wieder genügte das alles nicht, um die Kritiker zum Schweigen zu bringen, die alles in Mißkredit bringen wollten, was ich tat. Vielleicht war dies der Grund dafür, warum ich ziemlich ungeduldig darauf wartete, daß der Bericht des SRI in *Nature* erschien; denn nur dann, so glaubte ich, würden die Waagschalen sich in die andere Richtung neigen. Als ich jedoch aus Japan in die USA zurückkehrte, nahmen die Angriffe zu.

Die Zeitschrift *Time* veröffentliche einen Artikel, der meiner Meinung nach eine wirklich heimtückische Attacke gegen die gesamte Parapsychologie darstellte. Der Artikel versuchte, alles lächerlich zu machen, was auf diesem Gebiet je unternommen worden war, anstatt eine ausgewogene Stellungnahme abzugeben. Daß dieses seriöse Magazin einen solchen Artikel druckte, machte mich betroffen. Offensichtlich hatten die Journalisten der *Time* sich nicht darüber informiert, was in den Monaten zuvor während der britischen und europäischen Fernsehsendungen geschehen war - oder sie wußten Bescheid, kümmerten sich aber nicht um Tatsachen.

Doch all das hätte mich eigentlich nicht überraschen sollen. *Time* hatte mich bereits ein Jahr zuvor angegriffen, als das SRI den Redakteuren gesagt hatte, sie müßten warten, bis die wissenschaftliche Welt über die Ergebnisse unterrichtet sei. Anscheinend beruhte die Position der *Time* im wesentlichen darauf, daß die Redakteure einem Magier namens James Randi glaubten, der behauptete, er könne mir alles nachmachen. In Wirklichkeit konnte er lediglich durch Taschenspielertricks einiges vortäuschen, und was er nicht nachmachen konnte, ignorierte er der Einfachheit halber.

Seltsam fand ich, daß *Time* offenbar ganz unverblümt erklärte, daß ein Magier mehr Autorität habe als Wissenschaftler - und sogar, daß ich schlauer sei als das ganze Stanford Research Institute. Das war zwar sehr schmeichelhaft, aber ich verstand nicht, wie ein vernünftiger Mensch ihnen das abkaufen sollte. Selbstverständlich erklärten weder Randi noch *Time*, wieso Uhren, die seit zehn oder fünfzehn Jahren nicht mehr funktioniert hatten, plötzlich wieder gingen oder wie sich Gegenstände verbiegen konnten, die meilenweit von mir entfernt waren, und wie diese Energien bei anderen Menschen ausgelöst worden waren. Darüber schwiegen sie sich eisern aus, als wollten sie vorgeben, das alles habe gar nicht stattgefunden, obwohl es in ganz Europa die Schlagzeilen der Zeitungen beherrscht hatte. Offenbar gab es aber doch einige bemerkenswerte Vorkommnisse, als der Tag der Veröffentlichung dieser Titelgeschichte in *Time* näherrückte. Um *Time* Gerechtigkeit widerfahren zu lassen, möchte ich erwähnen, daß diese Vorfälle in der Spalte „An unsere Leser" am Anfang des Magazins beschrieben wurden. Der Radiowecker, den Leon Jaroff, der Wissenschaftsredakteur von *Time*, zu benutzen pflegte, um rechtzeitig aufzuwachen, versagte in der Woche vor der Veröffentlichung dreimal, so daß Jaroff zu spät ins Büro kam. Noch erstaunlicher war ein anderer Vorfall, über den *Time* berichtete: Beide computergesteuerten Druckmaschinen hörten gleichzeitig auf zu arbeiten, und zwar genau in dem Moment, als der Artikel über die paranormalen Phänomene eingegeben wurde. *Time* bezeichnete dieses Ereignis als „extrem unwahrscheinlich". Gleich anschließend „verschluckte der Computer die gesamte Titelgeschichte; er entwickelte einen Defekt, der die Kopie endlos durch die Programmschleife kreisen ließ, so daß sie nicht mehr abgerufen werden konnte." Es dauerte dreizehn Stunden, bis man den Druck fortsetzen konnte.

Im Gegensatz zur ablehnenden Haltung der *Time* führte die Londoner *Daily Mail* etwa eine Woche nach dem *Time*-Artikel eine Umfrage unter ihren Lesern durch. Damals veröffentlichte diese Zeitung in Fortsetzungen Teile eines Buches mit dem Titel „*Uri*" von Dr. Andrija Puharich. Auf der Titelseite druckte die *Daily Mail* einen Stimmzettel ab, auf dem man JA oder NEIN ankreuzen konnte. Darunter stand folgende Erläuterung: „*Die Geschichte von Uri Geller, die Daily Mail seit dieser Woche abdruckt, hat Kontroversen ausgelöst. In Amerika haben die Wissenschaftler sich in zwei Gruppen gespalten: Die einen halten Geller einfach für einen hervorragenden Unterhaltungskünstler, die anderen glauben, er habe übermenschliche Kräfte. Jetzt sind Sie an der Reihe. Hat Uri Geller paranormale Kräfte? Kreuzen Sie auf dem Stimmzettel JA oder NEIN an, schneiden Sie ihn aus, und schicken Sie ihn an uns."*

Als ich von dieser Abstimmung hörte, war ich pessimistisch. Wenn ich von diesen Energien nur gelesen hätte, anstatt sie zu sehen oder zu erleben, wäre meine Antwort wahrscheinlich ein großes schwarzes NEIN gewesen. Ich schätzte, daß nicht mehr als 20 oder 25 % der Einsender mit JA stimmen würden, obwohl in der Artikelserie der *Daily Mail* auch die vorläufigen, ziemlich überzeugenden Resultate der SRI-Tests erwähnt worden waren.

Das Ergebnis der Umfrage wurde am Freitag, dem 22. März 1974, veröffentlicht, und ich muß gestehen, daß ich überrascht war. Die Tabelle zeigte, daß 95,5 Prozent der Teilnehmer der Meinung waren, ich hätte echte übersinnliche Kräfte. Nur 4,5 Prozent hielten mich für einen Taschenspieler. Bei der Bekanntgabe der Resultate schrieb *Daily Mail: „Immer wieder erwähnten die Leser in ihren vielen Briefen, sie seien zunächst skeptisch gewesen, aber die Beweise des Stanford Research Institutes hätten sie letztlich überzeugt."*

Doch bei diesen Beweisen handelte es sich nur um unvollständige, inoffizielle Ergebnisse, und *Nature* hatte immer noch keine Veröffentlichung angekündigt. Alles, was ich erfahren konnte, war, daß die Arbeit des SRI geprüft werde. Das dauerte nun schon etwas länger als ein Jahr, und wie viele andere hielt ich es für unwahrscheinlich, daß *Nature* die Studie akzeptieren würde.

Inzwischen hatte ich meine zweite Skandinavienreise beendet und arbeitete hart, um die Aufnahme des Albums vorzubereiten, die für Juni geplant war. Damals erfuhr ich auch, daß die Robert-Stigwood-Organisation - die Londoner Produktionsfirma, die sowohl den Film als auch die britische Bühnenversion von *Jesus Christ Superstar* und den Film *Tommy* produziert hatte - die Filmrechte an meiner Lebensgeschichte erworben hatte. Ich war erfreut und begeistert, obwohl ich vermutete, daß es den Wissenschaftlern, die mich testeten, lieber gewesen wäre, wenn ich mich auf die seriöse Forschung beschränkt hätte.

Doch ich sehe hierin keinen Widerspruch. Ich habe zwei Seiten - die nüchterne Seite und die Seite, die mit den außergewöhnlichen Kräften zu tun hat. Ich schätze beide Seiten. Ich glaube, es gibt gute Gründe für meine öffentlichen Auftritte, die Fernsehsendungen, den Film, die Musik, die Gedichte, das Album. Innerhalb eines Jahres hatten mich viele Millionen Menschen gesehen und gehört - im Fernsehen, im Radio und auf den Zuschauertribünen. Ich bin davon überzeugt, daß ich ihr Denken ein wenig verändert und ihnen neue Horizonte des Universums eröffnet habe. Wir brauchen Energie, wenn wir etwas verändern wollen, vor allem, wenn wir auf den menschlichen Geist einwirken wollen. Ich glaube, wir alle müssen unser Bewußtsein erweitern, damit wir diese neuen kosmischen Kräfte verstehen können, und ich hoffe, der Film, die Schallplatte, dieses Buch und meine Auftritte tragen dazu bei.

Ich bin sicher, daß die Wissenschaft die paranormalen Phänomene ignorieren würde, wenn sie nicht ein so großes Aufsehen erregten. Die Öffentlichkeit ist interessiert und neugierig. Sie will wissen. Und dadurch werden Wissenschaftler aufmerksam, selbst wenn sie es zuweilen lästig finden.

Ich bin davon überzeugt, daß die erstaunlichen Ereignisse während der BBC-Sendungen Professor John Taylor von der Universität London und anderen Forschern geholfen haben, die neue Testreihe zu planen - nicht nur für mich, sondern auch für die Menschen, bei denen die Sendungen seltsame Phänomene auslösten. In einem Artikel für *The Listener*, die Wochenzeitschrift der BBC, begründete Professor Taylor im Mai 1974, warum diese übersinnlichen Kräfte seiner Meinung nach untersucht werden sollten. Er schrieb, die Folgen der BBC-Sendungen seien *„eine sehr ernste Herausforderung für die traditionelle wissenschaftliche Auffassung von unserer Welt."*

Er fuhr fort: *„Es ist schwierig, diese verblüffenden Phänomene mit der orthodoxen Wissenschaft in Einklang zu bringen. Manche Wissenschaftler sind so verstört, daß sie sehr feindselig geworden sind; andere lehnen es ab, Gellers Vorführungen zu beobachten - sie wollen nicht das Risiko* *eingehen, sich überzeugen zu lassen ... Jene, die die Welt so rational wie möglich erklären möchten, brauchen den Mut angesichts dieser Entwicklungen nicht zu verlieren.* **Denn seitdem wir offensichtlich gut entwickelte Kräfte kennen - nicht nur bei den Menschen, die ich erwähnt habe, sondern auch bei anderen -, ist es möglich geworden, mit einer sorgfältigen Analyse zu beginnen und zu untersuchen, wie sie zustandekommen. Sobald wir eine kausale Erklärung liefern können, ist der rationale Standpunkt gerettet.**"

Professor Taylor wußte, daß ich im Juni nach England kommen wollte, um dort das Album aufzunehmen, und er fragte mich brieflich, ob ich einige Zeit bei ihm im Labor des King's College verbringen könne, um einige Experimente zu machen. Gleichzeitig wollten die Professoren Dr. David Bohm und Dr. John Hasted wissen, ob ich ihnen für einige Versuche zur Verfügung stünde. Ich brachte beides in meinem Terminplan unter, weil mich die Tatsache ermutigte, daß alle Beteiligten in der wissenschaftlichen Welt hohes Ansehen genossen.

Nach Prof. Bohm, so hatte ich erfahren, war der „Bohm-Effekt" in der Kernverschmelzung benannt worden, und seine Arbeit in der Kernphysik wurde sehr geschätzt. Ich wußte also, daß ich mit erstklassigen Wissenschaftler zusammenarbeiten sollte, die man ernstnehmen würde, wenn sie ihre Ergebnisse veröffentlichten.

Immer noch hörte ich von seltsamen Vorfällen während meiner ersten Reise nach Europa und Skandinavien. Eine schwedische Hausfrau aus Jönköping in Mittelschweden hatte meinen Fernsehauftritt beobachtet und sich gefragt, wie man Metall allein durch die Kraft des Geistes verbiegen konnte. Sie hatte viele Jahre lang mit Erfolg ein Intrauterinpessar benutzt, und im Alter von vierzig Jahren verließ sie sich darauf, daß es weiteren Familiennachwuchs verhindern würde. Nur zwei Monate nach der Austrahlung meiner Show teilte der Arzt ihr mit, daß sie schwanger war. Mehr noch: Er sagte ihr, das Kupferpessar habe sich derart verbogen, daß es keine Schwangerschaften mehr verhüten könne. Letzten Berichten zufolge hatte sie einen Anwalt aufgesucht, um zu erfahren, ob sie mich auf Schadensersatz verklagen könne.

Die Pläne für das Album und für die zwei Testreihen am King's College und am Birbeck College der Universität London machten rasche Fortschritte. Es würde eine hektische Zeit werden - lange Sitzungen mit einem großen Orchester und all den Schwierigkeiten einer Studioaufzeichnung.

Brendan O'Regan, ein Forscher, der mich viele Monate lang genau beobachtet hatte, stellte die Tests zusammen. Ich erfuhr, daß die Experimente mit großer Sorgfalt vorbereitet worden waren und daß sie unter vollständig kontrollierten Bedingungen stattfinden würden, so daß die Ergebnisse kaum angezweifelt werden konnten. Außerdem wollte man den physikalischen Einfluß auf Metalle und Instrumente besonders eingehend untersuchen. Ich hatte bereits im SRI einige solcher Versuche gemacht. Doch der Schwerpunkt lag dort auf der Telepathie, und die Arbeit, die *Nature* vorlag, befaßte sich mit diesem Teil der Studie.

Dr. Ted Bastin, der viele mit mir zusammenhängende Phänomene beobachtet und viele britische Wissenschaftler dringend zu Untersuchungen aufgefordert hatte, hielt es für falsch, daß das SRI die Testergebnisse zurückhielt. Er glaubte, dies fache lediglich die Kontroverse an und schrecke viele Wissenschaftler ab, die sich ernsthaft mit den unbekannten Kräften befassen sollten. „Das Stanford Research Institute hat uns im Stich gelassen, weil es aus seinen Resultaten ein solches Geheimnis macht", sagte er.

Immer noch äußerten sich viele Wissenschaftler in den Medien negativ, und daher gab es keinen Zweifel daran, daß zwischen denen, die die neuen Käfte anerkannten, und jenen, die sie völlig ablehnten, eine Art totaler Krieg im Gange war. Für die Wissenschaft stand viel auf dem Spiel, und selbst die Kritiker räumten dies ein. Die Zeitschrift *Time* hatte in ihrem aggressiven Artikel darauf hingewiesen, daß *„sich für die gesamte moderne Wissenschaft ernste und beunruhigende Fragen stellen"*, wenn sich meine Fähigkeiten als real herausstellen sollten. *Business Week* argumentierte ähnlich: *„Paranormale Fähigkeiten zu akzeptieren würde die Grundfesten der Naturwissenschaft erschüttern ..., und es könnte sogar bedeuten, daß der Mensch über ein spirituelles Wesen verfügt, das Physiker und Psychologen nicht erklären können."*

Mein Instinkt sagte mir, daß sowohl wissenschaftliche Tests als auch die Kommunikation mit der breiten Öffentlichkeit durch meine Auftritte wichtig waren.

Ich muß meinem Instinkt folgen, einen anderen Weg gibt es für mich nicht. Das Problem ist vielleicht, daß ich ein sehr nüchterner Mensch bin. Vielleicht bin ich zu menschlich und interessiere mich zu sehr für die Bedürfnisse der Menschen. Ich liebe zum Beispiel Sicherheit. Aus diesem Grund hätte ich gerne eine Million Dollar auf der Bank. Ich bin nicht egoistisch; ich helfe gerne anderen Menschen. Ich wollte damals, daß meine Eltern zu arbeiten aufhörten. Ich helfe gerne Menschen, die mit mir in meinem Büro arbeiten. Ich liebe Bequemlichkeit, und manchmal liebe ich ein wenig Luxus, obwohl ich ihn, glaube ich, nicht zu wichtig nehme. Aber ich hätte auf jeden Fall gerne ein hübsches Auto und ein größeres Motorboot und ein Haus. Vielleicht ist das nicht gut. Wenn ich nicht so prosaisch wäre, könnte ich vielleicht auf höheren Ebenen wirken und würde mich nach Tibet begeben, eine orangefarbene Robe tragen und oben auf einem Berg von Kräutern leben. Aber so bin ich eben nicht.

Dennoch weiß ich, wie wichtig wissenschaftliche Experimente sind, und die Wissenschaftler, die auf meine Rückkehr nach England im Juni 1974 warteten, gaben eine imposante Gruppe ab. Am Birkbeck College waren es neben den Professoren David Bohm noch John Hasted, Leiter des Fachbereichs Physik, A. V. Cleaver, der Direktor der Raketenabteilung bei Rolls Royce gewesen war, Dr. Ted Bastin und der Forscher Brendan O'Regan. Eingeladen waren außerdem zwei wichtige Zeugen: Arthur Koestler, der berühmte Autor von *Darkness at Noon* (dt. *Sonnenfinsternis*), und Arthur C. Clarke, der *2001* und viele andere Science-Fiction-Romane geschrieben hat. Es war zweifellos eine interessante Gruppe, mit der ich arbeiten sollte.

Am King's College wollte Dr. John Taylor eigene Tests durchführen. Als Leiter des Fachbereichs Mathematik würde er mit einem Team von Ingenieuren und anderen Mitgliedern der Fakultät zusammenarbeiten.

Obwohl ich damals schon einen großen Teil meiner Nervosität gegenüber Wissenschaftlern abgelegt hatte, war ich ein wenig aufgeregt und hatte immer Angst zu versagen. Aber hier ging es um etwas sehr Wichtiges in der Geschichte der Menschheit: Die Existenz einer bisher unbekannten Energie im Universum sollte eindeutig nachgewiesen und der Streit zwischen gläubigen und ungläubigen Wissenschaftlern beigelegt werden.

Wenn diese neuen Experimente erfolgreich verliefen und *Nature* nach vielen Monaten endlich den Bericht des SRI akzeptierte, konnten wir uns alle zusammensetzen und darüber nachdenken, was diese Kräfte für die Welt und die Menschheit bedeuteten.

7
Der „Geller-Effekt" wird wissenschaftlich bewiesen

Jede Täuschungsmöglichkeit wird ausgeschlossen. In Professor Taylors Labor verbiegen sich nicht nur Messingstäbe, sondern auch die Nadel eines Meßgeräts. Ein Kristall in einem Plastikbehälter zerbricht. Gegenstände fliegen im Labor herum. Halten die sonderbaren Kräfte uns zum Narren? Gibt es einen kosmischen Humor? Experimente mit mir sind wiederholbar. Erstaunliche Biegetests mit Kindern. Geigerzähler spielen verrückt. Ein Kristall verschwindet. Wissenschaftler erklären: Meine Fähigkeiten sind echt und fordern die moderne Wissenschaft heraus.

Als ich im Juni 1974 in England ankam, rief ich Professor Taylor am King's College an. Er sagte, er habe seine Experimente vorbereitet, er warte auf mich und freue sich auf die Versuche. Auch für die Aufnahme des Albums war alles arrangiert, und ich versprach Taylor, am nächsten Tag gleich nach den Aufnahmen zu ihm zu kommen. Ich war der Meinung, daß ich mit ihm zuerst arbeiten sollte, weil ich ihn bereits kannte und mich bei ihm wohler fühlen würde. Dann wollte ich ins Birkbeck College gehen, wo Professor Bohm eine andere Testreihe plante. Auf diese Weise konnte ich mich allmählich an die Experimente gewöhnen - schließlich war ich immer noch ein bißchen nervös.

Die Aufnahmen dauerten bis weit in die Nacht, und ich kroch erst um vier Uhr morgens ins Bett. Ich war sehr müde, als ich am King's College ankam. Es war ein großes Labor mit allen möglichen Geräten und Instrumenten. Dr. Taylor sagte, für ihn sei es am wichtigsten, jede Täuschungsmöglichkeit auszuschließen, so daß die Wissenschaftler die Tests anerkennen würden. Dies war einer der Gründe für die umfangreiche Ausstattung.

Ich stimmte ihm zu, weil viele Wissenschaftler andauernd von Täuschung sprachen. Ich wußte, daß sie unrecht hatten, aber es war wichtig, auch andere davon zu überzeugen. Wie Professor Taylor mir erklärte, hatte er Instrumente konstruiert, die feststellen konnten, ob ich beim Biegen von Objekten Gewalt anwandte.

Außerdem hatte er jeden Metallgegenstand mit einer speziellen Markierung versehen, so daß sie nicht gegen bereits verbogene ausgetauscht werden konnten. Er war auch darauf vorbereitet, Chemikalien, zum Beispiel Quecksilberchlorid, nachzuweisen. Er sagte mir, diese Substanzen, die zudem giftig und sehr schwer zu bekommen sind, könnten manchmal Metall verformen, aber nicht, ohne deutlich sichtbare Spuren zu hinterlassen.

Sorgfältig hatte er viele Metalle für die Experimente vorbereitet, unter anderem Kupfer, Aluminium, Messing, verschiedene Arten von Stahl, Zinn, Blei, Silber und Zink. Außerdem hatte er einzelne Kristalle aus Lithiumchlorid besorgt. Zu den Instrumenten, mit denen er die Metalle während der Experimente überprüfen wollte, gehörten ein Gerät zur Messung der Wärme, einige spezielle Voltmeter, Strahlenmeßgeräte, spezielle Beschichtungen auf den Metallen zur Messung ultravioletter Strahlung und ein weiteres Instrument, das Infrarotstrahlung nachwies.

Professor Taylor und seine Mitarbeiter hatten bereits viele Tests mit Kindern abgeschlossen, die offenbar Metall verbiegen konnten, seitdem sie meinen Fernsehauftritt bei der BBC gesehen hatten. Sie konzentrierten sich auf die Objekte oder berührten sie leicht. Auch Erwachsene hatten diese Fähigkeit. Aber Taylor war mehr an den Kindern interessiert, weil sie besser zu sein schienen und weil er bei ihnen weniger mit Täuschung oder Tricks rechnen mußte. Die fünfzehn Kinder, die er getestet hatte, waren zwischen sieben und vierzehn Jahre alt. Dr. Taylor war mit den Ergebnissen zufrieden, weil sie, wie er sagte, beliebig oft unter kontrollierten Laborbedingungen wiederholbar waren.

Bevor wir mit den Experimenten begannen, untersuchte mich Professor Taylor von oben bis unten auf versteckte Magnete, Chemikalien und andere unerlaubte Dinge. Für den ersten Test benutzte er einen etwa 25 Zentimeter langen Messingstreifen, den er an eine Waage geklebt hatte, die einer Briefwaage glich. Der Messingstreifen ragte zum größten Teil über die Kante der Waage hinaus, so daß ich leicht mit dem Finger daran entlangfahren und versuchen konnte, ihn zu verbiegen.

Die Waage sollte zeigen, ob ich starken Druck anwandte, wie Magier es selbstverständlich tun, wenn sie ihre Taschenspielertricks vorführen. Die Waage war hochempfindlich und würde selbst den geringsten Druck anzeigen. Selbst wenn man darauf blies, reagierte sie. Eine Nadel an einer Skala zeigte an, wieviel Druck angewandt wurde. Wenn man die Waage nur ein wenig berührte, zeigte sie fast ein viertel Kilo Druck an, und das war natürlich nicht genug, um Metall zu verbiegen.

Ich begann, leicht über den Metallstreifen zu streichen. Die Nadel an der Skala verriet, daß ich dabei nur etwa 15 Gramm Druck ausübte. Professor Taylor sah mir zu, machte sich sorgfältig Notizen und beobachtete ein Gerät, das an der Waage angebracht war und den Druck ständig aufzeichnete. Die Nadel überschritt die 15-Gramm-Marke nie, während ich das Metall sanft streichelte.

Innerhalb einer Minute begann der Streifen sich zu verbiegen. Erstaunt sahen die Wissenschaftler, daß er sich *nach oben* bog, obwohl mein Finger ihn, wenn auch nur leicht, in die andere Richtung drückte. Dann krümmte sich auch die Nadel an der Skala, die den Druck anzeigte, und sie krümmte sich sehr langsam weiter, nachdem ich aufgehört hatte, über den Messingstreifen zu streichen. Schließlich war sie in einem Winkel von 70 Grad gekrümmt. Ich fand es bemerkenswert, daß der Streifen, den ich berührt hatte, sich nur um 10 Grad verbogen hatte, während ich mit der Hand nicht einmal in die Nähe der Nadel gekommen war. Professor Taylor bezeichnete später die verbogene Nadel als „beunruhigend, um es vorsichtig auszudrücken".

Aber das war nur der Anfang einer ganzen Reihe von seltsamen, unglaublichen Ereignissen, die sich an diesem Tag im Labor des King's College abspielten. Das nächste Objekt war ein Aluminiumstreifen. Er enthielt einen kleinen Zylinder mit einem Diaphragma, das auf Druck extrem empfindlich reagierte. Das elektrische Gerät würde jeden physikalischen Druck aufzeichnen, der auf das Metall ausgeübt werden sollte, erklärte mir Professor Taylor. Ich erfuhr auch, daß dieses winzige Instrument mehr als 500 Dollar kostete.

Ich strich sanft über das Metall, und der Streifen begann sich zu krümmen. Doch plötzlich, als der Streifen sich erst leicht verbogen hatte, stellte der Druckmesser seine Tätigkeit ein. Professor Taylor untersuchte sofort das druckempfindliche Diaphragma an der Oberfläche des Zylinders, und zu unserem Schrecken begann es zu zerbröseln. Ein sehr kleines Loch erschien in der Mitte und dehnte sich dann über die gesamte Oberfläche aus. Innerhalb von etwa zehn Sekunden löste das Diaphragma sich vollständig auf.

Gleichzeitig verbog sich der Aluminiumstreifen um weitere 30 Grad, ohne daß ich ihn berührte. Alle waren völlig verblüfft, und Professor Taylor sagte, der „Geller-Effekt" sei durch diesen Test bewiesen worden - allerdings auf Kosten eines Geräts im Wert von 500 Dollar!

Als nächstes befaßte ich mich mit einem kleinen Kristall aus Lithiumchlorid, der fest in einem Plastikbehälter verpackt war, so daß niemand ihn anfassen konnte. Man bat mich, die Hand über den Behälter zu halten, ohne ihn zu berühren. Die Wissenschaftler wollten feststellen, wie meine Kräfte sich auf ihn auswirkten. Ich hielt also die Hand in einigem Abstand über den Behälter und konzentrierte mich darauf, den darin enthaltenen Kristall zu zerbrechen, ohne Behälter oder Kristall zu berühren - vom Standpunkt der Wissenschaft aus eine offenkundige Unmöglichkeit.

Innerhalb von zehn Sekunden zerbrach der Kristall in mehrere Teile. Außerdem faltete sich eine Aluminiumscheibe fast zusammen, während Professor Taylor seine Hand zwischen meine und den Behälter hielt. Sein Erstaunen wurde im Verlauf der Tests immer größer. Ich war ebenso überrascht wie er, weil alles so gut abzulaufen schien, obwohl vergleichbare Bedingungen mich früher manchmal gelähmt hatten.

Wir gingen in einen anderen Raum, wo noch mehr Apparate standen. Dort befand sich ein Kupferstück, an das die Forscher einen sehr dünnen Draht geklebt hatten, der jede Einwirkung auf das Metall genau aufzeichnen sollte. In diesem Fall versuchte ich, das Metall nur durch Konzentration zu verbiegen, ohne es zu berühren. Ich gab mir große Mühe und sagte einfach in Gedanken

„Biege dich, biege dich", so wie ich es fast immer mache, einerlei, ob ich das Metall anfasse oder nicht. Aber es geschah nichts. Wir legten eine kurze Pause ein, da sich ohnehin nichts zu tun schien. Dann begann sich das Metall plötzlich zu verbiegen, und der dünne Meßdraht riß.

Etwa zur gleichen Zeit bemerkte Professor Taylor zufällig, daß ein Messingstück auf einem Tisch am anderen Ende des Raumes sich ebenfalls gekrümmt hatte. Er hatte es erst vor wenigen Augenblicken dort hingelegt und sich vergewissert, daß es gerade war. Er wollte es nämlich für einen anderen Versuch verwenden. Niemand von uns war seitdem in seiner Nähe gewesen.

Als wir uns wieder unserer Arbeit zuwandten, hörten wir am anderen Ende des Labors, mindestens sechs Meter entfernt, ein metallisches Krachen. Wir sahen nach und stellten fest, daß das eben erwähnte Messingstück neben der Tür auf den Boden gefallen war. Wenige Augenblicke später verließ ein Kupferstück, das neben dem Messing gelegen hatte, den Tisch und fiel ebenfalls neben die Tür. Jetzt waren wir alle erstaunt. Kaum hatten uns diese Ereignisse aufgerüttelt, als ein Eisenstab in einer Röhre, die auf einem weit entfernten Tisch gelegen hatte, hinter Professor Taylors Füßen landete. Der ursprünglich gerade Stab hatte sich so weit verbogen, wie die Röhre es zuließ.

Ich war froh, daß ich mich im Labor einer renommierten Universität befand, als das alles geschah; denn mir war klar, wie schwer es ist, an solche Phänomene zu glauben. Später schrieb Professor Taylor, er sei völlig verblüfft gewesen, und er fügte hinzu: *„Geller konnte keines der fliegenden Objekte geworfen haben, weil er sich in einiger Entfernung von ihnen aufhielt und nicht in ihre Nähe hätte gelangen können, ohne daß es aufgefallen wäre."*

Professor Taylor hatte recht. Ich war nie in der Nähe dieser Gegenstände. Wie in vielen anderen Fällen konzentrierte ich mich auf etwas anderes und hatte keine Ahnung, was geschehen würde. Es sah so aus, als ob die Energien mit uns spielen und ihren sonderbaren kosmischen Sinn für Humor demonstrieren wollten. Es war unglaublich, aber es war geschehen, und zwar unmittelbar vor unseren Augen. Ich hätte mir nie träumen lassen, daß sich so viele Dinge gleichzeitig ereignen würden.

Nachdem wir uns wieder gefaßt hatten, kehrten wir zur geplanten Testreihe zurück; denn nur auf sie konnte Professor Taylor sich bei seiner Arbeit stützen. Sie glich einigen der informellen, vorbereitenden Versuche am SRI. In Anwesenheit von Russell Targ, Hal Puthoff, Astronaut Mitchell und vielen anderen wiederholten sich die beschriebenen Phänomene mehrfach, einige unter hinreichend kontrollierten Bedingungen, andere nicht. In dem Bericht, den das SRI in *Nature* unterzubringen hoffte, war von solchen Vorfällen ebensowenig die Rede wie von den Tests, bei denen es um das Verbiegen von Metall ging. Die Wissenschaftler wollten, wie es in ihrem Bericht hieß, *„unter möglichst unzweideutigen Bedingungen die Grundfrage beantworten, ob eine bestimmte Gruppe von Phänomenen der außersinnlichen Wahrnehmung existiert".* Das SRI-Team hielt es für besser, einen bestimmten Teil der Kräfte eindeutig nachzuweisen, als wegen angeblich ungenügender Kontrollen Zweifel an irgendeinem Teil des Experiments zu erwecken. Ich wußte, daß die Metallexperimente und alle anderen Tests im SRI einwandfrei waren. Aber da die Forscher es mit unglaublichen Ereignissen zu tun hatten, wollten sie übervorsichtig sein. Dagegen hatte ich nichts einzuwenden. Wenn *Nature* den Bericht akzeptierte, würde ich es allerdings bedauern, daß er auf viele erstaunliche Vorfälle nicht einging.

Die Tests am King's College beschränkten sich auf den physikalischen Teil der Phänomene, und ich freute mich darüber, daß wir so gute Fortschritte machten. Die Tests waren wirklich erstaunlich. Wie Professor Taylor mir später erklärte, war er nach seinen Versuchen mit mir und mit den Kindern, bei denen mein BBC-Fernsehauftritt unerklärliche Kräfte ausgelöst hatte, der Meinung, daß Materie zweifellos auf eine noch völlig unbekannte Weise verformt werden kann. Da die Physiker aber nicht wußten, welche Kräfte das bewirken können, bestand das Problem darin, diese Energie zu identifizieren. In der Vergangenheit hatten sich so viele seltsame Dinge ereignet, daß ich nicht sicher war, ob diese Kräfte in den Bereich der Physik oder einer anderen Wissenschaft fielen. Ich wußte, daß die Experimente, die ich zusammen mit den Wissenschaftlern gemacht hatte, zumindest bewiesen, daß die seltsamen Kräfte real sind, und das war ein guter erster Schritt, um ernsthaftere wissenschaftliche Studien durch Forscher in aller Welt vorzubereiten.

Mit anderen Worten: Es gab bei fast allen Physikern so viele Vorurteile und Widerstände schon gegen die bloße Idee, diese Kräfte zu untersuchen, daß es unmöglich war, auch nur ansatzweise herauszufinden, was vor sich ging. Doch nun nahm eine sehr kleine Gruppe von aufgeschlossenen Wissenschaftlern die Phänomene ernst. Das war ein Anfang.

Während ich im King's College die Tests absolvierte, hatte ich das Gefühl, daß Professor Taylor und andere das Risiko auf sich nahmen, ausgelacht zu werden, nur weil sie diese neuen Phänomene erforschten. Spott ist schwer zu ertragen, und das galt für sie noch mehr als für mich. Dennoch: Wenn etwas wirklich wichtig ist, muß man meiner Meinung nach Risiken eingehen.

Professor Taylor hielt es für möglich, daß unbekannte Energien tatsächlich Metall verformen konnten, denn er selbst hatte es unter kontrollierten Bedingungen nachgeprüft. Und es gelang nicht nur mir, sondern auch fünfzehn Kindern. Er erklärte mir, die Verbindung zwischen den metallischen Ionen und dem sie durchströmenden Eletronengas müsse zerstört worden sein. Letztlich, so glaubte er, müsse es sich doch um eine bekannte Energie handeln, da sie bekannte Wirkungen auslöse. Würden diese Wirkungen durch unbekannte Kräfte ausgelöst, so wäre dies nach Professor Taylors Meinung sehr unangenehm für die Physik, weil es den Rahmen der bekannten Physik sprengen würde. Er glaubte allerdings, daß die Physiker versuchen mußten, über die vorhandenen physikalischen Gesetze hinauszugehen, falls sie nach langen Tests verstehen sollten, was vor sich ging.

Doch es gab gewisse Schwierigkeiten. Wenn die Wirkung beispielsweise vom Gehirn ausgelöst wurde, waren die Naturwissenschaften und die Medizin nach Professor Taylor nicht imstande, große Fortschritte bei der Lösung des Problems zu machen, weil sie noch nicht genug über das Gehirn wußten. Er glaubte, die Wissenschaftler müßten erst noch herausfinden, welche Bereiche des Gehirns Strahlen aussenden können, die Metall verbiegen.

Zusammen mit zwei Assistenten machten wir noch zwei weitere Experimente. Für das erste wurde ein Geigerzähler benutzt. An jedem Ort der Erde gibt es ein wenig Hintergrundstrahlung. Als ich aber den Zähler in die Hand nahm und mich darauf konzentrierte, tickte er sehr schnell und zeigte das Fünfhundertfache der normalen Strahlung an. Er tickte so schnell, daß man kaum mitzählen konnte. Wenn ich aufhörte, mich zu konzentrieren, verlangsamte sich das Ticken, selbst wenn ich den Geigerzähler in der Hand behielt. Der erste Gedanke aller Anwesenden war selbstverständlich, ich hätte ein Stück radioaktiven Materials bei mir. Nun, zunächst einmal bin ich nicht so töricht, mich irgendeiner radioaktiven Substanz zu nähern, selbst wenn ich wüßte, wo ich sie mir beschaffen kann. Zweitens wäre ich auch dann, wenn ich eine solche Substanz bei mir getragen hätte - in den Händen oder am Körper -, nicht in der Lage gewesen, den Geigerzähler auf Kommando zu beschleunigen und zu bremsen. Selbst wenn ich es gewollt hätte, hätte ich also nicht schwindeln können.

Ein anderes Mal testete der Professor mich in Gegenwart von zwei anderen Kollegen mit einem Kompaß. Ohne ihn zu berühren, gelang es mir, die Nadel um etwa 40 Grad zu drehen. Dann ließ ich sie in die Nordrichtung zurückkehren, indem ich aufhörte, mich zu konzentrieren, so daß die Wissenschaftler prüfen konnten, ob ich magnetisches Material in der Handfläche verbarg. Außerdem klopften sie auf den Boden, hielten den Kompaß schräg, schüttelten ihn und stellten noch vieles andere mit ihm an, um herauszufinden, ob sie auf diese Weise die gleichen Ergebnisse erzielen konnten wie ich. Sie konnten es nicht. Es war nicht angenehm, ständig verdächtigt zu werden; aber ich wußte, daß es notwendig war, um die Experimente unanfechtbar zu machen. Und da Professor Taylor und seine Mitarbeiter ein ernsthaftes Interesse hatten und nicht versuchten, mich zu „entlarven", war ich zu guten Resultaten fähig.

Gerade als wir uns dem Ende der Versuche näherten, hörten wir am anderen Ende des Raumes ein lautes Knacken, dort wo das Messingstück neben die Tür gefallen war. Es war völlig verschwunden, obwohl sich niemand mehr in ihrer Nähe aufgehalten hatte, seitdem es dort gelandet war. Später fand Professor Taylor es an der anderen Seite des Raumes unter einem Heizkörper.

Nach diesen Vorfällen sagte der Professor, es sei nahezu unmöglich, sie zu verstehen, und er würde Berichte darüber als Unsinn abtun, wenn er die Phänomene nicht in Gegenwart von Zeugen selbst erlebt hätte. Er sagte, er könne es sich leicht machen und einfach unterstellen, daß ich ein Betrüger sein *müsse*. Nach allem, was sich an diesem Tag im Labor ereignet hatte, glaubte er jedoch, diesen Weg nicht gehen zu können, zumal die Tests mit Hilfe von vielen verschiedenen wissenschaftlichen Geräten kontrolliert und überwacht worden waren.

Außerdem stützten die Versuche mit den Kindern meine Tests. Professor Taylor war sehr davon beeindruckt, daß die Experimente beliebig oft *wiederholt* werden konnten, sowohl mit mir als auch mit den Kindern. Ich weiß, daß dies bei vielen parapsychologischen Experimenten ein Problem ist und daß es oft keine Möglichkeit gibt, erfolgreiche Versuche zu wiederholen. Gewiß, ich konnte die gleichen Resultate nicht jederzeit erzielen, aber wahrscheinlich in fast 90 Prozent aller Fälle, und dasselbe galt für die Kinder, die der Professor getestet hatte.

Ich war an den Resultaten der Versuche mit den Kindern ebenso interessiert wie Professor Taylor. Das war für mich eine Gelegenheit, einen Blick auf diese Kräfte außerhalb meiner selbst zu werfen. Ich konnte besser verstehen, warum es vielen Menschen, die diese Ereignisse nicht selbst erlebt hatten, schwerfiel, sie zu glauben, und warum sie ihnen vielleicht hirnverbrannt vorkamen. Und natürlich war es erstaunlich, daß die Kräfte der Kinder durch gewöhnliche Radio- und Fernsehkanäle ausgelöst worden waren. Aber auf diese Weise waren die Kinder, die er getestet hatte, entdeckt worden.

Das Durchschnittsalter der Kinder lag bei etwa zwölf Jahren; zur Hälfte waren es Jungen und zur Hälfte Mädchen. Während sie über die Metallobjekte strichen, kontrollierte Professor Taylor sie mit Instrumenten, so wie er es bei mir getan hatte. Interessant war, daß die Temperatur sich nicht änderte, als das Metall sich verbog. Nur die Körpertemperatur stieg ein klein wenig an. Das genügte selbstverständlich nicht, um unter normalen Bedingungen irgendein Metall oder ein anderes Material zu verformen. Die Instrumente zeigten, daß beim Verbiegen keine elektrischen Kräfte im Spiel waren. Strahlung wurde ebenfalls nicht festgestellt, und auch ein statisches Magnetfeld - so nannte es Professor Taylor - ließ sich als Ursache ausschließen.

Er betonte immer wieder, warum er den „Geller-Effekt" ernst nahm. Die Kinder taten, was ich tat, und das überzeugte ihn davon, daß die Theorie der Kritiker, wonach ich Zaubertricks anwandte, völlig unhaltbar war. Es ist gewiß unmöglich, daß fünfzehn nach dem Zufallsprinzip ausgesuchte Kinder derart perfekte Magier sind, daß sie zahlreiche wissenschaftliche Instrumente und Wissenschaftler täuschen können.

Dennoch waren die Ergebnisse, die Professor Taylor mit den Kindern erzielte, phänomenal. Bei vielen seiner Tests bog das Metall sich nach oben, also gegen den leichten Fingerdruck, so wie es auch bei mir der Fall gewesen war. Einmal krümmte sich ein Metallstück, das fünf Minuten lang sanft gestreichelt worden war, um 90 Grad nach oben. Ein kleines Mädchen hielt ein Kupferstück etwa zwölf Zentimeter vor seine Stirn und konzentrierte sich darauf. Sie strich nicht einmal darüber, und doch verbog es sich um 10 Grad. Ein anderes kleines Mädchen zerbrach einen verchromten Teelöffel aus Nickel und Silber innerhalb von drei Minuten, indem es ihn sanft rieb.

Ich kann gar nicht sagen, wie wichtig es für mich war, daß Wissenschaftler die Fähigkeiten dieser Kinder bestätigt hatten. Zum erstenmal, seitdem diese seltsamen Kräfte bei mir aufgetreten waren, fühlte ich mich befreit von der Alleinverantwortung für Vorfälle, die man mit Recht als Wunder bezeichnen kann. Eigentlich mag ich dieses Wort nicht, und ich gebrauche es nur, weil ich weiß, daß ich diese erstaunlichen Kräfte oder Energien nicht selbst geschaffen habe, sondern sie lediglich vorführe. Ich hoffe, sie werden bald ihres mystischen Schleiers entkleidet und als reale Phänomene anerkannt. Wenn die Wissenschaftler diese Kräfte intensiver erforscht haben, können sie damit beginnen, Theorien aufzustellen und vielleicht auch die physikalischen Gesetze neu zu formulieren, um den Tatsachen Rechnung zu tragen.

Zunächst wird es wahrscheinlich wie mit all den anderen irdischen Phänomenen sein: Einige von ihnen sind ebenfalls unerklärlich. Wir wissen nicht wirklich, was das Universum ist. Aber wir müssen es akzeptieren, weil es existiert.

Ebenso müssen wir dieses neue Phänomen akzeptieren, weil es existiert. Ich glaube allerdings, daß das Verbiegen eines Schlüssels ohne Berührung viel leichter zu erklären sein wird als das Universum oder andere, kompliziertere Phänomene. Ich bin davon überzeugt, daß wir eine Erklärung für diese Kräfte finden werden, und dann können wir anfangen, sie für die Menschheit nutzbar zu machen.

Ich glaube, daß alle Menschen über die Kräfte verfügen, die ich demonstriere, einige - besonders Kinder - allerdings in viel größerem Ausmaß. Es gibt eine uns überlegene Intelligenz, die sie auslöst. Wenn ich den Menschen diese Energien auch künftig zeigen kann, wird das, glaube ich, sehr positive Folgen haben, trotz all der Kontroversen, die sie heute offenbar noch hervorrufen.

Da im King's College alles so gut geklappt hatte, sah ich den Experimenten im Birbeck College gefaßter entgegen. Ich sollte dort viermal getestet werden. Brendan O'Regan holte mich mit einem Taxi von meinem Hotel ab, und wir fuhren zusammen zum Labor von Professor Bohm. Die dortige Gruppe setzte sich aus hochkarätigen Wissenschaftlern zusammen, und die Gäste - Arthur Koestler und Arthur C. Clarke - würden wichtige Zeugen aus dem Bereich der wissenschaftlichen Literatur sein. O'Regan erklärte mir, Arthur C. Clarke sei vor allem deshalb wichtig, weil er allem Paranormalen sehr skeptisch gegenüberstehe. Er vertrat den Standpunkt, seine Bücher, zum Beispiel *2001* und *Childhood's End*, seien reine Science-Fiction und es sei äußerst unwahrscheinlich, daß sich eine ihrer Phantasien jemals verwirklichen werde, jedenfalls zu seinen Lebzeiten.

Professor Hasted und Professor Bohm, die beiden Physiker, die das Projekt leiteten, waren beide herzlich und sympathisch, als wir ankamen. Sie brachten uns in ein Besprechungszimmer mit einem langen Tisch, den Stühle umrahmten. Einmal befanden sich dort noch ein paar andere Leute, zum Beispiel Dr. Ted Bastin, Dr. Jack Sarfatti, ein amerikanischer Physiker, und A. V. Cleaver, der Mann, der für Rolls Royce Raketen gebaut hatte.

Ich war sehr aufgeregt vor diesen Tests. Sie hatten überhaupt nichts mit den Versuchen im King's College zu tun, und wenn sie gelangen, wäre der Beweis erbracht, daß die Phänomene von mehr als einer Wissenschaftlergruppe wiederholt, erforscht und bewiesen werden können. Zusammen mit den Experimenten des SRI gäbe es dann drei kontrollierte, von Wissenschaftlern geleitete Testreihen, und jede von ihnen würde, so hoffte ich, die anderen stützen. Dies sollte dazu beitragen, die negative Wirkung wettzumachen, die *Time* und andere hervorgerufen hatten, deren Kritik anscheinend mehr auf persönlichen Vorurteilen beruhte als auf einer objektiven Analyse der Fakten.

Die Atmosphäre im Konferenzraum des Birkbeck College war gut und trug dazu bei, meine Nervosität zu lindern. Ich spürte keinerlei negative Schwingungen in diesem Zimmer. Alle Anwesenden schienen wirklich begierig zu sein, die seltsamen Kräfte zu untersuchen. Sie baten mich, ihnen ein wenig über meine Einstellung zu diesen Phänomenen zu erzählen, was ich tat. Offenbar waren sie alle interessiert, besonders Arthur Koestler, der in einigen seiner Bücher über das Paranormale geschrieben hatte. Die Wissenschaftler hörten sehr aufmerksam zu; aber ich wußte nicht, was sie dachten. Ich spürte allerdings, daß ich zu Arthur C. Clarke nicht wirklich durchdrang.

Ich hielt es für eine gute Idee, meine kleine Rede zu unterbrechen und seinen Hausschlüssel zu verbiegen. Vielleicht würde Clarke dann seine Meinung ändern. Also bat ich ihn, seinen Schlüssel in die eigene Hand zu nehmen und sorgfältig zu beobachten, so daß er sicher sein konnte, daß niemand ihn vertauschte, wegnahm oder manipulierte.

Innerhalb weniger Augenblicke begann der Schlüssel sich zu krümmen. Clarke rief: „Mein Gott, meine Augen sehen es! Er biegt sich!" Das gleiche tat ich mit dem Schlüssel von Dr. Cleaver, und er war sehr beeindruckt. Dann gingen wir hinaus ins Labor, um mit den eigentlichen Experimenten anzufangen. An diesem Tag fühlte ich mich sehr stark und zuversichtlich, und doch ein wenig ängstlich, wie es stets der Fall zu sein scheint, wenn ich von Wissenschaftlern umgeben bin, zumindest anfangs.

Professor Bohm und Professor Hasted führten mich im Labor herum, um mir zu zeigen, was für Versuche sie vorbereitet hatten. Da gab es markierte Schlüssel und andere Gegenstände aus Metall, Kristalle und Scheiben, die fest in Glasröhren versiegelt waren, Löffel, Geigerzähler und sogar einen Laserstrahl, den ich beugen sollte. Ich bat darum, zuerst den Geigerzähler ausprobieren zu dürfen. Ich packte ihn am Griff und konzentrierte mich sehr intensiv. Die ganze Gruppe stand dabei und beobachtete mich. Es waren wohl acht Männer, wenn man die Techniker mitzählt, die die Ausrüstung für die Wissenschaftler aufgebaut hatten. Als ich mich konzentrierte, begann der Geigerzähler plötzlich wie verrückt zu ticken, genau wie der im King's College bei Professor Taylor. Er war mit verschiedenen Aufzeichnungsinstrumenten verbunden. Die Hintergrundstrahlung wurde einmal pro Sekunde überprüft. Mit dem Zähler war ein Lautsprecher verbunden, der das Klicken verstärkte, und dieses Geräusch wurde auf Magnetband aufgezeichnet, um später untersucht zu werden. Etwa zehn Minuten lang blieb das Klicken und wurde sogar so schnell, daß die einzelnen Geräusche ineinander überzugehen schienen. Er klang wie ein achtfaches „Prrr".

Alle waren erstaunt. An einem Punkt erreichte die Zählung das Zweihundertfache der Norm. Professor Hasted sagte, es wäre sehr gefährlich für mich, radioaktives Material dieser Stärke bei mir zu tragen. Das Klicken beschleunigte sich schnell und ließ nach, wenn ich aufhörte, mich zu konzentrieren. Hätte ich eine radioaktive

Substanz bei mir gehabt, hätte sich das schnelle Klicken während der gesamten zehn Minuten fortgesetzt.

Weder Bohm noch Hasted hielten eine radioaktive Quelle für die Ursache des Phänomens. Da ein Magnetometer zur selben Zeit wie der Zähler ausschlug, vermuteten sie, eine „elektromagnetische Kraft" wirke auf das Metallgehäuse des Geigerzählers ein. Selbstverständlich versuchten alle Anwesenden, den gleichen Effekt hervorzurufen, aber ohne jeden Erfolg. Alle waren verblüfft - genau wie ich.

Noch mehr staunten sie über ein Experiment mit zwei dünnen Kristallscheiben aus einem Material namens Vanadiumcarbid. Sie waren so in Plastikkapseln versiegelt, daß niemand sie berühren konnte. Um jeden Kontakt mit meiner Hand zu verhindern, hielt Professor Hasted seine Hand über die Kapseln und bat mich, meine Hand einige Sekunden lang auf seine zu legen. Eine der kleinen Kapseln bewegte sich langsam über den Tisch, ähnlich wie eine mexikanische Springbohne. Professor Hasted sagte, er habe eine sehr leichte Wärme gespürt, als das geschehen sei. Noch überraschender war allerdings, daß etwa die Hälfte des einen Kristalls fehlte - sie hatte sich während des kontrollierten Tests tatsächlich dematerialisiert.

Inzwischen schien Arthur C. Clarke all seine Skepsis abgelegt zu haben. Er sagte etwas wie: „Mein Gott, es ist alles wahr! Genau das habe ich in *Childhood's End* beschrieben. Ich kann es nicht glauben."

Clarke war nicht hier, um abschätzige Bemerkungen zu machen. Er hatte sich gewünscht, daß etwas geschah. Er wollte nur völlig davon überzeugt sein, daß alles mit rechten Dingen zuging. Als er sah, daß dies der Fall war, sagte er zu den anderen: „Wissen Sie, die Magier und Journalisten, die das bezweifeln, sollten sich jetzt entweder melden oder den Mund halten. Wenn sie das, was Geller getan hat, nicht unter den gleichen streng kontrollierten Bedingungen wiederholen können, haben sie nichts mehr zu sagen."

Clarke erzählte mir ein bißchen über *Childhood's End*. Es ist natürlich Science-Fiction. Es geht um ein UFO, das über der Erde schwebt und sie beherrscht. Er hatte diesen Roman vor etwa zwanzig Jahren geschrieben. Er sagte, zunächst sei er absolut skeptisch gegenüber paranormalen Phänomenen gewesen. Aber nachdem er diese Experimente beobachtet habe, sei er ganz anderer Meinung.

Während der Tests im Birkbeck College spürte ich, daß alle Beteiligten kooperativ und am Gelingen der Versuche interessiert waren. Mit anderen Worten: Ich spürte die Energie, die sie ausstrahlten, vor allem Arthur Koestler, der am aufmerksamsten zu sein schien. Er war ein wirklich schöner Mann. In seiner Gegenwart empfand ich große Ruhe und tiefen Frieden.

Die Experimente dauerten zwei ganze Tage, und sie verliefen alle erfolgreich, abgesehen davon, daß ich vergeblich versuchte, den Laserstrahl zu krümmen. Hier konnte ich nicht das Geringste ausrichten. Doch als Professor Bohm nach der Versuchsreihe seine Eindrücke zusammenfaßte, sagte er, seiner Meinung nach sei hauptsächlich das Unterbewußtsein für die Phänomene verantwortlich, die ich und die Kinder hervorgebracht hätten, und das Bewußtsein sei manchmal eher ein Störenfried als ein Helfer. Er fügte hinzu, sie hätten nach Zaubertricks Auschau gehalten und sich große Mühe gegeben, auf all die ungewöhnlichen Gegenstände zu achten, die Magier zu benutzen pflegen. Dazu gehören langes Haar, an dem Gegenstände mit Bienenwachs befestigt sind, Chemikalien wie Quecksilberchlorid, im voraus „weichgebogene" Metallstücke und so weiter. Mit all diesen Tricks hatten sie gerechnet und entsprechende Vorkehrungen getroffen.

Bohm und Hasted waren der Meinung, sie sollten an das Studium dieser neuen Kräfte so herangehen, wie die Wissenschaft an die magnetischen und elektrostatischen Kräfte herangegangen war. Auch für diese Kräfte gab es zur Zeit ihrer Entdeckung keine Erklärung; dennoch konnte man sie feststellen und beobachten.

In ihrer Zusammenfassung schrieben die beiden Professoren: *„Bei ähnlichen Tests in der Zukunft werden sich unserer Meinung nach genügend Fälle dieser Art ansammeln, so daß es keine vernünftigen Zweifel daran geben wird, daß hier ein neuer Prozeß im Spiel ist, den wir*

im Rahmen der zur Zeit bekannten physikalischen Gesetze nicht erklären können. Wir sind sogar der Ansicht, daß wir auf dem Weg dahin bereits ein Stück vorangekommen sind."

Das waren starke Worte für angesehene Wissenschaftler. Und ich erfuhr, daß Professor Taylor vom King's College der gleichen Auffassung war, was die Ergebnisse meiner dortigen Tests betraf. Hasted sagte zu einem Reporter der britischen *Daily Mail*: „Es ist Zeit, daß Wissenschaftler ihre Meinung zu diesen Phänomenen äußern. Als Herr Geller in unserem Labor war, hat sich eine Reihe von Vorfällen ereignet. Wir haben nicht nur mit Schlüsseln und ähnlichen Dingen gearbeitet, sondern auch mit einzelnen Kristallen und Metallgegenständen in Kapseln. Wir haben die Objekte aus Metall identifiziert und unsere Tests sehr sorgfältig kontrolliert. Ich bin recht zuversichtlich, daß die Wissenschaft diese Phänomene ergründen wird. Natürlich kann es sein, daß die Wissenschaft sich dadurch ändert."

Außerdem sagte er, das Problem sei nicht, ob diese Phänomene sich ereignen könnten, sondern warum sie sich ereigneten. „Es sind sehr wichtige Phänomene. Sie werden uns Neues über den Menschen erzählen. Der Versuch, sie zu verstehen, wird eines der aufregendsten Forschungsvorhaben der nächsten paar Jahre sein."

Professor Taylor formulierte die klarste Aussage von allen:

„Ich habe Uri Geller in meinem Labor im King's College der Universität London mit speziell dafür entworfenen Geräten getestet. Der ‚Geller-Effekt' - das Verbiegen von Metall - beruht eindeutig nicht auf Täuschung. Er ist so außergewöhnlich, daß er eine entscheidende Herausforderung an die moderne Naturwissenschaft darstellt und diese sogar zerstören könnte, falls wir keine Erklärung finden. Als Wissenschaftler habe ich einige jener Dutzenden von Menschen getestet, die offensichtlich die Fähigkeit haben, Metallstücke zu verbiegen, wie Uri Geller es zuerst so überzeugend demonstriert hat. Einige dieser Versuchspersonen können wie Geller diese Versuche durchführen, ohne dabei das Metall zu berühren. Anderen gelingt es nur, wenn sie Geller hören oder im Fernsehen sehen. Die Ergebnisse sind in zwei wissenschaftlichen Arbeiten dargestellt. Zwei weitere Arbeiten sind in Vorbereitung, ebenso

ein Buch: Super Minds: An Inquiry into the Paranormal" (Super-
gehirne - eine Untersuchung des Paranormalen).

Beide Gruppen - am King's College und am Birkbeck College -
begannen an wissenschaftlichen Abhandlungen über die Tests zu
arbeiten. Auch sie waren der Meinung, daß die Zeitschrift *Nature*
wegen ihres Ansehens dafür am besten geeignet sei.

In der Zwischenzeit mußte ich mich erneut mit all den Details der
Plattenaufnahmen in Deutschland befassen. Anschließend erholte
ich mich ein wenig bei Freunden in Italien. Ich brauchte Ruhe, weil
ich eine lange Reihe von Vorträgen und Vorführungen in Südafrika
plante. Ich hatte mich mit dieser Reise nur unter der Bedingung
einverstanden erklärt, daß ich vor schwarzem Publikum ebenso
wie vor weißem auftreten durfte. Das nahm ziemlich viel Zeit in
Anspruch; aber schließlich stimmte man zu, da ich die Reise sonst
nicht unternommen hätte.

Während ich mich darauf vorbereitete, von Europa nach Südafrika
zu fliegen, kam endlich die Nachricht, auf die ich so viele Monate
gewartet hatte: *Nature* hatte die wissenschaftliche Arbeit des SRI
definitiv akzeptiert. Dies war der große Durchbruch, auf den wir so
lange gehofft hatten.

Damals ahnte ich allerdings noch nicht, wie sehr ich mich irrte,
wenn ich glaubte, dies wäre das Ende aller Kritik und aller Vorurteile, die sich im Laufe der Jahre herangebildet hatten.

II
Wie alles begann

8
Erinnerungen an die Kindheit

Das unvergeßliche helle Licht im arabischen Garten. Meine erste Begegnung mit einer höheren Kraft. Wie meine Eltern nach Israel kamen. Ich lese die Gedanken meiner Mutter. Meine erste Armbanduhr spielt verrückt. Ich verbiege und zerbreche zum erstenmal einen Löffel. In einem Café krümmen sich alle Löffel auf dem Tisch, ohne daß ich sie berühre. Meine Eltern wollen mit mir zu einem Psychiater gehen.

Diese sonderbaren Kräfte reichen weit, weit zurück in meine Kindheit, fast so weit wie meine ersten Erinnerungen. Manchmal, wenn ich den Film meines Lebens auf meinen geistigen Bildschirm projiziere, sehe ich mich als kleines Kind. Die erste Szene, die mir dabei einfällt - eine der schönsten, an die ich mich erinnere -, ist ein arabischer Garten gegenüber unserem Haus in Tel Aviv. Dort gibt es prächtige alte Bäume und einen hohen, verrosteten Eisenzaun, der teilweise mit Holz geflickt wurde. Und in der Nähe eines alten Hauses befindet sich ein kleiner Teich. Der Garten ist verwildert. Seit Jahren hat niemand das Gras geschnitten. Ich bin etwa drei oder vier Jahre alt.
Einige Teile des Gartens sind dunkel, denn die Bäume lassen vom Licht nur sonderbare, mysteriöse Tupfer zurück. Ich sehe mich selbst in diesem Garten. Plötzlich, ausgehend von dieser Szene, spüre ich, daß ich vollständig mit dem Universum verbunden bin. Ich sehe ein dunkles, tiefes, tiefes Blau, und Milliarden von Sternen - die Milchstraße. Und ich sehe, wie ich durch dieses Universum gehe. Ich höre seltsame Stimmen und sehe leuchtende Farben.
Irgendwie dreht sich der Film zurück in meine frühe Kindheit, und ich sehe mich aufwachsen. Ich sehe meinen Hund, meine Eltern,

meine Schule. Ich sehe mich beim Spielen im Garten. Schon ein Blatt ist für mich ein riesiger Baum, und das Gras ist Wald, Wald, Wald. Die Blumen sind hier zu groß, um Bäume zu sein. Also stelle ich mir vor, sie seien eine andere Art Baum auf einem anderen Planeten.

Mein Vater hatte mir Gewehrpatronen mitgebracht, manchmal welche aus Kupfer. Ich schüttete kleine, runde Dünen auf und steckte die Patronen so hinein, daß sie hinauf zum Himmel zeigten. Denn für mich waren es Raketen. Sie waren spitz und sahen genau wie Raketen aus.

Ich stellte mir vor, wie sie starteten. Es waren Mondraketen - oder solche, die noch weiter flogen. Ich hielt die Rakete in der Hand und sah sie im Geiste durch den Raum rasen. Es war ein ganzes Universum in einem kleinen Stückchen Garten. Gewöhnlich zwängte ich mich durch den Zaun - er hatte ein Loch, das gerade groß genug dafür war. Es gab Vögel, und der Teich war mit grünem Wasser gefüllt. Und für mich war der Geruch exotisch, wie in einem fremden Land, in einer anderen Welt.

Es war ein magischer, rätselhafter Garten, wie aus einem Traum. Kein Laut war zu hören außer dem Zwitschern der Vögel und dem Wind in den Bäumen. Anfangs fürchtete ich mich, weil die Leute sagten, dort wohne ein Menschenfresser. Ich kam mir mutig vor, wenn ich in den Garten ging. Doch niemand fraß mich auf, und ich fand dort Frieden. Auf dem Grundstück stand auch ein großes graues Haus, und die Fensterläden schlugen an die Mauern, wenn der Wind blies. Niemand lebte im Haus. Einmal schaute ich hinein, und alles war mit schwarzen Tüchern bedeckt. Es war das einzige Mal, daß ich es wagte, mich ihm zu nähern.

Ich hörte den Schrei einer kleinen Katze unter dem Haus, und obwohl ich Tiere liebe, hatte ich nicht den Mut, sie aufzuheben, weil die Mutter mit anderen Kätzchen da war und ich fürchtete, sie werde mich anspringen. Wenn ich die Augen schließe, kann ich heute noch den Duft riechen, den Schrei der Katze hören, das mysteriöse Haus sehen. Ich erinnere mich an alle Schwingungen dieses Ortes. Eines Tages, als ich den Garten erforschte, fand ich im

Gebüsch etwas, das aussah wie ein altes, rostiges Rohr. Als ich es herauszog, stellte ich überglücklich fest, daß es sich um den Lauf eines Gewehres handelte. Es war sogar ein vollständiges Gewehr, abgesehen vom hölzernen Schaft, der verrottet war.

Das war ein freudiger Augenblick - ein Gewehr zu finden, das mir allein gehörte. Ich nahm es mit nach Hause, rieb es ab und reinigte es, so gut ich konnte. Meine Mutter war nicht zu Hause, und später nahm ich es mit hinaus, um mit ihm zu spielen. Es dauerte nicht lange, und ein Polizeiauto fuhr vorbei, und ein Polizist sah, wie ich im Hof mit dem Gewehr spielte. Er nahm mir das Gewehr unverzüglich weg, was mir fast das Herz brach. Ich schloß mich in meinem Zimmer ein und weinte.

Ein paar Tage später beschloß ich, zurück in den Garten zu gehen und ein anderes Gewehr zu finden. In meinem Herzen wußte ich, daß ich keines finden würde, aber ich wollte es probieren.

Und an diesem Tag geschah etwas Seltsames mit diesem drei- oder vierjährigen Jungen. Bevor ich davon spreche, möchte ich etwas klarstellen: Ich weiß sehr wohl, daß es sich wie die erfundene Geschichte eines kleinen Kindes anhört, wie eine Szene aus *Alice im Wunderland*. Dadurch wird die Geschichte nicht weniger real. Sie ist mehr als real. Ich war sehr jung, aber ich erinnere mich an diesen Vorfall so deutlich, daß es keinen Zweifel an seiner Echtheit gibt. Damals begriff ich nicht ganz, was mit mir geschah. Ich mußte es so akzeptieren, wie es geschah. Als Kind stellte ich mir nicht die Fragen, die ich mir heute stelle. Doch es ist wichtig, sich an das Geschehene zu erinnern, weil es möglicherweise der Schlüssel zu den Ergebnissen meiner Tests in den Universitätslabors ist.

Es war später nachmittag in jenem Garten vor vielen Jahren, aber noch hell. Ich hatte ganz alleine gespielt und während des Nachmittags manchmal im Garten gedöst und geträumt. Plötzlich hörte ich ein sehr lautes, schrilles Klingen. Alle anderen Geräusche verstummten. Und es war sonderbar - als würde die Zeit auf einmal stillstehen. Die Bäume bewegten sich nicht im Wind. Irgend etwas veranlaßte mich, zum Himmel hinaufzuschauen. Daran erinnere ich mich gut. Dort war eine silberne Masse aus Licht. Und ich erinnere mich sogar an den ersten Gedanken, der mir durch den Kopf ging: Was ist mit der Sonne geschehen?

Das war nicht die Sonne, und ich wußte es. Das Licht war mir zu nahe. Dann senkte es sich herab, kam sehr dicht an mich heran. Es hatte eine strahlende Farbe. Ich fühlte mich, als habe mich etwas nach hinten gestoßen. In meiner Stirn spürte ich einen scharfen Schmerz. Dann war ich völlig bewußtlos. Ich weiß nicht, wie lange ich da lag, doch als ich aufwachte, rannte ich nach Hause und erzählte es meiner Mutter. Sie war zornig und besorgt. Tief im Inneren war mir klar, daß sich etwas Wichtiges ereignet hatte.

Danach ging ich noch sehr oft in den Garten, in der Hoffnung, dieses strahlende, silberne Licht noch einmal zu sehen. Es kam jedoch nie wieder, so sehr ich es mir auch wünschte. Selbstverständlich machte meine Mutter meine kindliche Phantasie für alles verantwortlich, und ich behielt für mich, was ich darüber dachte. Heute aber, im Lichte all dessen, was mit diesen Kräften geschieht, denke ich oft daran. Ich glaube, Sie werden später noch verstehen, warum.

Mein Leben begann vor einem Hintergrund der Gewalt, nicht zu Hause, wo ich immer geliebt wurde, sondern überall in meiner Umwelt. Vielleicht bete ich deshalb so viel um Frieden und bin davon überzeugt, daß wir in der Welt Frieden schaffen müssen, um nicht ausgelöscht zu werden.

Ich wurde am 20. Dezember 1946 in Tel Aviv geboren. Mein Vater und meine Mutter hatten 1938 in Ungarn geheiratet, am Vorabend des schrecklichen Zweiten Weltkrieges. Sie mußten beide einzeln aus Ungarn fliehen. Mein Vater Itzak verließ das Land im November 1938, entkam nach Rumänien und reiste heimlich an Bord eines Schiffes in das Land, das damals Palästina genannt wurde. Die Fahrt dauerte vier Monate, weil die Briten das Schiff beschossen, als es versuchte, in Israel zu landen. Es fuhr nach Griechenland und probierte es dann erneut. Wieder wurde es angehalten und kehrte um. Der dritte Versuch im März 1939 gelang endlich. An Bord waren zwanzig tote Flüchtlinge.

Meine Mutter Margaret war aus Ungarn nach Jugoslawien geflohen, wo es ihr gelang, an Bord eines Schiffes namens *Rudichar II* zu gelangen, das sie nach Palästina brachte. Als sie wieder vereint waren, bauten meine Eltern zuerst ihr Haus in Kerem Haa'teiman am Rande von Jaffa.

Mein Vater stammt aus einer sehr religiösen Familie. Sein Großvater, ein Rabbi aus Budapest, erzog seine Kinder streng nach der jüdischen Tradition. Er starb im Alter von neunzig Jahren. Die Familie meiner Mutter war nicht sehr fromm. Obwohl sie in Berlin geboren wurde, waren ihre Eltern Wiener. Ihr Nachname war Freud, und mein Großvater, der angeblich ein entfernter Verwandter von Sigmund Freud war, war in Budapest recht erfolgreich in der Möbelbranche. Er hatte ein großes Lagerhaus mit Möbeln und Küchengeschirr aller Art. Doch weder die Familie meiner Mutter noch die meines Vaters waren reich.

Meine Mutter und mein Vater pflegten in Ungarn in langen, schmalen Rennbooten auf einem großen See in einiger Entfernung von Budapest zu rudern. Der war als gefährlich bekannt und zuweilen ziemlich rauh. Einmal kenterte ihr Boot. Meine Mutter blieb mit dem Fuß im umgekippten Boot hängen und drohte zu ertrinken. Mein Vater schwamm unter das Boot und rettete ihr gerade noch das Leben.

Ich weiß nicht, ob sie sich deshalb ineinander verliebten und 1938 heirateten. Es gibt Bilder von ihrer Hochzeit in einer der größten Synagogen von Budapest, vielleicht von ganz Ungarn. Doch ihr Glück sollte aus verschiedenen Gründen nicht lange dauern.

Ich weiß, daß ihr Leben hart war, als sie sich in Palästina niederließen, das damals von Großbritannien verwaltet wurde. Mein Vater suchte überall nach Arbeit. Er und ein Freund, der Arzt und ebenfalls Flüchtling war, fanden schließlich Arbeit als Eisverkäufer am Strand. Später war mein Vater Taxifahrer und fuhr die gefährliche Strecke von Tel Aviv nach Lod. Damals, erzählte er mir, war es sehr riskant, Tel Aviv zu verlassen, da Araber und Briten ständig auf ihn schossen.

Mein Vater schloß sich im Zweiten Weltkrieg der britischen Armee an. Er kämpfte in der jüdischen Brigade in Libyen in der achten Armee unter General Montgomery. Er war bei der Panzertruppe, und bei Tobruk war seine Einheit viele Wochen lang von Deutschen umzingelt, bis sie per Boot entkommen konnten. Es war dort so schlimm, erzählte er mir, daß sie ihren eigenen Urin trinken mußten. Das war 1941. Von 1942 bis 1943 ging er wieder nach Tobruk, um zu kämpfen.

Als er nach Palästina zurückgekehrt war, herrschte dort immer noch kein Frieden. Er trat der Hagana bei, eine Art geheimer Wachtruppe. Die Hagana beteiligte sich nicht an terroristischen Akten; doch zwischen Briten, Arabern und extremen zionistischen Gruppen gab es ständig Kämpfe.

Meine allererste Erinnerung betrifft eine Gewalttat. Gegenüber dem Haus, in dem ich als kleines Kind lebte, lag der Bahnhof. Dahinter befand sich das britische Hauptquartier, ein großes Gebäude. Überall gab es Schießereien und Kämpfe. Ich weiß nicht, wie alt ich war, aber ich lag noch im Kinderwagen. Meine Mutter stellte ihn ans Fenster, und eines Nachts gab es in den Straßen einen heftigen Schußwechsel. Plötzlich pfiffen Kugeln durch die Fenster, unmittelbar neben meinem Kinderwagen. Meine Mutter eilte herbei und zog den Wagen ins Wohnzimmer. Ich hatte nicht einen Kratzer, obwohl ich von Glassplittern bedeckt war.

Später erinnerte ich mich immer wieder an die Kämpfe aus dem Krieg von 1948. Als ich ungefähr fünf war, holte ich mit dem Taschenmesser Patronen aus Holzstücken und Fensterläden heraus. Einige waren aus Kupfer, andere aus glänzendem Silber, und die meisten waren zerquetscht. Aber für mich waren es immer Raketen, die zum Mond und in den Weltraum hinaus flogen.

Ich liebte meinen Vater und meine Mutter sehr. Es dauerte aber nicht lange, und ich merkte, daß beide für sich lebten.

Ich war stolz auf meinen Vater. Später wurde er Oberfeldwebel im Panzerkorps - er war immer im Panzerkorps, nachdem Israel unabhängig geworden war. Natürlich stand ich meiner Mutter näher, weil ich die ganze Zeit bei ihr lebte.

Mein Vater war immer nett zu mir, wenn er doch einmal nach Hause kam. Eines Nachts kam er heim und sagte, er habe eine Überraschung für mich draußen auf dem Balkon. Ich ging hinaus und fand einen kleinen Hund. Ich glaube nicht, daß ich jemals glücklicher gewesen bin. Ich nannte ihn Tzuki. Er war ein lustiger kleiner arabischer Mischling, hellbraun und weiß mit einem kleinen weißen, herzförmigen Fleck auf der Stirn.

Tzuki und ich trennten uns nie, außer wenn ich zur Schule ging, die in der Nähe meines Hauses lag. Tzuki hielt jeden Tag auf dem Balkon nach mir Ausschau, und ich freute mich darauf, ihn zu sehen.

Es ist schwer zu sagen, wann mir etwas Ungewöhnliches aufzufallen begann. Einiges merkte meine Mutter zuerst. Sie arbeitete tagsüber als Näherin, und das war einer der Gründe dafür, daß ich so viel Freiheit hatte, obwohl sie mit einer Nachbarin vereinbart hatte, daß sie mich im Auge behielt. In ihrer Freizeit spielte meine Mutter meist Karten mit Freunden - sie liebte das Kartenspiel. Doch selbst als Erstkläßler blieb ich gewöhnlich so lange auf, bis sie vom Kartenspiel zurückkam und ich ihr gute Nacht sagen konnte. Und irgendwie wußte ich, ob und wieviel Pfund und Schilling sie gewonnen oder verloren hatte. Ich weiß nicht, woher ich das wußte, ich wußte es eben. Sie war wirklich überrascht, weil ich es ihr fast jedesmal sagen konnte. Sie wußte nicht so recht, was sie davon halten sollte; also zuckte sie nur mit den Schultern.

Sie merkte auch, daß ich oft etwas sagte, kurz bevor sie es sagen wollte, als ob ich ihre Gedanken lesen konnte. Sie war oft verblüfft darüber, aber wir dachten beide nicht lange darüber nach. Ich war ein seltsames Kind, daran schien es keinen Zweifel zu geben.

Ich war sehr jung, etwa sechs, als mein Vater mir meine erste Armbanduhr schenkte. Ich war sehr stolz darauf. Die Schule gefiel mir von Anfang an nicht sonderlich. Ich mochte das Lernen und den Unterricht nicht, und ich konnte die Pausen kaum erwarten. Das ist vermutlich normal, aber ich glaube, meine Abneigung war ungewöhnlich stark. Seitdem ich eine Uhr hatte, pflegte ich mich oft zu vergewissern, ob die Pausenklingel bald läuten würde. In manchen Klassenzimmern - nicht in allen - war eine Klingel an der Wand. Ich erinnere mich, daß ich an einem bestimmten Tag immer wieder auf meine Uhr sah, die mir verriet, daß der Unterricht vorbei war. Aber die Pausenklingel klingelte nicht. Dann sah ich auf die Uhr an der Wand, und sie zeigte an, daß ich noch eine halbe Stunde ausharren mußte. Also stellte ich meine Uhr traurig zurück, so daß sie mit der Wanduhr übereinstimmte. Dann litt ich bis zum Ende des Unterrichts.

Doch das war nur der erste derartige Vorfall von vielen. Immer wieder ging meine Armbanduhr gegenüber der Schuluhr etwa eine halbe Stunde vor, und ich mußte sie zurückstellen. Schließlich erzählte ich meiner Mutter davon, und wir waren uns einig, daß die Uhr falsch ging. Aber dann spielte diese auf sehr seltsame Weise verrückt. Der Minutenzeiger drehte sich rasend schnell, bis er vier oder fünf Stunden voraus war, manchmal mehr. Meine Mutter sagte, es müsse sich um einen schlimmen Schaden handeln, weil keine Uhr so schnell gehen könne.

Schließlich ließ ich die Uhr zu Hause, und meine Mutter überprüfte sie jeden Tag. Nichts Ungewöhnliches geschah. Die Uhr ging völlig normal, und das tat sie wochenlang. Also beschloß ich, sie wieder in der Schule zu tragen. Ich hoffte, die Uhr zu ertappen, wenn sie raste. Das war mir bis dahin nie gelungen. Im Klassenzimmer nahm ich sie ab, legte sie vor mir auf den Tisch und beobachtete sie. Bald vergaß ich sie, aber später warf ich zufällig einen Blick darauf. Ich sah, wie die Zeiger sich immer schneller drehten, als sei die Uhr verrückt geworden.

Ich rief dem Lehrer zu: „Sehen Sie sich diese Uhr an!", und ich hielt sie hoch, damit alle sie sehen konnten. Die ganze Klasse begann zu lachen. Ich fühlte mich erbärmlich. Zum erstenmal in meinem Leben wurde mir bewußt, daß ich mir genau überlegen mußte, was ich sagte. Andernfalls würden die Leute mich auslachen und verspotten. Ich war schrecklich verlegen, wie jedes Kind es gewesen wäre.

Ich ging nach Hause und erzählte meiner Mutter, daß alle gelacht hätten. Sie wollte genau wissen, was geschehen sei, und ich erzählte es ihr. Schließlich sagte sie: „Na schön, wir kaufen dir eine neue." Monate später besaß ich eine neue Uhr, und ich trug die alte nie wieder. Ich glaubte, es sei eine verrückte Uhr gewesen und mehr stecke nicht dahinter.

Auf das, was dann geschah, war ich nicht vorbereitet. Ich trug meine neue Uhr und war sehr stolz auf sie. Endlich, dachte ich, hatte ich eine Armbanduhr, die richtig ging. So schien es jedenfalls. Sie ging ganz genau. Eines Tages, als wir alle auf dem Spielplatz waren, läutete die Klingel und rief uns ins Klassenzimmer zurück. Ich sah auf meine Uhr. Zu meinem Erstaunen waren die Zeiger verbogen. Es sah so aus, als hätten sie versucht, sich nach oben zu krümmen, und seien dann ans Glas gestoßen, das sie zurückgehalten und gezwungen hätte, sich seitwärts zu biegen. Ich sagte zu mir selbst: „Mein Gott, das möchte ich niemandem zeigen!" Ich wollte nicht wieder ausgelacht werden. Das war das letzte, was ich wollte.

Doch eines fiel mir schon damals auf: Es schien sich am häufigsten dann zu ereignen, wenn andere Kinder in der Nähe waren - im Klassenzimmer, auf dem Spielplatz, vor anderen Leuten. Meine fast neue Uhr war ruiniert. Ich zeigte sie weder dem Lehrer noch den anderen Kindern in der Klasse, aber ich nahm sie mit nach Hause. Mein Vater war gerade da, und ich zeigte ihm und meiner Mutter die Uhr.

Mein Vater nahm sie in die Hand und betrachtete sie. Er stellte mir nur eine Frage: „Hast du diese Uhr aufgemacht?" Ich sagte: „Nein, Vater". Selbstverständlich hatte ich das nicht getan. Dann erzählte ihm meine Mutter von dem Ärger, den ich mit der anderen Uhr gehabt hatte. Sie sahen einander an, und sie verstanden beide nicht, was vor sich ging. Ich bekam während meiner Kindheit nie wieder eine Uhr.

Trotz der Schwierigkeiten, die meine Eltern mit ihrer Ehe hatten, war ich im Grunde glücklich. Meine Eltern waren noch nicht geschieden, doch mein Vater kam immer seltener nach Hause, und ich war traurig darüber, daß meine Mutter als Näherin so hart arbeitete. Sie arbeitete zu Hause und lieferte die Ware aus, wenn sie fertig war. Was sie empfand, machte mich unglücklich; denn ich konnte buchstäblich spüren, was sie die meiste Zeit über dachte. Ich schien einen sehr tüchtigen, phantasievollen Geist in mir zu beherbergen. Eigentlich war ich kein Einzelgänger. Ich hatte Freunde in der Schule. Doch damals, in den ersten Schuljahren, gab es niemanden, dem ich sehr nahegestanden hätte.

Ich glaube, ich merkte damals schon, daß ich ein wenig ungewöhnlich war. Mein Geist schien in andere Welten abzuschweifen, und meine Gedanken waren mitunter ziemlich weltfremd. Ich weiß nicht, ob es an diesem strahlenden Licht im Garten lag oder nicht. Aber dieses Licht hatte einen gewaltigen Eindruck auf mich gemacht. Es war real, es war in meinem Geist lebendig. Es war - das weiß ich heute noch - nicht die phantastische Geschichte eines Kindes.

Ich weiß, daß ich an Gott glaubte, ehe meine Mutter oder andere Leute mir von ihm erzählten. Ich wußte, daß es eine Macht gibt, die über mir und über uns allen steht. Niemand mußte mir das sagen. Meine Mutter war nicht sehr religiös, aber auch sie glaubte an Gott. Selbstverständlich brachte ich die rasenden und sich krümmenden Zeiger der Uhr nicht mit Religion in Verbindung. Ich war darüber einfach erstaunt, mehr als über alles andere.

Einige Zeit nachdem meine zweite Armbanduhr zerstört worden war, ereignete sich erneut etwas Seltsames. Eines Tages, beim Mittagessen in der Schule, sah ein Klassenkamerad, der neben mir saß, plötzlich auf seine Armbanduhr und rief: „He! Meine Uhr hat sich eben eine Stunde vorgedreht." An diesem Tag war ich mutig, und darum sagte ich zu ihm: „Das habe ich getan." Er begann mit mir zu streiten und behauptete, das sei unmöglich. Also bat ich ihn um seine Uhr, und er gab sie mir. Ich berührte weder das Glas noch sonst etwas. Ich betrachtete einfach die Uhr und sagte: „Beweg dich!" Das sagte ich zwei- oder dreimal. Und tatsächlich - die Zeiger sausten erneut um ihre Achse. Alle Schüler umringten mich jetzt, und ich wiederholte mein Kunststück noch einige Male. Statt zu lachen, sagten nun alle, das sei der tollste Trick der Welt. Ich begann mich glücklicher zu fühlen. Aber bald machte ich eine

Erfahrung, die mich mein Leben lang begleiten sollte: Alle dachten, es sei ein Trick. Niemand glaubte mir, wenn ich sagte, es sei kein Trick dabei.

Doch drehende und rasende Zeiger von Uhren waren nicht alles, was mir auffiel, und ich kam mir selbst immer sonderbarer vor. Eines Tages hatte meine Mutter eine Pilzsuppe gekocht. Dazu gab es gutes Weißbrot, und ich tauchte das Brot in die Suppe und aß es. Dann aß ich die Suppe mit dem Löffel. Ich bin Linkshänder, und darum hielt ich den Löffel in der linken Hand. Meine Mutter stand am Küchenherd. Ich führte gerade einen vollen Löffel an den Mund, als sich auf einmal der vordere Teil des Löffels nach unten bog und sich heiße Suppe auf meinen Schoß ergoß. Dann brach er ab, und in meiner Hand blieb nur der Griff zurück. Ich rief meiner Mutter zu: „Schau mal, was passiert ist!" Sie kam zu mir und sah mich an. Dann betrachtete sie den Löffel und lachte. „Na ja, das muß wohl ein lockerer Löffel sein oder sowas", sagte sie. Ich wußte, daß das albern war. Es gibt einfach keine „lockeren Löffel."

Ich lachte ebenfalls. Doch dann begann ich, zwei und zwei zusammenzuzählen. Etwas sehr Sonderbares geschah mit mir, und ich hatte keine Erklärung dafür und wußte nicht, was ich damit anfangen sollte. Ich wußte nur, daß niemand sonst ähnliche Erlebnisse hatte, was auch immer dahinterstecken mochte. Und ich fühlte mich nicht wohl dabei.

Stellen Sie sich vor, sie hätten als Acht- oder Neunjähriger etwas derartiges erlebt. Sie haben einen Löffel mit Suppe gefüllt, und plötzlich bricht er ab, und die Suppe ergießt sich auf Ihren Schoß. Was hätten Sie getan? Wahrscheinlich wären Sie überrascht aufgesprungen und auf den Löffel wütend gewesen. Dann hätten Sie gedacht: Moment mal - was geht hier vor? Was ist los? Und wenn diese Vorfälle sich - wie bei mir - dreißig- oder vierzigmal im Jahr wiederholt hätten, wären Sie verstört oder verängstigt gewesen, um es milde auszudrücken.

Am schlimmsten war, daß es niemanden gab, an den ich mich hätte wenden können. Weder mein Vater noch meine Mutter konnten glauben, was geschah, und ich konnte es ihnen nicht verübeln. Mit

meinen Lehrern wollte ich nicht darüber reden, und meine Klassenkameraden würden entweder lachen oder behaupten, alles sei nur
ein Trick. Ich schämte mich, jemanden danach zu fragen, weil ich
wußte, daß man mich auslachen würde.

Können Sie sich vorstellen, ein Problem zu haben, bei dem niemand
Ihnen helfen kann? Was würden Sie tun? Ich konnte nichts weiter
tun, als es zu akzeptieren; ich konnte versuchen, darüber hinweg-
zugehen und damit zu leben. Meine Eltern waren gütig, aber sie
wußten einfach nicht, was sie sagen oder tun sollten.

Meine Mutter pflegte mit Freundinnen in einem Lokal Kaffee zu
trinken. Manchmal begleitete ich sie und aß ein Stück Kuchen.
Dann begannen sich plötzlich mehrere Löffel auf dem Tisch zu
verbiegen, ohne daß ich sie berührte. Meiner Mutter war das sehr
peinlich, und sie wußte nie so recht, was sie sagen sollte.

Die Kellner eilten herbei, betrachteten die verbogenen Löffel und
tauschten sie rasch aus, damit die Leute nicht glaubten, das Café
benutze verbogene Löffel. Meine Mutter versuchte ihren Freundinnen zu erklären, daß dies ab und zu geschehe, wenn Uri dabei
sei, und dann dachten alle, ich sei ein böser Junge. Ich hatte gewiß
keine Erklärung dafür. Ich konnte mich nur unwohl fühlen.

Meine Mutter begann allmählich, es zu akzeptieren, aber nur in
gewissem Umfang. Als ich ihr erzählte, was in der Schule geschah,
sagte sie schließlich, sie wolle nichts mehr davon hören. „Es ist
gut", sagte sie gewöhnlich, „es ist interessant. Aber ich möchte dich
nicht zum Arzt bringen müssen."

Wenn mein Vater zu Hause war, sprachen sie darüber, ob sie mit
mir zu einem Psychiater gehen sollten. Sie hofften, ich werde aus
diesen seltsamen Dingen „herauswachsen". Ich wußte, ich konnte
sie nicht davon überzeugen, daß ich niemandem absichtlich
Unannehmlichkeiten bereiten wollte, und darum hielt ich es
schließlich für das beste, nicht mehr über die Vorfälle in der Schule
zu sprechen. Alles war sehr frustrierend.

Meine Mutter schien sich besser als mein Vater damit abzufinden,
weil sie wußte, wie gut ich ihre Gedanken lesen konnte, vor allem,
wenn ich ihr bis auf den letzten Schilling genau sagte, wieviel sie

beim Kartenspiel gewonnen oder verloren hatte, und wenn ich immer wieder vorwegnahm, was sie gerade sagen wollte. Mein Vater hatte das alles nie erlebt, darum neigte er eher zu härteren Maßnahmen. Eines Tages sagte er: „Hör mal, Uri, wir wollen zu einem Psychiater gehen, nur um zu hören, was er sagt."

Ich wurde wütend. Ich dachte daran, daß meine Eltern nicht miteinander auskamen, daß mein Vater uns wegen einer anderen Frau verlassen wollte - dennoch sprachen sie davon, mich zu einem Psychiater zu bringen. Ich war damals erst neun, aber ich explodierte. Ich sagte zu ihnen: „Ich brauche keinen Psychiater. Aber ihr braucht ihn beide. Ihr kommt nicht miteinander zurecht, und ihr wollt euch trennen. Ihr habt es nötiger als ich. Warum geht *ihr* nicht zu ihm?"

Das schien ihnen den Wind aus den Segeln zu nehmen, und obwohl ich sie keineswegs verletzten wollte, weil ich sie liebte, war ich mir sicher, daß kein Arzt mir helfen konnte. Ich wollte das alles gerne vergessen. Ich hielt mich nicht für anders als andere Kinder. Ich wollte mit ihnen zusammen sein und tun, was sie taten. Ich hatte keine roten Augen, und von mir ging kein geheimnisvolles Leuchten aus. Ich hatte auch keine Aura. Ich war kein Bücherwurm. Ich haßte das Lernen. Ich spielte Basketball und Fußball. Ich war kein böses Kind. Ich war großzügig und sehr offen. Ich hatte nur dieses eine Problem: Wenn ich in der Nähe war, geschahen verrückte Dinge, vor allem bei anderen Kindern. Eigentlich stieß ich deswegen bei ihnen oder bei anderen Leuten nicht auf Ablehnung. Ich war nur innerlich wütend, weil ich mit niemandem darüber reden, mich niemandem anvertrauen konnte. Denn niemand konnte verstehen, was geschah, nicht einmal meine Mutter.

Obwohl ich meiner Mutter sehr nahe stand, war ich nie ein Muttersöhnchen. Ich war sehr selbständig, und sie versuchte nie, mich zu beherrschen. Meinen Vater sah ich zwar nicht sehr oft; dennoch standen wir uns nahe und verstanden uns meist gut, wenn wir zusammen waren. Er war ein stattlicher Mann, und die Frauen liefen ihm stets nach. Meine Mutter verstand das und fand sich allmählich damit ab. Natürlich war sie verletzt, und es tat ihr weh.

Ich hatte meine eigenen Träume und Hoffnungen. Seit meiner frühesten Kindheit wollte ich Filmstar werden, so wie ein Freund von mir Pilot werden wollte. Und im Geiste schweifte ich immer noch in andere Länder, weit weg. Ich wollte immer etwas erforschen, das noch niemand erforscht hatte. Das Unbekannte hat mich stets fasziniert. Ich glaube, diese Lust steckt in jedem Kind - gefährliche Orte aufzusuchen, wo alles mögliche geschehen kann. Ich dachte mir spezielle Kleider aus, die mich in abenteuerlichen Situationen vor Schaden bewahren sollten und zeichnete sogar Entwürfe dazu.

In dieser Zeit ereigneten sich zwei wichtige Dinge, die nichts mit Uhren, Löffeln, Gedankenlesen oder anderen Merkwürdigkeiten zu tun hatten. Eines Tages bat ich einen Freund, Tzuki einen Moment zu halten, während ich eine Straße überquerte. Doch der Hund wollte nicht stillhalten und rannte mir nach - genau vor ein Auto. Es überfuhr ihn und tötete ihn sofort. Das spielte sich unmittelbar vor mir ab. Es war furchtbar. Meine Mutter und ich weinten an diesem und am nächsten Tag. Erst damals merkte ich, wie sehr ich Tiere liebte. Mein Vater brachte mir einige Wochen später einen anderen Hund, und ich nannte auch ihn Tzuki. Der Hund wurde mein Freund - vielleicht deshalb, weil ich ein wenig anders war als die anderen Kinder. Wie auch immer, die Trauer jener Tage ist in mir geblieben.

Ich war in der dritten oder vierten Klasse, als ich das zweite Erlebnis hatte. Es war eines der schlimmsten Ereignisse meines Lebens, und ich fühle mich selbst heute noch schrecklich, wenn ich darüber schreibe. Ich werde nie verstehen, warum ich es tat. Es war eine jener törichten, unreifen Ideen, die man als Kind manchmal hat. Eines Tages bat unsere Lehrerin die Klasse, die Thora von zu Hause mitzubringen - jene Schriftrollen, die die heiligen Worte der Juden enthalten. Ich hatte keine Thora, also kam ich mit leeren Händen. Als ich die vielen schönen Thoras sah, wurde ich neidisch. Alle hatten eine Thora, nur ich nicht.

Als die Pause kam, legten meine Klassenkameraden ihre Thoras unter die Tische und verließen den Raum. Ich ging zurück und stahl eine. Sie war schön und weiß, und ich weiß nicht mehr, wem sie gehörte. Ich nahm sie mit nach Hause. Dann fanden sie es heraus.

An diesem Nachmittag kam die Lehrerin zu uns nach Hause. Als ich sie kommen sah, wußte ich, daß man mich als Dieb erkannt hatte. Ich geriet in Panik. Ich wußte nicht, was ich tun sollte. In meiner Angst zerriß ich die Thora und warf sie in den Abfalleimer. Mein Vater war an diesem Tag zu Hause, und die Lehrerin informierte ihn. Ich werde nie vergessen, was mein Vater für ein Gesicht machte. Er sah mich an und wußte, daß ich die Thora gestohlen hatte. Mein Vater war nie streng oder jähzornig mir gegenüber; doch an diesem Tag verprügelte er mich. Und ich erkannte, daß ich zwei Sünden begangen hatte. Ich hatte nicht nur eine Thora gestohlen, sondern sie auch zerrissen.

In meiner Klasse war ein Mädchen namens Naomi, in das ich heimlich verliebt war. Nach diesem Vorfall wollte sie nicht mehr mit mir sprechen. An diesem Tag lernte ich etwas Wichtiges, und wenn es auch nicht die letzte Lektion war, die ich lernen sollte, so war es doch eine, die ich nie vergessen werde.

Danach war ich fast ein Ausgestoßener, und das machte es mir leichter, als meine Mutter mir sagte, daß ich künftig in eine Kibbuzschule gehen würde, in eines dieser Kollektive in Israel, wo alle zusammen arbeiten und leben. Sie schickten mich nicht wegen der Thora dorthin, sondern weil die Scheidung kurz bevorstand und es für meine Mutter leichter war, arbeiten zu können, ohne sich ständig um mich kümmern zu müssen.

Ich war nicht traurig, als sie mir von der Scheidung erzählten. Ich wußte, daß diese Lösung für beide besser war. Ich weinte nicht und kämpfte nicht dagegen an. Wenn mein Vater weg war und meine Mutter jeden Tag als Näherin hart arbeitete, war ich im Kibbuz gut versorgt. Ich wußte, daß sie die richtige Entscheidung getroffen hatten, obwohl ich traurig darüber war, daß ich mich von meiner Mutter trennen mußte. Es war auch schrecklich für mich, meinen Hund zurückzulassen.

Und doch war es aufregend, an einen neuen Ort, in eine neue Welt zu gehen. Ich hatte viel Gutes über Kibbuze gehört - daß jeder dort

Freunde hatte, daß man von einer Familie aufgenommen wurde, daß man arbeiten, vielleicht einen Traktor fahren und die Kühe melken durfte.

Es würde ein neues Leben sein, und ich war bereit dafür.

9
Der Umzug nach Zypern

Das Leben im Kibbuz. Telepathie rettet uns vor einem ausgebrochenen Löwen. Ich finde zwei Kriegsorden, die auf rätelhafte Weise verschwunden waren. Eine Kugel schießt aus einem leeren Gewehr. Das Leben in Zypern. Ich öffne ein Kombinationsschloß durch Konzentration.

Obwohl ich auf ein neues Abenteuer vorbereitet war, war es nicht so einfach, wie ich es mir vorgestellt hatte, in den Kibbuz zu gehen. Ich war nie zuvor von zu Hause weg gewesen. Ich machte mir Sorgen, denn ich hatte gehört, daß die Kinder im Kibbuz Stadtkinder nicht so leicht akzeptierten. In mancher Hinsicht war ich zäh, und ich wußte, daß ich auf eigenen Füßen stehen konnte. Aber es war sonderbar, die Stadt zu verlassen, und ich begann, die ganze Angelegenheit mit gemischten Gefühlen zu betrachten. Ich mußte mich von Tzuki, meinem Hund, verabschieden.

Der Kibbuz Hazor Aschdod lag etwa 30 Kilometer südlich von Tel Aviv auf einer Anhöhe. Es war eine schöne Siedlung aus kleinen weißen Häusern mit roten Dächern. Es gab Bäume und Gras, ein Schwimmbecken und einen großen Speisesaal für alle. Und es gab große Felder und Orangenhaine, in denen wir arbeiteten. Meine Mutter brachte mich zum Kibbuz, und als sie ging, zwickte mich das Heimweh zum erstenmal ein bißchen. Man führte mich in mein Quartier, das ich mit acht anderen Jungen und Mädchen sowie einem Lehrer teilen würde. Dann wurde ich meiner „zweiten Familie" vorgestellt. Es waren Ungarn, nette Leute mit eigenen Kindern.

Ich war verlegen, als ich die anderen Kinder zum erstenmal sah, aber sie waren ebenfalls freundlich. Allerdings waren diejenigen, die im Kibbuz geboren worden waren, ein wenig mißtrauisch gegenüber mir und den paar anderen, die aus der Stadt gekommen waren. Ich konnte das Gefühl, ein Fremder zu sein, nicht unterdrücken. Sie hatten ein Wort für Stadtjungen - *ironim* -, das uns sofort von den anderen trennte.

Der Tagesplan im Kibbuz war einfach und hielt uns auf Trab. Alle trafen sich am Morgen im großen Gemeinschaftssaal zum Frühstück. Dann folgten Unterricht, Arbeit auf dem Feld, Schwimmen und Sport. Die Hausaufgaben waren leicht, nicht so schwer wie in der Stadt.

Gewöhnlich schlossen wir uns gegen vier Uhr unserer „zweiten Familie" an, um Kaffee oder Tee zu trinken. Am Abend aßen wir zusammen im Speisesaal. Es hätte eigentlich ein glückliches und produktives Leben sein sollen, und ich denke, für viele war es das auch. Ich war damals fast zehn Jahre alt, aber ich vermißte mein Zuhause schrecklich. Allmählich schien ich Heimweh zu bekommen. Ich spürte, wie es wuchs und an meinem Herzen nagte - an meinem Magen ebenfalls. Ich erinnere mich, daß ich bei der Arbeit auf dem Feld alleine ging, weit, weit von den anderen entfernt. Und von der Anhöhe aus schaute ich nach Norden, weil dort Tel Aviv lag, und dort war ich zu Hause. Nachts betrachtete ich den Mond und die Sterne, weil ich wußte, daß meine Mutter diesen Mond und diese Sterne zur selben Zeit auch sah.

Ich war zwischen zwei Gefühlen hin- und hergerissen. Ich sehnte mich sehr danach, daß meine Mutter mich besuchte; aber gleichzeitig wollte ich nicht, daß sie kam, weil sich die Kinder bei ihrem ersten Besuch über ihren Lippenstift lustig gemacht hatten. Sie war schick angezogen, und das war im Kibbuz nicht üblich. Ich glaube, ihnen war nicht klar, daß sie eine hart arbeitende Frau war, die sich so anzog, wie die Frauen in der Stadt es eben taten.

Das Leben im Kibbuz spielte sich nach Gemeinschaftsregeln ab, die mir gegen den Strich gingen. Alles gehörte allen, und ich mußte alles teilen. Das einzige, was ich nicht mit den anderen teilte, waren meine Gedanken; die behielt ich für mich. Ich hatte kaum an die seltsamen Vorfälle mit den Uhren und den sich verbiegenden Metallgegenständen gedacht, und ich versuchte nicht, etwas in dieser Art zu tun, obwohl es manchmal geschah, wenn ich nicht daran dachte.

Ich glaube, das Leben im Kibbuz hat sich inzwischen geändert. Damals spürte ich aber, daß sie nie ein Kind aus der Stadt akzeptieren würden, einerlei, was ich tat. Allmählich begann ich das Leben dort zu hassen. Ich vermißte meinen Hund. Ich vermißte mein Zuhause. Alles ging ohne große Veränderungen seinen Gang. Wir pflückten Orangen. Wir pflückten Bananen. Wir ernteten Kartoffeln. Wir arbeiteten im Kuhstall. Wir arbeiteten im Speisesaal. Die besten Noten hatte ich im Zeichnen und in der Musik. Aber die Hausaufgaben waren leicht, fast zu leicht. Obwohl ich kein guter Schüler war, hatte ich keine Schwierigkeiten damit. Ich glaube, soweit gefiel mir die Sache.

Ich war glücklich, wenn mein Vater mich besuchte. Er kam immer in seinem Jeep, und die Kinder vergaßen, mich zu necken, wenn er kam. Er rief mich vorher an und sagte mir, er werde dann und dann ankommen, und ich lief ihm eine weite Strecke auf der staubigen Straße entgegen. Viele Autos fuhren vorbei und wirbelten Staub auf. Aber ich wußte stets im voraus, wann der Jeep meines Vaters sich näherte, selbst wenn die Staubwolke noch weit entfernt war.

Er brachte mir allerlei interessante Sachen mit - Munitionstaschen, Armeestiefel, Andenken. Dann, Ende 1956, kurz vor Ausbruch des Suezkrieges zwischen Israel und den Arabern, kam mein Vater und sagte, die Lage sei ziemlich ernst, und es werde wahrscheinlich Krieg geben. Dann brach der Krieg tatsächlich aus, und mein Vater war dabei. Ich erinnere mich, daß ich in der Ferne das schwache Donnern der Artillerie und der Bomben hören konnte. Ganz in der Nähe des Kibbuz war ein Luftwaffenstützpunkt, und nachts hörten wir, wie die schweren Flugzeuge amerikanischer Herkunft mit Nachschub landeten. Ich wünschte mir, in einer dieser Maschinen zu landen und wieder zu starten. Immerzu dachte ich an meinen Vater und meine Mutter. Ich dachte: Was macht mein Vater in diesem Moment? In welcher Situation befindet er sich? Und was tut meine Mutter? Was denkt sie jetzt, nach der Scheidung, über ihn? Liegt ihr immer noch etwas an ihm? Oder ist er ihr egal? Ich wußte, daß mein Vater irgendwo da draußen war und für mich kämpfte, um mich zu beschützen.

Meine Mutter war einem Mann begegnet, den sie sehr gern hatte. Er hieß Ladislas Gero, und er war ein ungarischer Jude, der nach

Zypern ausgewandert war. Er war ein gutaussehender Mann in den Fünfzigern, Witwer und Konzertpianist. Nachdem er aus Ungarn entkommen war, hatte er mit seiner Frau eine Varieté-Tanztruppe aufgebaut und war auf Tournee nach Zypern gegangen. Sie blieben auf Zypern und sparten so viel Geld zusammen, daß sie davon ein kleines Hotel kaufen konnten. Es hieß „Pension Ritz" und verpflegte die Sänger, Tänzer und Musiker, die in den vielen Varietés von Nikosia auftraten. Die Künstler stiegen auch gerne in der kleineren Pension ab, weil sie Ladislas mochten und weil seine Pension gemütlicher und billiger war als die großen Hotels.

Nach dem Tod seiner Frau war Gero nach Israel gereist und hatte in Haifa meine Mutter kennengelernt. Leute, die mit ihr befreundet waren, hatten sie einander vorgestellt. Eines Tages kam meine Mutter und sagte mir, sie würden heiraten. Trotz meiner gemischten Gefühle freute ich mich für meine Mutter, weil ich wußte, daß ihr Leben sich ändern würde und daß sie nicht mehr so hart würde arbeiten müssen. Noch glücklicher war ich, als ich erfuhr, daß ich den Kibbuz verlassen und mit ihnen nach Zypern ziehen durfte. Ladislas trug eine Krawatte, als sie mich besuchten. Einige Kinder hatten so etwas noch nie gesehen, und jemand fragte: „Was ist das für ein Tuch, das er um den Hals gebunden hat?"

Bevor ich den Kibbuz verließ, hörte ich, mein Vater sei am Leben und in Sicherheit, und er werde mich bald besuchen. Er kam in seinem Militärauto, bärtig und staubig, und hielt zwei Gewehre in den Händen. Das war einer meiner glücklichsten Augenblicke. Er sagte, er werde die Gewehre wegschließen und sie mir an meinem achtzehnten Geburtstag geben. Ich hatte sehr angestrengt für ihn gebetet, und es war eine große Freude für mich zu erfahren, daß er lebendig und gesund war.

Ich kehrte nach Tel Aviv zurück, um meine Sachen zu packen und dann mit meinen Eltern nach Zypern zu fahren. Es war eine erregende Aussicht, in ein anderes Land zu gehen, in eine andere Welt, in der alles neu sein würde. Ich wußte nur, daß Zypern eine Insel im Mittelmeer war, nicht sehr weit von Israel entfernt, und daß wir in dem kleinen Hotel meines Stiefvaters in Nikosia leben würden. Ich sah, daß meine Mutter glücklich war, und freute ich mich.

Ich nehme an, daß meine Stimmung im Kibbuz so gedrü daß meine seltsamen Kräfte sich dort nicht meldeten. Ich v _____ nicht einmal, vor anderen damit anzugeben, und wenn doch einmal etwas geschah, behielt ich es für mich, weil ich fürchtete, man werde mich wieder verspotten. Doch bevor wir nach Zypern aufbrachen, geschah in Tel Aviv etwas Ungewöhnliches, an das ich mich sehr gut erinnere. Meine Mutter war nach Haifa gefahren, etwa hundert Kilometer von Tel Aviv entfernt, und wollte abends zurück sein. Ich saß am Küchentisch und aß. Plötzlich konnte ich nicht mehr essen. Ich wußte, daß etwas mit meiner Mutter geschehen war. Sie sandte mir eine scharfe, klare Botschaft. Ich konnte diese Botschaft nicht genau verstehen, aber sie flößte mir große Angst ein.

Ich lief im Haus herum, um die Adresse zu finden, unter der ich sie in Haifa erreichen konnte. Es gelang mir nicht. Ich fürchtete mich. Ich versuchte zu schlafen, aber ohne Erfolg. Schließlich kam sie nach Hause und fand mich wach. Meine ersten Worte waren: „Mutter, was ist passiert?" Sie sagte: „Du weißt es, nicht wahr?" Sie fragte nicht: „Woher weißt du es?" Sie sagte nur: „Du weißt es." Dann erzählte sie mir, sie sei in einem Taxi gefahren, und es sei mit einem anderen Auto zusammengestoßen. Zum Glück blieb sie unverletzt; aber ich hatte ihren Schock mehr als hundert Kilometer entfernt gespürt.

Es hatte noch andere Ereignisse wie jenes in meiner Kindheit gegeben. Man könnte sie als Zufall abtun. Aber meine Gefühle waren dabei so stark und klar, daß ich dies mit ziemlicher Sicherheit ausschließen kann. Einmal ging ich mit meiner Mutter in den Zoo, etwa ein Jahr bevor ich in den Kibbuz zog. Ursprünglich wollte mein Vater mich mitnehmen, aber er bekam keinen Urlaub, und ich war schrecklich enttäuscht und traurig. Ich hatte mich so sehr darauf gefreut. Also begleitete mich meine Mutter an seiner Stelle. So sehr ich mir diesen Ausflug auch gewünscht hatte, wir hatten den Zoo kaum betreten, als ich von einem Gefühl des Schreckens gepackt wurde. Ich sagte: „Mutter, heute gefällt es mir hier nicht. Wir müssen gehen." Eigentlich wollte ich das nicht sagen; aber ich konnte nicht anders.

„Aber, Uri", sagte meine Mutter, „du warst doch den ganzen Tag traurig. Warum, um Himmels willen, möchtest du jetzt schon gehen?"

„Mutter, ich habe ein sehr schlechtes Gefühl. Ich kann es nicht beschreiben."

„Was meinst du damit, Uri?" fragte sie. „Wie? Warum?"

Alles, was ich antworten konnte, war: „Bitte, Mutter. Wir müssen hier raus."

Dann traf sie eine Freundin und blieb stehen, um mit ihr zu plaudern. Ich begann, heftig an ihrer Hand zu zerren, und sagte: „Mutter, *bitte*, laß uns rausgehen."

Wir gingen auf das Eingangstor zu. Kaum hatten wir das getan, als die Alarmklingel schrillte. Ein Löwe war aus seinem Käfig ausgebrochen. Menschen rannten und schrien, kletterten auf Bäume, sprangen in den Teich. Überall schien Panik zu herrschen. Der Löwe lief langsam herum, doch wir waren inzwischen schon am Tor angelangt und konnten den Zoo unversehrt verlassen. Zum Glück fing man den Löwen wieder ein, und niemand kam zu Schaden. Das Eigenartige war, daß ich mich sonst nicht so benahm, und meine Mutter war sehr überrascht gewesen, als ich darauf bestanden hatte, den Zoo zu verlassen.

Ein anderes Mal nahm mein Vater mich mit auf eine Fahrt in einem großen gepanzerten Fahrzeug in seinem Armeestützpunkt. Es war ein Halbkettenfahrzeug. Normalerweise ließ ich mich gerne von ihm in den Feldlagern der Armee herumführen. Er zeigte mir, wie man das Fahrzeug steuerte, und wir fuhren eine extrem steile Testböschung hinauf. Ich hatte keine Angst vor solchen Abenteuern. Ich liebte sie. Doch kaum waren wir gestartet, schrie ich meinem Vater zu, umzukehren und die Böschung zu verlassen. Er war verblüfft, doch mein Schrei war so laut, daß er den Versuch aufgab. Er sagte, das Fahrzeug könne die Böschung meistern, aber er kehrte um und fuhr zur Garage zurück. Fast gleichzeitig ertönte ein lauter Knall, und eine der gewaltigen Ketten des Fahrzeugs zerriß.

Sein Gesicht war weiß. Wären wir den Hang hinaufgefahren und die Kette wäre dort gerissen, hätte er die Herrschaft über das Fahrzeug verloren und wir wären abgestürzt. Ich wußte damals nichts von Telepathie oder Hellsehen. Doch ich zweifelte nicht daran, daß diese Vorfälle weder Glück noch Zufall waren.

Da mein Vater lange bei der Armee gewesen war, war er in allem, was er tat, sehr ordentlich. Er besaß eine schöne Sammlung von Orden, die er erhalten hatte, darunter das Afrikakreuz, der König-Georg-Orden und zahlreiche Bänder und weitere Ehrenabzeichen. Er bewahrte sie alle in einem alten Lederkoffer auf. Manchmal holte ich ihn hervor und öffnete ihn, um die Orden und die Bilder darin zu betrachten. Alles war sauber verpackt. Es gab Fotos von Tobruk und den Pyramiden, und ein Bild, das ich besonders liebte, zeigte einen mumifizierten, halb zerfressenen Pharao. Dieses Foto zog mich auf makabre Weise an. Es gab auch Bilder von britischen Generälen und Aufnahmen von meinem Vater aus seiner Zeit in Montgomerys Armee. Er stand in der Nähe der Sphinx und fuhr in einem leicht gepanzerten Fahrzeug.

Ich betrachtete diese Fotos von ihm und hoffte, ich würde als Erwachsener aussehen wie er; denn er sah sehr gut aus. Ich habe immer davon geträumt, wie mein Vater zu sein und in der Armee zu dienen. Aber auch der Traum, Filmstar zu werden, ließ mich nicht los. Er hatte begonnen, als ich in Tel Aviv zur Schule gegangen war. Naomi und ich hatten uns - vor jenem schrecklichen Ereignis mit der Thora - oft weggeschlichen, um Tarzan-, Abenteuer- und Monsterfilme zu sehen.

Eines Tages sah ich die Orden durch und bemerkte, daß die beiden britischen Orden fehlten. Ich hatte sie nicht herausgenommen und wußte, daß sie noch dagewesen waren, als ich den Koffer zum letztenmal geöffnet hatte. Ich hatte nicht den Mut, es meinem Vater zu erzählen. Denn ich war sicher, daß er glauben würde, ich hätte sie weggenommen. Mehrere Monate später war er zu Hause. Er kam zu mir und fragte: „Uri, hast du die zwei britischen Orden aus dem Koffer genommen?"

„Nein, Vater."

„Bist du sicher?"

„Ja, Vater. Ich schau' mir deine Sachen an, und manchmal spiele ich mit ihnen. Aber ich lege sie immer sorgfältig zurück." Ich fühlte mich schrecklich, weil ich wußte, daß die Orden ihm sehr wichtig waren. Aber ich wußte, daß ich sie nicht weggenommen hatte.

Dann hatte ich das starke, fast überwältigende und sichere Gefühl zu wissen, wo sie waren. Ich kann das unmöglich erklären. „Vater, ich glaube, sie sind oben auf dem Speicher", sagte ich.

„Was zum Teufel tun sie dort oben? Wie sind sie da raufgekommen?"

Ich wußte es nicht. Ich war mir nur sicher, daß sie auf dem Speicher waren.

Mein Vater mußte gehen, bevor ich eine Leiter holen und hinaufklettern konnte, um nachzusehen. Ich kroch zwischen alten Kleidern und Kisten und Büchern herum und suchte nach den Orden. Ich kam mir irgendwie närrisch vor, weil ich wußte, daß ich sie nicht hier heraufgebracht hatte, und auch mein Vater und meine Mutter hatten es gewiß nicht getan. Da waren Konserven - meine Eltern hatten während des Krieges zusätzliche Vorräte angelegt - und viele andere Dinge, wie sie sich auf einem Speicher ansammeln. Auch einen alten Seesack fand ich, und etwas riet mir, ihn zu öffnen. Ich wußte, daß das lächerlich war, denn die Orden konnten unmöglich in diesen Sack gelangt sein. Ich öffnete ihn und sah einen Haufen alte Kleider und andere Sachen. Ich wühlte weiter, und ganz unten fand ich beide Orden.

Ich war wirklich überrascht, weil ich mich allein auf dieses sonderbare Gefühl verlassen hatte und sonst auf nichts. Mir kam sogar der Verdacht, daß mein Vater sie im Seesack versteckt hatte, um sie zu schützen. Oder vielleicht hatte er sie hineingelegt und es dann vergessen. Aber das ergab ebenfalls keinen Sinn.

Als mein Vater wieder nach Hause kam, berichtete ich ihm, daß ich die Orden auf dem Dachboden, ganz unten im Seesack gefunden hatte. Er lachte und sagte: „Du hättest dir keine Geschichte auszudenken brauchen. Du brauchst nicht zu lügen, Uri. Ich bin froh, daß du sie gefunden hast." Das war das alte Problem: Niemand glaubte mir, wenn ich die Wahrheit sagte.

Etwas noch Merkwürdigeres geschah eines Tages, als ich meinen Vater in seiner Garnison besuchte. Sein Büro befand sich in einer Art Käfig, wo die Gewehre und die Munition aufbewahrt wurde. Ich sah mich um und bestaunte die Gewehre und Maschinengewehre, die zum Schutz alle eingefettet waren. Dieses Mal durfte ich ihn zum Schießplatz begleiten, und er nahm ein kleines Maschinengewehr mit. Er hatte mir beigebracht, sehr vorsichtig mit Gewehren aller Art umzugehen. Aber an diesem Tag ließ er mich auf dem Schießstand einige Runden schießen. Es machte mir großen Spaß. Er hatte mich gelehrt, nie mit einem Gewehr auf jemanden zu zeigen und auch nicht damit herumzuwedeln, auch dann nicht, wenn man dachte, es sei leer.

Nach dem Schießen zeigte er mir, wie man sich vergewissert, daß kein Geschoß mehr im Gewehr ist. Das tat er sehr sorgfältig und gründlich. Er zeigte mir die leeren Kammern und fuhr mit dem Finger hinein, um ganz sicher zu gehen. Ich richtete das leere Gewehr noch einmal auf den Schießstand, nur um das Klicken zu hören. Als ich abdrückte, feuerte das Gewehr, und ein Geschoß kam heraus. Mein Vater erbleichte. Er nahm mir das Gewehr aus der Hand, spannte erneut den Hahn und untersuchte es. Sein Gesicht drückte große Verwirrung aus, und er war sehr verstört.

Mir ist klar, daß es vernünftige Erklärungen für diesen Vorfall gibt. Man könnte sagen, mein Vater habe das Gewehr nicht vollständig überprüft und ein Geschoß übersehen. Das würde ich selbst annehmen, wenn jemand anders mir diese Geschichte erzählt hätte. Aber ich wußte, daß das Gewehr nicht geladen war.

Diese Ereignisse waren wichtige Hinweise auf die vielen seltsamen und unglaublichen Begebenheiten, die noch kommen sollten. Damals erkannte ich nicht, daß eine geistige Kraft am Werk sein mußte. Ich hatte keine Ahnung davon. Ich war nur verblüfft und verletzt, weil niemand mir glauben wollte.

Als wir fertig für die Reise nach Zypern waren, mußte ich wieder großen Kummer erfahren: Es war nicht möglich, meinen Hund mitzunehmen. Ich mußte Tzuki weggeben. Ich erinnere mich gut an den Tag, als ein Freund von uns, der auf einem Bauernhof lebte, kam, um ihn abzuholen. Ich küßte und umarmte Tzuki, und ich weinte. Dann beobachtete ich, wie sie ihn die Straße entlang führten. Aber ich wußte, daß er es gut haben würde, und das half mir ein wenig.

Ich hatte wenig Zeit, an etwas anderes zu denken. Ich war etwa elf Jahre alt, und der Umzug war für mich eine große Sache. Trotz der Aufregung machte ich mir über einige Dinge Sorgen, nicht nur wegen Tzuki. Ich fragte mich, wie ich mit meinem Stiefvater auskommen würde und wie ich mich an einem Ort zurechtfinden sollte, an dem kein Hebräisch gesprochen wurde.

Meine Mutter war in Zypern gewesen, um meinen neuen Vater zu besuchen, und sie hatte mir erzählt, wie schön es dort sei. Sie sagte, Ladislas habe einen hübschen Hund für mich gekauft. Ich freute mich darauf. Am Tag unserer Abreise fuhr mein Vater uns nach Haifa, wo das Boot ablegen würde. Der Hafen war voller Leute. Amerikanische Touristen, Matrosen, sogar Russen liefen herum. Es war sehr aufregend. Ein neues italienisches Schiff sollte uns nach Zypern bringen.

Ich vergaß allmählich, daß ich traurig war, meine Heimat zu verlassen. Mein Vater sagte, ich würde nach Israel zurückkehren, um ihn zu besuchen. Dieser Gedanke gefiel mir.

Wir gingen durch den Zoll und an Bord des Schiffes. Mein Vater durfte bei uns bleiben, bis man das Zeichen zum Verlassen des Schiffs gab. Ich sah ihn in seiner Uniform am Dock stehen, als das Schiff auslief, und wir winkten einander zu. Ich weiß nicht, was er dachte. Vielleicht war auch er zufrieden, weil er wußte, daß ich in Sicherheit sein und ein hübsches Heim haben würde.

Die Reise war ein großes Abenteuer für mich. Ich sah mir das ganze Schiff an, auch die Kapitänsbrücke und den Maschinenraum. Ich erinnere mich daran, wie Haifa im Nebel verschwand, als wäre es ein Traum gewesen. Die Fahrt dauerte etwa zwei Tage, und ich wurde nie seekrank.

Aus irgenwelchen Gründen konnte Ladislas uns nicht abholen, als wir anlegten, darum half ich meiner Mutter beim Gepäck. Während wir auf ein Taxi nach Nikosia warteten, sah ich einen kleinen Kiosk. Mein erster Gedanke war, meinem Vater in Israel eine Postkarte zu schicken.

Zypern sah in meinen Augen anders aus, irgendwie arabisch, ähnlich wie eine Filmkulisse. Entlang der Straße nach Nikosia sah ich kleine Dörfer, und ich erfuhr, daß einige von ihnen türkisch und andere griechisch waren. Türken und Griechen mieden einander. Es konnten jederzeit Kämpfe ausbrechen, hörte ich. In einem Dorf sah ich die rote Fahne mit dem weißen türkischen Stern, in einem anderen sah ich die blau-weiße Fahne der Griechen. Es gab auch britische Feldlager, über denen britische Fahnen flatterten. Es war wie eine Insel mit Dörfern aus verschiedenen Ländern.

Die Straße war eng und gewunden, und wir wichen ab und zu Eseln aus, als wir über Berge und durch Täler kurvten. Nach weniger als einer Stunde näherten wir uns dem Stadtrand von Nikosia, im Zentrum der Insel, das fern der Küste lag. Wir hielten vor der Pension, und Ladislas stand draußen und erwartete uns. Als ich ihn wiedersah, fühlte ich plötzlich, daß ich ihn mochte.

Er grüßte uns und führte uns ins Hotel. Ungefähr zehn große, steinerne Stufen führten zum Eingang hinauf. Das Gebäude war von einem hohen Eisenzaun umgeben, der mich an den arabischen Garten erinnerte.

Das kleine Hotel war in griechisch-englischem Stil gebaut und war ziemlich geräumig. Es hatte vierzehn oder fünfzehn Räume, ein rotes Ziegeldach, einen riesigen Garten mit einer großen Eiche und einer Garage. Mir gefiel es. Doch das Tollste von allem waren die beiden Hunde, die Ladislas für mich gekauft hatte. Joker war ein weißer Foxterrier, Peter ein Terriermischling. Als ich sie sah, wußte ich, daß ich glücklich sein würde. Sie sprangen an mir hinauf und leckten mich, und wir spielten bereits miteinander, ehe ich ins Hotel ging.

Drinnen war es kühl und gemütlich. Das Gebäude hatte dicke Wände und einen großen Empfangsraum mit alten, aber bequemen Möbeln. Mein Stiefvater brachte mich in mein Zimmer, und dort wartete eine weitere Überraschung auf mich: Auf dem Tisch stand eine große Schachtel. Ich lief hin und öffnete sie, und darin war ein schönes blaues Cadillacmodell. Ich war sehr glücklich. Ich dankte ihm dafür, und ich wußte, daß ich zu Hause war.

Ich sollte einen oder zwei Monate im Hotel bleiben; aber es gab ein Problem mit der Schule. Meine Mutter und mein Vater hatten viel Zeit geopfert, um herauszufinden, welche Lösung die beste war. Die Schulen in Nikosia waren nicht sehr gut, und meine Mutter meinte, ich solle, wenn möglich, eine besuchen, in der ich Englisch lernen konnte. Am besten geeignet war offenbar eine Schule in Larnaka, wo wir angekommen waren. Sie wurde amerikanische Schule genannt. Ich sollte dort wohnen und nur besuchsweise nach Hause kommen, und sie würden mich besuchen. Nach den Erfahrungen im Kibbuz gefiel mir der Gedanke nicht, aber wir schienen keine andere Wahl zu haben.

Es war eine ziemlich große Schule mit alten, zerfallenen Gebäuden. Als ich ankam, verabschiedete ich mich von meinen Eltern, und ich wurde in einen Schlafsaal mit dreißig oder vierzig Betten geführt. Fast sofort fühlte ich mich wieder einsam und hatte Heimweh - diesmal in einem fremden Land mit seltsamen Sprachen. Es war eine Knabenschule mit überwiegend griechischen Jungen, mehreren anderen Nationalitäten und nur wenigen Amerikanern, obwohl man sie amerikanische Schule nannte. Der Unterricht fand in einem hölzernen Schuppen statt, der aussah, als werde er nicht mehr sehr lange stehen. Es war noch ein anderer israelischer Junge da. Aber er wohnte nicht in der Schule, und darum wurden wir keine engen Freunde. Die meisten meiner Freunde waren englische Jungen, und ich lernte ihre Sprache sehr schnell.

Nach dem Unterricht spielten wir Tennis und trieben andere Sportarten. Einmal in der Woche durften wir nach Larnaka ins Kino gehen. Dann kaufte ich Eiscreme an dem Kiosk, der mir schon bei der Ankunft aufgefallen war.

Aber ich war immer noch einsam und hatte Heimweh. Offenbar war ich außerstande, diese Gefühle zu überwinden. Ich erinnere mich, daß ich mich ab und zu an die Straße nach Nikosia stellte, den Autos zusah, die in diese Richtung fuhren, und mir wünschte, sie würden mich mitnehmen. Ich sehnte mich sehr nach meinen Eltern. Ich hatte noch nicht lange in Larnaka gelebt, als ich erneut von Gewalt umgeben wurde. Es war im Jahr 1957. Die Griechen auf Zypern forderten die Vereinigung mit Griechenland; die Briten hatten eben Erzbischof Makarios deportiert; die Türken wollten die Insel aufteilen; und die griechischen Untergrundkämpfer - die EOKA - terrorisierten sowohl die Briten als auch die Türken. Ich weiß noch, daß wir eines Tages während des Unterrichts plötzlich Sirenen heulen hörten. Krankenwagen rasten ins griechische Hospital neben dem Schulgelände, und in der Ferne ratterten Maschinengewehre.

Kaum hatten die Kämpfe begonnen, kamen meine Mutter und mein Stiefvater in die Schule und sagten, sie wollten mich wegen der Unruhen mitnehmen. Ich sollte in Nikosia zur Schule gehen, also näher an unserem Haus. In der amerikanischen Schule hatte ich sehr schnell englisch sprechen gelernt, und das war einer der Gründe gewesen, warum ich diese Schule besucht hatte. Doch selbst der Besuch einer Schule in der Nähe meiner Eltern war gefährlich, denn auch dort gab es Unruhen. (Die Kämpfe und Schießereien wurden als „Unruhen" bezeichnet. Vielleicht war es ein Versuch, die Situation zu beschönigen.)

Also nahmen meine Mutter und mein Stiefvater mich aus der Schule in Larnaka und brachten mich nach Nikosia zurück. Ich war sehr froh darüber. Als wir ankamen, entschieden sie, die Lage sei so gefährlich, daß ich nicht sofort zur Schule gehen könne. Überall auf der Insel wurde geschossen, und alle hatten Angst. Ausgangssperren wurden verhängt, die viele Tage lang anhielten, und niemand durfte auf die Straße. Im Alter von elf Jahren sah ich mehr Gewalt und Zerstörung denn je, und es war eine schreckliche Erfahrung.

Im Hotel waren Sänger, Tänzer und sogar Akrobaten gestrandet. Ich war gerne mit ihnen zusammen und vertrieb mir die Zeit, indem ich mich mit ihnen unterhielt. Sie kamen aus der ganzen Welt: Deutschland, England, Spanien, Amerika, Griechenland, Skandinavien. Nur ganz wenigen von ihnen zeigte ich, daß ich

Löffel verbiegen und kaputte Uhren in Gang bringen konnte. Ich erinnere mich an ein Ehepaar, einen britischen Hoch- und Tiefbauingenieur und seine Frau, die Tänzer waren. Er pflegte uns zu erzählen, was in den britischen Feldlagern vor sich ging, und er brachte auch Fleisch von dort mit. Fleisch war damals sehr schwer zu bekommen. Während der Ausgangssperren herrschte auf den Straßen manchmal eine sonderbare Stille, und wir grillten dann das Fleisch im Hotelgarten. Die Künstler erzählten aus ihrem Leben, und während sich der Duft des Grillfleischs im Garten ausbreitete, sangen sie zur Gitarrenbegleitung. Alle warteten darauf, daß die Ausgangssperre aufgehoben wurde und die Türen der Varietés sich wieder öffneten. Es war sehr seltsam, wenn die Schießereien und Kämpfe während dieser schönen, friedlichen Augenblicke aufhörten. Ich begann diese tagelangen Ausgangssperren zu mögen.

In der Garage stand ein Fahrrad, das mein Stiefvater mir als Geschenk zum bevorstehenden Bar Mitzva, also zu meinem dreizehnten Geburtstag, versprochen hatte. Ich sehnte mich danach, weil ich wenigstens um den großen Parkplatz neben dem Hotel herumfahren wollte. Dort standen keine Autos, und ich würde nahe genug am Hotel und damit sicher sein. Doch an dem Fahrrad befand sich ein großes Kombinationsschloß, und ich durfte nicht damit fahren.

Aber die Versuchung war zu groß. Eines Tages sagte ich zu mir selbst: „Wenn ich Schlüssel verbiegen und meiner Mutter sagen kann, was sie denkt oder getan hat, und wenn ich Uhren in Gang setzen kann, dann wette ich, daß ich dieses Schloß aufkriege!" Es war ein verlockender Gedanke, und ich konnte ihm nicht widerstehen. Ich versuchte mich mehrere Male am Schloß, aber es wollte nicht aufgehen. Dann konzentrierte ich mich etwa zwei Minuten lang intensiv darauf. Und noch einmal. Es öffnete sich sofort. Ich erinnere mich heute noch an das Gefühl, als ich das Schloß aufmachte. Es war erstaunlich.

Ich schlich mich mit dem Fahrrad aus der Garage und versuchte, damit zu fahren. Ich bin wohl fünfzigmal hingefallen, doch schließlich hatte ich es kapiert und empfand ein herrliches Gefühl der Freiheit. Selbstverständlich entdeckte mein Stiefvater bald, daß ich das Schloß geöffnet hatte und das Fahrzeug benutzte. Er war sehr verwundert, daß ich die Kombination für das Schloß gefunden hatte. Er fragte mich nicht, wie ich es angestellt hatte, er sagte nur: „Na schön. Ich weiß nicht, wie du es aufgemacht hast, aber weil es nun mal so ist, darfst du das Fahrrad behalten."

Ich glaube, es war ein Glücksfall für mich, so tolerante Eltern zu haben. Das war vielleicht das erstemal, daß ich meine Kräfte - egal, worum es sich dabei handelte - praktisch anwandte, wenn man es so ausdrücken will. Allerdings hatte ich mich wie ein Lausebengel benommen, und es sollte nicht das einzige Mal bleiben. Manchmal versuchte ich bewußt, etwas Bestimmtes zu tun, so wie mit dem Schloß; und mitunter geschah etwas, ohne daß ich es wollte. Jedesmal wurde ich daran erinnert, daß diese Vorfälle alles andere als normal waren, aber sie sollen mich mein Leben lang begleiten.

10
Leben im Krieg

Eine unbekannte Macht führt mich ins Krankenzimmer meines Stiefvaters.
Mein Hund findet mich auf rätselhafte Weise in einer weit entfernten Höhle.
Ich lese die Gedanken meiner Klassenkameraden und verbessere meine
Noten. Ich bringe kaputte Uhren meiner Lehrer in Gang. Mein Stiefvater
stirbt. Gibt es Leben auf anderen Planeten?

In diesen Wochen, in denen wir häufig im Garten grillten, während
draußen die Kämpfe weitergingen, genoß ich ein Leben ohne
Pflichten. Ich war nicht in die Schule zurückgekehrt. Eines Tages
waren meine Eltern aus dem Hotel verschwunden. Sie hatten
niemandem gesagt, wohin sie gehen wollten, auch mir nicht. Ich
machte mir Sorgen. Irgend etwas riet mir, in ein Krankenhaus zu
gehen. Es gab mehrere, und ich wußte nicht, welches das richtige
war. Ziellos zog ich durch die Straßen von Nikosia. Nach etwa
einer halben Stunde sah ich das große allgemeine Krankenhaus.
Ich zögerte einen Augenblick; dann ging ich schnurstracks durch
den Haupteingang, stieg in den Aufzug und fuhr hinauf in den
vierten Stock. Niemand hatte mir etwas gesagt, dennoch war ich
mir völlig sicher, wohin ich zu gehen und was ich zu tun hatte. Ich
verließ den Lift, wandte mich nach rechts und ging den Flur
entlang zu einem Zimmer, dessen Tür offenstand.
In diesem Zimmer fand ich meinen Stiefvater im Bett und meine
Mutter, die davor saß. Mein Stiefvater hatte einen Herzanfall
erlitten und war eilig ins Krankenhaus gebracht worden. Bei der
Ankunft schien es ihm ziemlich gut zu gehen, doch die Ärzte
wollten jedes Risiko vermeiden. Sie rieten ihm, künftig vorsichtiger
zu sein und sich zu schonen.
Es war ein merkwürdiges Erlebnis. Meine Eltern waren verdutzt,
mich zu sehen. Ich wußte nicht, was mich zum Krankenhaus, ins
richtige Stockwerk und ins richtige Zimmer geführt hatte.
Als mein dreizehnter Geburtstag nahte, mußten wir über mein Bar
Mitzva nachdenken. Für einen Jungen in Israel war das selbstver-

ständlich ein sehr wichtiges Ereignis. Doch in Zypern, wo es nur wenige Juden gab, warf das Fest etliche Schwierigkeiten auf. Wegen der ständigen Gefechte gab es keinen sicheren Ort für die Zeremonie. Als es soweit war, gingen wir ins israelische Konsulat. Ich hatte einen Freund namens Peter, der etwa in meinem Alter war, und wir feierten zusammen im Konsulat. Ich bekam mehrere Bücher und ein ledernes Federmäppchen geschenkt, das mir sehr gut gefiel. Die gemeinsame Feier war schlicht und verlief sehr ruhig.

Schließlich kam die Zeit, da ich wieder zur Schule gehen mußte. Meine Mutter sagte eines Tages zu mir: „Hör mal, wir haben ein anderes Internat gefunden. Es ist nicht weit von hier, etwa eine halbe Stunde mit dem Auto. Es liegt oben auf den Bergen in der Nähe von Nikosia, und es ist eine katholische Schule."

„Was meinst du damit?"

„Nun, die Lehrer sind Mönche, und wir haben gehört, daß es eine sehr gute Schule ist."

„Was sind Mönche?"

Sie erzählte mir ein wenig über Katholiken und ihren Glauben, über den ich bereits im Religionsunterricht der amerikanischen Schule einiges gelernt hatte. Als Jude hatte ich an vielen christlichen Bräuchen nicht teilzunehmen brauchen, und darum wußte ich fast nichts über das Neue Testament.

Die Schule lag einsam auf einem kleinen Berg, und die Gebäude bestanden aus großen, gelblichen Blöcken, vermutlich Sandstein. Der Eingang wirkte freundlich, und der Garten war schön gestaltet. Mir fiel auf, daß zwei Seiten des Gartens von Büschen gesäumt wurden, die so zugeschnitten waren, daß sie wie Kreuze aussahen.

Mir gefiel die Schule, sie war neu und sauber, und die Fußböden in den Gebäuden bestanden aus Marmor. Oben befand sich der Schlafsaal mit etwa fünfzig Betten. Es gab Basketball-, Tennis-, Volleyball- und Fußballplätze sowie Felsen und Höhlen rings um die Schule herum.

Das Terra Santa College - so hieß die Schule - hatte irgendwie mit dem Vatikan zu tun. Sowohl Nonnen als auch Mönche gehörten zum Lehrkörper. Sie arbeiteten als Lehrer und in der Verwaltung. Pater Massamino und Pater Camillo leiteten die Schule. Dann gab es noch zwei andere Mönche, beide Amerikaner: Pater Mark und Pater Bernard. Pater Bernard mochte ich sehr gern. Er sollte mein Denken stark beeinflussen.

Andere Mitglieder des Lehrerkollegiums waren Laien. Ein strenger, hitziger Lehrer, Mayor Jones, der uns in Geschichte unterrichtete, hatte in der britischen Armee gedient. Mrs. Agrotis war Engländerin und mit einem Griechen verheiratet. Mit der Zeit gewann ich auch sie sehr lieb.

Allmählich fand ich gute Freunde unter den Schülern. Einer meiner besten Freunde war ein rundlicher Armenier namens Ardash, der ein genialer Mechaniker war. Er wohnte in der Nähe der Schule, sammelte Autoteile aller Art und baute daraus Autos. Wenn ich ihn besuchte, was ich oft tat, borgte er sich gewöhnlich das Auto seines Vaters aus und ließ mich auf einer der unbefestigten Straßen in der Umgebung seines Hauses fahren. Das fand ich aufregend. Außerdem lernte ich eine Menge über Rennautos von ihm.

Günther König, ein blonder, gutaussehender Deutscher, zählte ebenfalls zu meinen guten Freunden. Er war überaus adrett, erhielt gute Noten und war sehr gut in Mathematik. Ich hatte irgendwie das Gefühl, daß sein Vater ein Nazi gewesen war und daß Günther sich deswegen ein bißchen schämte. Auch ein Amerikaner aus Kalifornien, Bob Brooks, war unter meinen Mitschülern. Mein bester Freund war wohl Joseph Charles, dessen Vater Grieche und dessen Mutter Engländerin war. Er war ein sehr lustiger Bursche, der immer Witze machte und mit mir in der Schule wohnte. Meine anderen Freunde wohnten alle außerhalb, und ich sah sie während der Schulwoche nicht so oft.

Die Schulregeln waren streng. Die Patres duldeten keinen Unfug und zögerten nicht, uns mit einem scharfen Lineal auf die Finger zu schlagen, wenn wir aus der Reihe tanzten. Wir aßen im großen Speisesaal, aber ich war überhaupt nicht scharf auf das Essen. Günther, Joseph, Bob und ich schlichen uns immer wieder fort und erforschten die vielen weitläufigen Höhlen in den Bergen, die das

Schulgelände umgaben. Wir wagten es nicht, sie ohne Taschenlampe und ein Stück Kreide zum Markieren der dunklen Gänge zu
betreten, da die Gefahr groß war, sich zu verirren. Die Patres, die
uns unter Strafe verboten hatten, die Höhle zu betreten, erzählten
uns von zwei Jungen, die den Weg nicht mehr hinausgefunden
hatten. Viele Wochen später wurden ihre Leichen entdeckt. Dies
soll sich vor dem Bau der Schule zugetragen haben.

Im Vergleich zur Hitze draußen war es in den Höhlen wie in einem
Kühlschrank. In ihrem Inneren erstreckte sich ein weit verzweigtes
Labyrinth.

Ich drang gerne allein in diese Unterwelt ein. Meist verband ein
langer Tunnel die einzelnen Höhlen, und ich mußte auf Händen
und Knien kriechen, bis ich eine Öffnung erreichte, die in eine
kleinere Höhle führte. Dort zwängte ich mich in einen Spalt.
Dahinter führte ein abschüssiger Gang immer weiter in die Tiefe.
Ich spürte, wie es kälter wurde, und ich konnte die Nässe an den
Wänden sehen und das Wasser, das von ihnen herabtropfte. Unten
angekommen erreichte ich nach einem etwa fünfminütigen Marsch
einen Punkt, an dem ich vier verschiedene Richtungen einschlagen
konnte. Ich wählte den Weg zu meiner Rechten, den ich von
früheren Erkundungsausflügen kannte. Er führte in ein riesiges Ge-
wölbe, dessen Boden unter Wasser stand.

Es war wie in einer anderen Welt. Ich konnte hören, wie das Wasser
in den Teich tropfte, und ich knipste die Taschenlampe aus und
lauschte in die pechschwarze Dunkelheit. Dort unten fand ich
Frieden. Ich hatte keine Angst. Es war einfach nur friedvoll.

Eines Tages fand ich eine neue Höhle, die weiter von der Schule
entfernt war als alle anderen, die wir bisher erforscht hatten. An
diesem Tag war ich allein, und die Chance, eine ganz neue Höhle
auf eigene Faust zu untersuchen, reizte mich. Drinnen entdeckte ich
viele weitere Höhlen, und ich wollte wissen, wohin sie führten. Ich
hatte Taschenlampe und Kreide dabei und markierte sorgfältig
meinen Weg. Als ich weiter in die zweite Höhle vordrang, schien
diese kein Ende zu nehmen. Nach mehreren Minuten beschloß ich,

diese seltsame Höhle lieber nicht allein zu erforschen. Ich hatte bereits eine große Strecke in ihr zurückgelegt und wollte beim ersten Mal kein größeres Risiko eingehen.

Als ich umkehren wollte, konnte ich zu meinem Entsetzen nirgendwo ein Kreidezeichen entdecken. Ich leuchtete mit der Taschenlampe in alle Richtungen. Doch kein einziger Pfeil war zu sehen. Ich hatte mich völlig verirrt. Es ist ein schreckliches Gefühl, sich unter der Erde in der pechschwarzen Nacht zu verirren. Ich geriet in Panik und mir wurde allmählich kalt. Mein Zeitgefühl hatte mich verlassen. Ich fragte mich, wie lange wohl die Batterien in meiner Taschenlampe halten würden. Ich begann zu laufen, obwohl ich keine Ahnung hatte, welche Richtung ich einschlagen sollte. Immer noch war kein Kreidezeichen zu sehen.

Ich setzte mich hin und betete zu Gott. Ich glaube, ich betete eine Stunde lang oder länger. Ich hatte große Angst. Ich konnte nirgendwo hingehen. Mit meiner Taschenlampe hatte ich bereits jeden einzelnen Abschnitt der Wände rings um mich herum abgeleuchtet und nach meinen Pfeilen Ausschau gehalten. Meine Situation schien völlig hoffnungslos. Dann geschah etwas Unglaubliches.

In der Stille hörte ich das unmißverständliche Bellen eines Hundes. Ich hätte diesen Laut überall erkannt. Ich leuchtete mit meiner Lampe in die Richtung, aus der das immer näherkommende Bellen kam. Am Gebell erkannte ich meinen Hund Joker. Jetzt war er da. Ich war überglücklich. Ich packte ihn, und wir spielten mehrere Minuten miteinander. Er leckte mich und zerkratzte mir mit den Pfoten die Brust. Dann griff ich nach seinem Halsband, und er führte mich schnurstracks aus der Höhle heraus. Zusammen gingen wir nach Hause und spielten während des ganzen Weges miteinander.

Das Hotel meines Stiefvaters trug die Hausnummer 12 in der Pantheon Street in Nikosia. Vom Höhlengebiet lag es mindestens vierzig Autominuten entfernt, und wenn man die Berge hinauf ging oder lief, brauchte man noch viel länger. Ich versuchte mir vorzustellen, wie Joker erfahren hatte, daß ich in Schwierigkeiten war, wie er wissen konnte, wo ich war, wie er die Höhle gefunden hatte, wie er dort so plötzlich aufgetaucht war. Viele, viele Jahre später sollte sich etwas ereignen, das diese Fragen möglicherweise beantworten kann. Damals in Zypern konnte ich mich nur wundern.

Die Unruhen in Zypern hatten nicht aufgehört. Von der Schule aus konnte man direkt auf Nikosia hinabsehen, und wir hörten die Schüsse und sahen einige Bombenexplosionen. Ich wußte nicht so recht, was ich davon halten sollte. Die Griechen wollten unabhängig sein; die Türken wollten die Insel in zwei Hälften teilen; die Briten wollten in Zypern bleiben. Ich wußte nicht, wer recht hatte.

Bei einem Besuch in Nikosia sah ich eine schreckliche Szene, die mir immer noch gegenwärtig ist. Ein britischer Soldat ging mit seiner Frau mitten auf der Straße. Auf der Schulter trug er seine Tochter. Ich beobachtete den Soldaten, ohne mir etwas dabei zu denken. Auf einmal sah ich, wie ein Grieche sich hinter ihn schlich und ihn in den Rücken schoß. Ich stand da wie erstarrt. Der Soldat brach zusammen, das Mädchen fiel zu Boden, und die Frau schrie in Todesangst. Alle Passanten liefen weg und suchten Deckung. Niemand konnte etwas tun. Die Schüsse der Heckenschützen konnten von überall kommen, von Dächern, aus Eingängen, aus Nebenstraßen. Die britischen Soldaten patrouillierten mit Maschinengewehren auf den Straßen und schauten nach rechts und nach links. Sie wußten nie, ob jemand auf sie schießen würde oder nicht. Die Griechen töteten die Engländer, die Engländer töteten die Griechen, und Türken und Griechen brachten sich gegenseitig um. Frauen und Kinder wurden ermordet und in Badewannen liegengelassen. Leichen wurden an Fleischerhaken auf die Straße gehängt. Nachts konnte man die Schüsse hören, die Schreie, die Sirenen. So ging es die ganze Zeit, und man konnte sich nicht daran gewöhnen.

Obwohl ich die Möglichkeit hatte, in der Schule gute Freunde zu finden, fühlte ich mich immer noch einsam. Von einem Punkt des Berges, auf dem die Schule stand, konnte ich auf Nikosia hinabschauen und die Umgebung meines Elternhauses sehen, allerdings nicht das Hotel meines Stiefvaters. Dann überkam mich die Einsamkeit, und ich mußte dagegen ankämpfen. Ich wünschte mir immer noch, zu Hause zu wohnen wie viele meiner Freunde. Aber es war natürlich zu weit, um hin und her zu pendeln, erst recht während der anhaltenden Kämpfe und Unruhen. Da ich in der Schule mit Jungen und Lehrern verschiedener Nationalitäten zusammenkam, lernte ich mühelos Fremdsprachen. Englisch sprach ich ohne Schwierigkeiten, und auch eine ganze Menge Griechisch schnappte ich auf. Selbstverständlich beherrschte ich außer Hebräisch bereits Ungarisch, und ein wenig Deutsch, weil meine Eltern diese Sprachen benutzten. In meiner frühen Kindheit dachte ich hebräisch, heute denke ich meist englisch.

Die seltsamen Kräfte zeigten sich immer noch von Zeit zu Zeit. Doch ich benutzte sie nicht, um Uhren in Gang zu setzen. Ich hatte nicht vergessen, wie oft ich in Tel Aviv gehänselt worden war, und ich wollte nicht, daß alles von vorne begann. Dennoch hatte ich einige Probleme. Ich war kein schlechter Schüler, aber gewiß auch kein guter. Bei Prüfungsarbeiten wußte ich einige Male nicht, was ich zu Papier bringen sollte. Ich starrte den Rest der Klasse an, und die meisten schienen emsig zu schreiben. Einmal, während eines Tests in Mathematik, blickte ich auf Günthers Hinterkopf. Er war einer der Besten in der Klasse. Plötzlich sah ich seine Antworten vor meinem geistigen Auge.

In meinem Kopf war eine Art Fernsehbildschirm. Darauf sah ich Günthers Antworten, so wie ich die Gedanken meiner Mutter gelesen hatte, wenn sie nach dem Kartenspielen nach Hause gekommen war. Ich „spüre" die Gedanken nicht, ich sehe sie in meinem Kopf. Sie tauchen hinter der Stirn in meinem Geist auf. Der Bildschirm ist gräulich. Und auf diesem Schirm empfange ich Gedanken. Wenn jemand an ein Wort, eine Zahl oder eine Zeichnung denkt, sehe ich diese in Gedanken.

Auf diesem Bildschirm empfing ich also Günthers Antworten. Ich bestand diese Prüfung mit fliegenden Fahnen. Dann begann ich mich darauf zu verlassen. Ich suchte mir den begabtesten Schüler in einem bestimmten Fach aus, konzentrierte mich auf seinen Hinterkopf und las seine Antworten ab. Damals hielt ich dies nicht für Abschreiben;

aber streng genommen war es natürlich genau das. Es gab nur ein Problem: ich machte dieselben Fehler wie die anderen.

Die Lehrer begannen mich des Abschreibens zu verdächtigen. Ich protestierte - zu Recht, wie ich meinte. Sie wollten mir nicht glauben. Während der Prüfungen setzten sie mich an einen Tisch in der hinteren Ecke des Raumes, wo ich unmöglich die Hefte anderer Schüler einsehen konnte, und sie bewachten mich persönlich, damit ich keine Möglichkeit hatte abzuschreiben.

Aber das störte mich nicht im geringsten. Ich suchte mir aus der Ferne einfach den besten Schüler der Klasse aus und „las" seine Antworten. Die Lehrer waren verblüfft, weil ich immer noch die richtigen Antworten, aber auch die Fehler niederschrieb. Sie wußten nicht, was sie tun sollten, und ich hatte nicht den Mut, ihnen zu sagen, was vor sich ging.

Mrs. Agrotis, die Englischlehrerin, zeigte Interesse an mir. Wir hatten sie alle gern. Sie war ungefähr vierzig, hatte ein hübsches Gesicht und ein sehr gutes Herz. Sie bestrafte oder schlug die Kinder nie, im Gegensatz zu einigen anderen Lehrern. Eines Tages, als sie mich während einer Prüfung beaufsichtigte, begann ich ihre Gedanken aufzuschnappen; sie erschienen als Worte auf diesem sonderbaren Bildschirm in meinem Geist. Offenbar machte sie sich Sorgen wegen eines Ereignisses auf dem Markt am Tag zuvor, und ich vergaß meine Vorsicht und fragte sie danach. Sie war betroffen. Ein anderes Mal kehrte sie von einem Arztbesuch zurück, und ich fragte sie, ob dort alles gut gegangen sei. Sie war schockiert, weil niemand wußte, daß sie beim Arzt gewesen war. Ich kam darauf, weil ich auf meinem Schirm das Wort „Arzt" gelesen hatte, und danach sah ich sie auch in der Praxis. Informationen dieser Art huschen innerhalb eines Sekundenbruchteils durch meinen Geist. Aber ich weiß, daß ich mir nichts aus den Fingern sauge. Denn was ich sehe, hat nicht das geringste mit dem zu tun, was ich zu diesem Zeitpunkt denke.

Mrs. Agrotis und ich unterhielten uns nach dem Unterricht oft. Sie war sicher, daß es für diese Vorfälle keine normale Erklärung gab. Schließlich verbog ich für sie einen Schlüssel und einen Löffel, und sie war aufrichtig erstaunt. Die Nachricht davon verbreitete sich bald, allerdings zog mich niemand damit auf, so wie ich es als kleiner Junge erlebt hatte. Ich zeigte auch Günther, Bob und Joseph einige meiner Kunststücke. Sie waren tief beeindruckt.

Bald merkte ich, daß die Lehrer Auseinandersetzungen wegen mir hatten. Manchmal mußte ich Büromaterial aus einem Raum neben dem Lehrerzimmer holen. Dann konnte ich sie streiten hören. Einer sagte, ich habe übernatürliche Kräfte. Ein anderer erwiderte, alle Geschehnisse seien nichts weiter als Zufall. Dann erzählten sie einander, was sich während ihres Unterrichts ereignet hatte. Ich muß zugeben, daß es mir großen Spaß machte, sie zu belauschen. Sie fragten immer wieder: Was ist er? Was tut er? Was hat er vor? Da ich das selbst kaum wußte, hätte ich ihnen nicht antworten können.

Nachdem ich zwei oder drei kaputte Uhren wieder in Gang gesetzt hatte, brachte eine Lehrerin eines Tages vier sehr alte, defekte Armbanduhren mit in den Unterricht. Ich machte eine Handbewegung über ihnen, und alle vier fingen an zu ticken. Das erhöhte mein Ansehen bei vielen Lehrern, was mich überhaupt nicht störte. Das ganze Kollegium war nun sichtlich erstaunt und schockiert, einschließlich der Patres und Brüder.

Mit einigen von ihnen habe ich heute noch guten Kontakt. Einer der Brüder lebt jetzt in Chicago, und ich hatte dort ein nettes Gespräch mit ihm. Mrs. Agrotis las im Dezember 1973 in der britischen Zeitung *News of the World* von mir. Damals verbogen sich nach meinem Fernsehauftritt viele Gegenstände in ganz England. Meine ehemalige Lehrerin lebte immer noch in Nikosia. Da sie meine Anschrift nicht kannte, schrieb sie der Zeitung:

Sehr geehrte Damen und Herren,
Uri Geller war in Zypern fünf Jahre lang einer meiner Schüler. Trotz seiner Jugend setzte er seine Freunde an der Schule mit seinen Kunststücken in Erstaunen - er verbog Gabeln und so weiter. Was er ihnen über die Dinge erzählte, die er eines Tages würde tun können, scheint nun Wahrheit zu werden. Was mich betrifft, so glaube ich an ihn.

Er war in jeder Hinsicht außergewöhnlich, und er hatte einen brillanten Geist. Einem Schüler wie ihm begegnet man gewiß nicht sehr oft. Bitte übermitteln Sie ihm meine besten Wünsche, wenn Sie ihn das nächste Mal treffen. Ich hoffe sehr, daß ich demnächst in England sein werde, wenn er im Fernsehen auftritt. Ich würde ihn gerne wiedersehen und ihn an die glücklichen Jahre in Zypern erinnern. Mit freundlichen Grüßen Julie Agrotis

Es war interessant, so viele Jahre nach der Schulzeit eine Kopie dieses Briefes zu bekommen. Er erinnerte mich daran, wie lange die sonderbaren Kräfte mich schon begleiteten und welchen Streit und Unglauben sie bereits damals in den fünfziger Jahren in der Schule ausgelöst hatten. Ich stehe immer noch mit einigen meiner Freunde von damals in Verbindung, vor allem mit Bob Brooks, der heute in Kalifornien bei *TV Guide* arbeitet. Joseph Charles besuchte mich eines Tages in New York. Sie alle hatten von mir gelesen und an die vielen seltsamen Vorfälle gedacht, die sich in der zyprischen Schule ereignet hatten.

Es gibt noch andere, an die ich mich erinnere. Zum Beispiel an einen alten, sehr gelehrten Mann, der Hausmeister der großen Moschee in Nikosia war. Wir mochten ihn alle, wahrscheinlich deshalb, weil er etwas Mystisches an sich hatte. Er ließ uns oft in die Moschee hinein, wenn sie leer war, und zeigte uns die großen Säulen und das seltsame Innere mit seinen Wendeltreppen und seiner geheimnisvollen Atmosphäre. Er pflegte uns Geschichten über die Türkenkriege und die Tapferkeit der Türken zu erzählen. Anderswo erfuhr ich, wie tapfer die Griechen waren, und beide Seiten betonten, wie wichtig es für ihr Volk sei, unabhängig zu sein. Manchmal sprach ich mit dem Türken über meinen Glauben an Gott, und er wies darauf hin, daß Juden, Moslems und Christen denselben Gott hatten. Er war der Meinung, alle Menschen sollten nicht nur Gott, sondern auch einander lieben.

Ich fragte mich, wie wir solche Ideen in die Tat umsetzen konnten. Wir mußten es tun, damit die Welt überlebte. Angesichts des

Terrors und des Schreckens in den Straßen von Zypern und des Streits zwischen Arabern und Juden schien es bis dahin aber noch ein weiter Weg zu sein. Schon damals, Ende der fünfziger Jahre in Zypern, nahm ich mir vor, für Frieden und Liebe in der Welt zu arbeiten, auch wenn es mir unmöglich erschien. Jede Gruppe pries ihren eigenen Gott, und doch war Gott für sie alle derselbe. Doch nur wenige von ihnen lebten nach ihrem Glauben, der sie aufforderte, zu lieben und zu vergeben. Es schien, als hätten wir alle uns in den dunklen Höhlen verirrt und als gäbe es keinen Hund wie Joker, der uns herausführen konnte.

An einem hellen Wintermorgen saß ich im Klassenzimmer, als Bruder Bernard hereinkam und dem Lehrer sagte, daß er mich sprechen wolle. Das kam kaum jemals vor. Er nahm mich mit hinaus in den Flur und teilte mir mit, jemand sei gekommen, um mich abzuholen. Als ich ihn nach dem Grund fragte, sagte er, meinem Stiefvater sei etwas zugestoßen. Meine erste Frage war: „Geht es meiner Mutter gut?" Ich war sehr besorgt. Er beruhigte mich, und ich ging den Korridor entlang, wo ich eine Freundin meiner Mutter traf. Sie sagte, mein Stiefvater sei sehr krank und habe einen zweiten Herzanfall gehabt. Irgendwie wußte ich sofort, daß er sterben würde.

Als das Auto den Berg hinab nach Nikosia fuhr, brach ich in Tränen aus. Mein Stiefvater tat mir zwar sehr leid, aber ich hatte nie tiefere Gefühle für ihn empfunden. Meine unmittelbare Sorge galt meiner Mutter. Was würde nun mit ihr geschehen? Ich wurde von allen möglichen Emotionen aufgewühlt. Ich haßte es, in der Schule zu leben, und verspürte dennoch Freude und Kummer zugleich, weil ich sie verlassen würde.

Im Hotel fand ich meine Mutter neben dem Bett meines Stiefvaters. Seine Augen waren geschlossen, und er schien zu schlafen. Er starb in dieser Nacht. Als meine Mutter auf der Beerdigung weinte, wußte ich, daß sie sich darüber grämte, was wir jetzt, nach Ladislas' Tod, tun sollten.

Wir waren nun allein, meine Mutter und ich, und ich wußte, ich würde große Verantwortung übernehmen und ihr im Hotel helfen müssen. Ich denke, das war mein wirkliches Bar Mitzva, weil ich an diesem Tag plötzlich zum Manne wurde.

Von da an wohnte ich zu Hause, während ich weiter in jene Schule ging, und dabei fühlte ich mich viel besser. Das Hotel ging auf meine Mutter über, und wir machten uns daran, den Betrieb aufrechtzuerhalten. Das Grundstück war nur gepachtet, mein Vater war nicht der Eigentümer gewesen, und darum mußten wir weiter den Pachtzins zahlen und versuchen, über die Runden zu kommen. Mein Stiefvater hatte auch mit einem Partner zusammen ein Musikgeschäft betrieben, und sein Anteil daran war verkauft worden, weil meine Mutter und ich uns bemühten, die Arbeit im Hotel fortzusetzen. Der Krieg machte uns das Leben schwer. Viele Varietés wurden geschlossen, und die Künstler waren stets unsere besten Kunden gewesen. Alle liebten meine Mutter und die ungarische Küche. Sämtliche Gäste, die einmal bei uns gewesen waren, kamen wieder oder hatten die Absicht, eines Tages wieder bei uns zu wohnen. Die Ursache unserer Probleme waren die schlechten Zeiten und die Unruhen.

Nach dem Begräbnis waren in der Schule alle nett zu mir. Vater Massamino ließ mich in sein Büro rufen. Das war ein seltenes Ereignis. Er war ein großer, mächtiger Mann, der eine Brille und immer ein Käppchen trug. Er bat mich an seinen Schreibtisch und sagte mir, es habe ihm leid getan, vom Tod meines Stiefvaters zu hören. Dann fügte er hinzu, er wolle mir ein kleines Geschenk machen.

Unter seinem Hemd zog er eine Kette mit einem Kreuz hervor, und neben dem Kreuz hing an derselben Kette eine Mesusa, ein jüdisches Symbol, das ich ihn nie hatte tragen sehen. Er sagte: „Das möchte ich dir geben." Und er nahm es von der Kette ab und legte es mir in die Hand. Dann schloß er meine Hand über der Mesusa. Er sagte, er glaube fest an meine Religion. Ich hatte bisher nie persönlich mit ihm gesprochen und war von seiner Geste sehr gerührt.

Nachdem meine Mutter den Anteil meines Stiefvaters am Musikgeschäft verkauft hatte, war sie der Meinung, wir könnten nun ein neueres und vielleicht auch größeres Hotel pachten. Ich hatte jetzt ein sehr großes Verantwortungsgefühl, und darum stieg ich auf mein Rad und fuhr in ganz Nikosia herum. Ich begutachtete jedes Gebäude, an dem ein „Zuvermieten"-Schild hing. Vermutlich fanden die Leute es komisch, wenn ein fünfzehnjähriger Junge an ihre Tür kam und fragte, wie hoch die Miete sei. Aber ich war entschlossen, für meine Mutter das beste Anwesen zu finden. Ich stieß auf eine hübsche, ziemlich moderne Villa mit elf Räumen. Sie befand sich in einer ruhigen Straße und war einmal ein Club gewesen. Sie sah recht gut aus.

Ich fuhr nach Hause und berichtete meiner Mutter. Nachdem sie sich das Haus angesehen hatte, war sie der Meinung, ein Umzug würde sich lohnen. Die Miete war nicht zu hoch, und wir bereiteten uns auf den Umzug vor. Die neue Verantwortung, die ich übernommen hatte, gab mir ein Gefühl der Unabhängigkeit, des Erwachsenseins. Ich traf alle Absprachen hinsichtlich der Lastwagen und der Fahrer, die die Möbel vom alten Hotel abholen sollten, und übernahm die gesamte Planung bis hin zu den Trinkgeldern für die Möbelpacker.

Als wir uns eingerichtet hatten, ging ich wieder in die Schule. Jeden Tag fuhr ich mit dem Rad die lange Bergstraße hinauf. Das Bergauffahren war schrecklich schwer, und ich war ziemlich erschöpft, wenn ich ankam. Andererseits brauchte ich auf der Rückfahrt die Pedale nicht einmal zu berühren - wieder dieses herrliche Gefühl der Freiheit. Es war eine merkwürdige Zeit, diese Phase in der Mitte zwischen Jugend und Mannesalter.

Ich hatte immer eine lebhafte Phantasie, und ich träumte oft von der Zukunft und von der Verwirklichung meiner Pläne. Ich scheute mich nicht, mit Mrs. Agrotis darüber zu sprechen. Sie war sehr aufgeschlossen. Gewöhnlich erzählte ich ihr die ungewöhnlichsten Geschichten über Dinge, an die ich glaubte. Ich war zum Beispiel davon überzeugt, daß es Leben auf anderen Planeten gibt, und mein Instinkt sagte mir, daß es sich dabei nicht um ein Märchen oder um Science-Fiction handelte. Sie hörte zu und war fasziniert. Sie bat mich, diese Phantasien einigen der jüngeren Klassen zu erzählen, die sie unterrichtete. Ich beschrieb ihnen, wie ich in einer Rakete mit großer Geschwindigkeit zu äußerst sonderbaren Orten mit merkwürdigen Farben reiste.

Mrs. Agrotis wollte mehr über die Telepathie wissen, die ich bei Prüfungen oder anderen Gelegenheiten benutzte, und sie fragte mich, wie ich die Gedanken der Lehrer lesen konnte. Manchmal gab sie uns während des Unterrichts eine halbe Stunde Zeit, um einen Aufsatz zu schreiben. Joseph Charles saß mindestens fünf Reihen hinter mir. Ich verließ meinen Stuhl nie, und er blieb auf seinem sitzen. Dennoch schrieb ich mehrere Male den gleichen Aufsatz wie er, fast Wort für Wort. Sie fragte ihn: „Joseph, hast du von Uri abgeschrieben?" Selbstverständlich bestritt er dies. Dann sah ich mir sein Heft an und rief: „Mein Gott, es ist fast genau dasselbe!" Sie fragte mich immer wieder: „Wie machst du das?" Und alles, was ich ihr antworten konnte, war: „Ich weiß nicht. Ich weiß es einfach nicht."

Ich wußte es wirklich nicht. Ich wußte nur, daß ich manchmal die Gedanken anderer Leute lesen konnte. Das machte mein Leben keineswegs leichter. Da die Lehrer mich für einen Schwindler hielten, war mein Leben sogar härter. Es war ziemlich anstrengend.

II
Ich werde erwachsen

Ich platze in ein Versteck von Guerillas und unterhalte mich mit ihrem Anführer. Tauchen wird mein neues Hobby. Ich verliebe mich gleichzeitig in zwei Mädchen. Eine Lehrerin testet meine telepathischen Fähigkeiten. Ich enttarne einen israelischen Spion und biete ihm meine Hilfe an. Meine unglaublichen Basketballwürfe. Ich hole ein Klavier aus dem türkischen Teil der Stadt. Ich werde verführt.

Vielleicht waren diese seltsamen Kräfte und mein Unbehagen darüber, daß die Leute mir nicht glaubten, der Grund, warum ich mitunter alleine nach Abenteuern suchte - dort, wo niemand mich kannte -, um mehr über die Welt zu erfahren.

Einmal kaufte ein ungarischer Pianist, ein Freund meiner Eltern, ein Maschinengewehr. Er wollte es auf den Bergstraßen ausprobieren. Er nahm mich mit, und als wir anhielten, beschloß ich, die Berge zu Fuß zu erforschen. Kurze Zeit später lag ich auf dem Boden und starrte auf ein Gewehr, das auf meine Stirn zielte. Ich war auf ein geheimes Lager gestoßen, in dem ein Mann namens Grivas Operationen der EOKA-Guerilla leitete. Über Grivas wurden in Zypern viele Geschichten erzählt, und auf seinen Kopf war eine hohe Belohnung ausgesetzt. Die Briten versuchten, ihn aufzuspüren. Ich wurde von einem Wachtposten verhört und dann zu Grivas gebracht. Er bemerkte, daß ich Athener Griechisch sprach, nicht den Dialekt der zypriotischen Griechen. Er fragte, wer ich sei.

Ich sagte ihm, ich sei Israeli.

„Ich habe Freunde in Israel", sagte er. „Du weißt ja, was in Israel geschehen ist. Du weißt, wie Israel die Briten vertrieb und unabhängig wurde." Dann sah er mich grimmig an und fragte: „Glaubst du, daß wir im Recht sind?"

Ich sagte, auch Israel habe gegen die Briten gekämpft. Ich erzählte ihm von meinem Vater, der bei der Hagana gekämpft hatte.

Er kannte die Hagana. Wir unterhielten uns weiter, dann verabschiedete er sich plötzlich auf Griechisch. Ein starkes Gefühl der

Erleichterung erfüllte mich. Ich rannte bergab, so schnell ich konnte, und fand meinen Freund mit dem MG. Er hatte sich zu Tode gefürchtet. „Wo bist du gewesen?" fragte er. Ich sagte: „Du wirst nicht glauben, wen ich getroffen habe."

Ich berichtete ihm, und er glaubte mir nicht. Er sagte, ich hätte mir nur etwas ausgedacht. Ich konnte es ihm nicht verübeln, weil die Geschichte sich wirklich unwahrscheinlich anhörte. Ich wundere mich immer noch darüber, daß ausgerechnet ich ins Versteck der EOKA stolpern mußte, und manchmal frage ich mich, wie knapp ich wohl dem Tod entronnen war.

Wie jeder normale Junge suchte auch ich nach Abenteuern. Zypern ist eine Insel, und das Meer hat mich schon immer fasziniert. Ich verliebte mich in das herrliche Wasser, das Zypern umgibt. Es ist so klar, daß man eine Münze in acht Meter Tiefe sehen kann. Ein Schulfreund brachte mir das Schnorcheln bei, und ich war bald begeistert davon. Durch das kristallklare Wasser konnte ich all die schönen Tiere und Pflanzen des Meeres sehen - eine aufregende neue Welt.

Gewöhnlich packte ich meine Sachen zusammen und ging mit Joker an einem Samstag oder Sonntag zur Busstation. Die Busse waren alt und mit Menschen, Schweinen und Hühnern vollgestopft. Sie fuhren nach Kyrenia, der Hafenstadt auf der anderen Seite der Berge. Bei Kyrenia gab es prächtige Strände mit reinem weißen Sand, und sie waren so gut wie verlassen. Ich stieg in einen der Busse um, die hinaus zu den Dörfern fuhren, und wenn ich eine Straße sah, die zu einem Strand führte, bat ich den Fahrer, mich und Joker aussteigen zu lassen. Am Strand aß ich ein Sandwich, spielte mit dem Hund und tauchte dann ins Wasser. Ich schnorchelte stundenlang, bis mein Rücken schwarz von der Sonne war, während der Bauch weiß blieb. Die Leute lachten, wenn sie mich sahen, so auffällig war der Kontrast.

Eines Tages traf ich am Strand einen arabischen Burschen, der mir seine Taucherausrüstung verkaufen wollte. Eine Sauerstofflasche, deren Vorrat für 45 Minuten reichte, gehörte dazu. Da er mir die Geräte sehr billig überlassen wollte, konnte ich genug Geld zusammenkratzen, um sie zu kaufen. In Kyrenia gab es ein kleines Geschäft, wo ich den Tank auffüllen lassen konnte, und ich ging immer wieder nur mit Joker hinaus an die Strände. Sporttauchen ohne Gesellschaft ist nicht unbedingt aufregend; aber daran dachte ich damals nicht. Ich dachte nur an das Abenteuer, an das Tauchen in diesem kristallklaren Wasser und an die wundervolle Stille und Schönheit einer anderen Welt. Ich entdeckte Plätze, an denen die steilen Kliffe auf den Rand des Ozeans trafen. Jedesmal, wenn ich die Landschaft unter Wasser sah, wollte ich tiefer tauchen. Ich träumte immer davon, ein versunkenes Schiff oder gar Diamanten und Juwelen zu finden. Natürlich waren Fische und Muscheln alles, was ich jemals fand; aber ich liebte es, den Meeresboden zu betrachten. Ich wußte jedoch, daß es auch Gefahren zu berücksichtigen gab, und achtete genau auf die Zeit, die ich unter Wasser sein durfte. Ich tauchte nicht zu schnell auf, und wenn das Meer unruhig war, ging ich nicht hinein. Dem Tauchen verdanke ich einige der schönsten Augenblicke meines Lebens.

Meine Freunde luden mich oft in den amerikanischen Club ein, obwohl ich nicht Mitglied werden durfte, und ich nutzte alle Gelegenheiten, die sich mir boten. Ich schloß mich einem Baseballteam an, das „The Barons" hieß, und fuhr zweimal in der Woche mit dem Fahrrad zum Spielfeld einer englischen Schule. Einer der Trainer hatte eine Tochter namens Patty, die uns meist zusah. Sie war blond, nicht zu groß, schlank und sehr attraktiv. Gewöhnlich blickte sie mich an, und ich schaute zurück. Ich wollte immer besonders gut spielen, wenn sie da war, und wenn mir etwas gelang, warf ich ihr einen Blick zu und war sehr stolz, wenn sie mich beobachtete. Doch als Teenager war ich zu schüchtern, um sie anzusprechen. Eines Tages kam sie zu mir aufs Spielfeld. Sie sagte, mein Spiel gefalle ihr, und fragte mich: „Was machst du heute abend? Möchtest du dir mit mir einen Film im amerikanischen Club ansehen?" Und ob ich das wollte. Ich war der glücklichste junge Mann der Welt.

So schnell ich konnte, radelte ich nach Hause und dann zurück in den amerikanischen Club, wo ich sie traf. Sie trug Shorts, ich ebenfalls - niemand putzte sich dort heraus. An den Film kann ich mich nicht mehr erinnern, aber ich weiß noch, daß Alan Ladd mitspielte. Als wir im Kino ankamen, waren alle Plätze belegt, und wir mußten uns dicht nebeneinander auf einen Fenstersims setzen. Als der Film besonders spannend wurde, legte sie die Hand auf mein Bein. Ich legte ihr den Arm um die Schulter, und plötzlich merkte ich, daß ich verliebt war. Es war ein herrliches Gefühl.

Ich sah sie oft. Sie wohnte ein gutes Stück außerhalb von Nikosia, und meist brachte ihr Vater sie zum amerikanischen Club. Sie sah nicht nur gut aus, sie schwamm auch sehr gut und tanzte wie eine Fee. Wir tanzten immer, wenn die Musikbox lief, und unser Lieblingslied war *Sealed with a Kiss*. Wir küßten und streichelten uns auch in aller Unschuld. Wir aßen zusammen Hamburger und Hot Dogs und gingen im Club zum Bowling. Für mich war es romantisch und erregend. Wir trafen uns mehr als ein Jahr lang zwei- oder dreimal in der Woche und immer, wenn wir Zeit füreinander hatten. Verliebt zu sein war etwas Neues für uns.

Doch dann trat ein Problem auf. Ich hatte nicht zum erstenmal geteilte Gefühle; aber diesmal wußte ich nicht, wie ich damit umgehen sollte. Auf der anderen Straßenseite, gegenüber unserem Hotel, wohnte ein Mädchen namens Helena. Sie war Griechin, sprach aber gut englisch, weil ihre Familie in Amerika lebte. Sie war das genaue Gegenteil von Patty. Sie war dunkelhaarig und braun, und auch sie war hübsch und intelligent.

Manchmal sah ich Helena in ihrem Garten oder auf dem Weg ins Haus. Aber ich hatte sie noch nie getroffen und wußte nicht so recht, wie ich mit ihr Bekanntschaft schließen sollte. Eines Tages war sie im Garten, und ich spielte mit Joker vor dem Hotel. Ich warf ihm Bälle zu, denen er nachjagte. Als ich Helena sah, machte ich absichtlich einen Fehlwurf, und der Ball sprang über die niedrige Mauer in ihren Garten. Ich sprang über die Mauer und entschuldigte mich. Helena gefiel mir sofort.

Es war interessant, sich mit ihr zu unterhalten. Sie war sehr spirituell, mystisch und ruhig. Ich war gerne mit ihr zusammen. Es war friedlicher, weniger aktiv als mit Petty. Ich besaß einen kleinen Plattenspieler, und wir hörten uns Platten an. Wir sprachen über die Unruhen in Zypern und andere Ereignisse in der Welt. Sie konnte nicht in den amerikanischen Club gehen, aber sie erzählte mir von ihren Besuchen in Amerika, von den großen Autos dort, den Bauwerken, den Städten. Amerika war für uns beide eine Art mythisches Land.

Es dauerte nicht lange, und ich war in Helena und Patty gleichzeitig verliebt. Es war verwirrend. Obwohl Patty und ich uns ein wenig küßten und liebkosten, gingen wir niemals weiter. Ich versuchte es nicht einmal. Bei Helena hatte ich nach einiger Zeit mehr Mut. Doch sie war sehr geschickt darin, mich zu bremsen.

Vielleicht war es gut, daß ich für Helena starke Gefühle empfand. Denn nach etwa einem Jahr mußte Patty nach Amerika zurückkehren, und seitdem habe ich nichts mehr von ihr gehört. So endete mein Dilemma auf natürliche Weise.

In der Schule war Mrs. Agrotis immer noch an den rätselhaften Kräften interessiert. Sie machte gerne telepathische Experimente mit mir. Sie schrieb Zahlen auf Zettel, steckte sie in Umschläge und ließ mich raten. Ich spürte, daß ich ihr als einzigem Menschen Einzelheiten über die Uhren, die Schlüssel und die Telepathie anvertrauen konnte, weil sie sehr daran interessiert war und mich nicht auslachte. Sie ließ mich häufig Zahlen raten, und ich nannte ihr fast immer die richtige Zahl. Sie fragte mich, ob ich eine Ahnung habe, woher diese Kraft komme. Ich verneinte und sagte ihr, ich sei eben seit meinen ersten Schultagen zu solchen Kunststücken imstande gewesen.

Keiner von uns Schülern wurde zum Engel, als wir älter wurden. Wir waren stets zu Streichen aufgelegt, und einige von ihnen waren ziemlich albern. Zum Glück wurden wir dabei nicht ertappt. Heute habe ich eine ganz andere Meinung darüber. Unweit der Schule befand sich ein riesiges Feld, das dem Militär als Schrottplatz diente. Dort lagen ausrangierte Armeelastwagen, Maschinen, alte Flugzeugrümpfe, defekte Panzer und Metallreste. Der Platz war von einem Drahtzaun umgeben, und bewaffnete Männer mit

Hunden bewachten ihn. Wir überlegten, wie wir auf das Gelände vordringen und Andenken mitnehmen konnten.

Schließlich besorgten sich einige von uns eine Drahtschere und machten sich auf den Weg ins große Abenteuer. Wir vergewisserten uns, daß keine Wachen oder Hunde in der Nähe waren, und fanden eine Stelle, wo wir ein Loch in den Zaun schneiden und hindurchkriechen konnten. Wir trieben uns auf dem ganzen Platz herum, doch immer, wenn wir eine Wache oder einen Hund sahen, krochen wir zurück durch das Loch im Zaun und bogen den Draht wieder zurecht.

Wir versuchten alle, einander zu beweisen, daß wir jetzt Männer waren und uns nicht mehr mit Kinderkram abgaben. Eine Mutprobe folgte der anderen. Eine Gruppe entdeckte einen alten Eisenbahnkran auf verlassenen Schienen in der Nähe eines Steinbruchs beim Höhlengebiet. Ein Teil des Krans war verschlossen wie ein Güterwagen, und wir waren davon überzeugt, daß ein Schatz darin verborgen war. Als wir endlich die Tür aufgebrochen hatten, fanden wir alte, staubige Bierkästen.

Wir wußten nicht, wie sie dort hingekommen waren und ob das Bier noch genießbar war. Dennoch trank jeder von uns mehrere Flaschen aus und versuchte, betrunken zu werden. Es gelang keinem so recht. Später trugen wir das Bier in die Höhlen, nahmen einige Packungen Zigaretten mit und bewiesen einander erneut, daß wir richtige, große Männer waren, die die Welt kannten. Gewöhnlich wetteten wir, wer am meisten Bier trinken und die meisten Zigaretten rauchen konnte. Ich wurde ein wenig angeheitert, aber nicht betrunken, vielleicht weil das Bier so schlecht war, daß es keinen Alkohol mehr enthielt. Im Grunde haßte ich Bier und Zigaretten. Heute rauche und trinke ich nicht, und ich habe es nie wirklich getan. Später versuchte ich, Pfeife zu rauchen, aber auch daraus wurde nichts.

Unser Hotel befand sich ganz in der Nähe des israelischen Konsulats in Nikosia. Obwohl das Geschäft wegen der Kämpfe und Ausgangssperren schlecht ging, hatten wir manchmal israelische Gäste. Eines Tages kam ein Mann aus Israel und sagte, er habe den

Namen unseres Hotels von einem Landsmann erfahren. Er wollte eine ganze Weile bleiben, und das war eine gute Nachricht, weil meine Mutter Mühe hatte, das Hotel zu halten. Er verließ uns nach eineinhalb Monaten und versprach, uns mehr Gäste aus Israel zu schicken. Tatsächlich kamen mehrere. Sie blieben eine Woche oder zwei.

Eines Tages kam ein großer Mann namens Joav Schacham aus Israel. Er war stark und stämmig und schien Ende zwanzig zu sein. Es sagte, sein Beruf habe etwas mit Archäologie oder Getreideeinkäufen zu tun - ich kapierte es nicht ganz. Ich freundete mich mit ihm an. Er machte Judo und bot mir an, es mir beizubringen. Ich lernte eine Menge von ihm.

Ich sammelte Briefmarken, und darum fiel mir auf, daß er Briefe aus der ganzen Welt bekam - aus vielen Orten in den arabischen Staaten, aus Südamerika, von überallher. Die Briefmarken auf den Umschlägen waren schön, und ich bat Joav, sie mir zu geben. Er lehnte ab, wollte mir aber statt dessen andere schenken. Er kaufte mir tatsächlich ein schönes Album mit interessanten Briefmarken aller Art. Ich wußte das wirklich zu schätzen, aber meine Neugier war geweckt. Wäre es für ihn nicht einfacher gewesen, mir die Marken zu geben, die er bereits hatte? Ich nehme an, die vielen Spionagefilme, die ich gesehen hatte, machten mich mißtrauisch.

Hinzu kam, daß ich während des Judotrainings klare Eindrücke aus seinem Geist empfangen konnte. Ich sah alle möglichen Szenen auf meinem inneren Bildschirm. Oft sah ich, wie Joav mit einer Pistole auf Ziele schoß oder mit Dokumenten und Papieren arbeitete. Ihm schien vieles durch den Kopf zu gehen, was weder zu einem Archäologen noch zu einem Getreidehändler paßte. Ich war mir fast sicher, daß diese Eindrücke nicht bloß auf die Spionagefilme oder meine ständige Sehnsucht nach Abenteuern zurückgingen.

Mein Zimmer in der Villa, aus der meine Mutter und ich ein Hotel gemacht hatten, war ein großer Abstellraum auf dem Dachboden. Ursprünglich führte keine Treppe zu ihm hinauf, und darum hatten wir eine Art Stufenleiter einbauen und den Raum so herrichten lassen, daß ich darin wohnen konnte. Auf diese Weise belegte ich kein Zimmer, das wir an Gäste vermieten konnten. Eine kleine Tür verband mein Zimmer mit jenem Teil des Dachbodens, der unmittelbar über Joavs Zimmer lag. Mitunter kroch ich hindurch, um nach einer Eule zu suchen, die im Dachboden ein Nest gebaut hatte und seltsame Laute von sich gab.

Eines Tages, als Joav im Haus war, glaubte ich die Eule zu hören. Darum kroch ich in den Dachboden, um mit Hilfe einer Taschenlampe nachzusehen. Ich fand keine Eule, hörte aber Stimmen in Joavs Zimmer. Eine der elektrischen Leitungen im Dachboden verlief durch ein Loch in der Decke in das Zimmer unter mir. Wenn man die Drähte ein wenig verschob, konnte man in dieses Zimmer hineinsehen. Ich tat es und schaute durch den Spalt. Ich sah Joav und einen Gast, der erst vor kurzem angekommen war. Er war ein etwa fünfzigjähriger Ägypter, der in Israel lebte.

Sie hatten eine Menge Dokumente ausgebreitet, daneben Bücher, Kameras, Lampen und Blitzbirnen. Einige Papiere waren auf arabisch geschrieben; das konnte ich selbst durch das Loch leicht erkennen. Ich verstand nicht alles, was sie sagten, aber es ging unter anderem um die ägyptische Armee, Radiobotschaften, landwirtschaftliche Ausrüstung, Khartum und andere Themen, die mich in dem Verdacht bestärkten, daß es sich um Spione für Israel handelte. Ich hatte Angst und war aufgeregt. Ich fühlte mich auch ein wenig schuldbewußt, weil ich ein so großes Geheimnis entdeckt hatte. Mir war klar, daß ich mit niemandem darüber sprechen konnte, nicht einmal mit meiner Mutter.

Die Entdeckung erschreckte mich. Ich wußte nicht, was ich tun sollte. Ich hatte Joav gern und wollte ihn um jeden Preis schützen. Darum beschloß ich, ihm reinen Wein einzuschenken. Eines Tages, als wir allein im Garten waren, sah ich ihn fest an und sagte: „Sie sind ein israelischer Agent, nicht wahr?" Dann berichtete ich ihm, was ich aufgeschnappt hatte.

Er schien einen Augenblick lang zu erstarren. Dann fragte er: „Woher weißt du das?"

Ich erzählte ihm, wie ich seine Unterhaltung mitgehört und ihn in seinem Zimmer beobachtet hatte. Er sagte: „Sieh mal, ich tue das zum Wohle Israels. Es ist sehr gefährlich für dich, wenn du darüber sprichst. Man könnte mich gefangennehmen und dir weh tun. Du weißt eine Menge, aber mehr darf ich dir nicht sagen. Du mußt mir einfach glauben, daß ich das Richtige tue."

Ich versprach ihm, den Mund zu halten, und zum erstenmal seit langem wollte ich mein eigenes Geheimnis mit jemandem teilen, den ich nicht sehr gut kannte - vielleicht, weil ich jetzt sein Geheimnis kannte. Ich gestand ihm, daß ich vieles aus seinen Gedanken gelesen hatte, noch vor dem Erlebnis auf dem Dachboden. Natürlich fiel es ihm schwer, das zu glauben. Also forderte ich ihn auf, an eine Zahl zu denken. Er tat es, und ich erriet sie. Wir wiederholten das Experiment noch dreimal, und jedesmal war meine Antwort richtig. Dann bat ich ihn, sich mit mir auf seine Armbanduhr zu konzentrieren, und ich kündigte an, daß die Zeiger sich schneller drehen würden. Sie taten es augenblicklich. Er war schockiert.

„Uri, wie machst du diesen Trick?" fragte er.

Ich versicherte ihm, daß es kein Trick sei und daß ich dieses Kunststück fast jederzeit wiederholen könne.

Er dachte eine Weile nach und sagte: „Komm, Uri, machen wir zusammen einen Spaziergang. Ich möchte mit dir reden."

Während wir gingen, sagte ich ihm, daß ich ebenfalls gerne für die israelische Regierung arbeiten würde. Er erwiderte, ich sei noch zu jung. Erst müsse ich die Schule abschließen und dann, im Alter von achtzehn Jahren, zur Armee gehen. Aber am Schluß fügte er hinzu: „Du könntest mir helfen."

Das war wunderbar. Ich träumte oft davon, ein Spion zu sein - fast so oft wie von einer Karriere als Filmstar. Ich war jung. Ich war begeistert. Ich stand auf der Schwelle zum Mannesalter. Joav erzählte mir, er werde bald abreisen und er werde viele Briefe mit arabischen Briefmarken bekommen. Diese Briefe sollte ich aus dem Postfach holen und einem Mann im israelischen Konsulat übergeben, dessen Namen er mir nannte.

Alles, was mir noch fehlte, war ein Deckname. Ich würde die Briefe holen, sie in einen einfachen Umschlag stecken, den Umschlag zukleben und ihn mit dem Fahrrad ins Konsulat bringen. Damals war das eine aufregende Sache für mich. Ich war auf mich alleine gestellt und durfte niemandem davon erzählen. Die Heimlichkeit machte alles noch interessanter.

Ab und zu trug ich einen kleinen blau-gelben Orden an meiner Jacke, den mein Vater für seine Leistungen in der Armee bekommen hatte. Niemand in Zypern wußte, worum es sich dabei handelte. Ich trug ihn einfach als Andenken an meinen Vater, den ich sehr vermißte. Wir schrieben uns ziemlich oft, und während meiner Zeit in Zypern besuchte ich ihn zweimal in Israel. Wir standen uns nahe, und daran hat sich nie etwas geändert. Einmal besuchte er mich in Zypern und blieb etwas länger als eine Woche im Hotel. Meine Mutter und er verstanden sich inzwischen wieder recht gut.

Zufällig trug ich den kleinen Orden, als ich einmal den geheimen Umschlag ins Konsulat brachte. Der Mann, der ihn in Empfang nahm, fragte: „Was trägst du denn da?"

„Oh", sagte ich, „das ist ein Orden, den mein Vater in der israelischen Armee bekommen hat. Er ist Feldwebel im Panzercorps."

Er war interessiert, und er wollte den Namen meines Vaters, seine Einheit und andere Dinge dieser Art wissen. Ich nehme an, in diesem Geschäft muß man auf Nummer sicher gehen. Als mein Vater von Zypern nach Israel zurückgekehrt war, schrieb er mir, daß sich etwas Merkwürdiges ereignet habe. Sein Haus war auf den Kopf gestellt worden, sämtliche Schubladen waren aufgezogen und überall herrschte ein Durcheinander. Aber nichts war gestohlen worden. Ich vermutete, daß der israelische Geheimdienst ihn überprüft hatte, weil ich einen geheimen Auftrag übernommen hatte. Aber ich durfte ihm nichts davon erzählen.

Ich sah Joav mehrere Male, während ich meine Kurierdienste fortsetzte. Ich mochte ihn immer mehr. Er erzählte mir, er werde ein Mädchen namens Tammi heiraten, und einmal brachte er sie mit nach Zypern, und ich lernte sie kennen. Er machte sich Gedanken über meine Zukunft und erbot sich, mir nach besten Kräften zu helfen. Er sagte, ich solle ihn informieren, wenn mein Wehrdienst beendet sei. Dann könne ich, wenn ich wolle, wieder für den Geheimdienst arbeiten.

Damals aß ich wie ein Pferd und nahm gewaltig zu. Ich wurde sogar fast pummelig, obwohl ich oft Basketball spielte, das eine meiner Lieblingssportarten war. Gewöhnlich trainierte ich auf einem der Plätze in Nikosia, die man auf den breiten Wassergräben angelegt hatte, die einst die Stadt umgaben. Joker und ich gingen zusammen hin, und ich übte stundenlang ohne Pause. Ich hatte einen ziemlich guten Wurf mit Linksdrall. Es faszinierte mich, daß der Ball, wann immer er auf dem Korbrand rollte, unweigerlich in den Korb fiel, wenn ich mich auf ihn konzentrierte. Offenbar konnte ich auch seine Flugbahn ein wenig beeinflussen. Schließlich tat ich das alles als Einbildung ab. Heute frage ich mich, ob es nicht doch mehr war. Immerhin waren auch meine Mitspieler oft erstaunt, wenn ich den Ball in der Nähe der Mittellinie warf und den Korb traf.

Zusammen mit meinen Schulkameraden versuchte ich weiter, meine Männlichkeit auf mancherlei Weise zu bestätigen. Ich kratzte genügend Geld zusammen, um ein Moped zu kaufen. Nun brauchte ich mich auf den steilen Bergstraßen zwischen Nikosia und meiner Schule nicht mehr so zu quälen. Später gelang es mir, einen Motorroller zu kaufen, und Joker lernte, sich zwischen meine Beine zu setzen und mitzufahren.

Als ich heranwuchs, wurde mir klar, daß ich gerne impulsiv handelte, schnell und entschieden. Wann immer ein Problem auftauchte, neigte ich dazu, wie ein Stier alle Hindernisse umzurennen. Mein Stiefvater hatte vor seinem Tod ein Klavier an ein großes Hotel im türkischen Teil von Nikosia vermietet. Die Monate vergingen, und es war nicht mehr zu übersehen, daß das Hotel die Miete nicht mehr bezahlen konnte. Als ich mit meiner Mutter darüber sprach, meinte sie, wir könnten das Hotel wohl vergessen, weil es sich auf der anderen Seite der Barrikaden und des Stacheldrahtes befinde. Dort wurde die ganze Zeit geschossen, und

Truppen der Vereinten Nationen bewachten das ganze türkische Viertel. Niemand könne vom griechischen Teil hinüberfahren, ohne beschossen zu werden, fügte sie hinzu, und darum sei es unmöglich, das Klavier zurückzuholen. Ich sagte zu ihr: „Überlaß das nur mir, Mutter."

Ich fand den Mietvertrag und ging zum griechischen Polizeiposten in der Nähe des türkischen Viertels. Die Polizei konnte mir nicht weiterhelfen, und darum suchte ich das nahegelegene Hauptquartier der UNO auf.

Ich sagte einem Offizier, wir seien die Eigentümer eines Klaviers in einem Hotel im türkischen Sektor und hätten die Absicht, mit einem Konvoi hinüberzufahren und das Klavier zu holen. Kann man sich etwas Verrückteres vorstellen? Ich war selbst von mir überrascht. Ich zeigte ihm die Papiere. Doch er sagte, es sei völlig unmöglich und ich müsse mich an höhere Stellen wenden.

„Was meinen Sie mit höheren Stellen?" fragte ich.

Er meinte den zuständigen Oberst, der jedoch keine Zeit habe. Der Offizier sagte, er selbst könne etwas Derartiges unmöglich arrangieren, und er bezweifle, daß der Oberst dazu imstande sei. Ich dankte ihm und ging hinauf in den zweiten Stock. Dort war eine lange Reihe von Türen, mit „Major X", „General Y" oder „Oberst Z" beschriftet. Ich klopfte an die Tür des Obersts und ging hinein.

Ich war der Ansicht, in die Offensive gehen zu müssen, und darum erzählte ich dem Oberst von dem Klavier und fragte: „Wozu sind die Vereinten Nationen gut? Das ist unser Klavier, und es ist etwa hundert Pfund wert. Wir haben es in gutem Glauben an das Hotel vermietet, und sie zahlen seit Monaten nicht. Wir brauchen entweder das Geld oder das Klavier. Können Sie uns helfen, es zurückzubekommen?" Meine Entschlossenheit überraschte mich selbst.

Der Oberst war so verdutzt, daß er lachte. Ich schien ihm zu gefallen. Er fragte, wie alt ich sei, und ich sagte ihm, ich sei fast siebzehn. Ich erklärte ihm, mein Stiefvater sei gestorben und wir bräuchten Geld. Schließlich sagte er: „Wir wollen sehen, was sich machen läßt. Habt ihr ein Telefon?"

Ich gab ihm unsere Nummer, und er versprach, uns anzurufen. Er tat es drei Tage später. „Vier Landrover werden in den türkischen Sektor fahren", sagte er. „Paßt das Klavier in einen Landrover?" Ich versicherte es ihm.

Diesen Tag werde ich nie vergessen. Sie ließen mich im Konvoi mitfahren, und ich hatte die notwendigen Papiere bei mir. Wir fuhren mit vier Landrovern, einem gepanzerten Fahrzeug und einem Halbkettenfahrzeug. Langsam fuhren wir in den türkischen Teil von Nikosia, durch Barrikaden und Tore, vorbei an Minen und Stacheldraht. Überall lagen zerbrochene Flaschen herum, und auf den Fenstersimsen sah ich Sandsäcke, zwischen denen Gewehre auf die Straße gerichtet waren.

Wir kamen zum Hotel, und ich ging hinein, um den Geschäftsführer zu sprechen. Ich zeigte ihm die Papiere und sagte ihm, wir hätten seit vielen Monaten keine Miete für das Klavier bekommen. Selbst erstaunt über meine Entschlossenheit, verlangte ich sowohl das Geld wie auch das Klavier. „Nun ja", sagte er, „das Geld kann ich dir nicht geben. Ich habe es einfach nicht."

„Okay", sagte ich. „Vergessen wir das Geld. Aber das Klavier nehme ich mit."

Er wußte nicht so recht, was er sagen sollte. Wir standen am Hoteleingang, und er sah den Konvoi mit dem gepanzerten Fahrzeug, dem Halbkettenfahrzeug und den vier Landrovern. Und er sah die UNO-Offiziere mit ihren blauen Mützen herumstehen. Schließlich erklärte er sich einverstanden, und wir trugen das Klavier hinaus und brachten es in unser Hotel zurück. Wenig später konnten wir es verkaufen.

Daß ich bald ein Mann sein würde, wurde mir sehr bewußt, als Eva und ihre Schwester Ingrid ein Zimmer im Hotel mieteten. Sie waren Tänzerinnen in einem großen Varieté, das offenbar den Mut hatte, trotz der Kämpfe und Ausgangssperren in Zypern aufzutreten. Eva war wirklich schön. Wenn ich mich recht erinnere, war sie Österreicherin oder Deutsche. Sie hatte kurzes schwarzes Haar und eine französische Frisur, und sie duftete nach einem wundervollen Parfüm.

An einem Spätnachmittag, als meine Mutter außer Haus war, schien Eva auf dem besten Wege zu einem Schwips zu sein. Ich sah eine Weile fern, und sie setzte sich zu mir. Sie trank ein Bier nach dem anderen. Es war ein sehr heißer Tag. Wir sahen eine Zeitlang gemeinsam fern. Dann sagte sie, es sei so heiß und sie werde auf ihr Zimmer gehen und ihren Badeanzug anziehen. Sie stand auf und ging, und dabei wiegte sie ein wenig die Hüften.

Einige Augenblicke später hörte ich sie durch die geschlossene Tür rufen. Ich erhob mich, klopfte an ihre Tür und trat ein. Sie stand in einem Bikini da. Sie sagte, sie habe Schwierigkeiten, das Oberteil zu schließen und bat mich, ihr zu helfen. Ich war verlegen, und mein Herz klopfte. Ich ging zu ihr, nahm die beiden Enden des Büstenhalters und versuchte, sie zu verhaken. Ich hatte nicht die leiseste Ahnung, wie ich das anstellen sollte.

Plötzlich drehte sie sich um und streifte das Oberteil ab. Sie umarmte mich und drückte mich an sich. Dann fiel sie aufs Bett zurück und zog mich mit. Jetzt pochte mein Herz wirklich laut. Ich versuchte, einen sehr erfahrenen Eindruck zu machen. Aber alles, was ich über diese Dinge wußte, hatte ich aus Bildern und Filmen gelernt.

Ich war unbeholfen. Als es zu Ende war, sagte sie, es tue ihr leid, und ich konnte nichts weiter sagen als: „Sag meiner Mutter nichts davon." Ich war ein Mann geworden, aber mit den Gefühlen eines Heranwachsenden.

12
Als Fallschirmjäger in der Armee

Unsere komplizierte Fahrt nach Israel. Wie ich meinen Hund fand. Einberufung in die Armee. Mein alptraumhafter Fallschirmsprung. Ein leeres MG schießt. Gibt es immer wieder neue Phänomene?

Der Krieg wurde sehr schnell härter, und es war schwer, Geld zu verdienen. Alle Hotels schrieben rote Zahlen, als die Kämpfe weitergingen, und unseres machte keine Ausnahme. Ich sollte in einigen Monaten mein Abschlußexamen ablegen, und meine Mutter und ich dachten allmählich über eine Rückkehr nach Israel nach. Ich würde zur Armee gehen müssen, sobald ich achtzehn war, und meine Mutter konnte das Hotel ohne meine Hilfe nicht betreiben. Es kamen nur noch sehr wenige Varietékünstler zu uns. Sogar die Zahl der israelischen Gäste ging zurück. Meine Mutter hatte viele Freunde in Israel, die ihr helfen würden, dort Arbeit zu finden. Dort konnte sie ihre eigene Sprache sprechen und sich auf vertrautem Boden bewegen. Wir beschlossen also, nach meinem Examen zurückzugehen. Meine Mutter machte einen Besuch in Tel Aviv, und mit Hilfe von Freunden, die ihr etwas Geld liehen, kaufte sie ein kleines Apartment, damit wir nach der Rückkehr ein Dach über dem Kopf hatten.

Es war schwierig, den Betrieb aufzulösen. Die Möbel waren ziemlich alt und abgenutzt, aber es gelang uns, sie für eine geringe Summe Geld zu verkaufen. Ohne Rücksicht auf das unverkäufliche Inventar packten wir unsere Sachen und machten uns reisefertig. Ich verabschiedete mich von Pater Massimino, Pater Camillo und Bruder Bernard sowie von allen meinen Freunden in der Schule. Ich erhielt ein sogenanntes „allgemeines Ausbildungszertifikat". All unsere schweren Sachen, einschließlich meines Motorrollers, wurden in die Hafenstadt Limassol gebracht, im Auto führten wir nur unseren Koffer mit. Ein Mädchen namens Rose, das bei uns lebte, sehr an meiner Mutter hing und mit uns nach Israel zurückkehrte, fuhr mit Joker in einem anderen Auto voraus.

Die Schwierigkeiten kamen schnell und knüppeldick. Obwohl wir die großen Teile schon aufs Schiff gebracht hatten, brauchten die Zollbeamten aus irgendwelchen Gründen so lange, um unser persönliches Gepäck zu überprüfen, daß das Schiff ohne uns, aber mit Rose und Joker abfuhr. Meine Mutter begann zu weinen. Ich versuchte sie zu trösten und sagte ihr, Rose werde sich gewiß um alles kümmern, auch um Joker, und wir könnten meinen Vater anrufen, der uns mit einem LKW im Hafen von Haifa abholen wollte, um unsere Sachen nach Tel Aviv zu bringen. Ich sagte: „Na komm, Mutter, lachen wir darüber. Laß uns nach Nikosia zurückfahren und das erste Flugzeug nehmen. Dann fahren wir nach Haifa und holen unser Gepäck."

Doch das nächste Flugzeug nach Tel Aviv flog erst in zwei Tagen.

Der neue Eigentümer ließ uns im leeren Hotel übernachten, bis wir endlich nach Israel fliegen konnten.

Dort setzten die Probleme sich fort. Als wir endlich an den Docks von Haifa angelangt waren und meinen Vater getroffen hatten, erfuhren wir, daß man Rose nicht erlaubt hatte, Joker und das Gepäck vom Schiff zu holen. Das Gepäck fanden wir, aber von Joker gab es keine Spur. Niemand schien zu wissen, wo er war. Und man wollte uns nicht aufs Schiff lassen.

Ich geriet in Panik. Joker war nirgendwo auf den Docks. Er war nirgends zu sehen, und keiner wußte etwas. Ich schlich mich aufs Schiff, das so gut wie verlassen war. Schließlich fand ich einen Offizier und sagte zu ihm: „Hören Sie, mein Hund ist auf dem Schiff. Wo könnte er untergebracht sein?" Er riet mir, es auf dem oberen Deck zu versuchen, wo es Käfige für Tiere gab. Joker war nicht da, und ein Matrose schickte mich ins Achterschiff. Auch dort war keine Spur von ihm zu sehen. Auf dem Weg zurück zum Offizier ging ich an einer kleinen Metalltür vorbei, eine von vielen, und plötzlich spürte ich, daß Joker auf der anderen Seite war. Ich hatte keinen Grund für diese Annahme, und doch war ich mir völlig sicher. Ich versuchte, die Tür zu öffnen, aber sie war verschlossen. Ich klopfte und rief: „Joker! Joker!" Nichts war zu hören, kein Geräusch, kein Bellen. Wieder schlug ich an die Tür und schrie: „Hab keine Angst, Joker. Ich bin hier. Ich kriege die Tür auf." Immer noch war kein Laut hinter der Tür zu vernehmen. Ich ging wieder zu dem Offizier und sagte: „Bitte, kommen Sie und öffnen Sie die Tür. Ich *weiß*, daß mein Hund dort drin ist." Er sagte, die Tür führe in den Maschinenraum, und dort könne der Hund nicht sein. Schließlich machte er sie doch auf. Ich ging einige Stufen hinunter, und dort war Joker, mit schwarzem Öl beschmiert und angekettet. Sein Blick schien zu sagen: „Sieh mal, was sie mit mir gemacht haben!" Er tat mir so leid. Ich umarmte ihn, küßte ihn und drückte ihn an mich. Ich war wütend, aber ich konnte nichts tun. Immerhin hatte ich ihn gefunden.

Unsere neue Wohnung befand sich im Erdgeschoß gegenüber einem großen Friedhof in Tel Aviv, auf dem viele berühmte Israelis begraben sind - Außenminister, Komponisten, Dichter, Kriegshelden. Das Apartment war sehr klein und eng im Vergleich zum Hotel in Zypern. Doch es war das Beste, das wir uns leisten konnten. Meine Mutter arbeitete wieder als Näherin. Sie stellte jetzt schöne Krawatten für einige Geschäfte in Tel Aviv her. Ich bereitete mich auf die Musterung durch die Armee vor. Es war fast ein Traum, nach Israel zurückzukehren, wie eine Reise in die Vergangenheit.

Und es war gut, daß ich meinen Roller mitgebracht hatte, weil ich eine Stelle als Bote bei einem Kundendienst für Kopiergeräte fand, das einem Architekten gehörte. So konnte ich meine Mutter finanziell unterstützen, während ich mit dem Motorroller durch die ganze Stadt fuhr. Ich bekam 350 Pfund monatlich und gab den größten Teil des Geldes meiner Mutter. Nach einiger Zeit erledigte ich Routinearbeiten im Büro des Architekten. Diese Stellung hatte mir Landau vermittelt, der unter meinem Vater gedient hatte und jetzt in diesem Büro arbeitete. Landau war Anfang zwanzig, und wir wurden Freunde.

Er spielte in seiner Freizeit in einer Basketballmannschaft. Ich erzählte ihm, daß ich mich auf den Ball konzentrieren und ihn dadurch öfter in den Korb lenken könne. Er verstand überhaupt nicht, was ich meinte, und darum bat ich ihn, sich auf einen der

Baupläne zu konzentrieren, an denen er während dieses Tages gearbeitet hatte. Er tat es, und ich zeichnete ihn fast exakt auf. Er war erstaunt, aber davon überzeugt, daß es sich um einen Trick handelte.

Landau bat mich, versuchsweise in seinem Team mitzuspielen, und ich willigte ein. Beim Aufwärmen und im Training funktionierte die Konzentration gut - so gut, daß die Leute über meine „goldene linke Hand" redeten. In der Hektik eines Spiels klappte es nicht so gut; aber mein Wurf mit Drall war sehr erfolgreich, einerlei, ob ich mich darauf konzentrieren konnte oder nicht.

Nach den medizinischen Tests der Armee samt Röntgen- und Blutuntersuchung mußte ich noch vier Monate Arbeit hinter mich bringen. Man bot mir eine Stellung als Empfangschef in einem Ferienhotel am Roten Meer an, und eine Weile arbeitete ich dort. Unter unseren Gästen befanden sich Hippies und viele Mädchen. Es war eine wilde, flotte Zeit.

Als meine Einberufung näherrückte, fragte mich mein Vater, ob er mir helfen solle, in einer bestimmten Abteilung der Armee unterzukommen; aber ich bat ihn, das nicht zu tun. Darüber mußte ich erst noch nachdenken. Ich versuchte, mich zwischen Froschmann, Pilot und Fallschirmspringer zu entscheiden. Eigentlich wollte ich am liebsten zum Geheimdienst gehen, weil ich Joav so gern mochte. Ich hatte seit langem nichts mehr von ihm gehört und fragte mich, wo er steckte.

Der Armeedienst hatte für mich etwas Erregendes an sich. Voller Spannung erwartete ich den Tag der Einberufung. Als es soweit war, fuhr ich mit einer Schar von Achtzehnjährigen im Bus nach Jaffa, wo wir zugeordnet werden sollten. Es war eine bunte Mischung junger Männer aus polnischen, ungarischen und russischen Familien. Auch Marokkaner, Ägypter und Jemeniten befanden sich darunter.

Wir brachten die langen, routinemäßgen Gespräche und Tests hinter uns, die der Klassifizierung dienten, und fanden uns schließlich in einer Rekrutenkaserne namens Tel Hasomer wieder, etwa eine halbe Autostunde außerhalb von Tel Aviv. Das erste, was ich dort sah, war ein Zug, der auf Kommando hin und her rannte und einen Schlachtruf schrie, dem ich entnahm, daß es sich um Fallschirmjäger handelte. Überall auf dem Platz standen Zelte, und jeder Baum war unten weiß angemalt. Jeder Stein lag am richtigen Ort, und der Platz war so sauber, daß man darauf hätte essen können. Die Oberfeldwebel mit ihren großen Schnauzbärten liefen mit den Soldaten hin und her. Wir stellten uns vor einer Art Schalter in eine Reihe, um unsere Uniformen in Empfang zu nehmen, und man warf uns das Zeug zu: grüne Hemden und Hosen, schwarze Stiefel, Unterwäsche, Seife, Kamm, Zahncreme, Erkennungmarke und so weiter. Jeweils acht wurden einem Zelt zugeteilt, und dort begannen wir Freundschaft zu schließen und uns zu fragen, wo wir letztlich landen würden.

Es gab verschiedene Schlafbaracken für die Truppenteile, die man sich aussuchen konnte, wie Infanterie, Luftwaffe, Marine, Fallschirmjäger. Ich konnte mich immer noch nicht entscheiden. Als ich am Büro der Fallschirmjäger vorbeikam, blieb ich stehen und betrachtete ein Plakat, das einen Kerl zeigte, der gerade aus dem Flugzeug sprang. Nach einer Minute sagte ich zu mir: „Uri, das kannst du nicht. Du kannst nicht aus einem Flugzeug springen. Los, vergiß es." Dann erwiderte eine andere Stimme in meinem Kopf: „Uri, warum probierst du es nicht? Finde heraus, ob du's kannst!"

Ich ging in mein Zelt zurück und dachte darüber nach. „Hör mal", sagte ich zu mir, „wenn du dort drüben unterschreibst, gibt es kein Zurück mehr." Dann dachte ich noch einmal nach und sagte: „Lächerlich. Wenn ich nicht aus einem Flugzeug springen will, kann mich keiner rausschmeißen. Ich meine, wenn ich meine Meinung ändern sollte, dann ändere ich sie eben - und sie schicken mich zurück ins Rekrutenlager."

Also ging ich zurück ins Hauptquartier der Fallschirmjäger und unterschrieb. Sie testeten mich erneut. Der Arzt klopfte mir auf den Rücken und auf den Kopf, untersuchte meine Wirbelsäule und ließ mich drei- oder viermal hüpfen. Ich fand es ganz schön aufregend, zu den Fallschirmjägern zu gehen. Wir bekamen Spezialstiefel mit dicken Kreppsohlen, ein Hemd, das sich von jenem der regulären Armee unterschied, und ein grünes Barett. Diese Symbole erhoben den Fallschirmjäger über die gewöhnliche Truppe und gaben moralischen Rückhalt. Wer die Ausbildung einschließlich der erforderlichen Sprünge absolviert hatte, erhielt ein rotes Barett.

Mein Vater überraschte mich am nächsten Tag mit einem Besuch. Er fragte mich, wofür ich mich entschieden hätte. Als ich ihm sagte, es seien die Fallschirmjäger, meinte er: „Tja, Uri, das wird sehr hart für dich."

„Das weiß ich, Vater", sagte ich. „Aber ich habe viel Basketball gespielt und bin im Leben viel gelaufen, geschwommen und getaucht. Ich bin sicher, daß ich es überstehe."

„Na schön, warten wir's ab. Ich bin stolz darauf, daß du zu den Fallschirmjägern gehst. Aber eines mußt du mir versprechen. Ich möchte, daß du Offizier wirst. Ich bin Oberfeldwebel, aber ich möchte, daß mein Sohn Offizier wird."

Ich versicherte ihm, daß dies auch mein Ziel sei und ich mein Bestes geben würde, um Offizier bei den Fallschirmjägern zu werden.

Die Rekruten wurden auf LKWs zu einem speziellen Ausbildungslager für Fallschirmjäger gebracht, das eine Autostunde von Tel Aviv entfernt war. Es lag in der Nähe eines Ortes namens Natanya. Einige Rekruten der technischen Truppe fuhren mit uns, und wir hielten an einem anderen Lager, um sie abzusetzen.

Als wir vor dem Lager der Fallschirmjäger hielten, blieben acht von uns auf dem LKW. Ich kaute hastig auf meinem Kaugummi. Wir sprangen vom Fahrzeug, und plötzlich kam ein Feldwebel auf uns zu, ein gemein aussehender Bursche. Er schrie: „Stellt euch in die Reihe!" Dann fragte er einen nach dem anderen: „Wie heißen Sie? Woher kommen Sie?" So nahm er die ganze Reihe durch.

Als er zu mir kam, schrie er: „Sie kauen Kaugummi, wenn Sie mit mir reden?" Ich hatte solche Angst, daß ich den Gummi verschluckte. Da ich ihn nicht mehr im Mund hatte, versicherte ich dem Feldwebel, daß ich nicht kaute. Aber er schnauzte: „Spucken

Sie ihn aus!" Ich beharrte darauf, daß ich keinen Kaugummi im Mund hätte. Wieder schrie er: „Sie kauen. Spucken Sie ihn aus, verdammt! Ich will ihn auf dem Boden sehen."

Nun sagte ich ihm, das sei unmöglich, weil ich den Gummi verschluckt hätte. Er sah aus, als wolle er lachen; aber er beherrschte sich. Als er auf unser Zelt zuging, sagte er zu uns: „Ihr habt euch für diese Truppe gemeldet, doch ihr wißt nicht, was auf euch zukommt. Ich werde euch den Arsch aufreißen. Ihr werdet hier so arbeiten, wie ihr es euch in eurem ganzen Leben noch nicht vorgestellt habt. Jetzt gleich werdet ihr ein bißchen im Lager rumlaufen, und ich zeige euch, was ihr wissen müßt. Hängt euch die Seesäcke um und folgt mir."

Laufen ist eine Sache, einen vierzig Pfund schweren Sack mitzuschleppen, eine andere. Wir sollten ihm in einer Reihe folgen, aber wir fielen bald übereinander. Ich hielt mich für einen guten Läufer - aber was hatte er mit uns vor? Er führte uns im ganzen Lager herum - zum Eßsaal, zur Synagoge, zum Waffenlager -, und den ganzen Weg rannten wir. Dann erfuhren wir, daß wir während der ersten drei Monate überhaupt nicht gehen durften. Wir mußten im Lager laufen, ob es uns paßte oder nicht. Sollten wir beim Gehen erwischt werden, würde man uns mitten in der Nacht aufwecken und einen Langlauf machen lassen.

Langläufe machten wir ohnehin jeden Tag. Zuerst liefen wir ohne Gewehr, dann mit Gewehr, dann mit Helm. So bauten sie uns auf. Wer zurückblieb, wurde angetrieben. Einige Rekruten fielen in Ohnmacht, und wir mußten sie tragen, wie Verwundete. Allmählich wurde ich darin besser. Dann mußten wir durch Hindernisse kriechen, von hohen Plätzen herabspringen, an Seilen hochklettern, durch Fässer laufen und unter Stacheldraht robben - alles in drei Minuten. Wer es in drei Minuten nicht schaffte, mußte es wieder tun, und wieder und wieder. Doch mit der Ausbildung wurde auch der Körper härter. Ich haßte das Training immer noch, obwohl ich mich langsam daran gewöhnte. Die langen Märsche waren am schlimmsten, sogar schlimmer als das Laufen.

Dann kam der große Tag, an dem wir zum ersten Mal aus einem Flugzeug springen sollten. Auf diesen Augenblick hatten wir alle gewartet, weil wir nicht genau wußten, was geschehen würde. Wir hatten schon Übungssprünge von einem Sprungturm und aus Flugzeugattrappen hinter uns. Doch nun sollte es richtig losgehen. Wir frühstückten ausgiebig und gingen dann zum Flugplatz. Es war heiß, und ich fühlte mich schrecklich. Wir schnallten die Fallschirme um, während das Flugzeug auf uns zurollte. Ich hatte ein seltsames Gefühl in der Magengrube. Wir kletterten ins Flugzeug und setzten uns nebeneinander, nachdem man uns an einen Draht über unseren Köpfen angehakt hatte. Wir schrien „Hejo, hejo, hejo, hejo", um den Lärm des Flugzeugs zu übertönen und uns selbst Mut zu machen. Das Flugzeug hob ab und steuerte auf die Felder zu. Es dauerte nur ein paar Augenblicke, bis wir sie erreichten und das grüne Signallicht anging. Nun hieß es „fertigmachen". Der Kommandant schrie: „E-Ruf. Fertigmachen." Auf dieses Kommando hin standen wir auf, und das rote Licht leuchtete auf.

Bei diesem ersten Sprung fühlte ich im Grunde nichts. Die Tür öffnete sich, und der Wind wirbelte ins Flugzeug. Die Motoren heulten auf. Ich sah den ersten Mann an der Tür stehen, dann war er plötzlich weg. Es ging alles so schnell. Auf einmal stand ich selbst vor der Tür. Und schon war ich draußen. Meine Augen schlossen sich von selbst. Man fällt etwa fünfzig Meter, bevor der Schirm sich mit einem Knall öffnet. Man muß im Kopf „21, 22, 23" zählen. Dann sollte der Fallschirm offen sein. Wenn nicht, ist man in Schwierigkeiten und muß an der Leine des Reserveschirms ziehen.

Plötzlich spürte ich den Ruck, und ich schrie: „Ja, ich hab's geschafft! Es ist leicht!" Ich redete mir ein: „Es ist gar nicht schlimm, es ist nichts." Man fällt ziemlich schnell, selbst wenn der Schirm geöffnet ist. Man sieht den Boden näher, näher und näher kommen und muß sich auf die Landung einstellen.

Ich fühlte mich wunderbar, machte die richtige Drehung und wurde nicht verletzt. Perfekt. Besser hätte ich nicht springen können. Doch dies war das einzige Mal, daß ich einwandfrei landete.

Den nächsten Sprung werde ich nie vergessen. Ich hatte noch nie so viel Angst gehabt. Mein Magen verkrampfte sich. Die Angst wurde immer größer. Was für ein Gefühl - aus einem fliegenden Flugzeug zu springen! „Was tue ich hier?" dachte ich immer wieder. Ich begann mich zu verfluchen. Warum zum Teufel hatte ich mich zu den Fallschirmjägern gemeldet? Jetzt bekam ich richtig Angst.

Meine Knie begannen zu zittern. Ich konnte kaum aufstehen und mußte mich am Draht hochziehen. Doch ich hatte keine Wahl. Hinter mir standen Leute, und vor mir standen Leute. Und ich sprang. Als der Schirm sich bei diesem zweiten Sprung geöffnet hatte, sah ich, wie der Boden immer näherkam. Ich geriet in Panik. Ich machte fast in die Hose. Die Drehbewegung mißlang. Ich landete mit großer Wucht und verletzte mich.

Wir mußten siebenmal springen, ehe wir unsere roten Barette bekamen. Zu einem weiteren Sprung rief man uns sehr früh am Morgen heraus. Wir sollten das Lager gegen vier Uhr verlassen, über die Negevwüste fliegen und dort springen. In der Nacht zuvor hatte ich einen Traum. Ich sprang aus dem Flugzeug, der Fallschirm ging nicht auf, und ich starb bei der Landung. Ich fürchtete mich, aber ich dachte, jeder Fallschirmspringer könne wohl einen solchen Traum haben.

Aber der Traum machte mir immer noch zu schaffen, als ich auf den LKW sprang, der uns zum Flugplatz brachte. Plötzlich sah ich einen weißen Hund hinter uns auf die Straße laufen. Der Wagen hinter uns erfaßte ihn und tötete ihn sofort. Es war fast wie ein Omen, und ich fiel in eine tiefe Depression. Ich dachte an Tzuki, meinen ersten Hund, der auch auf diese Weise ums Leben gekommen war, ich dachte an Joker zu Hause, und erneut fiel mir mein Traum ein. Dann sagte ich zu mir: „Etwas wird bei diesem Sprung mit mir geschehen." Aber ich konnte mit niemandem darüber sprechen. Aus irgendeinem Grund fürchtete ich mich nicht mehr. Ich wußte nur, daß sich etwas ereignen würde.

Wir stiegen ins Flugzeug. Es startete. Wir flogen hinaus über die Negevwüste zum Absprunggebiet. Ich stellte mich in die Reihe und näherte mich der offenen Tür. Doch offenbar zögerte ich in der Tür eine Sekunde, ehe ich sprang. Ich stieß mich nicht stark genug ab. Als ich die Tür passiert hatte, drückte mich der Wind an die Seite des Flugzeugs und versetzte mich in Drehung. Die Leine gab den Schirm frei, während ich mich noch drehte, und die Seile verdrehten sich mit. Ich zählte „21, 22, 23, 24, 25, 26, 27" und so weiter bis über 30 hinaus. Das sind etwa elf Sekunden. Der Fallschirm öffnete sich nicht. Ich befand mich in einem sogenannten Kerzenfall, denn genau so sieht ein Sprung dieser Art aus. In der Regel bedeutet es den Tod, wenn man den kleinen Schirm nicht aufbekommt. In diesen elf Sekunden hatte ich viel zu tun. Ich mußte den Sack abwerfen, der die Waffen enthält, da ich mir damit die Knochen brechen würde. Dann mußte ich den Reserveschirm öffnen. Ich bekam nur eine Seite frei; die andere wollte sich nicht öffnen. Und ich fiel. Ich sah, wie der Boden sich näherte, und ich wußte, es war aus. Ich spürte, daß ich immer noch in der Luft war; doch plötzlich wurde alles pechschwarz. Und ich dachte: „Das ist der Tod. So also ist der Tod." Aber ich konnte meinen Körper spüren. Ich wußte, daß ich lebte und mich immer noch drehte.

Ich hatte nicht gemerkt, daß der große Schirm aufgegangen war, als ich am Reserveschirm gezerrt hatte. Der kleine Schirm hatte sich über meine Augen gelegt und sie verdunkelt. Ich packte den Gurt und versuchte, den Boden zu sehen. Das ist sehr wichtig, wenn man Verletzungen vorbeugen will. Doch ich sah nicht das Geringste. Ich wußte, daß ich dem Boden nahe war, und versuchte, mich auf die Landung vorzubereiten. Plötzlich, ohne Vorwarnung, schlug ich auf. Ich sah Sterne. Es tat fürchterlich weh. Ich betete zu Gott, daß nie wieder etwas Derartiges geschehen möge. Es war eine schreckliche Erfahrung.

Nun, wir bekamen schließlich alle unsere roten Barette; aber es war kein Kinderspiel gewesen. Sobald man uns unsere Flügelabzeichen gegeben hatte, mußten wir sie in unsere Seesäcke stopfen und 110

Kilometer weit in die Wüste Negev marschieren. Das erinnerte uns daran, daß unsere Ausbildung sich hauptsächlich auf dem Boden, nicht in der Luft, abspielte.

Was den „übersinnlichen" Teil meines Lebens betrifft, so hatte sich nicht viel ereignet. Ich sprach ohnehin mit niemandem darüber, es sei denn, ein sympathischer Mensch interessierte sich aufrichtig dafür. Wir begannen einen Lehrgang, der uns zu Stabsunteroffizieren machen sollte, und damit waren viele Manöver verbunden. Ich war MG-Schütze und hatte ein großes Browning-MG zu bedienen, das über siebzig Pfund wiegt. Es bestand aus dem Hauptstück und den Stützen, und Munition gehörte ebenfalls dazu. Ich war die Nummer eins der Gruppe und trug das schwere Hauptteil. Nummer zwei trug die Stützen, Nummer drei die Munition. Ich war nie zuvor mit der großen Browning gesprungen, aber ich hatte gerüchteweise gehört, das sei ungeheuer schwierig. Und das Hauptstück war am schwersten - der Lauf, ein weiteres schweres Rohr und der Mechanismus, der die Munition einführte.

Unser Plan sah vor, daß wir mit unseren Seesäcken im LKW zu einem Basisstützpunkt fahren, mit der schweren Browning abspringen und etwa zehn Kilometer zurück zum Lager marschieren sollten. Dabei sollten wir das MG die ganze Zeit über tragen.

Ich hatte eine Idee, die mir heute ziemlich töricht vorkommt. Da wir das MG am ersten Tag nicht benutzen würden, beschloß ich, die sehr schweren Teile des Laufs auszubauen und sie in meinem Seesack im Basisstützpunkt zurückzulassen. Dort sollten sie für den Einsatz am folgenden Tag bereitliegen. Nach dem unglücklichen Sprung hatte ich wirklich Angst, mit all dem Gewicht zu springen, und ich sagte mir, ich könne auf diese Weise erst einmal Erfahrung sammeln und mich auf den Ernstfall vorbereiten. Ich war ein verdammter Narr, denn wenn man mich erwischte, mußte ich mit einer schweren Strafe rechnen.

Ich verschloß die schweren Teile in meinem Sack und ließ ihn im Zelt liegen. Wir gingen hinaus zum Flugzeug. Die „Schale" der Browning war schwer genug. Das MG hatte ich mit einer fünf

Meter langen Leine an mir festgebunden, so daß es mich bei der Landung nicht verletzen konnte.

Der Sprung gelang mir gut. Nach der Landung packte ich sofort den Fallschirm zusammen, hob das MG auf und machte mich mit den anderen auf den Weg zum zehn Kilometer entfernten Lager. Die Browning hängte ich mir im Segeltuchbeutel auf den Rücken. Normalerweise löst man sich beim Tragen ab, weil das MG so schwer ist. Aber ich wußte, daß ich mich damit verraten würde.

Ein Freund bestand darauf, mir zu helfen, weil alle sagten: „Schaut euch den Geller an. Er trägt das verdammte Ding alleine." Ich ließ ihn das MG den ersten Berg hinauftragen, eine lange Strecke. Er sagte, das sei ungewöhnlich - er habe das Gewehr nie zuvor weiter als einige hundert Meter ohne Pause tragen können. Jetzt, meinte er, falle es ihm viel leichter. Er glaubte, er werde allmählich stärker. Vielleicht hätte ich das sonst lustig gefunden, aber genau in diesem Moment hielt ein Jeep vor uns. In ihm saß ein General, und ich wußte sofort, was geschehen würde. Ich rieb mir die Stirn und dachte: „Mein Gott, sie wollen mit uns ein Manöver veranstalten!" Das kam ab und zu vor, wenn hohe Offiziere während der Routineausbildung überraschend eine spezielle Übung beobachten wollten. Wir hielten dann ein Manöver ab, als greife der Feind tatsächlich an, und benutzten Gewehre mit scharfer Munition.

Wir mußten ausschwärmen und die Gewehre gefechtsbereit machen. Da stand ich nun mit einer leeren Browning ohne Lauf und ohne Schlagbolzen. Ich wußte nicht, was ich tun sollte. Ich wollte das Segeltuch nicht abnehmen, tat es aber doch. Ich konnte durch das offene Rohr des Gewehres blicken, und ich sah das Tageslicht darin. Ein Kamerad brachte den Munitionsgurt, und ich führte ihn in das leere äußere Gehäuse ein und spannte den Hahn, wohl wissend, daß nichts geschehen würde. Am liebsten wäre ich im Erdboden versunken. Ich wußte, daß auf diese Untat viele Monate Gefängnis in einem Gefangenenlager standen. Und ich wußte, daß meine Karriere bei der Armee zu Ende war.

Der Jeep des Generals fuhr zu uns herauf. Wir befanden uns hoch auf einem Felsen, bereit, auf den imaginären Feind zu feuern. Ich öffnete den Deckel der Browning und sah noch einmal hinein. Da war das Geschoß. Es hing einfach schlaff am Gurt, und nichts konnte es zur Explosion bringen. Ich hörte den Feldwebel schreien: „Gruppe A, Feuer!" Sie begannen zu schießen, während wir warteten. Ich zitterte und befand mich in einer Art Schockzustand. Hinter uns standen die Offiziere, und ihre Orden funkelten in der Sonne.

Ich kam auf die Idee, ein kleines Gewehr - ein sogenanntes Oozie - neben das große zu legen. Es würde wenigstens Lärm machen, auch wenn der Knall im Vergleich zum MG schärfer und höher war. Dann erhielten wir den Feuerbefehl, und ich zog beide Abzugshähne durch.

Was dann geschah, kann ich bis heute kaum glauben, obwohl seither viel Seltsames geschehen ist. Ich weiß, daß niemand es ohne weiteres glauben kann. Ich kann nur berichten, was sich zutrug, und ich weiß, daß es keine Phantasie, kein Tagtraum und keine Geschichte ist, die ich mir zurechtgelegt habe. Ich habe keinen Grund, so eine Geschichte zu erfinden. Denn was ich nun erzählen werde, könnte beim Leser meine Glaubwürdigkeit erschüttern. Dennoch handelt es sich um harte Tatsachen.

Als ich die Abzugshähne durchzog, feuerten *beide* Gewehre. Die Browning feuerte, feuerte, feuerte. Die Geschosse rasten aus dem Lauf. Ich konnte es nicht glauben. Wie war das möglich? Erst vor wenigen Augenblicken hatte ich zweimal hineingeschaut, und das Innere des Gewehres war nicht vorhanden gewesen. Ich schoß gleichmäßig, und die Munitionskiste leerte sich rasch. Ich dachte sofort an Gott. Ich dankte Gott dafür, daß er das für mich getan hatte. Einer der Offiziere, die hinter mir standen, klopfte mir auf den Helm und sagte: „Gut geschossen, Soldat."

Als wir aufhörten, war keine Munition mehr übrig. Ein ganzer Haufen Patronenhülsen aus der Browning lag herum. Schwarzes Öl tropfte vom Gewehr. Ich legte die Hand an die Browning und küßte sie. Ich verstand nicht, was geschehen war. Ich wollte es nicht einmal verstehen. Es war ein Rätsel, genau wie der Vorfall mit dem MG, als ich vor Jahren mit meinem Vater auf dem Schießstand gewesen war. Ich verpackte das Gewehr, und wir marschierten zurück zu den Zelten.

Als wir ankamen, eilte ich zu meinem Seesack und öffnete ihn. Der Lauf war noch da, ebenso die anderen Teile. Ich lief zur Browning zurück und untersuchte sie noch einmal. Sie war immer noch leer. Was nun kam, versetze mir den größten Schock. Ich zog den Lauf aus dem Seesack hervor und blickte hindurch. Er war blitzsauber gewesen, als wir aufgebrochen waren. Jetzt war er schmutzig und mit Ruß bedeckt, genau so, wie er nach dem Schießen ausgesehen hätte. Ich mußte ihn säubern. Aus diesem Lauf war abgefeuert worden, daran bestand kein Zeifel - aber ich hatte ihn im Seesack zurückgelassen und diesen erst nach unserer Rückkehr ins Lager geöffnet.

Später sollte ich Ähnliches erleben. Ich habe es damals nicht verstanden, und ich verstehe es heute nicht. Doch das gilt für vieles, was seitdem geschehen ist.

Während ich das MG reinigte, war ich immer noch in einem Schockzustand. Ich konnte mit niemandem darüber reden. Ich dachte an Zypern, an meine Lehrerin, an unsere Versuche mit der Telepathie, an das Verbiegen der Metallgegenstände und an die kaputten Uhren, die plötzlich wieder funktioniert hatten. Handelte es sich bei alldem um ein und dasselbe Phänomen, oder war es jedesmal etwas Neues? Daß es ein Phänomen war, wußte ich. Mir war klar, daß niemand mich täuschte.

Ich durfte niemandem davon erzählen. Ich mußte es für mich behalten - denn wer hätte mir geglaubt? Ich mußte es als Wunder akzeptieren, und mir wurde himmelangst dabei.

Uri hält den Deckel des Top-
fes mit gelber Farbe in den
Händen, nachdem er diese
Farbe mit seiner Energie
aufgeladen hat. Dieser Gelb-
ton ist mit Rot zu dem Orange für den Punkt vorne, bzw.
für die Pyramide hinten im
Buch vermicht.

Diese Schwebe-
bahn in Deutsch-
land hielt Uri Gel-
ler kraft seiner Ge-
danken in Deutsch-
land an.

Nach der Ursache
suchend, wurde
entdeckt, daß der
Hauptschalter sich
abgeschaltet hatte.

I

Uri Geller während seiner ersten Deutschlandtournee mit den beiden Fußballnationalspielern Gerd Müller und Sepp Maier.

Barbara Scheid zeigt ihr Silberbesteck, das sich während einer deutschen Fernsehsendung mit Uri Geller in ihrer Wohnung verbogen hatte.

II

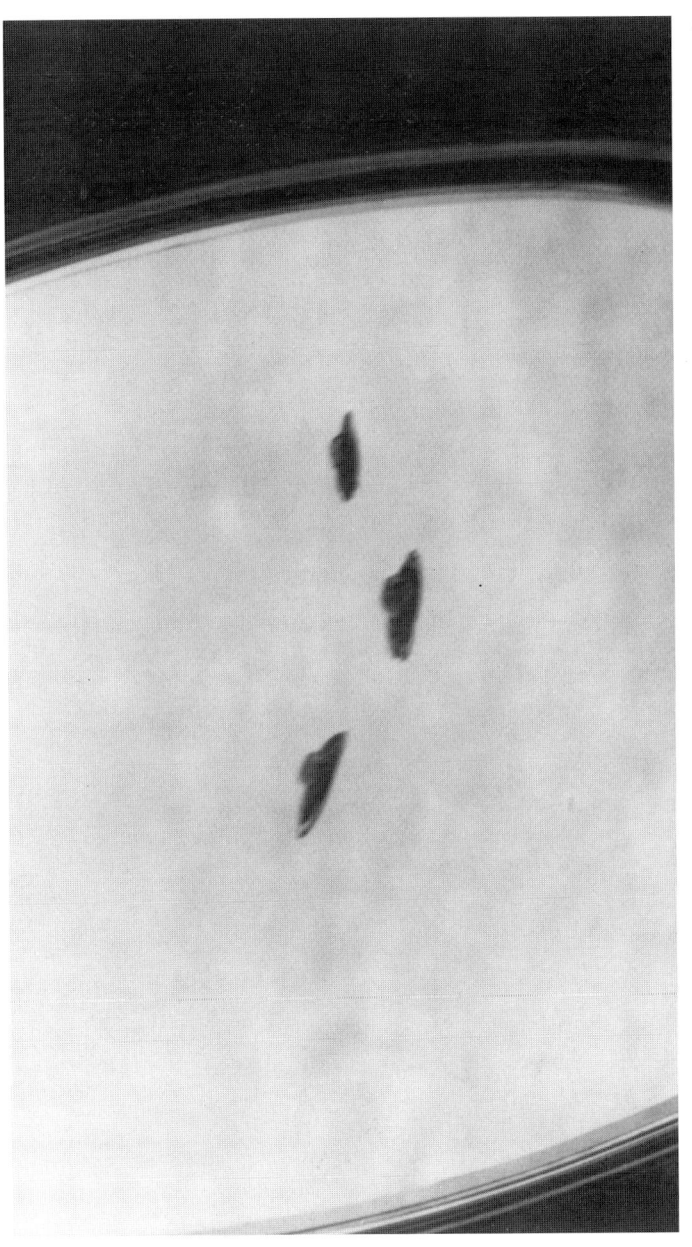

Dieses Photo entstand am 4.11.1972 über Schweinfurt, während Uri Geller in der Boing 747 von London nach München flog. Seine Nikon Kamera hob sich alleine vom Boden in die Höhe und blieb vor dem Fenster stehen. Er nahm dies als ein Zeichen, mehrere Photos durch das Fenster zu machen, obwohl er und Schipi Schtrang draußen außer Wolken und blauem Himmel nichts sehen konnten. Auf fünf Bildern befanden sich jeweils drei Ufos.

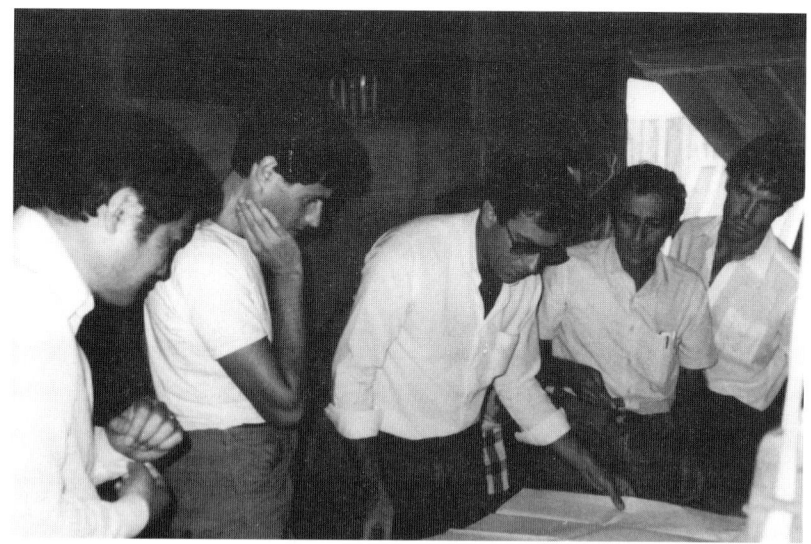

Uri Geller studiert mit Geologen Landschaftskarten, wo eventuell Gold zu finden ist.

Uri Geller mit Carmen Romano de López Portillio, der Frau des mexikanischen Staatspräsidenten, beim Besuch von Mayapyramiden.

Uri Geller bringt in Tokio einen Computer durcheinander.

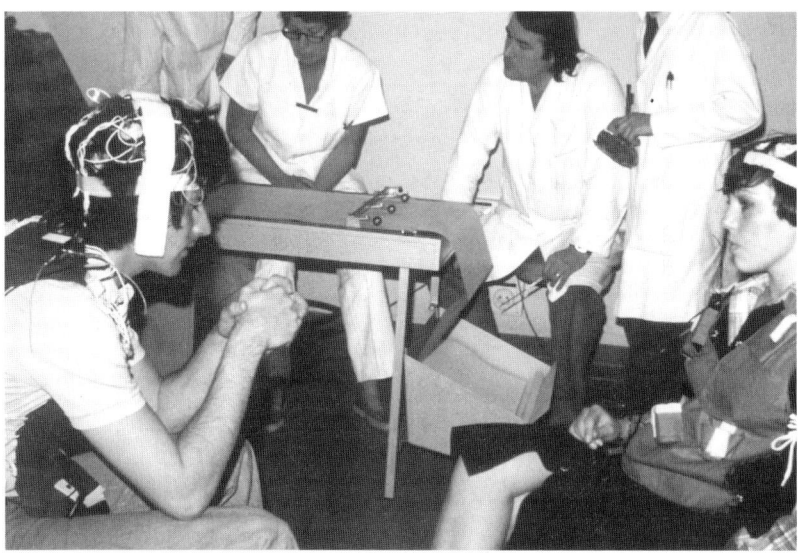

Das medizinische Forschnungsinstitut von Dr. Albert Ducrocq in Frankreich unterzieht Uri Geller härtesten Prüfungsbedingungen.

Uri Geller als Gast bei der James-Bond-Party, wo er mittels Gedankenkraft dem Gastgeber Adnan Khashoggi das Biegen eines Löffels demonstriert.

Uri Geller vor Einstieg in den Hubschrauber, aus welchem er unter den Wäldern des Amazonasgebietes mit seinen Händen Stellen auslotet, an denen Gold zu finden ist.

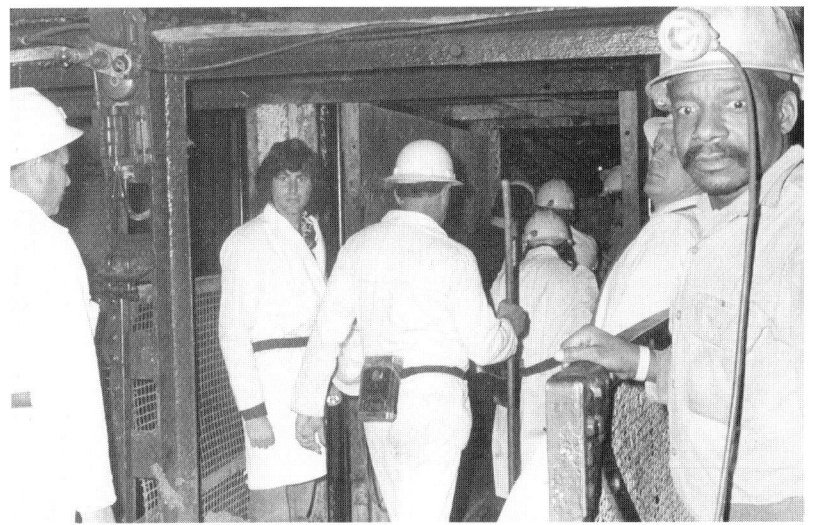

Bei dem Auffinden von neuen ergiebigen Flözen läßt sich Uri Geller in tief-
liegende Schächte führen.

Dies ist die erste Goldmine auf Guadalcanal, die genau über jener Stelle errichtet wurde, die Uri Geller angegeben hattte.

Uri Geller mit seiner
Frau, seiner Mutter und
seinen Kindern Daniel
und Natalie vor seinem
Haus an der Themse.

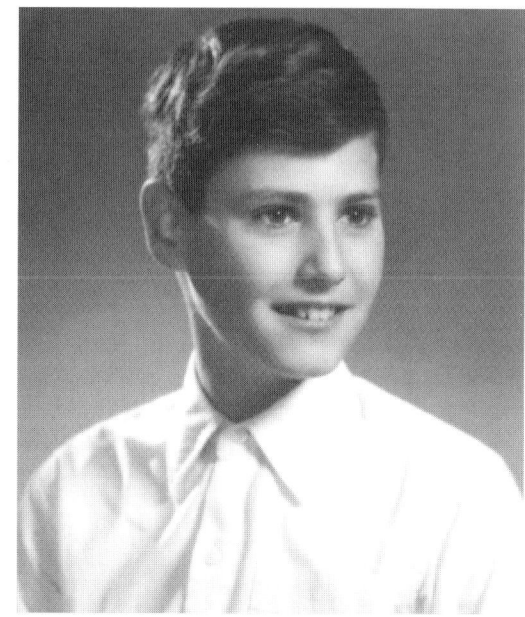

Uri Geller mit 12 Jahren
in Nikosia, Zypern.

Zur Abwicklung seiner vielen Verpflichtungen benötigt Uri Geller zeitweise einen Hubschrauber.

Uri Geller demonstriert seine Fähigkeiten vor großen Zuschauermengen.

Neben seinen gelegent-
lichen Abendaufführun-
gen verdiente sich Uri
Geller als Dressman.

Uri Geller patentierte
viele seiner Erfindun-
gen. Sein Geld-Prüfgerät
(Moneytron) und sein
Diamanten-Prüfgerät
(Diamontron) werden
von Banken und Juwe-
lieren auf der ganzen
Welt benutzt.

X

Salvador Dali war ein großer Bewunderer von Uri Geller, der wiederum viele Bilder und Plastiken von jenem aus Begeisterung erworben hatte.

John Lennon und seine Frau Yoko im Gespräch mit Ihrem Freund Uri Geller.

Der Präsident von Mexiko José López Portillo und der US-Präsident Jimmy Carter haben sich Löffel von Uri Geller verbiegen lassen.

Auf einem Bankett, welches das mexikanische Präsidentenehepaar zu Ehren ihrer amerikanischen Gäste gab, hält Rasalynn Carter, die Frau des amerikanischen Präsidenten, einen soeben von Uri Geller gebogenen Löffel in der Hand.Links von Uri sitzt Henry Kissinger, der amtierende US-Außenminister.

XII

Der Physiker Prof. John Taylor fordert Uri Geller auf, einen Metallstab zu biegen, zwecks Druckmessungen, indem er seine Hand darüberlegt.

Uri Geller versucht, einen von Physiker Prof. David Bohm zum Test befestigten Metallzylinder mittels seiner Gedankenkraft zu biegen.

Der Sänger Elton John (hier zwischen Uri Geller und dessen Manager Schipi Schtrang) ist von Uri sehr beeindruckt.

Whoppi Goldberg betrachtet voll Erstaunen einen Löffel, der in ihrer Hand von Uri Geller verbogen wurde.

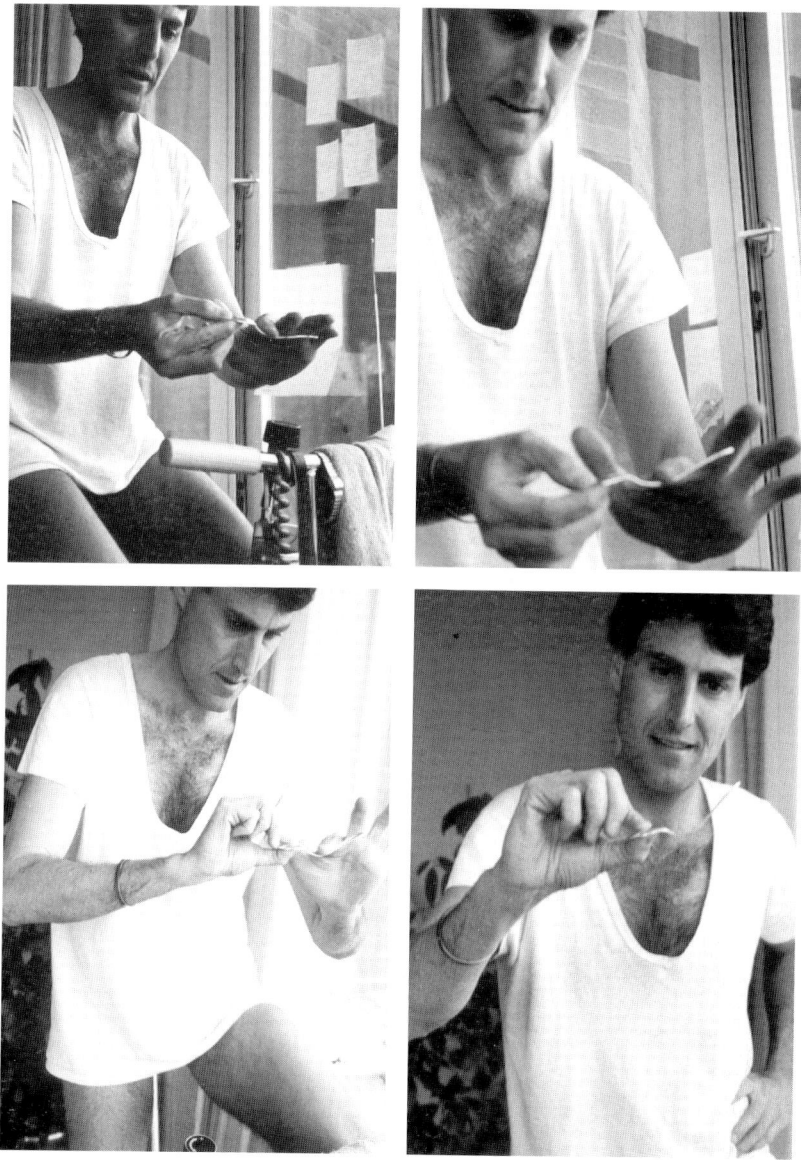

Uri Geller sitzt strampelnd auf seinem Trimrad und biegt für einen Reporter einen Löffel.

'COMRADE GORBACHEV, I THINK URI GELLER HAS MADE AN ARMS DEAL WITH THE AMERICANS'

Genosse Gorbaschow, ich glaube, daß Uri Geller mit den Amerikanern ein Waffengeschäft abgeschlossen hat.
(Ersterscheinung *New York Post* 1987)

XVI

13
Verwundet im 1967er Krieg

Ich schlafe ein und darf kein Offizier werden. Ich erkranke an Lungenentzündung. Vorbereitungen auf den Krieg. Ich weiß im voraus, daß ich
verwundet werde, aber nicht falle. Ich sehe den Tod anderer Menschen
voraus. Der Kampf an der jordanischen Grenze. Ich wache verwundet in
einer Klinik auf. Der Aufenthalt in einem Kinderheim wird zum wichtigsten
Wendepunkt meines Lebens. Ein dreizehnjähriger Junge namens Schipi
verbiegt Schlüssel um neunzig Grad. Ich begegne seiner Schwester Hanna,
meiner zukünftigen Frau. Schipi arrangiert meinen ersten öffentlichen
Auftritt in seiner Schule. Mein erster Erfolg vor Publikum.

Nach elfmonatiger, brutaler Ausbildung wurde ich Stabsunteroffizier. Ab und zu bekam ich Urlaub, sah meine Mutter, spielte
ausgiebig mit Joker und ging einige Male in die Diskothek. Ich war
einer von fünfen aus unserer Truppe, die für die Offiziersschule
ausgewählt worden waren, und mein Vater war sehr stolz auf mich.
Damit begann für mich ein neues Leben. Es war härter denn je, nicht
nur weil die Manöver weitergingen, sondern auch, weil wir uns in
kurzer Zeit eine Unmenge Wissen einprägen mußten. Während
einer Feldübung bei strömendem Regen baute ich gerade mein Zelt
auf, als ich in der Nähe einen Jeep sah, in dem ein Offizier saß. Ich
mußte zweimal hinsehen, ehe ich erkannte, daß es Joav war. Ich
klopfte an die Segeltuchtür, öffnete sie und schrie seinen Namen.
Er war überrascht. „Uri!" rief er. „Komm rein!" Ich sprang hinein,
und wir umarmten uns. Ich hatte ihn lange nicht mehr gesehen. Ich
sagte: „Mein Gott, Joav, ich wußte nicht, daß du Offizier bei den
Fallschirmjägern bist." Er freute sich zu hören, daß ich mich in der
Offiziersausbildung befand, und sagte, ich solle ihn nach dem
Abschluß des Lehrgangs unbedingt anrufen. Er fragte, ob ich mich
immer noch mit Telepathie befasse, und fügte hinzu, man könne
diese Gabe eines Tages einem guten Zweck zuführen. Ich war
glücklich, ihn zu sehen und freute mich auf unsere nächste Begegnung.

Bald darauf ereigneten sich zwei Tragödien. Als ich auf Urlaub nach Hause ging, fand ich Joker so krank vor, daß er sich kaum bewegen konnte. Er war jetzt über zehn Jahre alt, und ich wußte, es war ein natürlicher Vorgang. Aber dadurch wurde es nicht besser. Er lag auf dem Boden und konnte nur mit dem Schwanz wedeln. Ich wußte, daß er im Sterben lag. Es brach mir das Herz. Ich trug ihm zum Tierarzt, der mir sagte, was ich erwartet hatte: Joker mußte getötet werden. Ich küßte ihn und umarmte ihn, dann ging ich.

Ich kann nicht beschreiben, wie schrecklich ich mich fühlte. Innerlich weinte ich. Äußerlich durfte ich nicht weinen, denn ich war Fallschirmjäger und wollte nicht, daß der Arzt mich mit Tränen in den Augen sah. Im Erdgeschoß der Tierarztpraxis blieb ich in der Eingangstür stehen und wartete. Nach etwa zwanzig Minuten hörte ich den Schuß. Jetzt brach ich in Tränen aus. Ich konnte sie nicht zurückhalten, und ich konnte den Eingang nicht verlassen. Was für einen Eindruck hätte ein auf der Straße weinender Fallschirmjäger gemacht? Schließlich ging ich in die Wohnung meiner Mutter zurück, und auch sie weinte.

Als ich aus dem Urlaub ins Ausbildungslager für Offiziere zurückkehrte, traf mich der zweite Schlag. Ich nahm eine Zeitung zur Hand und las von einem Zwischenfall an der jordanischen Grenze, an dem eine israelische Einsatztruppe beteiligt war. Ein israelischer Offizier war erschossen worden - es war Joav. Die Kugel hatte ihn am Kopf getroffen. Meine Welt schien zusammenzubrechen. Ich verlor jede Unternehmungslust. Auf der Offiziersschule erfüllte ich einfach nur meine Pflicht.

Eines Nachts im Manöver befehligte ich fünf Leute auf dem Feld. Bei dieser Übung sollte eine rote Leuchtkugel gezündet werden. Wir sollten dann unsere Waffen abfeuern und zurück zum Rest des Zuges laufen. Wir mußten lange warten und schliefen alle ein. Ein Tritt in den Hintern weckte mich. Ein Offizier stand hinter mir und befahl mir aufzuwachen. Ich wußte sofort, daß man mich rauswerfen würde, und am nächsten Tag geschah genau das.

Aus irgendeinem Grund verspürte ich eine große Erleichterung. Es war ein anderer Tag, ein anderer Morgen. Eine gewaltige Verantwortung war mir von den Schultern genommen worden, und ich fühlte mich gut dabei. Ich wußte, ich würde wieder als Stabsunteroffizier zur regulären Truppe zurückkehren, aber das machte mir nichts aus. Der große Streß war vorbei.

Ich ging kurz nach Tel Aviv zurück, um meiner Mutter beim Umzug in eine neue Wohnung zu helfen. Sie war klein, aber hübscher als die alte. Meine Mutter arbeitete jetzt als Kellnerin in einem kleinen Café, und das mißfiel mir sehr. Ich wünschte, ich hätte mehr Geld verdienen können, doch das war unmöglich, solange ich Soldat war.

Im Lager der Fallschirmjäger setzte man mich als Fahrer eines neuen gepanzerten Fahrzeuges ein, mit dem man experimentierte. Mitunter fuhr ich auch das Auto eines Kommandanten. Ich war noch nicht lange zur alten Routine zurückgekehrt, als ich an Lungenentzündung erkrankte und mit hohem Fieber ins Krankenhaus eingeliefert wurde. Ich fühlte mich jämmerlich. Das war 1967, und die Lage auf der Halbinsel Sinai und am Suezkanal verschlimmerte sich. Selbst im Krankenhaus bekam ich mit, daß alle sich auf einen Krieg vorbereiteten, vor allem, als man sämtliche Fenster zuklebte und Räume für Notoperationen einrichtete.

Ich blieb fast einen Monat im Krankenhaus. Dann waren die Symptome abgeklungen, und man schickte mich in das Armee-Genesungsheim Nr. 3. Das Essen war gut, und ich hatte nichts weiter zu tun, als mich auszuruhen und mich zu erholen. Filme, Spiele und ein Klavier machten den Aufenthalt angenehm. Als ich eines Tages Klavier spielte - ich hatte nach dem Gehör eine ganze Menge Melodien aufgeschnappt -, kam eine Soldatin herein, um zuzuhören. Sie war eine der weiblichen Offiziere, die halfen, den Betrieb aufrechtzuerhalten. Ihr Name war Yaffa, und sie war schön. Ich sah sie an, und sie sah mich an. Ich glaube, das war einer jener seltenen Fälle von Liebe auf den ersten Blick.

Plötzlich war ich so sehr in sie verliebt, daß ich an nichts anderes mehr denken konnte. Sie war groß und hatte schwarzes Haar, grüne Augen und einen schönen Körper. Sie war ziemlich intelligent. Ich ging mit auf ihr Zimmer, und wir schliefen miteinander. Ich empfand eine tiefe Liebe, wie ich sie zuvor nicht gekannt hatte.

Am nächsten Morgen fühlte ich mich wie im Paradies. Wir sahen uns, so oft wir konnten. Ich hatte nie zuvor so empfunden - nicht bei Helena, nicht bei Patty, nicht bei einer anderen. Ich sagte Yaffa, daß ich sie liebte und den Gedanken, sie verlassen zu müssen, nicht ertragen konnte. Auch sie gestand mir ihre Liebe.

Aber sie wollte mir noch etwas sehr Ernstes sagen. Für mich zählte nur, daß sie mich liebte, einerlei, worum es sich handelte. Sie gestand mir, sie sei mit einem anderen verlobt, den sie ebenfalls liebe, wenn auch auf andere Weise. Ich war so niedergeschlagen, daß ich nichts erwidern konnte, und war außerstande, es zu akzeptieren. Ich gehörte ihr ganz und begriff nicht, wie sie gleichzeitig einen anderen lieben konnte, und das sagte ich ihr. Dann dachte ich an Helena und Patty und erinnerte mich daran, daß es mir damals ähnlich gegangen war - ich hatte zwei Mädchen gleichzeitig geliebt. Sie versuchte mir zu erklären, daß jede Liebe anders sei, daß sie mich und den Mann, den sie heiraten würde, auf unterschiedliche Art liebte.

Nur noch eine Woche im Genesungsheim lag vor mir. Eines Tages gingen wir auf den Karmel und blickten auf Haifa hinab. Es war wie ein Rausch. Sie lag in meinen Armen, und es tat weh, daran zu denken, daß ein Teil von ihr einem anderen gehörte. Sie gestand mir, daß sie lieber mit mir zusammen war und daß ich sie körperlich mehr anzog. Doch sie kannte den anderen, seit sie dreizehn war. Sie glaubte, sie könne die Verlobung nicht lösen. Es war ein schreckliches Gefühl. Ich war untröstlich.

Sie gab mir eine Liste aller Orte, an denen sie sich in den nächsten sechs Monaten aufhalten würde, und wir schworen, uns zu treffen, wann immer es uns möglich sein würde.

Ich ging für zwei Tage nach Hause, ehe ich mich wieder bei meiner Einheit melden mußte. Ich fühlte mich miserabel und versuchte, Yaffa zu vergessen.

Die internationale Lage war unerträglich gespannt. Wir hörten, daß die Ägypter den Eingang zum Suezkanal gesperrt und vermint hatten. Überall wurde von Krieg gesprochen - auf den Straßen, in den Cafés, in den Feldlagern.

Am Morgen des Tages, an dem ich in mein Feldlager zurückkehren sollte, weckten mich die Sirenen auf, die in ganz Tel Aviv heulten. Es waren Kriegssirenen. Die Übungssirenen verstummten jeweils bald, aber dies war ein Dauerton. Im Radio wurde verkündet, die israelischen Streitkräfte seien tief in die Wüste Sinai vorgedrungen. Ein großer Krieg war ausgebrochen.

Ich zog mich eilig an, verabschiedete mich von meiner Mutter und fuhr auf meinem Roller, so schnell ich konnte, zu meiner Einheit. Ich hatte Angst. Was sollte ich tun, wenn meine Einheit bereits aufgebrochen war? Meine Hand drückte unaufhörlich auf die Hupe, und ich kümmerte mich um keine rote Ampel. Ich erreichte meine Einheit und sah, daß die gepanzerten Fahrzeuge gepackt waren und auf den Marschbefehl warteten. Da ich so lange weg gewesen war, durfte ich kein Fahrzeug führen. Statt dessen übernahm ich acht Männer in einem Kommandowagen, der den leicht gepanzerten Fahrzeugen folgte.

Ich teilte Gewehre und Helme aus, zog meinen Tarnanzug an, und wir waren fertig. Inzwischen war es Spätnachmittag, und wir wußten noch nicht, wohin wir fahren würden.

Immer wieder schaute ich in den Raum, in dem sich die höheren Offiziere versammelt hatten. Wir waren bereit, aber niemand wußte etwas Genaues. Einige sagten, wir würden auf die Golanhöhen fahren, andere meinten, zur jordanischen Grenze oder auf die Halbinsel Sinai. Selbst die Offiziere wußten es nicht. Unsere ganze Aufmerksamkeit galt den Transistorradios. Wir hörten, daß viele arabische Dörfer auf Sinai eingenommen worden waren und daß unsere Truppen den Suezkanal erreichten. Der Krieg war in vollem Gang.

Ich dachte viel an Yaffa. Dann überfielen mich merkwürdige Vorahnungen. Ich wußte, daß mir etwas zustoßen würde. Mir fiel der Löwe im Zoo wieder ein, der Taxiunfall meiner Mutter, mein Traum vor meinem zweiten Fallschirmsprung. Ich fürchtete mich, weil alle diese Vorahnungen sich bestätigt hatten. Merkwürdigerweise wußte ich, daß ich zwar verletzt, aber nicht getötet werden würde. Ich legte die Hand auf die Stirn und bat Gott, mich vor einer schweren Verwundung zu bewahren.

Der Abend kam, und wir hatten immer noch keine Ahnung, wohin wir fahren würden. Wir schliefen eine Weile, jedoch sehr unruhig. Früh am Morgen, gegen drei Uhr, kam der Befehl. Wir würden nach Jerusalem fahren. Als die Sonne aufging, waren wir auf der Straße. Wir hielten an, warteten und fuhren weiter, als immer neue Befehle kamen. Viele Panzer fuhren an uns vorbei. Ständig flogen Kampfflugzeuge in Richtung Sinai. Überall ratterten Hubschrauber. Wieder dachte ich an Yaffa, an meine Mutter, an Zypern. Ich dachte daran, daß ich verwundet werden würde. Wir bewegten uns langsam, hielten immer wieder an und starteten erneut. Wieder wurde es Nacht. Immer wieder fragten wir die Offiziere, was eigentlich los sei, und sie antworteten stets, sie wüßten es nicht. Es gab keine Befehle vom Hauptquartier. Wir mußten bleiben, wo wir waren.

In der Nacht erhielten wir den Befehl, erst am Morgen weiterzufahren. Ich wies die acht Männer unter meinem Kommando an, die gepanzerten Fahrzeuge aufzutanken und die leeren Benzinkanister zum Kommandowagen zurückzubringen. Dort sollte man sie erneut mit Treibstoff aus dem großen Tanklastzug füllen, der uns folgte. Auch ich nahm einen Kanister und ging zu einem der leicht gepanzerten Fahrzeuge, um den Tank zu füllen. Ich rief den Soldaten, der auf dem Gefährt stand, und befahl ihm, den Tankdeckel zu öffnen. Dann sah ich, daß es Avram Stedler war, ein Freund aus meinem alten Zug. „Hallo, Uri", sagte er. „Mach den Tank voll."

Ich sah Avram in die Augen, und er sah mich an, und ich wußte, daß er sterben würde. Es war ein schreckliches Gefühl. Ich unterbrach meine Arbeit für einen Moment und fragte ihn, was er mache. Er sagte, er bediene das Geschütz auf dem Fahrzeug. Ich fragte ihn, wie es ihm gehe, und er sagte: „Gut." Ich wußte nicht, was ich sonst noch sagen sollte. Ich wollte ihn retten, wußte aber nicht wie. Schließlich fragte ich: „Avram, darf ich dir die Hand schütteln?" „Warum?" fragte er.

Ich sagte: „Bitte, reich mir einfach die Hand."

Wir schüttelten die Hände, und ich drehte mich um und ging. Ich sah nicht zurück. Ich ging zum Kommandowagen und ließ mich auf den Sitz fallen. „Mein Gott", sagte ich zu mir, „das kommt alles so plötzlich. Ich weiß, was niemand sonst weiß, und habe keine Ahnung, warum. Gibt es eine Möglichkeit, Avram zu retten?" Aber ich sah keine. In dieser Nacht vor unserem Einsatz konnte ich nicht schlafen. Ich dachte immer wieder an Yaffa und stellte mir vor, wir seien verheiratet. Was tat sie in diesem Augenblick? Ob sie wohl an mich dachte? Es dämmerte, und die Sonnenstrahlen erhellten den Himmel und die Berggipfel. Wir fuhren die Straße zur jordanischen Grenze entlang. In der Ferne konnten wir bereits die Schüsse der Panzer und Kanonen hören. Wir wußten, daß der Krieg weiterging.

Wir fuhren auf einen Ort namens Ramala zu, der mehrere Meilen von Jerusalem entfernt lag. Wir erfuhren, daß eine Fallschirmjägereinheit die Stadt bereits erreicht hatte. Unsere Aufgabe bestand darin, die Straße von Ramala nach Jerusalem zu sperren, damit die Jordanier auf diesem Weg keinen Nachschub transportieren konnten. Plötzlich, ohne Vorwarnung, waren überall Schüsse zu hören. Wir schienen von Gewehrfeuer umzingelt zu sein. Mein Kommandowagen war nicht gepanzert, und darum mußten wir hinter und neben den Panzerfahrzeugen fahren. Über mein Sprechfunkgerät erhielt ich den Befehl, zunächst die Sherman-Panzer auf die Anhöhe feuern zu lassen. Sie begannen zu schießen.

Über uns flogen viele unserer Flugzeuge, sogar Kampfflugzeuge, die auf die Berge herabstießen. Ich sah, wie ein israelisches Flugzeug versehentlich eine Napalmbombe auf eines unserer Fahrzeuge warf. Es war ein großes Durcheinander - Schüsse, explodierende Bomben, angreifende Flugzeuge. Wir wußten nicht genau, woher das feindliche Feuer kam. Wir wußten nur, daß es vom Berg kam, der vor uns lag. Bald erfuhren wir, daß jordanische Panzer die Straße unter Beschuß nahmen und vesuchten, uns an der Weiterfahrt nach Ramala zu hindern. Wir erhielten den Befehl, hinter Felsen in Deckung zu gehen und zu warten. Ich wies meine Gruppe an, aus dem ungeschützen Kommandowagen zu steigen und sich hinter die Mauer eines nahegelegenen Weinberges zu legen. Wir hatten nur leichte Waffen, die uns im Moment nicht viel nützen würden.

Als wir zum Weinberg rannten, stolperte ich über die Körper von Arabern. Einer von ihnen war zugedeckt. Ich zog die Decke weg und sah, daß es ein toter Jordanier war, mit Schußwunden übersät. Ich deckte die Leiche wieder zu und lief zu meinen Männern hinter der Mauer. Der Lärm der Maschinengewehre, der Panzer, der Flugzeuge, das Kreischen der Funkgeräte, alles war unbeschreiblich. Wir verteilten uns, und das Feuer vom Berg nagelte uns hinter der Mauer fest. Teilweise waren wir dort ohne Deckung.

Ich befand mich ungeschützt am Eingang des Weinberges und hielt Ausschau nach den Männern. Plötzlich spürte ich, wie meine Hand sich verdrehte. Ich begriff nicht, was geschehen war. Etwa zwanzig Sekunden später spürte ich etwas Feuchtes und schaute auf meine Hand. Mein Hemd war voller Blut. Jetzt hatte ich wirklich Angst, weil ich glaubte, ich sei innerlich verletzt. Ich sprang über die Mauer und schrie: „Chovesh!" - das hebräische Wort für Sanitäter. Es war keiner da, doch ein Soldat rannte zu mir und rieß mir das Hemd herunter. Aus einem Loch in meiner linken Hand tropfte Blut. Der Soldat nahm eine Bandage aus seinem Erste-Hilfe-Beutel und verband die Hand. Ich empfand keinen Schmerz, obwohl die Wunde stark blutete. Allmählich ließ die Blutung nach, und so behielt ich das Kommando. Die jordanischen Panzer schossen sich auf uns ein, da ringsum unsere Fahrzeuge standen und auf den Berg feuerten.

Einen sicheren Platz gab es nicht. Wir waren in der Hand Gottes. Unsere Panzer bewegten sich den Berg hinauf - wir nannten ihn den französischen Berg - und nahmen die jordanischen Stellungen unter Beschuß. Doch die Patton-Panzer des Feindes feuerten auf uns und vesuchten, unsere Truppen zurückzuschlagen. Ich sah einen jordanischen Panzer, der nur etwa eine Viertelmeile entfernt in einem offenen Feld stand und auf uns schoß. Eines unserer gepanzerten Fahrzeuge fuhr vor uns auf die Straße und auf den Patton-Panzer zu. Ich wußte sofort, daß Avram darin war.

Ich beobachtete die ganze Szene. Es war wie im Film und wirkte irreal. Die Kanonen beider Fahrzeuge schwiegen für eine Weile. Der Hauptmann streckte den Kopf aus der Luke und schrie: „Feuer!"

Ich konnte Avram nicht sehen; aber ich wußte, daß er die Kanone bediente. Und er feuerte. Ich sah, wie die Granate vier Meter vor dem arabischen Panzer detonierte. Nichts geschah. Wieder schaute der Hauptmann aus der Luke und schrie: „Feuer!" Doch es war zu spät. Der jordanische Panzer schoß zuerst. Ich hörte eine laute Explosion und sah Avrams Fahrzeug beben und schwanken. Es gab keinen Rauch, kein Feuer, nur ein seltsames Knattern. Der Hauptman glitt in die Luke hinein, als sei er getroffen worden. Dann hörte ich ein Rumpeln - offenbar eine Detonation im Inneren des Fahrzeuges.

Es wurde still. Ich wußte, daß sie alle tot waren. Ich wußte, daß Avram da drin war und daß er nicht mehr lebte. Ich war benommen und stumm. Alle möglichen Gedanken huschten mir durch den Kopf. Der Patton-Panzer der Jordanier näherte sich. Ich schrie einem der Soldaten neben mir zu: „Los, gehen wir da rüber! Vielleicht lebt noch einer." Wir sprangen über die Mauer und rannten auf Avrams Fahrzeug zu. Der Patton-Panzer kam immer näher, aber wir achteten nicht auf ihn. Wir erreichten das Fahrzeug, und ich berührte es. Es war rotglühend. Ich mußte die Hand wegziehen.

Plötzlich sah ich jemanden auf der anderen Seite herauskriechen. Es war nicht Avram, sondern der Fahrer. Sein Bein war zerfleischt, und er schien halb tot zu sein. Wir trugen ihn weg. Der Patton-Panzer war jetzt sehr nahe. Doch dann hörten wir einen lauten Knall, und der jordanische Panzer explodierte. Die Druckwelle warf uns um. Als der Rauch sich verzogen hatte, lag der Panzer still und ausgebrannt da. Niemand kam heraus.

Wir standen auf und zogen unseren verwundeten Fahrer auf die Straße. Dann trugen wir ihn weiter weg. Er war bei Bewußtsein, aber sehr blaß. Immer wieder sagte er: „Ich bin getroffen. Ich bin getroffen." Er fragte mich: „Wo bin ich verletzt?" Ich betrachtete ihn. Ein Bein war offenbar abgerissen worden. Dann sagte er: „Mein Gott, ist mein Ding in Ordnung? Ist es noch da?"

Ich öffnete seine Hose und schaute nach. Nichts war da. Ich holte tief Luft und sammelte meine Kräfte. Wir brachten ihn in ein kleines arabisches Haus und legten ihn auf eine der Bahren, die wir dort fanden. „Sind die Hubschrauber unterwegs?" fragte er. Ich griff nach dem nächsten Sprechfunkgerät, aber es hatte Einschußlöcher und funktionierte nicht. Dennoch sprach ich ins tote Mikrophon: „Hallo, hört ihr mich? Ihr seid unterwegs? Gut. Wir warten." Dann drehte ich mich zu dem Verwundeten um und sagte: „Sie kommen. Halte durch!"

Sein Gesicht entspannte sich ein wenig. Ich war sicher, daß sie tatsächlich bald einen Hubschrauber schicken würde, wenn er durchhielt. Dann schlugen dicht neben uns Geschosse ein. Ein großer jordanischer LKW voller Benzinkanister stand in der Nähe. Drei Araber hinter dem LKW und einige andere hinter dem Felsen schossen auf uns. Meine Männer feuerten zurück. Einer unserer Soldaten hatte eine Panzerfaust bei sich; doch er schien sich im Schockzustand zu befinden und benutzte sie nicht. Ich wußte nicht, wie man mit dem Ding umging und schrie nach jemandem, der sie zünden konnte. Zwei Soldaten rannten herüber und nahmen die Panzerfaust an sich. Ich befahl ihnen, Ruhe zu bewahren und auf den LKW zu zielen. Aber um uns herum wurde so viel geschossen, daß niemand Ruhe bewahren konnte.

Dennoch feuerten sie auf mein Kommando. Ich sah, wie das Geschoß geradewegs auf den arabischen LKW zuraste und ihn traf. Er explodierte und ging in Flammen auf. Weiter oben auf dem Berg konnte ich einen Bunker erkennen, aus dem jemand auf uns schoß, so daß wir in Deckung bleiben mußten. Ich beschloß, ihn mit mehreren Männern anzugreifen. Wir schlichen den Berg hinauf. Zwei meiner Männer waren hinter mir.

Auf einmal sprang ein Araber hinter einem nahegelegenen Felsen hervor. Er schoß zweimal auf mich und verfehlte mich. Ich weiß nicht, warum er mich nicht traf - es ist ein weiteres Rätsel in meinem Leben. Er war etwa dreißig Meter entfernt. Ich riß mein Gewehr an die Hüfte und schoß zurück. Dabei schaute ich ihm in die Augen. Ich sah sein Gesicht. Er hatte einen Schnurrbart. Als ich feuerte, dachte ich an Avram und an den sterbenden Fahrer und an die vielen Verwundeten, die herumlagen. Viel Zeit zum Nachdenken blieb mir nicht. Ich glaube, ich habe gar nichts gefühlt. Ich wußte, daß wir im Krieg waren und daß wir kämpfen mußten. Ich wußte, wenn ich ihn nicht erwischte, würde er mich erwischen. Der Mann starb.

Auch die Kameraden hinter mir schossen. Wieder schien das ganze Geschehen sich in einem Filmstudio abzuspielen. Es war wie ein Traum, aus dem ich jeden Moment erwachen konnte. Alles war unwirklich. Doch meine linke Hand erinnerte mich daran, daß es kein Traum war, denn sie begann zu schmerzen. Auch der Rauch und die Kugeln, die uns um die Ohren flogen, waren nur allzu echt. Dennoch fragte ein Teil von mir: „Was, wenn es nur ein Traum ist?"

Wenn, dann war es ein Alptraum. Wir machten uns auf den Weg zurück zum Kommandowagen. Überall schlugen Granaten und Kugeln ein. Ich weiß nicht, woher das Geschoß kam. Vielleicht war es eine Granate aus einem Panzer. Ich spürte nur, daß mein rechter Arm getroffen war, ebenso die linke Seite der Stirn über dem Auge. Alles wurde schwarz, und ich verlor das Bewußtsein. In diesem Sekundenbruchteil dachte ich: „Ich sterbe." Diesmal war ich davon fester überzeugt àls während meines mißglückten Fallschirm-sprungs. „Das ist also der Tod", dachte ich. Ich empfand keine Furcht, keine Panik. Ich war überrascht, daß Sterben so leicht war.

Als ich wieder zu mir kam, lag ich in einem Bett. Alles war sauber. Meine Arme waren verbunden, und ich trug einen Kopfverband. Ich betrachtete meinen Körper und sah, daß ich sonst unverletzt war. Ich lag in einem Krankenhaus. Ich dachte an Yaffa. Wußte sie, was mit mir geschehen war? Dann wanderten meine Gedanken zu meinem Vater und meiner Mutter. Ich schaute mich im Zimmer um und sah viele andere verwundete Soldaten.

Ich durfte mit meiner Mutter telefonieren und ihr sagen, ich könne nicht nach Hause kommen. Meine Verwundung verschwieg ich. Ich wußte, daß auch mein Vater im Kampf war, vielleicht im Sinai. Ich bekam Yaffa ans Telefon, und auch ihr erzählte ich nicht, wo ich mich befand. Sie sagte, sie müsse mich sehen, und wollte wissen, wo ich sei. Ich sehnte mich so sehr nach ihr, daß ich nachgeben mußte.

Etwa drei Wochen blieb ich im Krankenhaus. Ich hatte Glück gehabt. Die Wunden waren nicht gefährlich. Die Kugel oder das Schrapnell hatte die Stirn über dem Auge nur gestreift. Die Wunden an den Armen und Händen waren schlimm; aber ich konnte meine Gliedmaßen nach wie vor gebrauchen. Zwei Tage vor meiner Entlassung besuchte Yaffa mich. Es war schön, wieder mit ihr zusammen zu sein, wenn auch nur sehr kurz. Sie mußte in ihr Feldlager in Haifa zurückkehren, und mir stand eine intensive ärztliche Untersuchung bevor.

Natürlich konnte ich an nichts anderes denken, als nach Haifa zu gehen und bei ihr zu sein. Doch dann sagte ich mir: „So kann es nicht weitergehen." Sie konnte nicht für immer zwei Männer lieben, und sie hatte gesagt, sie müsse bei ihrem Entschluß bleiben und heiraten. Also beschloß ich, stark zu sein, sie nicht mehr zu treffen und sie zu vergessen.

Ich telefonierte mit ihr, und sie wiederholte, daß sie heiraten würde, obwohl sie mich immer noch liebe. Sie fühlte sich innerlich zerrissen. Mir ging es ebenso - ich sah meine Freunde sterben, und ich sah die ganze schreckliche Szene des Krieges. Jedesmal, wenn ich an Yaffa dachte, war ich deprimiert, und ich sagte zu mir: „Die anderen haben es nicht geschafft. Sie sind tot und liegen jetzt unter der Erde. Ohne Liebe, ohne alles. Sie sind in der anderen Welt." Ich dagegen lebte.

Mein Genesungsurlaub dauerte drei volle Monate. Da ich nichts zu tun hatte, sah ich mich nach Arbeit um. Eine gute Freundin in Tel Aviv sagte mir, sie werde als Lehrerin in ein Erholungsheim für Kinder gehen, und sie fragte mich, ob ich dort mit ihr arbeiten wolle. Ich sagte freudig zu. In der Nähe von Tel Aviv lag das Heim, und ich würde Geld verdienen. Mein linker Arm und meine linke Hand waren noch vergipst, doch mein rechter Arm war bereits verheilt. Nur die Narben waren zurückgeblieben. In der linken Hand verspürte ich noch Schmerzen, und nach der Entfernung des Gipsverbandes würde ich mich einer Bewegungstherapie unterziehen müssen. Der Arzt sagte, es werde lange dauern, bis ich den Arm würde strecken können, und ich würde ihn vielleicht nie mehr ganz strecken können. Doch nachdem ich gesehen hatte, was mit meinen Freunden geschehen war - einige von ihnen hatten keine Beine, keine Hände, keine Augen mehr -, wußte ich, daß ich mich nicht beklagen durfte.

Wenn ich zurückblicke, war die Arbeit in diesem Kinderheim der wichtigste Wendepunkt in meinem Leben. Dort begann ich nämlich, meine seltsamen Kräfte zu demonstrieren. Das Heim hieß Alumin und lag etwa eine Autostunde von Tel Aviv entfernt. Es hatte Palmen, ein Schwimmbecken, überall Rasen und Unterkünfte für ungefähr zweihundert Kinder. Alle drei Wochen kam eine neue Gruppe an. Ich war Berater und unterrichtete die Kinder nicht in einem bestimmten Fach, sondern sorgte dafür, daß sie beschäftigt und glücklich waren.

In einer dieser Gruppen befand sich ein Junge namens Schimson Schtrang, ungefähr dreizehn Jahre alt. Sein Spitzname war Schipi. Oft setzten wir uns mit etwa zehn Kindern auf den Rasen, und ich erzählte ihnen von den Höhlen in Zypern und anderen Begebenheiten aus meinem Leben.

Schipi drängte mich jedesmal, noch mehr Geschichten zu erzählen, und schließlich ließ ich mich dazu bewegen, ihm von einigen der seltsamen Vorkommnisse zu berichten, die ich im Laufe der Jahre ab und zu erlebt hatte.

Ich beschloß, ihnen von den telepathischen Versuchen zu erzählen, die ich mit meiner ehemaligen Lehrerin Mrs. Agrotis gemacht hatte. Auch mit Schipi führte ich Experimente durch, und sie zeitigten ganz unglaubliche Ergebnisse. Ich schrieb Zahlen auf, ohne daß er sie sehen konnte, und er nannte mir jedesmal die richtigen. Umgekehrt klappte es auch. Unsere Trefferquote war so hoch, daß ich es kaum glauben konnte. Manchmal ging er in das nächste Stockwerk eines Hauses, zeichnete Bilder und verschloß sie in Umschlägen, während ich draußen auf dem Rasen genau das gleiche zeichnete. Ich probierte es auch mit anderen Kindern, aber diese Versuche waren nicht annähernd so erfolgreich.

Dann probierte ich, mit den Kindern Gegenstände zu verbiegen. Das konnten fast alle, doch Schipi übertraf alle anderen bei weitem.

Er brachte ein paar Schlüssel von zu Hause mit, und innerhalb von dreißig Sekunden verbogen sie sich um bis zu neunzig Grad. Auch bei den anderen krümmten sich Schlüssel, aber meist nur um zehn bis fünfundvierzig Grad. Immer wieder wunderte ich mich darüber, daß Schipi so erfolgreich war.

Die Tage vergingen, und wir nahmen uns für diese Experimente mehr Zeit. Immer wenn ich nicht im Dienst war, setzten wir uns zusammen und verbogen Nägel, die wir nur ganz leicht berührten, bewegten Uhrzeiger und so weiter. Schipi erzählte mir von seiner Familie. Sein Vater war Deutscher, seine Mutter Russin. Er hatte zwei Schwestern, Hanna, die neunzehn war, und Schoschanna, die ein Jahr älter war. Sie wollten ihn bald im Heim besuchen kommen. Ich freute mich darauf, sie zu sehen, und war neugierig, ob sie über ähnliche Fähigkeiten verfügten wie Schipi.

Es stellte sich heraus, daß Hanna mir sehr gut gefiel. Ich würde sie nicht als schön bezeichnen, doch ihr Gesicht ist auf sehr ungewöhnliche Weise attraktiv. Ihre grünen Augen erinnerten mich an Yaffa. Ich erzählte ihr von den Leistungen ihres Bruders und machte ein paar Versuche mit ihr, die aber nicht besonders gelangen. Dann führten Schipi und ich ihre einige Kunststücke vor. Sie war fasziniert und fand sie unglaublich.

Als Schipi das Heim verließ, schrieb ich mir seine Adresse auf und versprach, ihn zu besuchen. Inzwischen hatte ich die Mitteilung erhalten, daß ich aufgrund meiner Verwundung nicht zu den Fallschirmjägern zurückkehren konnte. Im Grunde freute ich mich darüber. Ich hatte noch acht Monate Wehrdienst vor mir, und die wollte ich bei der regulären Armee verbringen - so friedlich wie möglich. Gottseidank war der Krieg zu Ende. Bald hatte ich mich wieder bei der Truppe eingefunden, und man beauftragte mich, Deserteure aufzuspüren. Kurz darauf erhielt ich die Feldwebelstreifen.

Meine Arbeit bestand darin, auf einem Motorrad in kleine Dörfer zu fahren und jene Männer zu suchen, die sich dem Militärdienst entzogen hatten. Wenn ich einen fand, ließ ich ihn ein Formular unterzeichnen, auf dem er sich verpflichtete, sich am nächsten Tag in einem Armee-Stützpunkt zu melden. Ich fuhr durchs ganze Land, nach Jerusalem, durch die felsigen Berge, die bewässerten Felder und in besetzte arabische Dörfer. Ich hatte Zeit zum Nachdenken und dachte an den Krieg, die gefallenen Freunde. Das Leben konnte so friedlich und so schrecklich sein. Ich verstand nicht, warum der menschliche Geist so sehr zur Gewalt neigt. Der Gedanke an das sinnlose Töten machte mich traurig, und ich wünschte, es wäre nie geschehen. Die Bilder der Schwerverwundeten ließen mich nicht los. Soldaten hatten sich in Monster verwandelt - blind, ohne Geschlechtsorgane, ohne Hände - und mußten ihr Leben im Rollstuhl verbringen. Können Sie sich vorstellen, plötzlich zur körperlichen Liebe unfähig zu sein? Vielleicht braucht Gott die Männer, die jung gestorben sind.

Jetzt konnte ich meinen Vater viel öfter sehen. Er wohnte in Giva Taim in der Nähe von Tel Aviv. Er hatte ein Mädchen gefunden, das er sehr gern hatte, und sie lebte bei ihm. Sie war erheblich jünger als er, aber er war immer noch ein stattlicher Mann, und sein Alter war ihm nicht anzusehen. Ich stellte ihm die Mädchen vor, mit denen ich mich verabredete, und blieb in engem Kontakt.

Eines Tages traf ich zu meiner Überraschung Schipi auf der Straße. Ich hatte mein Versprechen, ihn zu besuchen, nicht gehalten. Wir freuten uns sehr über unsere Begegnung, und ich erfuhr, daß er ganz in der Nähe meines Vaters lebte. Am nächsten Tag besuchte ich Schipi und seine Familie. Seine Eltern waren wirklich nette und intelligente Leute. Es war schön, Hanna wiederzusehen. Ihr Vater erzählte mir, Schipi habe nach seiner Rückkehr vom Heim nur über diese sonderbaren Kräfte gesprochen, die wir beide so erfolgreich nutzten. Wir gefielen einander so gut, daß ich fast ein Mitglied der Familie wurde. Ich lernte Hanna näher kennen und ging bald mit ihr aus. Daraus entwickelte sich eine ungewöhnliche Beziehung. Ich liebte Hanna, ja wir standen uns sehr nahe.

Wir kamen alle wunderbar miteinander aus und hatten zusammen viel Spaß. Schipi bereitete sich auf sein Bat Mitzva vor, und selbstverständlich wurde ich dazu eingeladen. Er erzählte mir, er habe seinen Lehrern von der Telepathie und den anderen Experimenten erzählt, und keiner habe ihm geglaubt. Die Schulverwaltung habe ihm jedoch gesagt, es gebe einen kleinen Fonds, aus dem man Gäste für Auftritte bei Sonntagsveranstaltungen entlohnen könne. Schipi sagte, wenn ich einige meiner Kunststücke vorführen würde, könne die Schule mir 36 Pfund bezahlen. Er war davon überzeugt, daß die Lehrer und Schüler sich freuen würden.

Ich hielt das für eine gute Idee. Ich war noch in der Armee und konnte den Zusatzverdienst gebrauchen. Also sagte ich zu.

Die Halle war mit Kindern gefüllt, und vorne saßen die Lehrer. Zum erstenmal in meinem Leben trat ich vor Publikum auf. Ich muß wohl ein geborener Unterhalter sein, denn ich genoß meinen Auftritt. Ich verkündete, ich hätte keine Erklärung für das, was das Publikum an diesem Nachmittag sehen würde. Die Zuschauer sollten sich einfach eine eigene Meinung bilden.

Zunächst ließ ich für telepathische Versuche Kinder auf eine Tafel zeichnen, während ich mich umdrehte. Schipi hatte die Lehrer bereits gebeten, Zeichnungen vorzubereiten und in Umschlägen zu verschließen. Sie hatten auch defekte Uhren dabei, um zu sehen, ob ich sie wieder in Gang bringen konnte.

Alles klappte hervorragend. Die Show dauerte länger als zwei Stunden. Niemand wollte nach Hause gehen. Sie klatschten alle und hörten gar nicht mehr auf. Es war wunderbar. Sie wollten immer mehr sehen.

Ich beobachtete Reaktionen aller Art. Einige Leute glaubten einfach nicht, was sie sahen. Andere wollten noch mehr sehen, als ob ein einziges weiteres Experiment ihnen helfen konnte, die Geschehnisse zu erklären. Ich dachte: „Das alles geschieht tatsächlich, und es gibt keine Erklärung dafür." Auf jeden Fall amüsierten sich die Zuschauer.

Die Lehrer stellten intelligente Fragen. Sie wollten wissen, wann ich mir dieser Fähigkeiten zum erstenmal bewußt geworden sei. Jedesmal, wenn mir diese Frage gestellt wurde, dachte ich an das Licht im arabischen Garten, das ich als kleines Kind gesehen hatte. Doch das erwähnte ich nie. Es war einfach zu seltsam. Ich berichtete aber von einigen meiner frühen Versuche in der Schule, über das, was im Klassenzimmer in Zypern geschehen war, und ähnliche Vorfälle. Es war eine erfolgreiche Vorstellung.

Damit hatte ich den Weg für meine Zukunft geebnet, obwohl mir das damals nicht klar war. Ich hatte keine Ahnung, welche Richtung ich einschlagen, auf welche Schwierigkeiten ich stoßen und welche Kontroversen ich auslösen würde. Und ich wußte nicht, daß mein Name eines Tages in der ganzen Welt bekannt sein würde.

III
Woher kommen meine Kräfte?

14
Wie ich in Israel berühmt wurde

Ich führe meine Kräfte in großen Theatern überall in Israel vor. Golda Meir antwortet einem Reporter: „Warum fragen Sie nicht Uri Geller?" Der größte Fehler meines Lebens. Ein Hai greift mich an und verschwindet. Erster Auftritt außerhalb von Isreal. Ich beweise Sophia Loren, daß ich ihre Gedanken lesen kann. Amerikanische Wissenschaftler interessieren sich für mich.

Ich hatte es genossen, vor Publikum aufzutreten und war selbst überrascht, wie gut mir die Vorführungen in Gegenwart so vieler Menschen gelungen waren. Fast drei von vier Experimenten hatten geklappt. Das Publikum schien mich sogar zu beflügeln. Aber ich dachte nicht an weitere Auftritte, denn ich hatte andere Dinge im Kopf. Mein Wehrdienst würde bald zu Ende sein, und ich mußte mir überlegen, wie ich mir meinen Lebensunterhalt verdienen konnte.

Da Joav nicht mehr lebte, hatte ich keine Lust mehr, zum Geheimdienst zu gehen. Ich bewarb mich zwar versuchsweise, war aber nicht mit dem Herzen dabei. Damals wie heute wollte ich immer mit Menschen zusammen sein und mit ihnen sprechen. Die Arbeit im Geheimdienst spielte sich im Verborgenen ab, und ich hätte alles für mich behalten müssen. Ich wollte etwas Aufregendes tun und vielen Menschen begegnen.

Als ich Ende 1968 aus der Armee entlassen wurde, traf ich einen Freund aus meiner Einheit, dessen Vater eine Textilfirma besaß. Sie suchten jemanden, der englisch sprach und das Geschäft erlernte, damit er eines Tages Termine mit Kunden in Kanada und Amerika vereinbaren und ihnen die Produkte der Firma auf englisch beschreiben konnte.

Zuerst würde man mich gründlich ausbilden und mir beibringen, wie man mit Exportaufträgen umgeht. Damals schien es genau die richtige Stellung für mich zu sein, und darum nahm ich sie an. Ich arbeitete nicht weit von Schipis Familie entfernt und aß oft mit ihnen allen zu Mittag. Hanna und ich waren inzwischen eng befreundet, und Schipi und ich wurden fast Brüder.

Schipi war über meinen ersten öffentlichen Auftritt so glücklich gewesen, daß er weitere Vorführungen in anderen Schulen und auf privaten Festen vermittelte. Trotz seiner Jugend war er ein guter Manager. Wir bekamen nur etwa sieben Dollar pro Auftritt, aber es machte Spaß. Ich nahm die Sache immer noch nicht ernst und wunderte mich darüber, daß mir fast alle Versuche gelangen.

Yaffa hatte geheiratet. Aber wir liebten einander immer noch. Mehrmals im Monat trafen wir uns an abgelegenen Orten. Ich wußte, daß es hoffnungslos war, und sie wußte es ebenfalls. Doch wir konnten den Gedanken nicht ertragen, uns nicht mehr zu sehen. Natürlich verabredete ich mich auch mit anderen Mädchen, aber für keine empfand ich, was ich für Yaffa empfand.

Eines Tages wartete ich in einem Café auf einen Freund, als ich am Nebentisch ein schönes Mädchen sitzen sah. Sie sah wie ungefähr neunzehn oder zwanzig aus, und sie hatte blaue Augen, braunes Haar und eine kleine Nase. Ihre Haut war weiß und sahnig, und sie sah zart und liebreizend aus. Wir sahen einander immer wieder an und begannen schließlich ein Gespräch. Ich mußte ihr einfach sagen, wie schön sie war. Ehe ich mich versah, hatte ich sie schon um ein Rendezvous am selben Abend gebeten. Ihr Name war Iris Davidesco.

Iris war eine Frau, der ich alle meine Gefühle anvertrauen konnte. Bei unserer ersten Verabredung saßen wir stundenlang in einem Café und redeten über Gott und die Welt. Als wir uns besser kennengelernt hatten, dachten wir uns Spiele aus. Zum Beispiel versuchten wir zu erraten, was andere Leute machten, ob sie Millionäre aus Texas, Lehrer, Vegetarier und so weiter waren. Manche sprachen wir sogar an und fragten sie, und oft stellte sich heraus, daß wir Recht hatten.

Ich sah Iris oft. Dann fand ich heraus, daß sie erst fünfzehn war. Ich war überrascht. Sie sah aus und benahm sich wie eine Frau von etwa dreiundzwanzig Jahren - so alt war ich damals. Ich war wirklich peinlich berührt und konnte es nicht glauben. Und ich hatte mich fast in sie verliebt. Die Zeit, die wir zusammen verbrachten, bedeutete mir so viel, daß wir uns weiterhin verabredeten wie bisher. Hanna wußte von Iris, und ich merkte, daß sie ein wenig verletzt war. Doch Hanna und ich standen uns auf andere Weise nahe, eher wie Bruder und Schwester.

Iris hatte ein paar Schönheitswettbewerbe gewonnen und arbeitete als Model für eine Werbeagentur. Eines Tages fragte sie mich, ob ich mich für eine ihrer Anzeigen mit ihr fotografieren lassen würde. Ich hatte nichts gegen einen kleinen Nebenverdienst einzuwenden. Denn mein Anfangsgehalt bei der Exportfirma betrug nur 500 Pfund monatlich, und das war wirlich nicht sehr viel.

Ich posierte mit Iris für eine Bierreklame und war sehr angetan, als sie herauskam. Zweifellos verfüge ich über ein gesundes Selbstbewußtsein, und es wurde durch dieses Ereignis noch verstärkt, obwohl es sich nur um eine Anzeige für ein Getränk handelte, das ich nie zu mir nahm.

Meine Vorführungen sprachen sich herum, und Schipi machte Überstunden. Die Zahl der Veranstaltungen wuchs Woche für Woche, und nun verdienten wir eine ganze Menge Geld damit. Zusammen mit meinem Gehalt und dem Honorar für weitere Werbefotos machte es schon eine hübsche Summe aus. Schließlich setzte ich mich hin, rechnete und stellte fest, daß meine Mutter aufhören konnte zu arbeiten. Ich sagte ihr, ich hätte schon immer gehofft, daß dieser Tag kommen möge. Sie hatte mich in all diesen Jahren des Kampfes am Leben erhalten, gut versorgt und gut genährt. Es war wundervoll, daß ich mich nun um sie kümmern konnte.

Inzwischen hatte so ziemlich jede Zeitung in Israel über unsere Auftritte geschrieben. Plötzlich riefen viele Manager und Veranstalter an und baten mich um einen Vertrag. Schipi, der die Sache in Gang gebracht hatte, ging noch zur Schule und war viel zu jung, um hauptberuflich für mich zu arbeiten. Ich versuchte es mit einem

Manager ohne Kontrakt, was sich aber nicht bewährte. Ich war sehr unerfahren.

Schließlich unterschrieb ich bei einem professionellen Manager, ohne zu wissen, worum es bei diesem Geschäft eigentlich ging. Kurze Zeit später stellte sich heraus, daß ich für Theater in ganz Israel gebucht war, und ich trat vor großem Publikum auf. Ich kaufte mir einen gebrauchten Triumph-Sportwagen und fühlte mich reich, obwohl ein gewaltiger Teil meines Honorars an den Manager und ans Finanzamt ging und nur sehr wenig bei mir verblieb.

Die Vorführungen hatten sich seit jenem ersten Auftritt in Schipis Schule kaum verändert. Ich hatte kein festes Programm, sondern improvisierte. Während einige Zuschauer etwas auf eine Tafel schrieben oder zeichneten, demonstrierte ich meine telepathischen Fähigkeiten. Ich übermittelte Gedanken direkt an andere, beschrieb, was sie anhatten, ohne sie zu sehen, brachte Uhren in Gang, die seit einiger Zeit defekt gewesen waren, verbog Schlüssel und andere Gegenstände und beantwortete dann Fragen. Es war ein einfaches, zwangloses Schema; aber den Zuschauern gefiel es.

Meine Stelle bei der Textilfirma hatte ich aufgegeben, und ich machte auch keine Werbefotos mehr, weil ich fast jeden Tag eine Show hatte. Es war eine sehr harte und ermüdende Arbeit. Nach den Auftritten in den großen Theatern kannten mich praktisch alle Israelis. Ich wurde auf eine Party eingeladen, um Abba Eban zu treffen. Golda Meir sprach am Neujahrstag über die Probleme und die Zukunft des Landes. Jemand fragte sie, was sie für das kommende Jahr voraussage, und sie antwortete im Fernsehen: „Ich sage nichts voraus. Warum fragen Sie nicht Uri Geller?" Ich sagte ebenfalls nichts voraus; aber dieser amüsante Vorfall zeigte, wie bekannt ich innerhalb kurzer Zeit geworden war.

Eines Tages kam der Manager zu mir und sagte, meine Vorstellung sei großartig, aber nicht umfangreich genug. Sie solle seiner Meinung nach länger dauern, damit die Leute das Gefühl hätten, mehr für ihr Geld zu bekommen. Er schlug vor, die Vorführung durch Tricks zu erweitern. Ich hielt das für lächerlich und wies ihn darauf hin, daß alles, was ich tat, echt war und daß die Leute es akzeptierten. Doch er hatte sich bereits etwas ausgedacht. Er würde die Leute beobachten, wie sie aus ihren Autos stiegen, und sich ihre Nummernschilder aufschreiben. Dann würde er sie zu bestimmten Sitzplätzen im Theater führen lassen. Vor meinem Auftritt würde er mir die Nummern geben, und ich würde auf die betreffenden Leute zeigen und ihnen die Kennzeichen nennen. Ohne diese Neuerung, sagte er, werde die Vorführung allmählich ihre Wirkung verlieren und dann sei ich nicht mehr imstande, meinen Lebensunterhalt zu verdienen.

Ich wußte nicht, was ich tun sollte. Er war sehr überzeugend, und ich war jung und unerfahren. Der Manager bestand darauf, daß alles schiefgehen würde, wenn ich seinen Rat nicht befolgte. Ich dachte: „Nun ja, so geht es ohnehin nicht mehr lange weiter. Bald sind wir in ganz Israel aufgetreten, und das war's dann. Vielleicht kann ich genug Geld sparen, um ein Café oder etwas Ähnliches zu eröffnen." Ich hatte wirklich keine Vorstellung von der Gabe, die mir zuteil geworden war. Und ich wußte nicht, daß die Wissenschaft diese Kraft, diese unbekannte Energie einmal so ernst nehmen würde.

Als ich schließlich dem Druck des Managers nachgab, spürte ich im selben Augenblick, daß es falsch war. Es war einer der größten Fehler meines Lebens. Denn je bekannter ich im ganzen Land wurde, desto mehr wurde darüber gestritten, ob meine Kunststücke echt oder getürkt waren. Ich nahm also den Trick in mein Programm auf und haßte mich jedesmal dafür, wenn ich es tat.

Ich war ein guter Freund von Amnon Rubinstein geworden, dem Dekan der juristischen Fakultät der Hebräischen Universität. Er war ein überaus gelehrter Mann, der in Israel sehr bekannt war. Ich hatte ihn auf einer Party in Tel Aviv kennengelernt und ihm meine Fähigkeiten gezeigt. Er glaubte an mich und schlug sich in der Auseinandersetzung auf meine Seite - und der Streit nahm an Schärfe zu, je populärer ich wurde. Die Zeitungen schrieben, ich müsse wohl einen Laserstrahl, Chemikalien, Spiegel, Komplizen etc. benutzen.

Kurz nachdem ich dem Drängen des Managers nachgegeben hatte, besuchte ich Dr. Rubinstein. Ich gestand ihm, daß ich bei meinen Auftritten einen Trick benutzte und fügte hinzu, ich sei ein verdammt schlechter Kerl. Es tat weh, ihm das sagen zu müssen, weil ich ihn gern hatte und respektierte. Er sagte: „Was meinst du damit, Uri?" Noch heute bekomme ich eine Gänsehaut, wenn ich daran denke. „Du hast Dinge getan, die weder du noch ich erklären können. Du brauchst keine Tricks als Ergänzung!" Dann fügte er hinzu: „Ich kann nicht glauben, was du mir da sagst."

Ich berichtete ihm, wie der Manager mich zu dem Trick mit den Nummernschildern gezwungen hatte. Dr. Rubinstein sagte: „Na schön, das ist ein Trick. Aber wie machst du das, was du mir gezeigt hast? Wie verbiegst du Schlüssel, die du kaum berührst? Woher weißt du, was ich außerhalb deiner Sichtweite gezeichnet habe? Wie läßt du mich an bestimmte Bilder und Zahlen denken?"

„Das weiß ich nicht."

„Natürlich nicht. Es ist eine unbekannte Kraft. Du darfst nicht glauben, es sei das Ende der Welt, wenn dein Manager dir Tricks aufzwingt. Selbstverständlich mußt du sofort damit aufhören. Und du darfst es nie wieder tun."

Dann schrie er mich geradezu an. Er sagte, ich müsse mich den Wissenschaftlern zur Verfügung stellen, um zu beweisen, daß diese Kräfte existieren. Er glaubte an mich, und das half mir. Er wußte, daß meine Fähigkeiten echt waren, ungeachtet des Tricks, den ich mir hatte aufschwatzen lassen. Danach verzichtete ich auf den Trick und beschloß, mit meinen wahren Kräften zu stehen oder zu fallen. Ich nahm es in Kauf, daß die Vorführungen kürzer sein würden, als es dem Manager recht war. Außerdem begann ich über eine Zusammenarbeit mit Wissenschaftlern nachzudenken, obwohl diese Idee mir Angst machte.

Dr. Rubinstein war einer der wenigen Menschen, mit denen ich offen reden konnte. Auch Yaffa, Iris und Schipi gehörten dazu. Denn sie waren meine besten Freunde, und ich war davon überzeugt, daß ich ihnen alles anvertrauen konnte. Gemeinsam beschlossen wir, daß ich mich nach einem Anwalt umsehen sollte, um herauszufinden, wie ich aus meinem Vertrag aussteigen konnte. Nach dem Gespräch mit Dr. Rubinstein dachte ich zum erstenmal in meinem Leben ernsthaft über meine sonderbaren Kräfte nach. Was steckte wirklich dahinter, und warum hatten sie gerade solche Auswirkungen? Ich fragte mich, warum andere Menschen offenbar nicht über diese Kräfte verfügten.

Nach meinem Wehrdienst gehörte ich der Reserve an, und als ich in Israel bekannt wurde, wies man mich einer Einheit zu, die der Unterhaltung der Truppe im ganzen Land diente. Das war etwas ganz anderes als der Wehrdienst. Ich lernte viele hohe Offiziere und Generäle kennen. Es machte Spaß, vor Soldaten in ihren Kasernen aufzutreten. Überall wurden Türen für mich geöffnet.

Meine Abenteuerlust hatte ich nicht verloren. Einmal fuhr Schipi mit mir nach Eilat, wo ich vor einer bewaffneten Einheit der Streitkräfte auftreten sollte. Als die Marineleute hörten, daß ich gerne tauchte, erboten sie sich, uns die notwendige Ausrüstung zu borgen.

Also nahm ich mir am nächsten Tag frei, um mit Schipi ein Gebiet zu erforschen, in dem Wüste und Meer sich begegnen. Wir fanden einen einsamen Platz an einem felsigen Strand, der uns zum Tauchen geeignet schien. Nachdem wir hinausgewatet waren, stellten wir jedoch fest, daß ein langes Korallenriff uns daran hinderte, ins tiefe Wasser zu gehen, wo wir tauchen konnten. Es war unmöglich, über das Riff zu klettern, weil seine Oberfläche scharfkantig und mit stacheligen Seeigeln überzogen war. Nach etwa zehn Minuten fanden wir einen engen Spalt, eine Öffnung zum Meer. Wir schlüpften vorsichtig hindurch, wobei wir darauf achteten, unsere Ausrüstung nicht zu beschädigen. Dann unterlief mir ein schlimmer Fehler. Ich vergaß, den Spalt so zu markieren, daß wir später ans Ufer zurückkehren konnten.

Das Gebiet war derart verlassen, daß es aussah, als habe noch nie jemand dort getaucht. Das machte unser Abenteuer noch ein wenig aufregender. Das Wasser war tief und blau, wie geschaffen zum Tauchen. Wir waren schon ein gutes Stück vom Riff entfernt, als ich plötzlich einen riesigen blauen Hai unter uns sah. Sofort schwamm ich zu Shipi, tippte an seine Maske und zeigte nach unten. Der Hai kam näher und begann uns zu umkreisen. Es sah so aus, als wolle er uns angreifen. Ich nahm mein Mundstück ab und ließ einige Luftblasen aufsteigen. Das soll Haie angeblich erschrecken - doch der große Fisch kümmerte sich nicht im geringsten darum. Wir konnten nur so schnell wie möglich zur Küste zurückkehren. Ich versuchte, mich auf den gewaltigen, häßlichen Fisch zu konzentrieren. Aber das nützte nichts. Ich sah eines seiner kleinen Augen an der Seite des Kopfes, als er uns umkreiste. Es sah schrecklich aus.

Wir hatten noch Luft für etwa zwanzig Minuten, aber wir mußten langsam auftauchen, und das kostete Zeit. Nicht, daß das Auftauchen uns vor dem Hai geschützt hätte. Mein Kompaß zeigte, daß wir in die richtige Richtung schwammen - auf das Riff zu. Doch nun befand sich der Hai zwischen uns und dem Riff. Er bewegte sich immer schneller und kam näher, bis auf ungefähr fünfzehn Meter. Wir hatten Harpunen, doch ich war sicher, daß sie ihn nur verwunden und in Wut versetzen würden. Dieses Ungeheuer konnte uns innerhalb von Sekunden zerreißen. Schipis Eltern hatten mir die Verantwortung für ihren Sohn übertragen, und das machte alles noch schlimmer. In Gedanken schrie ich: „Hau ab, hau ab! Verschwinde!"

Schließlich war er nur noch fünf Meter entfernt und schwamm genau auf mich zu. Ich fühlte mich, als ob ich in der Tür eines Flugzeugs stünde, bereit zum Sprung ohne Fallschirm. Ich tat das einzige, was ich tun konnte: Ich zielte mit der Harpune auf ihn und drückte ab. Gegen meinen Willen schloß ich die Augen. Ich nahm mir vor, die Harpune, die mit dem Spieß durch eine Leine verbunden war, einfach loszulassen, sobald ich einen Ruck spüren würde. Vielleicht würde das den Hai abschrecken.

Doch ich spürte keinen Ruck. Ich öffnete die Augen und sah den Spieß langsam nach unten sinken. Vom Hai war keine Spur zu sehen. Ich schaute mich überall um. Ich konnte es nicht verstehen.

Wir schwammen noch einige Minuten herum und sahen nirgends einen Hai. Dann erreichten wir das Riff und tauchten langsam auf.

Dabei achteten wir auf korrekte Atmung. Als wir uns an der Oberfläche befanden, waren wir uns einig, daß wir großes Glück gehabt hatten. Für uns beide war es ein schreckliches Erlebnis gewesen. Doch nun hatten wir ein anderes Problem, das uns vom Hai ablenkte. Es war Spätnachmittag, und es begann schnell dunkel zu werden. Und wir hatten keine Ahnung, wo der Spalt im Riff war.

Es war unmöglich, mit unserer Ausrüstung die rasiermesserscharfen Korallen und die Seeigel zu überqueren, die beide schmerzhafte Infektionen auslösen können. Wir hatten nicht mehr viel Sauerstoff, und das Wasser wurde allmählich dunkel. Wir mußten den Spalt im Riff unbedingt finden. Wieder begann ich mich zu konzentrieren, und etwas riet mir, nach rechts zu schwimmen. Wir tauchten erst am Riff entlang, dann stiegen wir hinauf und versuchten, mit den Tanks auf dem Rücken an der Oberfläche zu schwimmen. Es war fast unmöglich. Inzwischen war es so dunkel, daß ich nicht einmal das Auto am Strand sehen konnte, das uns als Wegweiser hätte dienen können. Beim Versuch, uns an den Felsen entlangzuziehen, fügten wir uns böse Schnittwunden an den Händen zu. Gerade als es völlig dunkel wurde, fanden wir den Spalt. Wir wateten an den Strand und ruhten uns im Sand aus. Ich lag da, schaute zum Himmel hinauf und dankte Gott oder demjenigen, der den Hai vertrieben und uns gesagt hatte, nach rechts zu schwimmen, bis wir am Riff angelangt waren.

Zurück in Tel Aviv, verschlechterte sich das Verhältnis zwischen meinem Manager und mir. Ich erfuhr, daß ich den Vertrag mit ihm nicht so leicht kündigen konnte, obwohl es einige Anhaltspunkte dafür gab, daß er nicht ehrlich war. Während mein Anwalt nach einer Lösung suchte, wurden einige Auftritte in Italien vereinbart, um zu testen, ob ich auch außerhalb meines Landes erfolgreich sein konnte.

Die Vorstellung in einem großen Club in Rom erwies sich als Katastrophe. Der Dolmetscher war schlecht. Niemand verstand, was er sagte und was sich auf der Bühne abspielte. Die Experimente gelangen mir, doch anscheinend glaubten die Leute sie nicht.

Ich war niedergeschlagen und beschloß, mich in Israel nach einer anderen Möglichkeit umzusehen, meinen Lebensunterhalt zu verdienen. Ich dachte: „Na schön, Uri, du mußt nach Israel zurückkehren, dem einzigen Land, in dem du arbeiten kannst."

Einige Leute unter den Zuschauern in Rom waren jedoch von meiner Vorstellung beeindruckt gewesen. Einer von ihnen war ein älterer, eleganter Italiener, der gut englisch sprach. Er sagte, seiner Meinung nach sei die Vorstellung phantastisch gewesen, und er wollte am nächsten Tag beim Mittagessen mit mir über eine wichtige Angelegenheit reden. Ich war neugierig, und darum willigte ich ein. Er holte mich in einem Rolls Royce Silver Shadow im Hotel ab und zeigte mir während der Fahrt viele Sehenswürdigkeiten der Stadt. Beim Essen sagte er mir, er könne sehr viele Vorstellungen in Amerika, vor allem in Las Vegas, für mich arrangieren, falls ich mich entschließen sollte, dort aufzutreten. Er wollte, daß ich darüber nachdachte. Er setzte mich sanft, aber bestimmt unter Druck und stellte mir Fragen. Natürlich reizte mich die Idee, nach Amerika zu gehen. Irgendwie roch der Mann nach Mafia - oder bildete ich mir das nur ein? Ich beschloß, ihm beim nächsten Kontakt einfach zu sagen, ich hätte Verpflichtungen in Israel und würde mich eines Tages vielleicht an ihn wenden, wenn ich wieder in Italien sei oder nach Amerika reisen wolle. Ich wollte mich nicht mit jemandem einlassen, den ich nicht kannte, erst recht nicht nach den Erfahrungen mit meinem Manager.

Am nächsten Tag, als ich mich für meine Abreise nach Israel fertigmachte, rief mich die Rezeption an und teilte mir mit, es sei ein Umschlag für mich abgegeben worden. Ich ging hinunter, und zu meiner großen Überraschung fand ich in diesem Umschlag die Papiere und Schlüssel zu einem nagelneuen Auto. Der Portier sagte, der Wagen stehe draußen. Ich ging hinaus und schaute mich um. Da stand ein blitzblanker Alfa Romeo Spider. Der unbekannte Spender war natürlich der Mann, mit dem ich am Tag zuvor gesprochen hatte. Ich wollte mich aber auf keinen Fall zu etwas verpflichten, und darum strich ich meinen Namen auf den Papieren durch, gab sie dem Portier zurück und bat ihn, sie demjenigen auszuhändigen, der das Auto gebracht hatte. Auf den Dokumenten stand eine Telefonnummer, und ich wies den Portier an, diese Nummer anzurufen und den Wagen abholen zu lassen. Die ganze Geschichte hatte etwas Rätselhaftes und Beängstigendes an sich, und ich wollte damit nichts zu tun haben. Von dem Mann habe ich nie wieder etwas gehört.

Deprimiert und verstört kehrte ich nach Israel zurück. Da der Vertrag gültig war, mußte ich immer noch mit meinem Manager zusammenarbeiten. Mein Anwalt hatte herausgefunden, daß der Manager häufig ein Honorar von 800 Pfund vereinbart, aber nur 500 Pfund verbucht hatte. Der Anwalt sammelte Beweise und bereitete ein Gerichtsverfahren vor, um den Vertrag aufheben zu lassen.

Inzwischen plante ich weitere Auftritte in Italien. Andere italienische Manager hatten meine Vorführung gesehen und begriffen, daß das eigentliche Problem der Dolmetscher gewesen war. Für meinen Manager arbeitete jetzt ein neuer PR-Mann, und dieser vereinbarte für mich ein Treffen mit Sophia Loren in Italien. Seiner Meinung nach war das eine großartige Werbung für mich, und er war davon überzeugt, daß ein Bild von der Loren und mir auch in der israelischen Presse Aufmerksamkeit erregen würde.

Immer noch träumte ich davon, Filmstar zu werden, und darum gefiel mir die Idee, Sophia Loren zu begegnen. Ich hatte gehört, daß sie sehr selten Interviews gab und daß es überaus schwierig war, sie zu treffen. Es konnte ein wunderbares Erlebnis für mich werden, und ich freute mich darauf.

Als es Zeit war, Frau Loren aufzusuchen, gab es Schwierigkeiten. Sie war vor kurzem aus New York zurückgekehrt, wo man ihre Hotelsuite ausgeraubt hatte. Sie war wütend darüber und wollte niemanden sehen. Wir sprachen mit Carlo Ponti, ihrem Mann, der uns alles erklärte und sich entschuldigte. Nach einem längeren Gespräch willigte er jedoch ein, daß wir zu ihrer Villa außerhalb Roms fuhren.

Die Villa war riesig und schön. Frau Loren war trotz des unangenehmen Zwischenfalls sehr charmant. Ich sprach etwa eine halbe

Stunde lang allein mit ihr. Ich sagte ihr, was ich in ihren Gedanken las, und sie war von der Genauigkeit meiner Aussage beeindruckt. Als wir zu den anderen gingen, fragte der PR-Mann, ob er ein Foto von ihr und mir machen dürfe. Sie sagte, nur ihr eigener Fotograf dürfe Bilder von ihr machen. Dieser war aber nicht anwesend.

Wir bedankten uns und gingen. Der PR-Mann war verärgert. Das Foto wäre für die künftige Werbung enorm wichtig gewesen, sagte er, und es sei lächerlich, daß er nicht habe fotografieren dürfen.

Ich war auf dem Weg zurück nach Israel, um dort wieder aufzutreten, als ein fataler Fehler meinem Ruf und meiner Karriere ernsthaft schadete und das Vertrauen der Menschen, die ich respektierte und die mir glaubten, fast zerstörte.

Der PR-Mann blieb nach meiner Abreise noch zwei Tage in Rom. Ich hatte keine Ahnung, was er dort machte, aber ich sollte es bald erfahren. Er hatte eines meiner Bilder und ein Bild von Sophia Loren zu einem italienischen Fotografen gebracht und eine Fotomontage herstellen lassen. Sie erweckte den Eindruck, als seien Frau Loren und ich zusammen fotografiert worden. Der PR-Agent überließ das Bild der israelischen Presse. Es erschien in allen Zeitungen des Landes zusammen mit der Nachricht, daß ich die Loren in Italien besucht hatte. Das war richtig, doch das Foto war falsch.

Es dauerte nicht lange, bis die fotografische Täuschung entlarvt war. Riesige Überschriften verkündeten in ganz Israel, das Bild von Uri Geller mit Sophia Loren sei gefälscht gewesen. Jetzt war ich wirklich niedergeschlagen. Dieser Vorfall würde mich zweifellos ruinieren. Ich ging zu meinem Manager und sagte ihm, wenn er unseren Vertrag nicht zerreiße, würde ich ihn sofort verklagen. Er hatte keine Wahl. Das falsche Foto war ohne mein Wissen hergestellt worden. Zusammen mit dem anderen Material, das mein Anwalt gegen ihn zusammenstellte, hätte dieser Umstand jedem Gericht genügen müssen, um zu meinen Gunsten zu urteilen.

Obwohl das gefälschte Bild mir sehr schadete, vergrößerte es noch das Interesse an meinen Auftritten. Ein Mädchen, das mich schon bisher in geschäftlichen Angelegenheiten unterstützt hatte, übernahm nun die Rolle der Managerin. Sie war sehr geschickt, obwohl sie keine professionelle Managerin war.

Die Reihe meiner öffentlichen Auftritte in Israel hatte im Frühling 1970 begonnen. Im Juni dieses Jahres gab ich eine Vorstellung für eine Gruppe von Studenten und Professoren des Technion-Instituts in Haifa, das die besten Wissenschaftler und Ingenieure des Landes ausbildet. Später, nicht lange nach dem Vorfall in Italien, besuchte mich ein bekannter pensionierter Oberst der israelischen Armee in meinem Büro. Er sagte, sein Sohn sei sehr beeindruckt von meiner Demonstration im Technion-Institut, und er - der Oberst - stehe in Verbindung mit einigen amerikanischen Wissenschaftlern, die sich für meine Fähigkeiten interessierten.

Der Oberst informierte mich darüber, daß Itzhaak Bentov, ein israelischer Forscher, der in Boston arbeitete, die Berichte über mich aufmerksam gelesen habe und mich gerne wissenschaftlich testen würde, wenn ich dazu bereit sei. Seitdem Amnon Rubinstein diesen Vorschlag zum erstenmal gemacht hatte, hatte ich immer häufiger daran gedacht, mit Wissenschaftlern zusammenzuarbeiten. Allerdings hatte ich dabei gemischte Gefühle, nicht, weil ich etwas zu verbergen gehabt hätte, sondern weil ich mir unter den Tests etwas Kaltes, Unfreundliches vorstellte. Wissenschaftler, die von Journalisten interviewt worden waren, hatten behauptet, meine Kräfte seien nichts weiter als Tricks, und ich sei mit Sicherheit ein Schwindler. Das verdarb mir den Appetit. Außerdem hatte ich immer Angst zu versagen, und ich fürchtete, unter wissenschaftlicher Aufsicht werde sich gar nichts abspielen.

Der Oberst war entspannt und aufgeschlossen. Allerdings war ich sicher, daß er nicht wußte, ob er mir glauben sollte oder nicht. Er sagte: „Sehen Sie, ich möchte Sie nicht unter Druck setzen. Aber wenn Sie ein Stück Metall für mich verbiegen würden, könnte ich es meinem Freund in Amerika schicken, und er könnte es in seinem Labor analysieren - nur für den Anfang."

Ich wollte nichts verbiegen, was mir gehörte, weil das Verdacht erregen konnte, und das einzige Metall, das er bei sich hatte, war eine gewöhnliche Stecknadel. Ich machte ihn darauf aufmerksam, daß eine Nadel sehr dünn und leicht zu biegen ist. Doch er sagte, dieser erste Test genüge ihm. Ich bat ihn, die Nadel in der Hand zu halten und die Faust fest zu schließen. Dann hielt ich meine Hand über seine Faust, ohne sie zu berühren. Ich konzentrierte mich auf die Nadel und dachte: „Biege dich. Biege dich!" Als er die Faust öffnete, war die Nadel sauber in zwei Teile zerbrochen. Ich hatte sie nie angefaßt.

Er war beeindruckt. Sofort steckte er die beiden Stücke in einen Umschlag und sagte, er werde ihn nach Amerika senden. Zunächst war mir nicht klar, wie sehr mein Leben und vielleicht auch das Bild der Naturwissenschaft sich dadurch verändern sollten.

Ich machte weiter wie gehabt und trat in Schulen, Universitäten, Theatern und Diskotheken auf. Trotz der negativen Schlagzeilen nach der Veröffentlichung des gefälschten Fotos waren die meisten Vorstellungen ein Erfolg, so daß ich meiner Mutter helfen und angenehm leben konnte.

Ich verbrachte viel Zeit mit Iris und sah Yaffa immer seltener - es waren nur ein paar gestohlene Momente. Einerlei, wie unmöglich die Situation war, ich liebte sie immer noch. Ich erzählte ihr alles über Iris. Auch zu Iris war ich sonst ganz offen, doch über Yaffa hatte ich nie gesprochen. Das gefiel mir nicht.

Ich befand mich in einem Zwiespalt; etwas hielt mich immer zurück. Vielleicht wußte ich, daß ich Yaffa immer lieben würde, gleichgültig, wie alt ich werden würde, und vielleicht wollte ich Iris nicht verletzen.

Was die wissenschaftlichen Tests betraf, so war ich mir immer noch unschlüssig. Aber ich versuchte, meine Angst vor ihnen zu überwinden. Wenn sich mir die Gelegenheit bieten würde, nach Amerika zu reisen - sollte ich sie wahrnehmen, oder sollte ich die ganze Sache abblasen und mich auf meine gewohnte Arbeit beschränken?

Ich hörte, daß mehrere Wissenschaftler die zerbrochene Nadel untersucht hatten, die der Oberst nach Amerika geschickt hatte. Sie waren eindeutig daran interessiert, mich zu testen, zuerst in Israel und vielleicht später in Amerika. Das war für mich eine Chance,

Israel zu verlassen und in einem größeren Land zu leben. Meinen Manager war ich los, und niemand sonst konnte mir Vorschriften machen.

Bald sollte eine neue Karriere beginnen. Sie veränderte mein Leben und machte es so außergewöhnlich, wie ich es mir nie hätte träumen lassen. Was mir bevorstand, überstieg beinahe das menschliche Begriffsvermögen.

15
UFOs am Himmel

Andrija Puharich kommt nach Israel, um mich wissenschaftlich zu testen. Sogar Metall hinter Glas verbiegt sich. Andrija hypnotisiert mich. Stehe ich in Verbindung mit Wesen aus dem Weltraum? Eine rätselhafte Stimme spricht vom Band. Was ist „Spectra?" Ein Tonband verschwindet. Ein UFO verfolgt uns. Im Inneren eines UFOs bekomme ich als Beweis die verschwundene Mine eines Kugelschreibers zurück.

Der 17. August 1971 war ein wichtiger Tag in meinem Leben. Dr. Andrija Puharich kam aus den Vereinigten Staaten. Vor einiger Zeit hatte er mir geschrieben, er habe durch den Freund des Obersten, Herrn Bentov, von mir gehört. Ich erfuhr, daß Bentov und Andrija Puharich Freunde waren. Sie hatten beschlossen, nach Israel zu reisen, um mich zu testen und festzustellen, ob meine Kräfte echt waren oder nicht. Ich hatte gewußt, daß Andrija an diesem Abend eintreffen würde, doch ich hatte nicht gewußt, daß er in den Nachtclub kommen würde, in dem ich auftrat.

Mir war bekannt, daß Andrija ein amerikanischer Arzt war, der viel Zeit damit verbracht hatte, übersinnliche Phänomene zu erforschen. Vor einiger Zeit hatte er an der medizinischen Fakultät der Universität Tel Aviv Vorlesungen über sein Fachgebiet - Ohrenkrankheiten - gehalten. Der Oberst begleitete ihn, als er in den Club kam.

Kaum hatte ich Andrija gesehen, wußte ich instinktiv, daß ich mit ihm arbeiten konnte. Er sah nicht so aus, wie ich mir einen Wissenschaftler vorstellte, eher wie ein Hippie-Einstein. Es stellte sich heraus, daß er sehr freundlich war und daß man gut mit ihm auskam. So war ich zuversichtlich, daß mich meine Kräfte in seiner Gegenwart auch unter kontrollierten Bedingungen nicht im Stich lassen würden.

Ich setzte mich zu Puharich und Bentov an den Tisch. Meine ersten Worte an Andrija waren: „Ich glaube, wir können zusammenarbeiten. Lassen Sie sich nicht durch meine Bühnenshow irritieren."

Ich wußte, daß meine Arbeit als Unterhalter einem seriösen Wissenschaftler nicht unbedingt zusagte. Natürlich hat mich dieses Problem seither nie mehr losgelassen.

Ich sagte zu Andrija, ich träte auf der Bühne auf, weil es mir Spaß mache und weil ich meinen Lebensunterhalt verdienen müsse. An diesem Abend begann ich wie gewöhnlich: „Mit Unterstützung des Publikums werde ich einfache telepathische und psychokinetische Experimente durchführen. Ich hoffe, es gelingt mir."

Meine Erfolgsquote an diesem Abend betrug etwa 80 Prozent. Ich spürte bei Andrija und beim Oberst keinerlei Feindseligkeit.

Monate später fragte ich Andrija: „Haben Sie mir beim erstenmal wirklich geglaubt?" Er antwortete: „Nein, ich dachte, es seien Tricks, wie ein geschickter Zauberer sie benutzt. Jeder Magier kann auf der Bühne fast all das tun, was Sie tun."

Im November 1971 fand Andrija in Herzliyah Heights eine Unterkunft für sich und seine Ausrüstung, die er in mehreren Koffern untergebracht hatte: Magnetometer, Kameras, Tonbandgeräte, Kompasse, viele Arten von Mineralien sowie Aluminium-, Zinn-, Stahl- und Eisenstücke. Er hatte auch elektrische Geräte bei sich, die ich nicht kannte, und Spiegel, mit denen er und Herr Bentov mich von allen Seiten beobachten konnten. Als wir bereit waren, mit den Tests zu beginnen, war er mir schon sehr sympathisch, und ich fühlte mich bei ihm wie zu Hause. Auch Hanna und Schipi empfanden so. Andrija war ein fröhlicher Mann, sehr offen, geistig jung und extrem intelligent. Er war kein konventioneller Wissenschaftler. Wie er mir erzählte, erforschte er seit vielen Jahren parapsychologische Phänomene. Damit stellte ein Wissenschaftler sich offenbar selbst ins Abseits, nur weil er bereit war, auf diesem Gebiet zu forschen.

Sein Werdegang war beeindruckend. Er hatte Medizin an der Northwestern University studiert und bei führenden amerikanischen Institutionen auf dem Gebiet der medizinischen Elektronik gearbeitet. Bei jedem Experiment, das er mit mir machte, ging er sehr präzise vor. Er zeichnete alles genau auf und achtete darauf, daß ich keine Tricks anwenden konnte. Allerdings wäre ich dazu selbst dann nicht imstande gewesen, wenn ich es gewollt hätte.

Wenn er von den Ergebnissen berichteten würde, setzte er seinen Ruf aufs Spiel, und ich sah ein großes Dilemma für ihn voraus. Sollte er die unglaublichen Resultate ignorieren oder verschweigen, um seiner Glaubwürdigkeit nicht zu schaden? Oder sollte er über alles berichten, auch auf die Gefahr hin, verspottet zu werden? Es ist schwer, nüchtern zu urteilen, wenn Science-Fiction im Labor wahr wird. Ich bin sicher, diese Sorge war einer der Hauptgründe dafür, daß er mich später drängte, mich in den USA wissenschaftlich testen zu lassen. Ohne diese Bestätigung seiner Befunde hätten seine Kollegen ihm wohl kaum geglaubt.

Mir war klar, daß wissenschaftliche Untersuchungen wichtig waren, doch damals hatte ich keine Ahnung, *wie* wichtig sie waren. Ich hatte lediglich das Gefühl, daß ich eine Menge lernen würde. Und etwas Unglaubliches sollte sich sehr bald ereignen.

Als die Tests begannen, war ich nicht so nervös und angespannt, wie ich es erwartet hatte. Andrija und Herr Bentov waren beide sehr sympathisch und versuchten nicht, mich zu schinden. Wir begannen mit Telepathie. Ich konzentrierte mich darauf, Andrija dreistellige Zahlen zu „senden". Wie bereits erwähnt, ist dies das Gegenteil dessen, was Magier tun. Dann drehte ich die Zeiger seiner Uhr vor, ohne sie zu berühren. Besonders beeindruckt war er, als die Zeiger einer Stoppuhr sich um mehr als dreißig Minuten nach vorne bewegten, was unmöglich ist, wenn die Uhr während dieser Zeitspanne nicht in Betrieb ist. Ich hatte nur ein paar Sekunden benötigt, um die Zeiger zu bewegen. Er filmte den ganzen Vorgang für seine Aufzeichnungen.

Es gelang mir fast alles, worum Andrija mich bat - Telepathie, Uhrzeiger bewegen, Metallgegenstände unter Reagenzgläsern verbiegen und vieles andere. Im Verlaufe der Experimente nahm Andrijas Erregung zu. Dann setzte er sich hin und erklärte mir, was dies für die Wissenschaft bedeuten könne. Er sagte, es sei unmöglich, Metalle mit Methoden zu verbiegen, die den Gesetzen der Physik widersprächen. Er erklärte, warum kontrollierte Bedingungen so wichtig sind: Sie können der Wissenschaft die Realität dieser unbekannten Kräfte beweisen. Er erklärte, warum ich die gleichen Versuche so oft wiederholen mußte: Je bedeutsamer ein Ereignis ist, desto schlüssiger muß der Beweis sein. Wenn alle Tests hieb- und stichfest seien, sagte er, müsse man sowohl die Philosophie wie auch die Naturwissenschaft einer gründlichen Revision unterziehen. Jetzt verstand ich schon besser, warum es für mich wichtig war, mit Wissenschaftlern zusammenzuarbeiten.

Andrija hatte die Absicht, die Resultate dieser ersten Tests mit nach Amerika und England zu nehmen, um herauszufinden, wie groß dort das Interesse an intensiveren Experimenten war und ob er mit Unterstützung rechnen konnte. Er hatte bereits den früheren Astronauten Edgar Mitchell schriftlich über die Tests informiert. Ich fürchtete, Mitchell werde womöglich an Andrijas geistiger Gesundheit zweifeln.

Doch Mitchell schrieb mir einen sehr netten Brief. Er sagte, er würde sehr gerne Experimente mit mir machen, wenn ich nach Amerika kommen sollte, und er war davon überzeugt, daß einige wissenschaftliche Labors bereit sein würden, die geheimnisvollen Kräfte ernsthaft zu untersuchen. Ich fühlte mich geschmeichelt, weil er direkt an mich geschrieben hatte. Als er während der Apollo-14-Mission einige telepathische Versuche gemacht hatte, hatte eine israelische Zeitung ihn „den Uri Geller der Astronauten" genannt.

Die erste Testreihe mit Andrija im August 1971 dauerte mehr als eine Woche. Er zeichnete die Ergebnisse stets gewissenhaft auf. Dann verließ er Israel, um an seinen Plänen für künftige Forschungen zu arbeiten. Er war viele Wochen weg und kehrte erst Mitte November 1971 zurück, diesmal mit zusätzlicher Ausrüstung für ein kleines Labor in einem anderen Apartment, das er gemietet hatte. Er sagte, er werde einige Wochen lang mehrere Stunden täglich arbeiten müssen. Ich konnte die Tests zwischen meinen Auftritten einschieben.

Die zweite Testserie verlief wie die erste. Alles klappte gut, immer und immer wieder. Allerdings waren die Versuche auch langweilig. Ich vermißte den gewohnten Kontakt mit Menschen. Wieder machte Andrija sorgfältige Aufzeichnungen und schrieb darüber in seinem Buch *Uri: A Journal of the Mystery of Uri Geller* (Uri -Tagebuch zum Rätsel Uri Geller), das in Amerika bei Anchor Press/ Doubleday erschien.

Da die Tests so positiv verliefen, waren die Forscher daran interessiert, mehr über mich zu erfahren. Ich berichtete ihnen alle Einzelheiten. Andrija schlug vor, mich zu hypnotisieren, damit ich mich an Erlebnisse erinnern konnte, die mir nicht mehr bewußt waren. Ich hatte früher schon einige Hypnotiseure kennengelernt, und sie hatten versucht, mich in Trance zu versetzen - stets ohne Erfolg. Andrija war ein erfahrener Hypnotiseur, und er sagte, er werde es mit meinem Einverständnis gerne versuchen.

Zuerst fürchtete ich mich davor. Doch nachdem ich darüber nachgedacht hatte, stimmte ich zu. Vielleicht konnte ich selbst etwas daraus lernen. Wir beschlossen, den Versuch in der Nacht des 1. Dezember 1971 zu machen. Ich hatte eben einen öffentlichen Auftritt beendet, und Iris war bei mir. Im Apartment befanden sich außerdem Andrija, Bentov und zwei israelische Freunde von Andrija, die sich für die Experimente interessierten. Andrija leitete die Hypnose ein.

Als ich erwachte, erfuhr ich, daß ich länger als eine Stunde hypnotisiert gewesen war. Sie hatten meine Aussagen aufgezeichnet. Als sie mir das Band vorspielten, war ich erstaunt über meine unbeteiligte, mechanische Stimme. In der Hypnose hatte ich mich offenbar selbst nach Zypern zurückversetzt, denn auf dem Band sprach ich mit meinem Hund Joker. Meine Stimme sagte - Andrija berichtet darüber in seinem Buch -: „Ich bin gekommen, um zu lernen. Ich sitze einfach hier im Dunkeln mit Joker. Ich lerne und lerne; aber ich weiß nicht, wer mein Lehrer ist."

Dann war Andrijas Stimme zu hören: „Was lernen Sie?"

„Es geht um Menschen, die aus dem Weltraum kommen. Aber ich darf noch nicht darüber sprechen."

„Ist es ein Geheimnis?" fragte Andrijas Stimme auf dem Band.

„Ja", antwortete ich. „Doch eines Tages werden auch Sie es wissen." Ich weiß, daß Hypnose zu seltsamen Ergebnissen führen kann. Unter anderem kann sie Phantasien auslösen und verstärken.

Dennoch sagen die Leute gewöhnlich das, was sie für wahr halten. Ich wußte nicht, was ich mit dem Gespräch anfangen sollte, das ich gehört hatte. Denn ich war noch ganz durcheinander, und das alles war sehr verwirrend. Auf dem Band ging ich immer weiter in meine Kindheit zurück. Ich hörte mich selbst hebräisch sprechen, und Herr Bentov stellte mir Fragen in dieser Sprache. Ganz offensichtlich war ich nun drei Jahre alt und befand mich im arabischen Garten, wo das helle Licht mich überflutet und mir das Bewußtsein geraubt hatte. An diesem Punkt schauderte ich.

Dann veränderte sich ganz plötzlich der Ton meiner Stimme, er wurde unheimlich und schaurig. Als ich diese Stimme hörte, spürte ich Angst, sogar Schrecken. Ich kann mich nicht mehr genau daran erinnern, was dann geschah. Sie sagten mir, sie hätten das Tonbandgerät ausgeschaltet und das Band herausgenommen. Dann sei das Band verschwunden. Es war, als habe es sich aufgelöst. Offenbar verließ ich das Apartment sehr schnell, und später fanden sie mich in einem Aufzug. Ich weiß nicht, warum ich dort war. Iris brachte mich nach Hause. Das Band fanden wir nie wieder.

Später rekonstruierten die anderen, was diese flache, mechanische, fast computerhafte Stimme in der Trance durch mich gesagt hatte. Sie hatte verkündet, sie sei die Macht, die mich damals im arabischen Garten gefunden habe, und ich habe die Aufgabe, den Menschen zu helfen. Sie sagte, diese Kräfte - was immer sie damit meinte - hätten mich programmiert, das Erlebnis im Garten zu vergessen.

Dann sprach die Stimme über die Krise zwischen Ägypten und Israel. Die nächsten paar Wochen, sagte sie, seien sehr kritisch. Die Macht habe sich offenbart, weil die Menschheit sich am Rande eines neuen Weltkrieges befinde.

Iris bestätigte, daß diese seltsame Szene sich tatsächlich so abgespielt hatte, doch es gab kein Tonband als Beweis dafür. Allerdings - wer weiß schon, was ein Mensch unter Hypnose alles sagt, wenn auch mit einer völlig anderen Stimme? Was beweist ein solches Ereignis? Das war übrigens nicht das einzige Mal, daß die „elektronische Stimme" plötzlich auf ein Band sprach, und es war auch nicht das einzige Mal, daß Objekte sich vor unseren Augen materialisierten oder dematerialisierten. Wer sollte das alles glauben? Es handelte sich nicht um ein kontrolliertes Experiment. Es hatte nichts mit Telepathie oder Verbiegen von Metall zu tun. So unglaublich meine üblichen Darbietungen auch waren - sie kommen mir heute noch unglaublich vor -, ich konnte sie fast nach Belieben wiederholen, selbst unter sorgfältig kontrollierten Bedingungen und innerhalb zeitlicher und räumlicher, vorher festgelegter Grenzen. Trotzdem fällt es den meisten Leuten schwer, daran zu glauben, vor allem wenn sie nur davon gelesen haben.

Jetzt begann eine Serie von verblüffenden Ereignissen, die weit über alles bisher Dagewesene hinausgingen. Offenbar hatten Andrijas Tests sie ausgelöst. Da die Routineversuche nach diesem Vorfall besser klappten, wurde ich selbstsicherer. Eine Kompaß-nadel drehte sich um 30 Grad weiter, wenn ich die Hand nur in ihre Nähe brachte, ohne mich zu konzentrieren. Einmal legte Andrija einen gekennzeichneten Metallring in eine hölzerne Mikroskop-schachtel, um festzustellen, ob ich ihn in der Schachtel verbiegen konnte, ohne ihn zu berühren. Aus irgendeinem Grund sagte ich: „Wissen Sie, ich habe das Gefühl, daß ich das Ding verschwinden lassen kann." Ich bat ihn, den gesamten Vorgang zu filmen, und dann konzentrierte ich mich. Nach einigen Sekunden war ich mir sicher, daß der Metallring sich nicht mehr in der Schachtel befand, und forderte Andrija und Bentov auf nachzusehen. Sie öffneten die Schachtel. Der Ring war weg.

Ich willigte ein, mich von Andrija erneut hypnotisieren zu lassen, und er und Bentov zeichneten die Sitzung auf. Ich schätze, ich befand mich etwa eine Stunde in Trance. Ich mußte an diesem Abend vor der Truppe auftreten, und darum hatte ich keine Zeit, mir das Band anzuhören. Andrija fuhr mich. Ich riet ihm, sich alles, was ich unter Hypnose gesagt hatte, zu merken. Denn ich war davon überzeugt, daß das Band aus dem Tonbandgerät ver-schwunden war.

Andrija hielt an und untersuchte das Gerät. Das Band war noch da. Er drückte einige Knöpfe, um es zu überprüfen, doch die

Abspieltaste funktionierte nicht. Er öffnete das Gerät, um noch einmal nachzusehen. Das Band war weg. Ich habe keine Ahnung, was mich veranlaßt hatte, das Verschwinden anzukündigen. Können Sie sich vorstellen, wie man sich fühlt, wenn etwas Derartiges geschieht? Man zweifelt an seinen eigenen Sinnen. Man möchte nicht mit anderen darüber sprechen, abgesehen von Leuten, die dabei waren und das Ereignis mitverfolgten. Man weiß, daß andere Leute einem einfach nicht glauben würden. Doch einmal kommt der Punkt, wo man aufhören muß, sich darüber Sorgen zu machen. Man muß an seine eigenen Beobachtungen glauben. Ich wußte, daß es nach diesen immer seltsamer werdenden Vorfällen um so wichtiger war, die unbekannte Energie wissenschaftlich bestätigen zu lassen.

Während ich mich auf einige Vorführungen bei der Truppe in Sinai vorbereitete, versuchten Andrija und Bentov zu rekonstruieren, was ich auf das zweite Band gesprochen hatte. In der Trance hatte ich gesagt, ich hätte meinen Körper verlassen und sei zu einem großen, ebenen Platz mit Bergen im Hintergrund geflogen. Dann veränderte sich meine Stimme erneut und wurde monoton und mechanisch. Sie warnte wieder vor Konflikten zwischen Israel und den arabischen Ländern. Die Stimme sagte, ich müsse die Energie anwenden, um der Welt in dieser Krise zu helfen. Andrija und Bentov sagten, die Stimme vom Band sei offenbar nicht meine; sie sei anscheinend direkt auf das Band gelangt.

Das ist natürlich absurd: eine körperlose Stimme, die auf einen Kassettenrekorder sprach und bedeutungsvolle Erklärungen abgab. Als ich diese Stimme später wieder auf einigen Bändern hörte, klang sie blechern wie ein sprechender Computer. „Was geht da vor?" fragte ich mich. Dann fiel mir ein Gedanke ein, der mir bei anderen Gelegenheiten gekommen war: Vielleicht gibt es da oben einen kosmischen Clown, der sich einen großen, kosmischen Spaß erlaubt. Obwohl ich diese merkwürdige Stimme auf den Bändern gehört hatte, wußte ich nicht, ob ich es glauben sollte oder nicht.

Doch sonderbare Dinge geschahen immer wieder. Ein Aschenbecher verschwand vor unseren Augen von einem Tisch und tauchte plötzlich in einer Ecke des Raumes auf, wo er hin- und herrollte. Ich tat nichts, um Ereignisse dieser Art herbeizuführen. Ich konzentrierte mich nicht darauf. Es geschah einfach.

Wenn ich heute zurückdenke, weiß ich, daß ich zunächst einfach nicht glaubte, was ich auf dem Band hörte. Ich dachte, Andrija und Bentov wollten mir einen Streich spielen. Beim zweiten Mal, als das Band nicht abgespielt wurde, war ich so mißtrauisch, daß ich das Tonbandgerät mit einem Schraubenzieher öffnete und nach verdächtigen Vorrichtungen suchte, zum Beispiel nach einem zweiten Band. Ich fand jedoch nichts Ungewöhnliches.

Beim dritten Mal schüttelte ich nur den Kopf. Jetzt sagte die Stimme, die Energie komme aus einem Raumfahrzeug, dem es sogar einen Namen gab: „Spectra". Die Stimme sagte, es sei auf einem Tausende von Lichtjahren entfernten Planeten gebaut worden und werde uns helfen, den Weltfrieden zu erreichen. Das hielt ich für einen Witz. Warum sollte das Raumschiff einen so simplen, nach Hollywood klingenden Namen haben? Was ging da vor? Gewiß, ich wußte, daß ich Metall verbiegen, Gedanken lesen und Uhren „reparieren" oder anhalten konnte. Aber nie zuvor waren Gegenstände umhergeflogen, und noch nie hatten Objekte sich materialisiert oder dematerialisiert. Früher waren Metallgegenstände nicht zerbrochen, und ich hatte keine körperlosen Stimmen auf einem Tonband gehört.

Manchmal verspürte ich einen starken Impuls, den ich mir nicht erklären konnte. In der Nacht nach dem Verschwinden des Bandes und nach meinem Auftritt in Sinai bat ich einen Offizier, Andrija und mich in einem Jeep hinaus in die Wüste fahren zu lassen. Ich hatte nie viel über UFOs nachgedacht, doch mein Interesse an ihnen nahm zu, nachdem ich das Band gehört hatte. Ohne jeden Grund hatte ich das Gefühl, wir könnten etwas von diesem sonderbaren Raumschiff sehen. Tatsächlich sahen wir ein rotes, scheibenförmiges Licht, das uns zu folgen schien. Der Soldat, der bei uns war, sah es merkwürdigerweise nicht. Ich war davon überzeugt, daß es ein Raumschiff war und daß wir es fotografieren konnten, wenn wir es immer wieder versuchten. Doch Kameras waren in diesem militärischen Gebiet nicht zugelassen, und darum mußten wir damit noch warten.

Die seltsamen Vorkommnisse mit dem Tonbandgerät häuften sich. Wir legten eine unbespielte Kassette ein, frisch aus der Zellophanverpackung, nahmen ein Gespräch auf oder protokollierten ein Experiment. Manchmal, ehe jemand das Band zurückgespult hatte, schien eine unsichtbare Hand uns diese Arbeit abgenommen zu haben, und wir hörten die Stimme aus dem Raumschiff „Spectra". Mitunter ließen wir ein unbespieltes Band laufen, und das gleiche geschah. Alles, was ich dazu sagen kann, ist: Ich war Zeuge dieses Phänomens, ich konnte es nicht erklären, und es wäre mir lieber gewesen, wenn es sich nicht ereignet hätte. Vielleicht konnte ich mit meinen Kräften den Schalter betätigen - aber was war mit dieser Stimme? Woher kam sie?

An sich biegende Objekte, Telepathie und plötzlich funktionierende Uhren zu glauben war eine Sache; doch ein Kontakt mit Wesen von anderen Planeten war etwas völlig anderes. Wir können nicht alles akzeptieren. Wenn ich hier über die Ereignisse berichte, werden viele Leser denken, ich hätte nicht alle Tassen im Schrank oder ich sei ein Schwindler. Doch nach allem, was geschehen ist und immer noch geschieht, wäre es, glaube ich, ein Fehler, *nicht* darüber zu berichten.

Andrija beschrieb diese Vorfälle in allen Einzelheiten in seinem Buch. Als Wissenschaftler hatte er mehr zu verlieren als ich, denn ich habe keinen wissenschaftlichen Ruf zu verteidigen. Sein Buch war ein wenig zu technisch und kompliziert für mich. Aber er berichete über alles, was geschehen war, und zwar - auch wenn viele Leute es nicht glauben - ohne Übertreibung.

Viele Ereignisse, die er erwähnt, hören sich an wie Science-Fiction. Doch Iris und ich waren dabei, und wir wissen, daß sie geschehen sind. Die Forscher wollten herausfinden, ob ich Gegenstände unter kontollierten Bedingungen materialisieren und dematerialisieren konnte. Andrija schrieb die Seriennummer eines Kugelschreibers und der darin befindlichen Mine auf. Dann legte er den Kugelschreiber in eine Holzkiste und schloß den Deckel. Ich hielt mehrere Minuten lang die Hand über die Kiste, berührte sie aber nicht.

Als ich das Gefühl hatte, daß etwas geschehen war, bat ich Andrija und Bentov, die Schachtel zu öffnen. Der Kugelschreiber war noch da. Sie holten ihn heraus, um ihn zu untersuchen, und stellten fest, daß die Mine verschwunden war. Selbstverständlich gab es dafür keine vernünftige Erklärung. Irgendwie war es noch seltsamer, daß nur die Mine und nicht der ganze Kugelschreiber verschwunden war.

Wenige Tage zuvor hatte ich den Hörer des Telefons abgenommen, als ich die computerähnliche Stimme hörte, die ich von den Tonbändern her kannte. Sie wies mich an, mit einer Kamera an einen bestimmten Ort in Tel Aviv zu gehen. Dort, sagte sie, könne ich dieses Raumschiff „Spectra" fotografieren. Ich eilte mit Schipi zu dem Platz, der sich in der Peta Tikva Road befand, und nachdem wir dort eine Weile gewartet hatten, erschien ein ovales Objekt am Himmel über dem Hauptquartier der israelischen Armee. In Anwesenheit mehrerer Zeugen machte ich ein Foto, auf dem ein Objekt zu sehen ist, welches dem Ding ähnelt, das Schipi und ich gesehen hatten.

Gleich nach dem Verschwinden des Kugelschreibers folgte ein weiteres rätselhaftes Ereignis. Ich empfing damals hin und wieder etwas, das ich für Impulse oder Signale hielt. Vielleicht könnte man von Ahnungen sprechen; doch es war mehr als das. Die Zeiger meiner Uhr drehten sich oft eine Zeitlang sehr schnell, und ich verspürte den Drang, zur angegebenen Zeit einen bestimmten Ort aufzusuchen. Das geschah auch am 7. Dezember 1971. Ich sagte zu Andrija, wir müßten in eine Vorstadt östlich von Tel Aviv fahren, wo wir möglicherweise wieder dem Raumschiff begegnen würden, falls es eines war. Andrija, Iris und ich fuhren in dieser Nacht in eine gewöhnliche Vorstadtgegend mit vielen Häusern. Es war keinesfalls ein ländliches Gebiet. In der Nähe eines leeren Platzes, auf dem anscheinend gegraben wurde, sahen wir ein bläulich-weißes, pulsierendes Licht. Irgend etwas veranlaßte mich, näher heranzugehen. Wir stiegen aus und hörten ein elektronisches

Geräusch, fast wie die Laute, die Grillen erzeugen. Sofort fühlte ich mich zum Licht hingezogen. Ich glaube, ich bat die anderen, mir nicht zu folgen. Unter dem Licht schien sich ein festes Objekt zu befinden, das immer noch pulsierte.

Als ich näherkam, merkte ich, daß ich in einen tranceartigen Zustand geriet. Alles war vage und verschwommen. Ich spürte, daß ich irgendwo drinnen war. Die Atmosphäre veränderte sich, aber ich könnte nicht erklären, wie. Ich glaube, ich sah einige Schalttafeln, doch ich war zu benommen, um mich genau zu erinnern. Dann legte eine dunkle Gestalt, die unmöglich zu identifizieren war, etwas in meine Hände. Plötzlich befand ich mich wieder draußen. Ich begann mich zu fürchten und lief zu Andrija und Iris zurück. Erst als ich sie erreicht hatte, merkte ich, was ich in den Händen hielt: Es war die Kugelschreibermine, die aus der Holzkiste verschwunden war.

Andrija überprüfte die Seriennummer. Es war die Nummer, die er am Tag des Experiments aufgeschrieben hatte: 347299. Er hatte mir die Nummer vorher nicht gezeigt, genau wie der kontrollierte Versuch es vorsah.

Danach befand ich mich einige Tage lang in einem Schockzustand. Das war ein weiteres unmögliches Ereignis von mehreren, die ich nicht begreifen konnte. Dennoch war es geschehen. Und zum erstenmal begriff ich, daß meine Kräfte - einerlei, von welcher Art sie waren - nicht aus mir selbst kamen. Sie stammten von einer Intelligenz, die meiner Ansicht nach die Realität Gottes bezeugte.

Es ist sehr schwierig für mich zu beschreiben, welche Gefühle mich nach den Vorfällen mit den UFOS, der metallischen Stimme auf dem Band und den Materialisationen und Dematerialisationen bewegten. Es fällt mir schwer zu glauben, daß die Energien, die hinter meinen Fähigkeiten stecken, außerirdischen Ursprungs sind und von realen Wesenheiten ausgehen. Dennoch glaube ich, daß es sich um „intelligente Energien" handelt. Ich möchte sie nicht in eine Schublade stecken. Ich habe nie eine Synagoge oder Kirche besucht. Da ich aber an Gott und an höhere Zivilisationen außerhalb dieses Planetensystems und unserer Milchstraße glaube, kann ich akzeptieren, was geschehen ist.

Ich bin davon überzeugt, daß es im Grunde keine Science-Fiction gibt und daß alles, was ein Schriftsteller sich ausdenken kann, eines Tages Wirklichkeit wird - andernfalls wäre es ihm nie in den Sinn gekommen. Vielleicht war es in der Vergangenheit Realität, oder - was wahrscheinlicher ist - es wird in der Zukunft real sein. Ich glaube, es gibt gar keine Zeit. Ich glaube, wir werden die Realität niemals vollständig begreifen, weil wir Menschen mit begrenztem Geist sind. Mein Geist ist nicht groß genug, um höhere Ebenen zu erreichen; aber ich glaube, daß alles möglich ist. Es ist sehr schwierig für mich zu erklären, was ich meine. Vielleicht ist Gott der Treibstoff unserer Seelen, der uns den Aufstieg zu höheren Ebenen ermöglicht. Und vielleicht ist das unser Ziel.

Während sich all diese unglaublichen Ereignisse abspielten - es waren so viele, daß ich hier nicht alle erwähnen kann -, traf ich mich selbstverständlich mir Iris. Aber die Erinnerung an Yaffa war immer noch in mir lebendig. Ich sah sie nur selten; doch meine tiefste Liebe galt ihr. Schließlich kam der traurige Tag, an dem sie mir sagte, so könne es nicht weitergehen, unsere Beziehung belaste ihre Ehe zu sehr, und es sei besser, uns nicht mehr zu treffen. Es brach mir das Herz zu wissen, daß ich sie nie wieder sehen sollte. Ich hatte kaum noch Lust, weiterzuleben. Wochenlang sah ich ihr Bild in meinem Geist, bevor ich einschlief. Ich sah sie in meinen Träumen, und ich sah sie, wenn ich morgens aufwachte. Ich konnte nur noch daran denken, daß sie gegangen war, daß ich es hinnehmen und durch eine echte Liebe zu Iris wieder zur Vernunft kommen mußte. Ich liebte Iris; aber meine Liebe zu Yaffa war etwas Besonderes. Keine Liebe ist wie die andere.

16
Mein erster Besuch in Deutschland

Bei meinem ersten Besuch in Deutschland im Jahre 1972 halte ich eine Seilbahn und einen Aufzug an. Ein Wissenschaftler gesteht: Meine Fähigkeiten sind physikalisch nicht zu erklären. Man läßt mich in Hamburg zusammen mit Zauberern auftreten. Eine Lampe schwebt vor Werner Schmid in der Luft. Meine Kamera schwebt im Flugzeug.

Nach einer langen Reihe von Tests und Erlebnissen mit Andrija waren wir der Ansicht, daß ich nach Amerika gehen sollte, um mich dort in einigen der großen Institute und Universitäten testen zu lassen. Ich fürchtete immer noch, daß ich außerstande sein würde, in Amerika zu wiederholen, was mir in Israel gelang. Der Gedanke an ein großes Labor jagte mir Angst ein. Ich dachte, es sei vielleicht besser, vor einer Reise nach Amerika erst in ein europäisches Land zu gehen und festzustellen, was ich außerhalb Israels leisten konnte, und einige europäische Wissenschaftler zu treffen.

Eine Freundin, die israelische Sängerin Zmira Henn, rief mich an und sagte, ein Freund von ihr, der in Deutschland lebe, habe von mir gehört und würde mich gerne bei Auftritten in diesem Land managen. Sie fügte hinzu, ihr Freund, der Yascha Katz hieß, werde mir einen sehr guten Vertrag anbieten. Er sei sympathisch, und ich könne ihm vertrauen.

Schließlich entschloß ich mich, im Frühling 1972 nach Deutschland und später nach Amerika zu gehen. Inzwischen war Andrija in die USA zurückgekehrt, um sich mit Edgar Mitchell und anderen Wissenschaftlern zu treffen und die formellen Experimente vorzubereiten, die, so hoffte er, meine Fähigkeiten wissenschaftlich beweisen würden. Er wollte eine „Theoriegruppe" bilden, deren Vorsitzender Ted Bastin in Cambridge sein sollte. Andrija war davon überzeugt, daß keine meiner Fähigkeiten ernstgenommen würde, wenn ich mich nicht einer langen Reihe rigoroser Tests unterzog, und zwar unter der Leitung anerkannter Wissenschaftler von den renommiertesten Instituten.

Schipi ging mit mir nach Deutschland. Wir fühlten uns immer mehr wie Brüder. Seine Eltern waren einverstanden, weil er auf dieser Reise wichtige Erfahrungen sammeln konnte, während er auf seine Einberufung in die Armee wartete. Er konnte bei der Tour aushelfen, die Yascha Katz arrangierte. Ich wollte Iris unbedingt mitnehmen, aber es war unmöglich. In der Nacht vor unserer Abreise weinte sie in meinen Armen. Doch wir wußten, daß wir uns wiedersehen würden, nachdem ich im Ausland neue Erfahrungen gesammelt hatte. Schipi und ich nahmen ein Flugzeug der El Al nach Deutschland, und alle kamen, um uns zu verabschieden - meine Eltern, Schipis Eltern, Hanna und Iris. Traurig sagten wir Lebewohl, ehe wir an Bord gingen und abflogen.

Yascha holte uns am Flughafen ab. Er war ein freundlicher Mann mit faltigem Gesicht, sensiblen Augen und einer Menge Begeisterung, was unsere Chancen in Deutschland betraf. Ich mochte ihn sofort. Er plante, meine Fähigkeiten einer Gruppe von Reportern zu demonstrieren. Sobald feststand, daß meine Kräfte real waren, wollte er Auftritte arrangieren, wie ich sie bereits in Israel absolviert hatte. Sofort kam es in der deutschen Presse zu einem Streit darüber, ob ich ein Zauberer sei oder nicht. Immerhin wurde viel über uns geschrieben, vor allem nachdem die Münchner Bildzeitung eine sechsteilige Artikelserie über mich veröffentlichte. Es war nichts weiter als Publicity, doch Yascha sagte, das sei als Grundlage für die Vorstellungen wichtig.

Yascha drängte mich, neue Experimente zu probieren, um die Presse aufmerksam zu machen. Dazu war ich gerne bereit; aber ich wies ihn darauf hin, daß der Erfolg nie hundertprozentig sicher war und daß ich oft völlig versagte.

Ein Zeitungsreporter fragte mich: „Uri, können Sie etwas sehr Großes, Erstaunliches tun? Zum Beispiel eine Seilbahn mitten auf der Strecke anhalten?" Nicht weit von München gab es eine Seilbahnlinie, die in der Werbung als eine der stärksten der Welt angepriesen wurde. Daran hatte er gedacht. Ich lachte, als er den Vorschlag machte. Dann dachte ich: „Moment mal, vielleicht schaffe ich das. Wenn ich Metall verbiegen kann, dann verbiegt sich vielleicht etwas in der Maschine, und die Kabine bleibt stehen, ohne daß jemand zu Schaden kommt."

Mir war klar, daß dies ein guter Werbegag und eine echte Herausforderung sein würde. Bevor wir beschlossen, es zu versuchen, konsultierten wir einen Anwalt; denn selbst wenn es nicht gefährlich sein sollte, konnte es eine ganze Menge Beschwerden geben. Der Anwalt hatte keine Bedenken. Yascha, Schipi und ich stiegen zusammen mit den Reportern in eine der Kabinen.

Es war eine verrückte Idee. Während wir mehrere Male hinauf und hinunter fuhren, konzentrierte ich mich darauf, die Bahn anzuhalten. Es klappte nicht. Ich gab auf und sagte, wir könnten ebensogut aussteigen. Die Reporter waren enttäuscht. Auf dem Weg ins Tal unterhielt ich mich mit einem Reporter über die schöne Aussicht, als die Kabine plötzlich mitten in der Luft stehenblieb. Es herrschte große Verwirrung, und das Personal wußte nicht, was geschehen war. Ein Mechaniker, der uns begleitete, sah mich seltsam an und eilte ans Telefon, um die Talstation anzurufen. Sie wußten, daß ich versucht hatte, die Seilbahn anzuhalten, aber sie hatten keine Ahnung, was den Defekt bewirkt hatte und wie es zugegangen war. Schließlich teilte die Station uns mit, der Hauptschalter sei ohne ersichtlichen Grund umgeschnappt. Jemand drehte ihn in die andere Richtung, und die Bahn setzte sich wieder in Bewegung. Sonst hatte sich offenbar nichts Ungewöhnliches ereignet - die Bahn war lediglich stehengeblieben, weil der Schalter sich umgelegt hatte.

Als wir im Tal ankamen, wimmelte es dort vor aufgeregten Leuten. Der Betreiber lud uns zum Essen ein, und die Leute redeten noch lange über den Vorfall.

Die Reporter lechzten nach weiteren Demonstrationen. Sie baten mich, einen Aufzug in einem großen Münchner Kaufhaus anzuhalten. Ich konnte auch dieser Herausforderung nicht widerstehen, obwohl mir die Idee lächerlich erschien. Ich wollte sicher sein, daß die Seilbahn mehr als ein Glücksfall gewesen war. Die Geschichte von der Seilbahn machte in ganz Deutschland Schlagzeilen, vor allem in München, und Yascha war zuversichtlich, daß ein weiterer Vorfall dieser Art den geplanten Auftritten nützen würde.

Wir gingen in ein riesiges Kaufhaus in München und fuhren so oft zwischen dem ersten und zweiten Stockwerk hin und her, daß die Leute uns wohl für verrückt hielten. Ich war über die Seilbahn immer noch erstaunt und hatte keine Ahnung, ob dieses Experiment erfolgreich verlaufen würde. Nachdem wir etwa zwanzigmal hin und her gefahren waren, blieb der Lift plötzlich stehen. Ich war ebenso verwundert wie alle anderen. Und wieder verkündeten die Schlagzeilen die Geschichte im ganzen Land.

Es gab jedoch auch einen ernsthaften Grund für die Reise nach Deutschland. Die deutsche Presse wollte verständlicherweise wissen, ob es eine wissenschaftliche Erklärung für meine Kunststücke gab. Daher vereinbarte man für mich einen inoffiziellen Test bei Dr. Friedbert Karger vom Max-Planck-Institut für Plasmaphysik.

In Anwesenheit des Reporters, der mir seit vier Tagen folgte, und eines Bild-Fotografen stellte Dr. Karger einen seiner Ringe zur Verfügung. Er hielt ihn die ganze Zeit über in der Hand, und er war dabei so vorsichtig, daß er ihn ununterbrochen im Auge behielt und mich nie daran herumhantieren ließ. Ich berührte den Ring nur behutsam und konzentrierte mich darauf. Er verformte sich nicht nur, sondern zerbrach in zwei Stücke.

Das Interview, das in der Zeitung abgedruckt wurde, erzählt ein wenig mehr über die Ereignisse:

Bild: „Was geschah in der Seilbahnkabine, die Geller angeblich mit Hilfe seiner unbekannten Kräfte angehalten hat?"

Dr. Karger: „Offensichtlich war es kein elektrischer Effekt, sondern eine mechanische Veränderung, die derzeit noch unerklärlich ist. Der Schalter kippte in Uris Anwesenheit um, ohne daß jemand ihn berührt hätte. Wie? Wir wissen es nicht."

Bild: „Hält die Wissenschaft diesen und andere ähnliche Vorfälle wirklich für glaubhaft?"

Dr. Karger: „Überall auf der Welt können Sie in Universitäten eine zunehmende Zahl von Forschungsabteilungen finden, die sich mit Phänomenen dieser Art befassen."

Zur Demonstration mit Kargers Schmuckring fragte Bild den Physiker: „Könnte es nicht sein, daß der Ring einfach durch starken Druck zerbrochen wurde?"

Dr. Karger: „Nein".

Bild: „Oder durch einen Laserstrahl?"

Dr. Karger: „Unsinn."

Bild: „Hatte Geller überhaupt eine Chance, Sie auszutricksen?"

Dr. Karger: „Er hätte allenfalls versuchen können, mich zu hypnotisieren. Das halte ich nicht für sehr wahrscheinlich. Eine Dissoziation durch Hypnose hätte einen ,Trick' ermöglicht."

Im Max-Planck-Institut untersuchte Dr. Kargers Kollege Manfred Lipa (27), ein Physikingenieur, den zerbrochenen Ring sorgfältig.

Lipa: „Wenn Dr. Karger mir nichts gesagt hätte, würde ich sagen: Der Ring wurde auf mechanische Weise verändert, mit einem Werkzeug, zum Beispiel mit einer Zange oder mit einem kleinen Meißel oder Hammer. Denn an der Bruchstelle kann man eindeutige Spuren einer Bearbeitung feststellen."

Doch Dr. Karger versicherte uns: „Ich habe den Ring während der Demonstration nie aus den Augen verloren oder losgelassen. Geller berührte ihn nur leicht mit den Fingern." Auch Bildfotograf Joachim Voigt, der während des Versuchs anwesend war, bestätigt: „Wenn Uri in der Lage gewesen wäre, eine Zange oder ein anderes Werkzeug herbeizuzaubern, hätte ich es gemerkt - ich war bei klarem Bewußtsein." Uri Geller - ein Phänomen? Ein Scharlatan? Oder ein großer Künstler, der mit geschickten Tricks jedermann, einschließlich der Wissenschaft, dazu bringt, den Atem an-zuhalten? Bisher war es nicht möglich, das Geheimnis dieses unheimlichen Mannes aufzudecken.

Dr. Karger faßte den Vorfall für die Reporter zusammen: „Die Kräfte dieses Mannes sind ein Phänomen, das die theoretische Physik nicht erklären kann. Die Wissenschaft kennt bereits ähnliche Fälle. Es ist wie mit der Atomwissenschaft. An der Jahrhundertwende wußte man bereits, daß sie eine Realität ist. Nur konnte man sie damals noch nicht physi-kalisch erklären."

Dr. Karger wollte so bald wie möglich mit einem eigenen For-schungsprogramm beginnen. Er telefonierte mit Andrija in New

York. Da die Planungen mit Mitchell und anderen amerikanischen Wissenschaftlern bereits weit fortgeschritten waren, erklärte Dr. Karger sich jedoch damit einverstanden, Andrijas Theoriegruppe beizutreten und seine eigenen Forschungen zurückzustellen.

Mir war klar, daß es sehr schwierig sein würde, meine Kräfte während eines konzentrierten Forschungsprogramms in den Griff zu bekommen. Darum sah ich den Tests in Amerika mit gemischten Gefühlen entgegen. Was ich bei meinen öffentlichen Auftritten zeigte, beherrschte ich ziemlich gut, und wahrscheinlich war es auch geeignet, um mit den Experimenten zu beginnen. Doch wie konnte ich die erstaunlichen und spontanen Ereignisse steuern, die sich in jüngster Zeit zugetragen hatten? Nur die Zeit konnte mir die Antwort geben. Ich brauchte die Dinge nur auf mich zukommen zu lassen und bei Bedarf zu improvisieren.

Das Deutschland des Jahres 1972 verschaffte mir Einblicke in eine andere Welt. Meine ersten Auftritte im Münchner Hilton-Hotel erregten eine Menge Aufmerksamkeit. Schipi und ich wurden auf zahlreiche Empfänge und Cocktailpartys eingeladen und gewannen viele neue Freunde. Unter ihnen waren Lo und Ernst Sachs, die außerhalb von München, in Grünwald, ein herrliches Heim mit großen Gärten, einem Schwimmbecken und seltenen Antiquitäten besitzen. Sie sorgten dafür, daß wir uns dort wie zu Hause fühlten. Es war das erste Mal, daß ich einen solchen Lebensstil kennenlernte. Ernsts Bruder Gunther ist der bekannte Millionär, der mit Brigitte Bardot verheiratet war. Da ich seit meiner frühen Kindheit einen Starfimmel hatte, war ich überaus beeindruckt, obwohl ich es hier kaum mit Stars zu tun hatte.

Die Freunde, die ich in Deutschland traf, waren liebenswürdig und herzlich und ohne Vorurteile gegen Juden. Lo Sachs war eine charmante Gastgeberin, und wir waren oft bei ihr zu Besuch. Mir fiel auf, daß einige der sehr reichen Leute, die wir dort trafen, meist gelangweilt waren. Das machte mir klar, daß Geld allein nicht genügt. Ich hatte bis dahin geglaubt, Geld bedeute völlige Freiheit ohne Pflichten und Sorgen. Doch in Deutschland lernte ich, daß Geld durchaus nicht vor Leere und Traurigkeit schützt.

Trotz aller Presseberichte verliefen die Vorstellungen nicht so, wie Yascha es gehofft hatte. Einmal unterschrieb ich in letzter Minute einen Vertrag, der mich verpflichtete, an zehn Abenden im Hamburger Europa-Theater aufzutreten. Wir flogen von München nach Hamburg, kamen spät an und wurden schnell vom Flughafen zum Theater gefahren. Hinter der Bühne entdeckten wir, daß das gesamte Programm aus Zauberkunststücken bestand. Die Magier trugen ihre übliche Kluft mit Zylindern und schwarzen Umhängen. Als wir den Vertrag unterschrieben, informierte uns niemand über das Programm.

Das war in meinen Augen ein schwerwiegender Fehler. Ich habe nichts gegen das Showgeschäft. Doch Zauberer sind auf Sensationen aus und verwenden Tricks. Meine Vorführungen sind einfach und direkt, aber echt. Wenn ich gleichzeitig mit Magiern auftrat, würde man mich selbstverständlich als einen der ihren ansehen. Das würde sich nicht nur auf die wissenschaftlichen Tests in Amerika, sondern auch auf meine Glaubwürdigkeit negativ auswirken. Yascha und ich protestierten heftig, doch wir hatten keine Wahl. Wir mußten uns an den Vertrag halten. Das Theater kündigte meinen Auftritt als Vortrag und Demonstration an, nicht als Show. Aber diese Klarstellung nützte nicht viel. Telepathie und sich krümmende Schlüssel können unmöglich mit zersägten Frauen und aus Hüten schlüpfenden Kaninchen konkurrieren.

Seltsamerweise verstanden die Magier, daß ich nichts in meinen Ärmeln verborgen hatte, und nach mehreren Auftritten waren sie ernsthaft an meinen Kräften interessiert. Doch die bloße Tatsache, daß ich mit Zauberern im gleichen Programm aufgetreten war, sollte eines Tages noch unangenehme Folgen für mich haben, und das spürte ich schon damals.

Um diese Zeit begegnete ich einem Mann namens Werner Schmid. Er war ein bekannter deutscher Theaterdirektor und hatte die deutsche Version von *Fiddler on the Roof* und *Hair* sowie einige andere große Musicals produziert. Nach einer der Vorstellungen im Theater stellte er sich vor und sagte: „Ich weiß nicht, wie ich es ausdrücken soll; aber was ich heute abend gesehen habe, hat mein ganzes Leben verändert. Von etwas Derartigem habe ich mein Leben lang geträumt."

Zunächst war mir nicht ganz klar, was er meinte. Beim Essen am nächsten Tag erzählte er uns, daß er an einem Musical über Meditation und mystische Kräfte arbeite. Als er mich auf der Bühne gesehen hatte, spielte sein Musical sich unmittelbar vor seinen Augen ab. Er konnte es kaum glauben. Er sagte, er wolle mich als Schauspieler in seinem Musical haben und ich solle die unbekannten Kräfte des Universums demonstrieren. Ich muß gestehen, daß die Idee mir gefiel, obwohl ich nicht genau wußte, wie er es anstellen wollte. Ich hatte nie vor Publikum gesungen, aber ich war bereit, Gesangsstunden zu nehmen und es zu probieren.

Als ich Andrija in New York anrief und ihm von diesem Plan berichtete, war er alles andere als begeistert. Er dachte natürlich nur an die wissenschaftlichen Tests, die bald beginnen sollten. Er sagte, es sei ihm gelungen, das Stanford Research Institute für sein Vorhaben zu gewinnen. Die Forscher würden ein Programm zusammenstellen, um meine Fähigkeiten unter strengen Laborbedingungen zu testen.

Andrija war auf dem Weg zurück nach Europa, wo er mich treffen und den Testplan im Detail mit mir besprechen wollte. Es war jetzt Oktober 1972, und er wollte mit den Tests am SRI im November beginnen. Zunächst sollte ich nach Amerika kommen und mehrere Wissenschaftler treffen, die seiner Meinung nach die seriöse Arbeit in den Labors unterstützen konnten. Sie würden dazu eher bereit sein, wenn sie mich persönlich kannten.

Als Andrija in Deutschland ankam, fand er, daß Werner Schmid ein freundlicher, sehr sensibler Mann war, der dem ganzen Vorhaben aufgeschlossen gegenüberstand. Wenn Werner anwesend war, ereigneten sich übrigens allerlei unerwartete Dinge. Zum Beispiel hob plötzlich eine Lampe vom Tisch ab und fiel zu Boden; in Restaurants verbogen sich Messer und Gabeln, ohne daß ich sie berührte; und einige Objekte dematerialisierten sich vor unseren Augen und fielen viel später aus dem Nichts auf den Tisch. Yascha führte über die meisten dieser Vorfälle Buch. Er schrieb Datum und

Uhrzeit auf, und man konnte darin beinahe ein Muster erkennen: Signale, die ja oder nein bedeuteten und so auf die zu einem bestimmten Zeitpunkt richtige Entscheidung hinwiesen. Vielleicht hört sich das irreal und nicht sonderlich interessant an. Aber wenn diese Vorfälle sich ereignen - meist dann, wenn ich an etwas anderes denke -, schockieren sie mich und meine Begleiter.

Da meine Auftritte in Deutschland nicht den erwarteten Erfolg hatten, änderten wir unsere Pläne nach und nach. Wir einigten uns darauf, daß ich Ende Oktober mit Andrija und Schipi nach Amerika reisen würde. Yascha und Werner sollten uns später folgen. Yascha würde sich um eine Reihe von Auftritten in Colleges und Universitäten bemühen, und Werner wollte sich mit der Möglichkeit beschäftigen, sein Musical in den USA statt in Deutschland zu verwirklichen. Ich wußte, daß die Idee weithergeholt war; aber es schadete nicht, darüber nachzudenken, solange sie nicht die seriöse wissenschaftliche Arbeit störte, die mir bevorstand. Eine Vortragreise sollte mir das nötige Einkommen verschaffen, um während der Experimente leben zu können. Das Musical war reine Spekulation, und niemand wußte, ob daraus etwas werden würde.

Als Andrija sich darauf vorbereitete, nach Amerika zurückzufliegen, bat er mich, nach England zu reisen und dort einige Wissenschaftler und mehrere andere Leute zu treffen, die die wissenschaftliche Arbeit möglicherweise finanziell unterstützen würden. Schipi flog mit mir nach London, wo wir uns mit einigen dieser Leute unterhielten. Auf unserem Rückflug nach Deutschland ereignete sich etwas Unglaubliches.

Ich saß auf der linken Seite eines Lufthansa-Jets. Schipi saß neben mir. Meine Nikon-Kamera lag unter seinem Sitz. Auf einmal stieg sie in die Höhe und blieb vor mir in der Luft hängen. Wir erschraken beide. Ich nahm sie in die Hand und überlegte, ob ich wohl eine Art Zeichen erhalten würde, damit ich wußte, was ich tun sollte.

Ich schaute aus dem Fenster, sah aber nur blauen Himmel und weiße Wolken. Dennoch beschloß ich, die Kamera auf den Himmel zu richten und einige Fotos zu machen. Ich weiß nicht, wie ich auf diese Idee kam, denn es war ziemlich sinnlos, abgesehen davon, daß die schwebende Kamera möglicherweise etwas zu bedeuten hatte.

Ich machte mehrere Fotos, ließ aber einen Teil des Films unbelichtet. Dann legte ich die Kamera beiseite und hakte das Erlebnis als eines von vielen erstaunlichen Geschehnissen ab. Da ich in Deutschland den Rest meines Programms durchziehen mußte, hatte ich diesen Vorfall in der Hektik bald so gut wie vergessen. Später sollte die Episode noch ein Nachspiel haben.

Ich verbiege Wernher von Brauns Ehering, ohne ihn zu berühren. Die fremde Stimme schaltet das Tonband ein und spricht zu uns. Andrijas Hund verschwindet und taucht im Garten wieder auf. Ein Kupferring verbiegt sich in der Hand eines Wissenschaftlers. Bei meinem ersten Besuch im Stanford Research Institute versagen die Computer. Ich werde im Faradayschen Käfig getestet. Ein Film zeigt, wie eine Uhr sich im Fall dematerialisiert und rematerialisiert. Die verlorene Nadel des Astronauten Edgar Mitchell materialisiert sich in zwei Teilen. Eine Bohne sprießt in meiner Hand und nimmt wieder ihre ursprüngliche Form an. Ein großer Durchbruch für die Wissenschaft?

Andrija holte uns am Kennedy-Flughafen in New York ab und fuhr uns zu seinem Heim in Ossining, etwa eine Stunde entfernt. Die Fahrt führte durch Steinsäulen zu einem großen, schönen Haus in reizender Umgebung. Es gab viel Grün und viele Bäume. Ich hatte immer noch gemischte Gefühle, was die Laborversuche anging, und ich glaube, die Angst zu versagen war dabei am schlimmsten. Wenn ich heute zurückblicke, weiß ich, daß ich damals nicht genug Vertrauen in mich selbst und in meine Fähigkeiten hatte. Ich war mir nicht sicher, ob ich meine Leistungen im Labor, womöglich in feindseliger Atmosphäre, würde wiederholen können. Es schien allmählich, als ob ich in Gegenwart von Skeptikern keinerlei Probleme hatte, wohl aber, wenn ich auf totale Ablehnung stieß.

In den letzten paar Monaten hatten sich Dutzende von sonderbaren Vorfällen ereignet. Ich gelangte allmählich zu der Überzeugung, daß sie von unpersönlichen, computerähnlichen Intelligenzen gesteuert wurden. Es schien keine andere Möglichkeit zu geben. Immer noch störte mich die launische Art und Weise, wie diese Kräfte sich äußerten. Und ich fragte mich noch immer, warum sie Dinge materialisierten und dematerialisierten, ohne den Sinn des Ganzen deutlich zu machen, und warum sie anscheinend mit uns spielten. Waren die Vorfälle Symbole, deren Bedeutung uns ent-

235

ging? Warum begaben sie sich auf unsere einfältige Ebene herab? Warum häuften sich die Ereignisse, wenn bestimmte Personen zugegen waren? Warum waren die Kräfte so albern?

Obwohl ich es aufregend fand, in Amerika zu sein, belasteten mich diese Probleme. Ich hatte das Gefühl, von Kräften manipuliert zu werden, die ich nicht steuern konnte.

Das Programm, das sich abzeichnete, umfaßte zwei Teile. Zunächst sollte ich im SRI getestet werden; dann wollten wir wie in Deutschland an die Öffentlichkeit gehen, um meine Vorträge und Vorführungen in den USA vorzubereiten.

Mein erster Besuch in Amerika im August 1972 war kurz. Ich traf Edgar Mitchell, einen markigen, stattlichen und selbstsicheren Mann. Ich mochte ihn. Außerdem kam ich mit Professor Gerald Feinberg vom Fachbereich Physik an der Columbia-Universität und mit Dr. Wilbur Franklin von der staatlichen Universität Kent zusammen. Ich ließ mich von ihnen einige Male ohne Formalitäten testen - ich verdrehte Uhrzeiger, zerbrach einen Ring und konzentrierte mich auf eine stählerne Nähnadel, die mit lautem Krachen zerbrach. Sie stimmten darin überein, daß ernsthafte wissenschaftliche Untersuchungen angezeigt waren.

Später stellte Mitchell mich Dr. Wernher von Braun vor, dem berühmten Wissenschaftler und Raketenfachmann. Er war sehr herzlich - und natürlich sehr skeptisch. Wir trafen uns im Büro von Fairchild Industries, deren Vizepräsident er war. Ich merkte, daß er die Existenz der Kräfte bestritt - aber auf sehr freundliche Weise. Mir lag besonders viel daran, ihn zu überzeugen, weil er ein hochintelligenter Mann war. Außerdem wollte ich Mitchell nicht enttäuschen.

Ich bat Dr. von Braun, seinen schweren goldenen Ehering abzunehmen und auf den Handteller zu legen. Dann konzentrierte ich mich darauf. Ich hielt meine Hand über seine, wobei ich darauf achtete, sie und den Ring nicht zu berühren. Plötzlich verbog sich der Ring und wurde oval. Dr. von Braun gab zu, daß er skeptisch gewesen sei, und er war über den Vorfall völlig verblüfft. Er konnte ihn nicht erklären. Später sagte er zu einem Reporter: „Geller verbog meinen goldenen Ehering, ohne ihn zu berühren, während er in meiner Handfläche lag. Ich habe keine Ahnung, wie er das gemacht hat. Ich weiß nur, daß der Ring vorher völlig rund war. Jetzt ist er oval." Was als nächstes geschah, ist noch interessanter. Er hatte einen elektronischen Taschenrechner bei sich, der nicht funktionierte. Er glaubte, die Batterien seien nicht aufgeladen worden, doch seine Sekretärin versicherte ihm, sie habe das besorgt. Er war damit einverstanden, daß ich versuchte, ihn zu „reparieren". Ich hielt das Gerät zwischen den Händen und konzentrierte mich darauf. In weniger als einer Minute leuchtete die Anzeige auf - doch die Zahlen waren undeutlich zu sehen. Ich nahm den Rechner wieder in die Hand, und nach kaum einer weiteren Minute arbeitete er wieder einwandfrei. Das Experiment für Dr. von Braun war ein Erfolg.

Alle Demonstrationen für Dr. Feinberg, Dr. von Braun und viele andere waren wichtig; denn sie trugen dazu bei, das SRI davon zu überzeugen, daß das für mich geplante Forschungsprogramm sich lohnte. In der Zwischenzeit meldete sich immer wieder die rätselhafte, langsame Stimme auf Tonbandkassetten. Es war ein Schock für mich zu beobachten, wie die Starttaste des Rekorders plötzlich wie von einer unsichtbaren Hand gedrückt wurde. Als ob das noch nicht genug sei, geschah vorher stets etwas Verrücktes, das anzukündigen schien, daß der Rekorder - mit einem leeren Band - sich einschalten würde. Vielleicht hüpfte ein Aschenbecher vom Tisch auf den Boden (er glitt nicht, er hüpfte). Oder eine kleine Vase, die in einem anderen Raum stand, fiel vor uns auf den Tisch. Die Objekte fielen sanft und zerbrachen nicht. Gewöhnlich schienen sie nur einige Zentimeter über dem Tisch oder Fußboden aufzutauchen und fielen dann hinunter. Selbst auf weichen Flächen gaben sie oft ein metallisches „Ping" von sich, als wollten sie unsere Aufmerksamkeit wecken.

Ich weiß nicht, ob ich es dem Leser zumuten kann, daran zu glauben. Doch das alles hat sich zugetragen, und es geschieht immer noch, immer wieder. Besser kann ich es nicht audrücken. Andernfalls sind alle, die Zeugen dieser Vorfälle waren, schwer geisteskrank oder hoffnunglos dumm. Da viele berühmte Wissenschaftler zu den Zeugen gehörten, halte ich diese Erklärung für unwahrscheinlich.

Die merkwürdigen Stimmen auf den Tonbändern frustrierten uns am meisten, weil die Bänder entweder vor unseren Augen buchstäblich im Inneren des Rekorders verschwanden oder gelöscht waren, wenn wir versuchten, sie erneut abzuspielen. Das heißt also, die besten Beweise wurden vernichtet, so daß nur die Aussage der Zeugen übrig blieb.

Oft gaben die Stimmen spezifische Anweisungen. Allerdings waren sie ambivalent, was formelle wissenschaftliche Tests betraf. Sie schienen sagen zu wollen, daß Diskussionen und informelle Demonstrationen in Anwesenheit von Wissenschaftlern akzeptabel waren, gründliche Untersuchungen jedoch nicht. Ich nahm die Anweisungen mit gemischten Gefühlen entgegen. Ich wollte mich formell und informell testen lassen, sofern ich meine Angst vor wissenschaftlichen Labors überwinden konnte. Es war schwierig, vernünftig zu bleiben, obwohl all diese Ereignisse es nicht waren.

Schipi und ich flogen nach dem Aufenthalt in den USA im August 1972 nach Deutschland zurück. Wir wollten im November wieder nach Amerika reisen, falls die Vorbereitungen am SRI abgeschlossen sein würden. Ich hatte mich mit einer von Andrijas Assistentinnen unterhalten, die in Rom gelebt hatte und sich nun der Gruppe anschließen wollte, um die Einzelheiten der wissenschaftlichen Versuche und der Vortragsreise durch die USA auszuarbeiten. Melanie Tovofuku ist eine entzückende Amerikanerin japanischer Herkunft, ungemein intelligent und ein großes Organisationstalent. Sie hatte in Italien in der Filmproduktion gearbeitet, war aber auch an der PSI-Forschung überaus interessiert. Später schloß sich Solveig Clark, eine Managerin in einer großen amerikanischen Firma, unserer Gruppe an; sie wollte uns stundenweise unterstützen. Wie Melanie war sie charmant und attraktiv und konnte gut und schnell organisieren. Beiden Frauen lag sehr daran, mehr über die Kräfte zu lernen, und sie waren Zeuginnen vieler unglaublicher Ereignisse.

Schipi, Melanie und ich kamen Anfang November 1972 in New York an. Umfangreiche Planungen waren erforderlich, um die wissenschaftliche Forschung mit der Vortragsreise zu koordinieren, vielleicht auch mit dem Musical, das Werner immer noch produzieren wollte. Wieder begegnete ich zahlreichen interessanten Leuten, darunter Bob und Judy Skutch, die sich intensiv mit Parapsychologie und Geistheilung befaßt hatten, sowie Maria und Byron Janis, die zwei meiner besten Freunde werden sollten, beinahe Familienmitglieder. Wenn ich bestimmte Menschen treffe, weiß ich sofort, daß sich zwischen ihnen und mir eine tiefe und dauerhafte Freundschaft entwickeln wird. Dieses Gefühl hatte ich auch bei Maria und Byron, und bei meiner Begegnung mit Melanie und Solveig hatte ich ebenso empfunden.

Nach unserer Ankunft in New York ereigneten sich so viele seltsame Dinge, daß ich unmöglich über alle berichten kann.

Am Tag nach unserer Ankunft in Ossining fiel mir auf, daß Andrijas schwarzer Hund, ein Retriever namens Wellington, in der Küchentür lag und sichtbar zitterte. Das Telefon klingelte, und Andrija ging in die Küche, um den Hörer abzunehmen. Ich dachte daran, daß er über den Hund würde steigen müssen - doch plötzlich war Wellington nicht mehr da. Ich will damit nicht sagen, daß er aufgesprungen und weggerannt wäre. Er war in diesem Moment noch da und im nächsten nicht mehr, so wie einige leblose Objekte, die verschwunden und wieder aufgetaucht waren.

Innerhalb von Sekunden sah ich den Hund weit unten in der Einfahrt. Er lief auf das Haus zu. Wir riefen ihn, und er kam, immer noch zitternd und verstört. Wir alle waren erschrocken. Niemand konnte sich den Vorfall erklären. Wie konnte ein lebendes Wesen innerhalb von Sekunden an einen weit entfernten Ort versetzt werden? Wie Andrija sagte, müßte man es in Atome zerlegen und dann wieder zusammensetzen. Oder man müßte die Atome auf unbekannte Weise beschleunigen. Allerdings galt das gleiche für die leblosen Dinge, die verschwunden und wieder erschienen waren. Erst viel später sollte ich erfahren, welches Ereignis dieser Vorfall mit Wellington ankündigte.

239

Kurz bevor wir nach San Francisco aufbrachen, um mit den Tests am SRI zu beginnen, geschah etwas Beunruhigendes. Andrija und ich waren in seinem Wohnzimmer, als plötzlich ein Aschenbecher und ein Schlüssel vor uns auf dem Tisch auftauchten. Andrija wertete das als Zeichen dafür, daß die Computerstimme uns eine Botschaft übermitteln würde. Er holte den Rekorder, und wir warteten. Er hatte recht. Die Abspieltaste senkte sich von selbst, und eine Stimme kam aus dem Lautsprecher.

Die Stimme sagte sehr nachdrücklich, ich dürfe mich nur in geselliger Runde mit Wissenschaftlern treffen. Das hätte jedoch unser sorgfältig geplantes Programm im SRI über den Haufen geworfen. Ich war inzwischen davon überzeugt, daß ich auf die Stimme hören sollte. Denn alle Anzeichen deuteten darauf hin, daß die Energie, die durch mich wirkte, von ihr stammte.

Diese Botschaft verstörte mich, und Andrija saß in der Klemme. Wir sollten in ein paar Tagen in San Francisco sein. Er war davon überzeugt, daß meine Glaubwürdigkeit erschüttert sein würde, wenn meine Fähigkeiten nicht wissenschaftlich bestätigt werden konnten. Ich hatte Angst vor der Wissenschaft, und nun wurde ich durch diese Botschaft auf dem Band darin bestärkt.

Andrija war der Meinung, daß wir ohne Rücksicht auf die Botschaft die Tests absolvieren *mußten*. Ich glaubte dagegen, nicht gegen die Anweisungen handeln zu können. Ich weiß nicht, ob ich dabei meinem eigenen Gefühl folgte oder ob diese sonderbaren Kräfte mich irgendwie beeinflußten. Ich benahm mich sehr merkwürdig, als wir plötzlich in Streit gerieten. Andrija und ich wurden wütend, und plötzlich warf ich eine Zuckerschale nach ihm. Im gleichen Augenblick schien das Haus zu beben, und eine Großvateruhr in der Diele glitt über den Fußboden und wurde zertrümmert. Melanie und Schipi erlebten alles mit, und alle fürchteten sich. Schließlich willigte ich ein, nach San Francisco zu fahren und den Wissenschaftlern zu erklären, daß ich nicht mit dem Forschungsprogramm beginnen konnte. Später, mitten in der Nacht, als Schipi und ich im ersten Stock schliefen, hörten wir deutlich eine laute Stimme, die uns weckte. Sie schien aus dem Nichts zu kommen. Es war dieselbe Stimme, die wir bereits von den Tonbändern her kannten. Sie sagte nur einen kurzen Satz: „Andrija muß ein Buch schreiben."

Das gefiel uns schon besser. Es bedeutete offensichtlich, daß wir mit anderen über die Vorfälle mit dem Tonbandgerät sprechen durften, und vielleicht bedeutete es auch, daß die Einschränkungen gelockert worden waren. Sicher war ich mir nicht. Allerdings wußte ich, daß meine Angst vor einer Begegnung mit den Wissenschaftlern im SRI noch stärker geworden war und daß ich nicht den Zorn der Götter auf mein Haupt herabbeschwören wollte. Sehr nachdenklich brachen wir nach San Francisco auf.

Als wir uns der Stadt näherten, fürchtete ich mich immer noch davor, die Wissenschaftler-Gruppe zu treffen. „O mein Gott", dachte ich, „es ist, als müsse ich mich unter einer riesigen Lampe auf einen Operationstisch legen. Sie werden sich herabbeugen und mich anstarren; sie werden Gesichtsmasken tragen und alles beobachten, was ich tue. Und alles wird steril sein." So sah ein Labor in Hollywoodfilmen aus. Ich hatte Angst, obwohl ich ihnen ja sagen wollte, daß ich nicht für intensive Forschungen zur Verfügung stünde.

Andrija, Schipi und ich kamen auf dem Flughafen von San Francisco an. Wir stellten uns auf das Förderband, und dann sahen wir Mitchell und die Wissenschaftler. Als ich mich ihnen näherte, wurde ich nervös. Das verflixte Band bewegte sich zu schnell. Es gab keinen Ausweg. Ich konnte nicht weglaufen. Es war wie beim Fallschirmspringen. Ich hatte mich bereits auf die Begegnung eingestellt. Ich wollte ihnen die Hände schütteln und ihnen sagen, daß ich mich vor diesen Experimenten fürchtete. Und plötzlich war ich da, und Edgar Mitchell drückte mir die Hand. Er und die anderen waren menschliche Wesen, und sie waren sehr sympathisch.

Drei andere Wissenschaftler hatten Mitchell begleitet: Dr. Hal Puthoff und Russell Targ vom SRI und Dr. Wilbur Franklin von der Universität Kent. Mitchell ist ein faszinierender Bursche und ein kluger Kopf. Er ist sehr nüchtern und weiß, was er will. Er ist freundlich, spricht mit den Leuten, erklärt ihnen alles, läßt sie reden und hört zu. Dr. Franklin ist ein fröhlicher Mensch, blond, klein, Brillenträger, sehr entschlossen, Experimente zu machen. Hal Puthoff und Russell Targ waren entspannt und zuvorkommend. Sie sprachen leise und waren nicht im geringsten furchterregend, wie ich es mir vorgestellt hatte. Gleich, nachdem ich sie alle kennengelernt hatte, begann ich mich besser zu fühlen.

Als wir vom Flughafen nach Palo Alto fuhren - das SRI war nicht mehr weit -, führten wir ein langes Gespräch über meine Angst vor dem Labor. Ich berichtete von den sonderbaren Ereignissen, und sie hörten bereitwillig zu. Ich erwähnte sogar einige Details über die Tonbänder und schockierte damit Andrija, der glaubte, es sei besser, nicht davon zu reden. Sie hörten alle aufmerksam zu und lachten nicht über meine Ausführungen. Ich erzählte ihnen über einige der Phänomene, die ich nicht steuern konnte - zerbrechende Löffel und Schlüssel, die sich plötzlich materialisierten - und die anscheinend „Wegweiser" waren. Als ich mich ein wenig erwärmt hatte, fügte ich hinzu, wir würden ja sehen, ob wir diese Zeichen richtig gedeutet hätten. In der Zwischenzeit zeigte ich ihnen einiges aus dem Repertoire meiner Auftritte.

Im Apartment, das uns in Palo Alto zur Verfügung stand, ließ ich sie außerhalb meiner Sichtweite fünf Zeichnungen anfertigen, und ich gab vier davon richtig wieder. Dann verbog ich einen maschinell hergestellten Kupferring, den Dr. Puthoff mitgebracht hatte, indem ich mich darauf konzentrierte. Ich berührte den Ring nicht. Ich versuchte auch, die Zeiger von Russell Targs Uhr zu bewegen, aber es gelang mir nicht. Doch während wir uns unterhielten, krümmte der Kupferring sich weiter, bis er die Form einer Hantel hatte. Hal Puthoff bot mir ein schweres Kettenhalsband an, das er in der Hand behielt. Es zerbrach, ohne daß ich es anfaßte. Der Kupferring verdrehte sich weiter und sah nun wie eine Acht aus.

Dies schienen ziemlich ermutigende Signale zu sein, aber ich hatte immer noch das Gefühl, daß formelle Tests ein Verstoß gegen die Anweisungen sein würden. Ich hatte Zeit, darüber nachzudenken, da der nächste Tag, der 12. November 1972, ein Sonntag war. Wir gingen mit Russ und Hal an den Strand und entspannten uns. Wir aßen in Hals Haus, wo ich die Familien der beiden kennenlernte und mich wie zu Hause fühlte.

Am folgenden Tag besuchten wir das Labor des SRI, und die Atmosphäre war ganz anders, als ich es befürchtet hatte. Es gab keine Operationstische und keine maskierten Wissenschaftler in weißen Mänteln; es ging sehr zwanglos zu.

Ich wurde gebeten, mich auf ein Magnetometer zu konzentrieren, das die Stärke von Magnetfeldern mißt, und ich war ebenso überrascht wie die anderen, als die Nadel heftig ausschlug, ohne daß ich sie berührte. Allerdings konzentrierte ich mich dabei sehr stark. Sie sagten, das sei wissenschaftlich unmöglich, doch es gelang mir, wann immer sie mich darum baten. Sie meinten, ich könne offenbar ein Magnetfeld erzeugen, das von dem Instrument registriert werde.

Ich war jetzt bereits zuversichtlicher. Sie testeten einen Metallring unter Wasser mit einem Ultraschallgerät, das auf einem Bildschirm sichtbar machte, was geschah. Wir sahen, wie der Ring flacher wurde, und gleichzeitig kam es jedesmal, wenn ich mich konzentrierte, zu einer Bildstörung. Während dieses Experiments spielten angeblich die Computer der Luftwaffe im Stockwerk unter uns verrückt.

Als immer mehr Instrumente zeigten, daß meine Fähigkeiten real waren, begann ich aufzutauen. Die Kräfte benahmen sich wie ein kleines Kind mit neuem Spielzeug. Alles erschien mir in rosigerem Licht, und ich dachte: „Vielleicht kann ich doch in einem Labor arbeiten." Ich war froh darüber, daß alles klappte, und fühlte mich wie nach meinem ersten Sprung mit dem Fallschirm. Ich war gesprungen, ich hatte es geschafft. Ich beobachtete die Wissenschaftler, die auf ein Meßgerät oder eine sich bewegende Nadel starrten und sagten: „Da passiert tatsächlich etwas." Sie drehten an den Knöpfen, überprüften die Diagramme, kontrollierten meine Hände. Und ich sagte: „Habe ich wirklich etwas mit der Maschine angestellt?" Sie antworteten: „Nun ja, so hat sich das Instrument noch nie aufgeführt."

Ich beschloß, so lange mit den Labortests weiterzumachen, wie alles gut ging, es sei denn, meine Kräfte würden schwinden. Andrija mußte nach New York zurückkehren; aber ich blieb da und machte ohne ihn weiter. Nach vielen informellen Tests war ich damit einverstanden, mich an den Telepathietests zu versuchen, die sie sich ausgedacht hatten. Einmal setzten sie mich in einen abgeschirmten Raum, der wie ein Kühlschrank aussah. Die Wände bestanden aus dickem, massivem Stahl. Es gab zwei Metalltüren, und wenn beide geschlossen waren, herrschte Totenstille. Die Stille erinnerte mich ans Tauchen und an die Höhlen von Zypern. Ich neige nicht zur Klaustrophobie. Ich genoß die Stille, vielleicht deshalb, weil ich mich dabei wirklich konzentrieren konnte.

Selbstverständlich gab es in dem Raum eine Lampe, einen Notizblock und einen Bleistift. Über eine Gegensprechanlage gaben sie mir Anweisungen. Jemand zeichnete ein Bild, das ich natürlich nicht sehen konnte. Sie informierten mich, wenn die Zeichnung fertig war. Dann schloß ich die Augen, konzentrierte mich auf meinen inneren Bildschirm und fing ein, was sie mir zusandten.

Bei anderen Telepathietests saß ich in einem Faradayschen Käfig, einer doppelt abgeschirmten Kupferkiste, die keine Radiowellen durchläßt. Sie stand überdies in einem verschlossenen Raum. Ich hatte während sämtlicher Tests überhaupt keine Möglichkeit zu schwindeln, selbst wenn ich es gewollt hätte. Die Ergebnisse waren bedeutsamer als erhofft.

Die Resultate einiger Tests spiegeln sich in den Abbildungen dieses Buches wider. Die Wissenschaftler errechneten, daß die Wahrscheinlichkeit, solche Ergebnisse zufällig zu erzielen, 1 : 1.000.000 betrug.

So viel hatte sich ereignet, daß ich mich nicht hatte um den Film kümmern können, den ich über Deutschland durch das Fenster des Lufthansa-Flugzeugs belichtet hatte. Ich erzählte Hal Puthoff davon, und er ließ ihn in einem Labor, dem er vertraute, entwickeln. Mehrere Aufnahmen zeigten eindeutig UFOs; eine ist in diesem Buch abgebildet. Ich brauchte keinen Beweis dafür, daß die Fotos echt waren. Dennoch brachten wir das Dia zu einem

Berufsfotografen im SRI. Er vermaß den Fensterrahmen und stellte eine Menge Berechnungen an. Dann sagte er, das Bild könne unmöglich gefälscht sein.

Als die Nachricht sich verbreitete, daß das SRI bei den Versuchen nachprüfbare Ergebnisse erzielte, nahm die Kontroverse zu. Es gab Gerüchte über das Computerprogramm der Luftwaffe. Ich weiß nicht, ob sie zutraf, aber auf Wunsch der Wissenschaftler vom SRI konzentrierte ich mich auf eine Videobandspule, und das Bild auf diesem breiten Mangetstreifen wurde entweder gestört oder gelöscht. Da Computer ihre Informationen ebenfalls auf Magnetband speichern, könnte es hier einen Zusammenhang geben.

Kurz nach dem Aufkommen der Gerüchte begann die Advanced Research Projects Agency, die Tests für die Luftwaffe durchführte, Erklärungen herauszugeben, in denen es hieß, ich sei ein sehr geschickter Magier, der die Forscher am SRI hinters Licht führe. Sie schickten Dr. Ray Hyman, einen Professor für Psychologie an der Universität von Oregon, um die Befunde zu prüfen. Er veröffentlichte einen Bericht, in dem er behauptete, jeder Magier sei zu den gleichen Leistungen imstande wie ich, und ich sei offenbar in der Lage, Dutzende von Wissenschaftlern zu täuschen. Inzwischen hatte ich jedoch mehr Selbstvertrauen, und ich dachte: „Wenn sie es nicht glauben, sollen sie es eben bleibenlassen."

Die erste Testreihe endete Mitte Dezember 1972. Schipi und ich flogen wieder zu Andrija nach Ossining. Wir erfuhren, daß die Advanced Research Projects Agency ihre Kampagne verstärkt hatte, um sowohl das SRI wie auch meine Fähigkeiten zu diskreditieren. John Wilhelm, der Reporter der Zeitschrift *Time* in Los Angeles, flog an die Ostküste, um am 18. Januar 1973 mit uns zu sprechen. Er informierte uns darüber, daß George Lawrence von der ARPA versuchte, Mitchell, Puthoff und Targ unglaubwürdig zu machen. Er berichtete außerdem, daß Leon Jaroff, der Wissenschaftsredakteur von *Time*, entschlossen sei, einen Artikel zu schreiben, in dem ich als Scharlatan dargestellt werden sollte, und daß nichts ihn davon abhalten könne. Später hörte ich, daß Wilhelm ebenfalls zu meinen Gegnern übergelaufen war.

Inzwischen bereitete Andrija eine Zusammenfassung der Ereignisse vor, die sich in den letzten Monaten im SRI und anderswo zugetragen hatten. Darin ordnete er alles, was geschehen war, bestimmten Kategorien zu:

Es handelte sich um *Telepathie*, als ich die Bilder reproduzierte, die mir in den Faradayschen Käfig im SRI „gesendet" worden waren.

Als ich im SRI unter kontrollierten Bedingungen immer wieder ohne Fehler sagen konnte, welche Zahl ein Würfel zeigte, der in eine Stahlkiste lag, handelte es sich um *Hellsehen*.

Psychokinese war im Spiel, als ich Uhrzeiger bewegte, zum Beispiel jene von Mitchells Uhr.

Bei zahlreichen Vorführungen hatte ich *defekte Uhren repariert*.

In Wernher von Brauns Taschenrechner hatte ich *elektronische Schaltkreise repariert*.

Ich hatte *ein Foto durch eine Linse aufgenommen, die mit einem festen schwarzen Schutzdeckel verschlossen war*. Das hatte ich für mehrere Fotografen gemacht und später auch für Lawrence Fried von der Zeitschrift *Human Behavior*. Er schickte mir eine lange Bestätigung, in der er beschrieb, wie er dafür gesorgt hatte, daß ich die Kappe unmöglich entfernen konnte.

Natürlich hatte ich auch *Metall verbogen*, vom rostfreien Stahl bis zum Messing, Silber und Kupfer. Im SRI hatte ich *Bilder auf Videobändern gelöscht*. Und schließlich waren Gegenstände *an einem Ort verschwunden und an einem anderen wieder erschienen*. Das waren selbstverständlich die ungewöhnlichsten Ereignisse, vor allem deshalb, weil ich mich in keinem Fall darauf konzentriert hatte.

Eine Videokamera zeichnete einen Vorfall auf, bei dem es um eine Uhr ging, die in einer Aktentasche eingeschlossen war. Targ, Puthoff, Mitchell und ich waren nicht in der Nähe der Tasche, als die Uhr sanft auf den Tisch fiel, der vor uns stand. Auf dem Videofilm erschien die Uhr oben auf dem Bildschirm und fiel nach unten. Dann verschwand und erschien sie noch zweimal, während sie fiel, und sie war wieder auf dem Bildschirm zu sehen, kurz bevor sie auf dem klar erkennbaren Tisch aufschlug. Wir spielten das Band mehrere Male in Einzelbildern ab. Man konnte deutlich erkennen,

wie die Uhr auf dem Bildschirm verschwand und wieder auftauchte, als ob sie sich während des Falls materialisiert und
dematerialisiert hätte. Es gab keine vernünftige Erklärung dafür.
Eines Tages aß ich mit Mitchell und Russell Targ in der Caféteria des
SRI zu Mittag. Wir sprachen über Mitchells Spaziergang auf dem
Mond und all die Erfahrungen, die er gesammelt hatte. Er erzählte
mir, er habe eine sehr gute Kamera auf dem Mond zurückgelassen.
Seitdem möchte ich gerne feststellen, ob ich sie mit Hilfe des eben
geschilderten Vorganges auf die Erde zurückbringen kann.
Wir hatten unsere Mahlzeit eben beendet, als sich ein unglaublicher
Vorfall ereignete. Ich hatte an diesem Tag Hunger und bestellte
zwei Nachtische. Der zweite war Vanille-Eiscreme. Ich nahm den
ersten Löffel voll und spürte etwas Metallisches im Mund. Ich
spuckte es aus und sah, daß es eine Miniaturpfeilspitze war. Ich
war ärgerlich, weil das Lokal so sorglos mit seinem Essen umging;
immerhin hätte ich daraufbeißen und mir einen Zahn abbrechen
können. Russell Targ betrachtete die Pfeilspitze und reichte sie an
Edgar Mitchell weiter. Dieser sagte: „Mein Gott, die kommt mir bekannt vor!" Aber er wußte nicht, warum.
Ich fragte die Kellnerin, woher die Eiscreme komme, und forderte
sie auf, den Lieferanten zu ermahnen, weil Gäste sich verletzten
konnten. Sie musterte den Gegenstand und bat mich, ihn ihr zu
geben. Ich lehnte ab mit der Begründung, möglicherweise seien
meine Zähne verletzt.
Wir gingen ins Labor zurück, setzten uns hin und unterhielten uns.
Auf einmal sahen wir alle etwas auf den Teppich fallen. Wir hoben
es auf und sahen, daß es der Rest des Pfeils war. Zusammen bil-
deten die beiden Stücke eine Krawattennadel.
Edgar Mitchell war sichtbar schockiert. Er erkannte die Krawattennadel, die er vor einigen Jahren verloren hatte. Jetzt war sie
plötzlich in zwei Teilen zu ihm zurückgekehrt. Aber woher war sie
gekommen? Ich wußte es bestimmt nicht. Doch es erinnerte mich
an etwas: Vielleicht würde eines Tages auch die Kamera vom Mond
zurückkommen - das wäre eine der größten Überraschungen. Ist
das eine phantastische Idee? Angesichts dessen, was geschehen ist,

kann ich kaum noch sagen, was Phantasie und was Wirklichkeit ist. Zwei fast ebenso sonderbare Ereignisse werde ich nie vergessen. Das eine trug sich etwas früher zu, im Augsut 1972, als ich zum ersten Mal in den USA war. Andrija hatte Mitchell und einige andere Wissenschaftler zu einem informellen Empfang eingeladen, damit wir über die geplanten Experimente sprechen konnten. Jemand fragte mich, ob ich etwas mit einer Bohnensprosse tun könne. Ich zögerte, weil ich nicht gerne mit lebenden Organismen spiele. Immer wieder sagte ich, mit der Sprosse könne ich nichts anfangen, doch alle ermunterten mich zu einem Versuch. Darum nahm ich die Bohne in die Hand und konzentrierte mich. Als ich die Hand öffnete, war die Sprosse um fast einen Zoll gewachsen.

Alle waren aufgeregt. Sie fragten mich, ob ich sie wieder schrumpfen lassen könne. Ich schloß die Augen und konzentrierte mich sehr intensiv, und als ich die Hand öffnete, hatte die Bohne wieder ihre ursprüngliche Größe und Form. Das erregte die Wissenschaftler noch mehr. Aber mir machte es Angst.

Von verschiedenen Seiten hörte ich, daß die Tests des SRI viele Experimente wissenschaftlich bestätigen würden, die ich dort gemacht hatte. Andrija sagte, das sei ein großer Durchbruch in der Wissenschaft. Außerdem bereiteten Hal Puthoff und Russell Targ eine wissenschaftliche Arbeit vor, die sie für so wichtig hielten, daß sie sie an die Zeitschrift *Nature* schicken wollten. Andrija nannte das einen gigantischen Schritt. Inzwischen versuchte *Time*, die Testergebnisse zu bekommen. Doch das SRI wollte sie verständlicherweise nicht vor dem Erscheinen der wissenschaftlichen Arbeit herausgeben. Die Zeitschrift drängte Andrija und mich, ihr die Ergebnisse mitzuteilen; doch unter diesen Umständen war das nicht möglich.

Es schien die Redakteure von *Time* wütend zu machen, daß sie weder von uns noch vom SRI Informationen erhielten. Leon Jaroff drohte, einen Artikel zu drucken, der mich und das SRI heruntermachen würde, falls wir ihm nicht den gesamten Bericht zur Verfügung stellten.

In meinen Augen sah das wie ein Krieg zwischen den Journalisten des *Time*-Magazins und den Leitern des SRI aus. Charles Anderson, der Direktor des SRI, verteidigte seine Mitarbeiter in einer Weise, die auf mich großen Eindruck machte. Ich habe noch nie einen Menschen gekannt, der unter Druck so entschieden reagierte. Er stellte sich hinter die Wissenschaftler seines Instituts, als Gerüchte behaupteten, sie steckten mit mir unter einer Decke. Ich glaube, Anderson hatte in dieser Situation wirklich Mumm. Offenbar hatte *Time* die Absicht, jeden zu attackieren, der an den Experimenten beteiligt war, und wir konnten uns nur zurücklehnen und auf den großen Schlag warten.

18

Uri wird der meistdiskutierte Mann in den USA nach dem Präsidenten

Ich beweise dem SRI, daß ich Gewichte auf der Waage leichter und schwerer machen kann. Die Stimme vom Band spricht über einen langfristigen, gegenseitigen Vertrag und über die nahe Zukunft. Ein feindseliger Artikel in *Time* macht mich überall in Amerika bekannt. Viele Fernsehauftritte folgen. Im Garten des Schauspielers James Stewart materialisiert sich eine Skulptur. Ich fotografiere ein UFO. Wissenschaftler beweisen, daß die Bruchstelle eines Ringes sich völlig vom Üblichen unterscheidet. Fast alle Zeitungen und Zeitschriften schreiben über mich, manchmal mit meinem Foto auf der Titelseite.

Die Tests im SRI führten zu wichtigen Schlußfolgerungen, die der Öffentlichkeit im März 1973 auf einem Kolloquium verkündet werden sollten, das der Fachbereich Physik der Columbia-Universität unterstützte. Das SRI bereitete einen Bericht für das Kolloquium vor. Unter anderem gab es Belege für meine Erfolge bei Experimenten mit verborgenen Objekten (gegen eine Wahrscheinlichkeit von eins zu mehreren Milliarden) und für meine Fähigkeit, ein Grammgewicht auf Präzisionswaagen leichter oder schwerer zu machen.

Die wichtigsten Befunde des SRI für die Konferenz waren: *„Aufgrund von Gellers Erfolg in dieser Phase der Experimente sind wir der Auffassung, daß er seine paranormalen Fähigkeiten auf überzeugende und unzweideutige Weise demonstriert hat."* Und weiter: *„Wir haben bestimmte Phänomene beobachtet, ... für die wir keine wissenschaftliche Erklärung haben. Zum jetzigen Zeitpunkt können wir lediglich mit Nachdruck weitere Untersuchungen fordern. Unsere Arbeit steckt noch im Vorstadium."*

Für konservative Wissenschaftler waren das verblüffende Aussagen. Dennoch schraubte ich meine Erwartungen zurück; denn ich hatte das Gefühl, daß *Nature* die Resultate trotz der Präsentation in der Columbia-Universität nicht ohne weiteres veröffentlichen würde. Doch selbst, wenn nichts gedruckt werden sollte, kannte ich die Reaktion des SRI und wußte, daß ich weitermachen mußte. Tief in meinem Herzen war ich glücklich darüber, daß ich unter kontrollierten Bedingungen erfolgreich mit Wissenschaftlern zusammenarbeiten konnte.

Ich hatte Erfolg gehabt. Meine Fähigkeiten waren real. Wissenschaftler bestätigten es. Keine Chemikalien, kein Laserstrahl, kein Trick. Und es steckte mehr dahinter als Löffelbiegen, Telepathie und die „Reparatur" von Uhren. Ich war nun davon überzeugt, daß die Phänomene Symbole waren, Hinweise gewaltiger Intelligenzen, die sich anscheinend durch Tonbänder und lebende Wesen offenbarten. Sie übermittelten auch Beweise für UFOs und Raumfahrzeuge.

Weder Russ Targ noch Hal Puthoff wußten, was sie von dem UFO-Bild halten sollten, das ich vom Flugzeug der Lufthansa aus aufgenommen hatte. Ebenso erging es ihnen mit den Stimmen auf den Tonbändern. Sie hatten alle Hände voll zu tun, um die Befunde jener Experimente zu sichten, die sich im Labor nach Belieben wiederholen ließen. Sie wollten sich nicht auf Spekulationen einlassen. Selbst wenn sie die Stimmen hätten untersuchen wollen, wären sie damit nicht weit gekommen, da die Bänder sich dematerialisiert oder selbst gelöscht hatten.

Es fiel mir immer noch schwer, diese Stimmen zu akzeptieren. Doch Schipi, Melanie, Solveig, Byron und Maria hatten sie ebenso wie Andrija und ich irgendwann gehört, und ich garantiere dafür, daß keiner von ihnen geisteskrank oder ein Lügner mit blühender Phantasie ist. Niemand hatte uns hereingelegt, und wir machten uns auch nichts vor. Die meisten von uns sahen, wie die Bänder sich nach dem Abhören in nichts auflösten, oder sie stellten fest, daß sie nach dem Abhören einer Botschaft automatisch gelöscht wurden. Welcher Wissenschaftler oder Laie würde das glauben? Ich würde es nicht glauben, wenn mir jemand in diesem Moment davon erzählen würde. Ich würde es mit eigenen Augen sehen wollen. Und ein Name wie „Spectra" konnte aus einem schlechten Zukunftsroman stammen. Dennoch hatten wir ihn klar und deutlich auf den Bändern gehört.

Und doch enthalten die Tonbänder eine ungemein wichtige Botschaft an die Welt, auch wenn sie wie Science-Fiction klingt. 1973 sagte die Stimme beispielsweise auf einem der Bänder zu Andrija: *„Seht ihr, es geht um Folgendes: Wir akzeptieren die These, daß wir hier sind , um etwas Bestimmtes zu tun. Wir können es durch euch tun. Ihr habt zu kämpfen, und wir haben zu kämpfen. Angenommen, ein Kind wächst im Mutterleib unter gesunden biologischen Bedingungen heran. Das dauert neun Monate, und es setzt eine Paarung voraus. Die größten Menschen werden nicht innerhalb eines Augenblicks geboren. Alle mit der Geburt verbundenen Schmerzen, die Mütter erdulden mußten, hatten zuvor schon ihre Mütter zu erdulden. Doch der entscheidende Punkt ist: nehmen wir an, ich setze mich heute abend dort zu euch hin - was absolut möglich ist. Dann kann ich eine Stunde lang dasitzen und euch bis in alle Einzelheiten voraussagen, was sich ereignen wird - wie oft ihr z.B. niesen werdet oder, wie oft ihr euch hinsetzen werdet. Das ist machbar, aber so geht es nicht. Was ihr tut, ist genau richtig. Ihr kämpft ein wenig, ihr setzt schöpferische Ideen in die Tat um, ihr erwartet ein bißchen Anleitung*
...
Wir sollten das als langfristigen Vertrag zwischen euch und uns ansehen. Wir brauchen eure Mitarbeit dringend. Wenn wir diese Techniken weiterentwickeln, werden wir eine Menge Arbeit hinter uns haben: Wir müssen euch das Rezept und die Methode lehren. Doch wir wissen, wieviel Arbeit, Übung und Geduld notwendig sind, ehe wir handeln können. Darum sind unsere Pläne eindeutig. Wir glauben, daß ihr euch selbst bemühen müßt. Wir werden euch helfen, aber ihr müßt euch anstrengen.
Manchmal sprach die Stimme eher über theoretische Themen, zum Beispiel (ebenfalls 1973):
Die höchsten Kräfte, sei es auf der Ebene der Teilchen, sei es auf der kosmischen Ebene, drehen sich und entziehen der Mitte des Systems Gravitationsenergie. Die computerisierten Wesen in den Raumschiffen zehren von dieser Energie. Diese Rotationsenergie läßt sich von außerhalb der Galaxis nutzen. Auf der Ebene der Teilchen existiert sie nicht in verwertbarer Form. Die computerisierten Wesenheiten werden von dem geleitet, was die Erdenmenschen Gott oder Götter nennen. In der Zukunft

würden wir diese allgemeine Idee in der strengen Sprache der Mathematik ausdrücken."

Ist es schwer zu glauben, daß all das und viel mehr tatsächlich von einem Kassettenrekorder stammt, der sich selbst aktivierte? Selbstverständlich ist das schwer. Doch es ist ein Teil der Geschichte, und wir können es nicht ignorieren. Die Stimmen sind auch ein Hinweis auf die Quelle der Energie, die mich durchströmt - eine Energie, die sich im Labor unmittelbar nachweisen läßt.

Andrija hat in seinem Buch *Uri* viele weitere Aussagen der „Stimme" festgehalten. Zahlreiche andere Bänder bestätigen meiner Ansicht nach die Existenz Gottes, obwohl ich ohnehin an ihn glaube, mit oder ohne die Bänder. Einige Tonbänder beschreiben die unendliche Weite des Universums. Andere weisen darauf hin, wie wichtig der freie Wille der Menschen ist. Manche sprechen von vorangegangenen Besuchen der Erde durch Raumschiffe und sagen den Besuch eines weiteren großen Raumschiffs in naher Zukunft voraus. Es wird keine Invasion sein, nur eine Kontaktaufnahme. Einige deuten darauf hin, daß die Besitzer der Stimmen die Erde beobachten, weil alles im Universum miteinander in Beziehung steht und jedes kleine Ereignis das Ganze beeinflußt. Die Bänder machen deutlich, daß die „Stimmen" die Erde daran hindern werden, sich selbst zu zerstören.

Ich weiß nicht, ob diese Stimmen Wesen oder kosmische Computer sind. Ich glaube allerdings, es handelt sich um Intelligenzen. Sie waren so beharrlich, daß ich ihnen schließlich glaubte, weil sich handfeste Dinge abspielten, während die Wissenschaftler die unbekannte Energie erforschten.

Das alles und mein Instinkt drängte mich, über die wissenschaftlichen Tests hinauszugehen und möglichst viele Menschen mit der sonderbaren Energie vertraut zu machen. Zumindest wollte ich ihnen zeigen, welche symbolische Bedeutung scheinbar kleine, aber unglaubliche Ereignisse wie das Verbiegen von Schlüsseln und andere Phänomene haben. Ich glaube, diese Phänomene lassen darauf schließen, daß uns große Entdeckungen - neue Energiequellen, neue Intelligenzen und neue Kontakte mit anderen Kräften oder überlegenen Wesen im Universum - unmittelbar bevorstehen. Das wird uns helfen, uns zu vereinigen, anstatt uns gegenseitig zu vernichten. Das ist gar nicht so unlogisch. Ich denke, jeder moderne Astronom akzeptiert die Theorie, daß es Millionen von anderen Planeten gibt, die mit großer Wahrscheinlichkeit intelligentes Leben beherbergen.

Time drängte uns immer noch, mehr Informationen zu liefern, als die Konferenz in der Columbia-Universität näherrückte. Andrija und ich erklärten uns bereit, uns im Büro der Zeitschrift interviewen zu lassen. Uns beiden gefiel diese Idee nicht, denn nach dem, was wir gehört hatten, war Jaroff, der leitende Redakteur, nicht nur skeptisch, sondern fast schon hysterisch.

Unsere Vorahnung war richtig. Die Atmosphäre bei *Time* war negativ und feindselig. Von einer gesunden Skepsis war nichts zu spüren. Einige Zauberkünstler waren ebenfalls anwesend, und einer von ihnen warf ein, daß ich in Deutschland mit Magiern auf derselben Bühne gestanden hätte. Das Klima war also denkbar ungünstig für Demonstrationen. Dennoch versuchte ich es und hatte Erfolg. Unter anderem verbog ich einen Schlüssel und eine Gabel, die die Redakteure bereitgelegt hatten. Als wir das Bürogebäude verlassen hatten, bemerkte Andrija, es habe eine Atmosphäre wie bei einer Lynchparty geherrscht.

Ich fühlte mich sehr niedergeschlagen. Ich konnte mir leicht denken, was diese Leute schreiben würden, und das Klima beim Interview bestätigte die Gerüchte, die wir gehört hatten. Der Artikel erschien unter dem Titel *„Der Magier und die Denkfabrik"* am 12. März 1973, fast zur gleichen Zeit, als das SRI seine Befunde beim Kolloquium der Columbia-Universität bekanntgab.

Das war ein merkwürdiges Zusammentreffen der Ereignisse. Der *Time*-Artikel war hinterhältig und wimmelte von falschen Behauptungen und versteckten Andeutungen. Ohne die Schlußfolgerungen des SRI zu kennen, versuchten die Schreiber den Eindruck zu erwecken, ich hätte den Wissenschaftlern mit einer Reihe von Tricks Sand in die Augen gestreut. Sie wollten darauf hinaus, daß ich schlauer war als eine ganze Gruppe von hervorragenden

Wissenschaftlern. Dazu müßte ich sehr viel intelligenter sein, als ich bin!

Doch zur gleichen Zeit, als der Artikel in der *Time* erschien, bestätigten die in der Columbia-Universität vorgelegten Befunde, daß die Tests unter kontrollierten Laborbedingungen erfolgreich verlaufen waren. *Newsweek* berichtete über das Kolloquium in einem vorsichtigen, aber fairen Artikel, in dem es hieß, die Beweise seien eine Bestätigung dafür, daß seriöse Folgestudien notwendig seien. Meine Zuversicht, daß *Nature* letztlich die Arbeit von Targ und Puthoff annehmen würde, wuchs.

Es war also eine gemischte Reaktion. Im Grunde machte der *Time*-Artikel mich noch bekannter, und ich wurde zu mehreren der bekanntesten Fernseh-Talkshows in den USA eingeladen.

Jack Paar war der erste. Es war mein erster großer Auftritt im amerikanischen Fernsehen, und ich war ziemlich aufgeregt. Es lief alles hervorragend, die Demonstrationen klappten, und der Auftritt trug dazu bei, daß Yascha und Werner einige Vorträge in Colleges für mich vereinbaren konnten.

Ich freute mich, als ich zur *Jonny-Carson-Show* eingeladen wurde, denn ich wußte, daß Carson eine riesige Einschaltquote hatte. Ich wünschte mir sehr, daß alles gutgehen würde, und darum war ich ungewöhnlich angespannt und nervös. Zunächst schien alles schiefzugehen, obwohl ein Löffel sich verbog, als Ricardo Montalban ihn hielt. Ich fühlte mich unwohl, weil sie mich ständig antrieben. In dieser Show geschah nur sehr wenig, und ich fühlte mich schrecklich. Ich werde es nie vergessen. Millionen von Menschen sahen zu, und ich mußte Heiterkeit vortäuschen und lächeln. Innerlich war ich furchtbar deprimiert.

Es war überaus peinlich. Das Lustige daran war, daß mir nach der Show hinter der Bühne vieles gelang. Eine Medaille verschwand und tauchte wieder auf, Objekte flogen durchs Zimmer, und alle waren verblüfft.

Andererseits war ich zweimal in der Merv-Griffin-Show, und jedesmal lief alles ausgezeichnet. Ringe zerbrachen, und die Telepathie klappte. Auch bei Mike Wallace in „Sixty Minutes" waren die Ergebnisse trotz seiner Skepsis gut. Die Carson-Show war der einzige Fehlschlag, vielleicht deshalb, weil ich mir den Erfolg so sehr gewünscht hatte.

Inzwischen machte mich das Leben in Andrijas Haus draußen in Ossining unruhig, obwohl es dort schön war. Ich war immer gerne aktiv, und ich hatte das Gefühl, eingeengt zu sein. Ich wollte mehr Menschen sehen. Ich mochte die Hektik New Yorks und wollte in der City leben. Yascha und Werner hatten dort in ihrem Apartment ein Büro eingerichtet, und es gab genug Platz für Schipi und mich.

Andrija begann jetzt, sein Buch über unsere Erlebnisse zu schreiben. Wir hatten unseren Streit und unsere Meinungsverschiedenheiten, manchmal ziemlich heftig. Ich mochte Andrija, und ich mag ihn immer noch. Er ist wie ein Vater für mich. Aber es kommt die Zeit, wo der Sohn dem Vater entwächst, und das geschah mit uns. Wir waren uns einig, daß wir uns unter diesen merkwürdigen Umständen nicht gegenseitig besitzen konnten. Ich wollte selbst arbeiten und denken, alleine wachsen und mich weiterentwickeln.

Das sagte ich Andrija, und er stimmte mir zu. Ich sagte, ich wolle mich selbst auf die Probe stellen, wenigstens eine Zeitlang. Als ich nach New York umzog und bei Yascha und Werner wohnte, spürte ich eine neue Unabhängigkeit und ein neues Gefühl der Sicherheit. Ich begann zu verstehen, daß einige Leute sich der Vorstellung, es gebe außersinnliche Kräfte, immer widersetzen würden und daß nichts, was ich sagte oder tat, jemals ihre Meinung ändern konnte. Das würde so bleiben, bis die Wissenschaftler bestätigten, daß meine Kräfte real waren. Aber ich lernte. Ich sah allmählich ein, daß selbst kritische Artikel nützlich waren, weil sie mich bekannt machten und die seltsamen Vorfälle immer wieder in den Blickpunkt der Öffentlichkeit rückten.

Ich machte einige ergänzende Experimente am SRI und hielt Vorträge an Colleges und Universitäten. Ich besuchte die Hochschulen von Yale, Stanford, Berkeley, Kent, Bowling Green, North Carolina und viele andere. Das studentische Publikum war lebhaft, begeistert und aufgeschlossen.

Während ich mich wegen der Carson-Show in Hollywood befand, fragte Maria Janis ihre alten Freunde James und Gloria Stewart, ob sie mich kennenlernen wollten. Ich fuhr mit Byron und Maria eines frühen Abends zum Haus der Stewarts auf einen Drink. James bat mich, für ihn einen Schlüssel zu verbiegen, was ich tat. Dann führte er uns über den Rasen in den Garten, der ein gutes Stück vom Haus entfernt war. Plötzlich hörten wir einen lauten Plumps, als sei etwas Schweres ins Gras gefallen. Maria lief etwa sechs Meter in die Richtung, aus der das Geräusch gekommen war, und kehrte mit einer steinernen Skulptur zurück, die ein ungefähr zwölf Zentimeter langes Flußpferd darstellte. Beide Stewarts erkannten es als Artefakt, das auf einem ihrer Bücherregale gestanden hatte. Ihre beiden goldgelben Hunde hüpften immerzu herum und schnüffelten an der Skulptur. Sie verhielten sich selbst dann noch merkwürdig, als das Kunstwerk in einen Geräteschuppen am anderen Ende des Gartens gebracht worden war. Sie starrten ihm nach, bis wir ins Haus zurückgingen. Auch bei anderen Berühmtheiten ereigneten sich viele verblüffende Vorfälle.

Offenbar kam es häufig zu solchen Phänomenen, wenn ich mit Maria und Byron zusammen war. Sie glaubten daran, daß es Leben auf anderen Planeten geben kann. Marias schöne abstrakte Gemälde, die in vielen Galerien der Welt ausgestellt werden, spiegeln die Unendlichkeit der Galaxien und Sterne wider. Seit ich sie kenne, habe ich immer das Gefühl gehabt, daß ihre Seele, ihr Geist und ihr Körper zu einem großen Teil höheren Ebenen angehören. Byrons Musik machte den gleichen Eindruck auf mich. Wenn er Klavier spielt, sei es Chopin, sei es Rachmaninoff, scheint er die Musik weit über die Tastatur und sogar über den Komponisten hinauszutragen.

Die gleichen sonderbaren Geschehnisse trugen sich immer wieder zu, wenn meine Mitarbeiter anwesend waren, die mit mir die Einzelheiten meiner Auftritte und Vorträge ausarbeiteten und den Film und das Plattenalbum vorbereiteten. Schipi, Melanie, Solveig, Yascha, Werner, mein Anwalt Larry Lighter und Trina Vetter, die später zu uns stieß - sie alle interessierten sich nicht nur für die geschäftliche Seite. Sie waren fasziniert von den rätselhaften Kräften, und fast jeden Tag war mindestens einer dieser Freunde Zeuge der seltsamen Ereignisse, deren Zahl im Laufe der Zeit offenbar zunahm.

Sie alle sind der Meinung, daß diese Erfahrungen ihr Leben verändert haben. Das gilt vor allem für Schipi, der stets überall war - er kümmerte sich um die Details, ging ihnen nach und sorgte dafür, daß alles reibungslos klappte. Ich habe nie vergessen, daß ich ohne Schipi wahrscheinlich heute noch als Angestellter in einer Exportfirma arbeiten würde. Er war derjenige, der mich antrieb und mich aufforderte, hinauszugehen und den Leuten zu zeigen, was ich konnte.

Die restlichen Mitglieder der Gruppe arbeiteten so hart wie Schipi, weil sie, glaube ich, alle der Meinung waren, daß die unbekannten Energien und Kräfte in ihrer Bedeutung über das hinausgingen, was man auf dem Fernsehschirm oder auf der Bühne sehen und in wissenschaftlichen Labors erforschen konnte. Was dort geschah, war in unserem Büro alltäglich.

Können Sie sich vorstellen, wie schockierend es ist, wenn im Laufe der Woche plötzlich ein Glas vom Tisch hüpft und auf dem Fußboden landet, ohne zu zerbrechen? Wenn ein Lichtschalter sich selbst betätigt, ohne daß sich ihm jemand genähert hat? Wenn ein Löffel zerbricht, während Sie am Schreibtisch sitzen und Ihren Kaffee umrühren? Wenn die Zeiger Ihrer Bürouhr sich um mehrere Stunden vordrehen? Wenn ein Briefbeschwerer sich in die Luft erhebt, verschwindet und dann sofort in einer Ecke des Raumes herumrollt? Wenn ein unbezahlbares Chopin-Manuskript vor Ihren Augen verschwindet und kurz darauf in einer Zeitung zum Vorschein kommt? Wenn ein Feuerzeug aus einem Büro verschwindet und in einem anderen wieder auftaucht, obwohl die Türen zwischen beiden Räumen geschlossen sind?

Das geschieht bei uns jeden Tag. Wir führen darüber nicht Buch und müssen uns einfach daran gewöhnen. Ich versuchte herauszubekommen, warum etwas in mir mich drängte, mit möglichst vielen Menschen Kontakt aufzunehmen - im Fernsehen, in einem

Vortragssaal, durch ein Schallplattenalbum, einen Film oder ein Buch. Ich vermute, mein Instinkt, meine innere Stimme wird mir sagen, wann ich damit aufhören soll. Bis dahin bin ich gezwungen, die Menschen zu informieren und in gewisser Weise zu öffnen.

Es gibt Menschen, denen ich sehr nahestehe, so nahe, daß wir uns wie ein Teil des anderen fühlen. Wir alle haben unsere eigene Religion und sind von unterschiedlicher Herkunft; doch wir glauben an einen Gott. Bob Williamson, der Manager des Hotels Hyatt in der Nähe des SRI, wurde ein guter Freund, und wir stehen ständig miteinander in Verbindung. Dr. Louis Shenkman vom Bellevue-Krankenhaus und seine Frau Edna haben mir das Gefühl gegeben, ich sei ein Mitlied ihrer Familie. Meinen Freunden und Mitarbeitern muß ich nichts vorführen, um sie davon zu überzeugen, daß die sonderbaren Kräfte existieren. Dennoch geschehen die ungewöhnlichsten Dinge, wenn ich mit ihnen zusammen bin. Einmal war ich zum Beispiel in der Wohnung der Shenkmans, die einen Ausblick auf den Hudson River bietet. Ich beschloß, die Sofortbildkamera auszuprobieren, die ich eben gekauft hatte.

Am Himmel über ihrem Balkon war nichts zu sehen außer der Silhouette von New York. Ohne die Kamera auf ein bestimmtes Objekt zu richten, drückte ich auf den Auslöser. Auf dem Bild, das eine Minute später entwickelt war, sah ich die klaren Umrisse eines UFOs am Himmel.

Wie kann man solche Ereignisse erklären? Als isolierte Vorfälle könnte man sie für Launen oder Mißgeschicke der Natur halten. Doch wenn sie Teil eines Musters sind, das sich fast jeden Tag weiter entfaltet, lassen sie sich nicht mehr leugnen, erst recht nicht, wenn mehrere Wissenschaftler in verschiedenen Ländern sie bestätigen.

Im Laufe des Jahres 1973 wuchs die Liste der kontrollierten Tests. Oft waren Wissenschaftler anwesend, wenn auch unter weniger formellen Bedingungen als im SRI. Einmal zerbrach ich für Andrija einen Goldring. Er schickte ihn Professor William Tiller von der Stanford-Universität. Dieser ließ ihn im Fachbereich Metallurgie analysieren. Die Wissenschaftler benutzten dafür ein Rasterelektronenmikroskop. Die Bruchstelle glich in keiner Weise einem normalen Bruch. Sie versuchten vergeblich, etwas Ähnliches herzustellen. Was sie unter dem Mikroskop sahen, *„war wenig geeignet, die Frage zu beantworten, warum der Ring zerbrach"*, schrieben sie in ihrem Bericht. Ich hatte den Ring nur leicht berührt.

Eldon Byrd, ein Physiker im technischen Labor der US-Marine, machte einen der interessantesten Tests. Das Labor arbeitete mit einem neuen Metall namens Nitinol, das eine merkwürdige Eigenschaft hat. Wenn man es mit der Hand verbiegt und dann in heißes Wasser legt, schnappt es so schnell in seine ursprüngliche Form zurück, daß es fast aus dem Wasser springt. Ich verbog ein Stück, indem ich es sanft streichelte. Nachdem ich aufgehört hatte, bog es sich weiter bis zu einem rechten Winkel. Byrd war überrascht, weil das Metall sich normalerweise bogenförmig krümmte. Doch der größte Schock stand ihm noch bevor. Er legte das Nitinol in heißes Wasser, und es verbog sich sofort - aber genau in die „falsche" Richtung. Sie machten den Versuch immer wieder, stets mit dem gleichen Ergebnis. Vielleicht suchen sie heute noch nach dem Grund.

Auch die Experimente mit den „Gedankenfotos" gingen weiter. Ich arbeitete dabei mit mehreren führenden Fotografen zusammen. Jedesmal nahm ich ein Foto von mir selbst durch einen soliden Schutzdeckel auf, der fest auf die Linse geklebt worden war. Fast jedesmal befand sich mindestens ein Bild auf dem Film, den die Fotografen selbst eingelegt hatten.

Filme hielten fest, wie eine Gabel unter leichtem Druck zerbrach. *The Modern Churchman* veröffentlichte eine Testreihe, bei der es um das Verbiegen von Metall gegangen war. Dr. Ted Bastin von der Universität Cambridge hatte die Versuche geleitet. Der Fachbereich Physik der staatlichen Universität Kent veröffentlichte einen wissenschaftlichen Bericht von Wilbur Franklin und Edgar Mitchell über Metallgegenstände, die ich verbogen hatte. Auch sie hatten ein Rasterelektronenmikroskop benutzt, um zu untersuchen, wie das Metall gebrochen war. Ihre Schlußfolgerung war, daß der „Geller-Effekt" neu und unerklärlich sei und daß es einen klaren Zusammenhang zwischen Physik und außersinnlichen Fähigkeiten gebe.

Im Jahre 1973 überschlugen sich die Ereignisse. Zeitungen und Zeitschriften wetteiferten mit Rundfunk und Fernsehen, um über mich zu berichten - nicht nur *Time* und *Newsweek*, sondern auch *Business Week, Science* (herausgegeben von der amerikanischen Gesellschaft für wissenschaftlichen Fortschritt), *Paris Match, Stern, Spiegel, Physics, Today, Today's Health* (eine Zeitschrift der amerikanischen medizinischen Gesellschaft), *Human Behavior, Psychology Today, New York Times Magazine, Technology Today* (eine Zeitschrift des Massachusetts Institute of Technology) und Dutzende von anderen Magazinen, ganz zu schweigen von den führenden Zeitungen und wissenschaftlichen Zeitschriften überall auf der Welt. Viele Artikel waren Titelgeschichten.

Das wichtigste für mich war, daß die Berichte der Medien das Interesse der Wissenschaftler an den Phänomenen weckten.

Im Herbst 1973 wußte ich, daß sie die unbekannte Energie eines Tages anerkennen würden, obwohl es einige Zeit dauern mochte, bis alle Wissenschaftler sie akzeptierten. Die Wissenschaftler mußten vorsichtig sein, und sie konnten sich jeweils nur mit einen kleinen Teil des „Geller-Effekts" intensiv befassen. Der erste Bericht des SRI konzentrierte sich beispielsweise auf die Telepathie, trotz aller anderen Effekte mit Metallen und Instrumenten. Und es dauerte Monate, bis der Bericht schließlich in *Nature* erschien. Die Tests an der Universität London beschränkten sich auf Metalle und Instrumente, und es sollte noch lange dauern, bis Berichte darüber in wissenschaftlichen Zeitschriften veröffentlicht wurden.

So wichtig die wissenschaftliche Bestätigung auch war - sie war nur ein Teil des Ganzen. All die unheimlichen Vorfälle mit mechanischen Stimmen auf Tonbändern, der Zusammenhang mit UFO-Erscheinungen, die UFO-Fotos, die Materialisationen und Dematerialisationen - das alles ließ sich *nicht* steuern oder im Labor nachprüfen. Die wissenschaftliche Bestätigung durch kontrollierte Tests war lediglich ein Hinweis darauf, daß die anderen phantastischen und unglaublichen Ereignisse nicht so verrückt waren, wie sie sich anhörten. Außerdem sollten dokumentierte Vorfälle, die durch meine Fernsehauftritte und Schallplatten ausgelöst wurden, sehr bald zeigen, daß auch andere Menschen überall auf der Welt über ähnliche Kräfte verfügen.

Das war selbstverständlich die aufregendste aller Entdeckungen. Denn sie ließ darauf schließen, daß die unbekannte Energie sich auf andere übertragen läßt und daß man diese Menschen dann im Labor wiederholbaren Tests unterziehen kann.

Darum zweifle ich nicht daran, daß die Menschheit in naher Zukunft eine völlig neue Kraft entdecken wird, eine reale und unbestreitbare Energie, die weit hinausgeht über mich und über die Wissenschaftler, die den Mut haben, sie zu untersuchen und sich dabei dem Spott ihrer Kollegen aussetzen. Darum ist es wichtig, Menschen in aller Welt darüber zu informieren, damit sie diese Kraft akzeptieren und zum Wohle der Menschheit nutzen können.

Ich bin davon überzeugt, daß diese Kraft nur für positive Zwecke der Menschen und der Erde eingesetzt werden kann. Ich glaube nicht - aber vielleicht bin ich insofern naiv -, daß die ehrfurchtgebietenden Intelligenzen, die diese Energie erzeugen, es zulassen würden, daß wir mit ihr Unheil stiften.

Doch keines, wirklich keines der seltsamen Geschehnisse, die sich seit jenem Tag im arabischen Garten zugetragen haben, war so dramatisch und unglaublich wie ein Vorfall am Spätnachmittag des 9. November 1973, einem Freitag.

Bevor ich darüber in allen Einzelheiten berichte, möchte ich Sie bitten, Ihre Zweifel zumindest vorübergehend beiseitezuschieben, so wie ich es tun mußte.

19
Eine unglaubliche Geschichte

Mein Körper wird von unsichtbaren Kräften fünfzig Kilometer weit transportiert. Die „metallische Stimme" auf dem Band sagt, „sie" seien dafür verantwortlich. Die Geheimnisse des Universums werden sich uns bald enthüllen.

Es ist unmöglich, diese Geschichte so zu erzählen, daß sie nicht wie Science-Fiction klingt. Ich kann es nicht ändern. Da es selbst mir schwerfällt, dies alles zu glauben, habe ich lange darüber nachgedacht, ob ich die Begebenheit in dieses Buch aufnehmen soll. Aber was geschehen ist, ist geschehen. Zeit und Ort sind real, eindeutig und unbestreitbar. Das Hauptproblem besteht darin, daß das Ereignis unmöglich ist, was die normale Zeit, die Entfernung und die Gesetze der Physik, wie wir sie kennen, betrifft. Schließlich bin ich zu der Auffassung gelangt, daß die Geschichte erzählt werden sollte, weil ich und die anderen Beteiligten wissen, daß sie wahr ist. Meine Freunde und Mitarbeiter haben sie mit mir durchgesprochen und jedes Detail rekonstruiert. Wenn wir geringfügige Abweichungen außer acht lassen, hat sich am Freitag, dem 9. November 1973, folgendes abgespielt:
Gegen vier Uhr nachmittags verließ ich die Wohnung an der East Side im Zentrum von Manhattan, um für meinen Freund Dr. Louis Shenkman ein Fernglas zu kaufen. Ich fand eines, das mir gefiel, kaufte es und ging zum Apartmenthaus von Maria und Byron Janis, ebenfalls an der East Side. Maria hat ein Studio im Souterrain dieses Hauses, und Schipi half ihr, einige Gemälde für eine Ausstellung ihrer Werke zu rahmen.
Ich traf gegen halb fünf im Studio ein. Wir plauderten eine Weile, dann gingen Maria und ich nach oben in ihre Wohnung, um Byron zu begrüßen. Schipi blieb im Untergeschoß und arbeitete. Byron, Maria und ich unterhielten uns oft lange, und wir befanden uns in einem interessanten Gespräch, als ich bemerkte, daß es spät wurde. Ich war mit einem Mädchen aus Israel verabredet, das ich um halb

sieben im Hotel Biltmore abholen sollte. Jetzt war es fast halb sechs, und ich wollte vor der Begegnung noch bei Bloomingdale ein Geschenk kaufen und dann nach Hause gehen, um zu duschen und mich umzuziehen. Ich wußte nicht genau, wann Bloomingdale schloß; darum verabschiedete ich mich von Maria und Byron und ging in Richtung des Geschäfts an der Ecke Neunundfünfzigste Straße und Lexington Avenue, nur ein paar Blocks von der Wohnung entfernt.

Bloomingdale war überfüllt, und darum ging ich zu Hammacher-Schlemmer, das ebenfalls in der Nähe des Apartments liegt. Jetzt war es zwischen halb sechs und sechs, an die genaue Zeit erinnere ich mich nicht mehr.

Bevor ich dieses Kapitel schrieb, bat ich alle, die etwas mit dieser Begebenheit zu tun haben, darüber nachzudenken, was innerhalb dieses Zeitraumes geschehen ist. Maria sagte, ich hätte die Wohnung gegen halb sechs verlassen. Sie und Byron unterhielten sich weiter, und nach Marias Erinnerung sprachen sie sogar darüber, daß ich an diesem Abend offenbar über besonders viel Energie verfügte. Maria hatte die Absicht, Andrija in Ossining anzurufen und ihm einige Fragen über ein Buch zu stellen, das er ihr geliehen hatte. Solveig Clark sagte mir später, sie habe ihr Büro im Gebäude von General Motors genau um 17.30 Uhr verlassen. Das war ihre übliche Zeit. Sie eilte zum Hauptbahnhof, um einen Zug nach Ossining zu erwischen, mit dem sie um 19.04 Uhr dort sein würde. Sie wollte Andrija helfen, der damals am Manuskript zu seinem Buch *Uri* arbeitete. Andrija wollte sie dort am Bahnhof abholen. Mit anderen Worten: Sie befand sich zur selben Zeit auf dem Weg zum Hauptbahnhof, als ich zu Bloomingdale aufbrach.

Schipi verließ Marias Studio und machte sich auf den Weg zu unserem Apartment, das auch Yaschas und Werners Büro war. Beide erwarteten Schipi und mich jede Minute. Schipi weiß nicht mehr genau, wann er das Studio verließ, er schätzt aber, daß es kurz nach sechs war.

Bei Hammacher-Schlemmer betrachtete ich einige Schaufenster und sah dann auf die Uhr. Es war fast sechs. Ich mußte zurück in die

Wohnung gehen und mich umziehen; dann mußte ich mich auf den Weg zum Hotel machen. Um fit zu bleiben, joggte ich oft, wenn ich in New York unterwegs war, und weil ich nicht zu spät kommen wollte, begann ich zu laufen, als ich etwa einen Block vom Apartment entfernt war. Es befand sich östlich der zweiten Avenue, fast schon in der ersten. Inzwischen war es kurz nach sechs Uhr.

Andrija war in seinem Haus in Ossining, mehr als fünfzig Kilometer entfernt. Von Tür zu Tür brauchte man etwa eine Stunde, sowohl mit dem Zug als auch mit dem Auto. Während der Hauptverkehrszeit dauerte es mitunter länger. Er sagte mir später, er habe auf dem Bett gelegen und sich die Sechs-Uhr-Nachrichten angesehen. Danach wollte er zum Bahnhof fahren, um Solveig abzuholen.

Ich erinnere mich genau daran, daß ich mich, während ich auf meine Wohnung zulief, dem Vorbau näherte, der sich neben unserem Wohnhaus befand. Ich hatte das Gebäude beinahe erreicht. Plötzlich hatte ich das Gefühl, daß ich ein paar Schritte zurücklief. Ich weiß nicht, ob ich das wirklich tat, doch diesen Eindruck hatte ich. Dann war mir, als werde ich nach oben gezogen. Körperlich spürte ich nichts. Ich schloß die Augen und öffnete sie, glaube ich, fast sofort wieder.

Als ich das tat, schwebte ich in der Luft über einen etwa dreißig Zentimeter von einem Vorbau entfernten Rhododendronbusch. Gleich würde ich aus zweieinhalb oder drei Metern Höhe durch das Insektengitter unter mir stürzen. Um mich auf den Sturz vorzubereiten, drehte ich die rechte Schulter in Richtung Gitter und streckte die Hände nach vorne. Ich durchbrach das Gitter und landete auf einem runden Tisch mit einer dicken Glasplatte. Zuerst prallte ich mit den Händen auf, und die Platte kippte und zerschellte auf dem Boden. Ich schlug mit dem Knie an den Holzteil des Tisches, und dieser fiel um. Ich landete auf dem Fußboden des Vorbaus. Die ganze Zeit über war ich bei klarem Bewußtsein, wenn auch leicht benommen, als ich auf den Tisch und auf den Boden prallte. Die Knie taten mir weh, und ich hatte Angst, mich zu bewegen, weil ich damit rechnete, mir einen Knochen gebrochen zu haben. Schockiert war ich, als ich den Vorbau und den Tisch erkannte. Das war Andrijas Veranda mit Gitterwänden in Ossining, daran bestand kein Zweifel. Eben war ich noch in der East Side von Manhattan gewesen, im nächsten Augenblick krachte ich durch das Drahtgitter eines Vorbaus in Ossining. Alles, was ich mitbekommen hatte, war der Sturz durch das Gitter und der Aufprall auf dem Tisch und dem Boden. Ich rief so laut ich konnte nach Andrija, aber er antwortete nicht sogleich. Ich erinnere mich daran, daß mir kalt war und daß ich Durst hatte. Immer noch wagte ich nicht, mich zu bewegen.

Später fügte Andrija noch weitere Informationen hinzu. Er hatte etwa die Hälfte der Sechs-Uhr-Nachrichten gesehen. Gegen 18.15 Uhr hörte er ein Krachen und gleich darauf ein dumpfes Geräusch, als habe etwas die Seite des Hauses getroffen. Er sprang sofort vom Bett auf - sein Schlafzimmer befindet sich im ersten Stock auf derselben Seite des Hauses wie der Anbau - und eilte durchs ganze Haus, um nachzusehen, was passiert war. Da es ein windiger Abend war, dachte er, der Wind habe vielleicht einen Baum gegen das Haus geschleudert. Er lief von Zimmer zu Zimmer, konnte aber nichts Ungewöhnliches entdecken. Dann ging er durch die Haustür zur Veranda. Der vergitterte Teil ist einige Schritte von der Tür entfernt. In der Dunkelheit konnte er nichts sehen, aber er hörte, wie ich nach ihm rief. Um den vergitterten Teil der Veranda zu erreichen, mußte er zurück ins Haus durchs Eßzimmer und durch sein Arbeitszimmer gehen.

Er knipste das Licht an und öffnete die Tür zur Veranda. Wie er mir erzählte, sah er mich zusammengesackt zwischen Glassplittern und dem zertrümmerten Tisch liegen. Dann blickte er nach oben und sah ein großes, klaffendes Loch im Drahtgitter, das über seinem Kopf von oben her eingerissen war. Er sah auch, daß ich ein Päckchen in der Hand hielt - das Fernrohr, das ich zuvor in New York gekauft hatte.

Ich hatte mich wieder soweit gefangen, daß ich mithelfen konnte, als mich Andrija zur Couch im Arbeitszimmer schleifte. Da er Arzt ist, untersuchte er mich gründlich. Offenbar war ich nicht verletzt, und ich hatte keine Schmerzen außer im Knie. Ich stand auf und ging umher. Ich fühlte mich schwach, aber gesund.

Maria, die in ihrem New Yorker Apartment war, erinnert sich daran, daß sie zwischen 18.10 Uhr und 18.15 Uhr beschloß, Andrija anzurufen. Das Telefon klingelte in Ossining, als ich noch auf und ab ging und mir zu erklären versuchte, was sich abgespielt hatte. Andrija ging ans Telefon. Er klang verdutzt. Er sagte etwas wie: „Hier ist ein Freund, der mit Ihnen sprechen will." Er reichte mir den Hörer, und ich sagte: „Ich bin hier." Jetzt war Maria erschrocken. Sie hatte mich vor weniger als einer halben Stunde in New York gesehen, als ich gegen halb sechs ihre Wohnung verlassen hatte. Ich berichtete ihr, daß ich innerhalb eines Augenblicks von New York nach Ossining gelangt war. Andrija ging wieder ans Telefon und beschrieb die Szene, die er auf der Veranda vorgefunden hatte.

Ich fühlte mich immer noch schwach, dennoch rief ich Yascha und Werner an. Später sagten sie, meine Stimme habe geschwankt. Es war jetzt etwa zwanzig nach sechs. Schipi war noch nicht in der Wohnung angekommen. Ich wollte Yascha und Werner nur berichten, was geschehen war, und sie später noch einmal anrufen.

Schipi traf kurz nach meinem Anruf im Apartment ein. Er fand Yascha und Werner verwirrt und aufgeregt vor. Als sie ihm sagten, ich sei in Ossining, meinte er, das sei unmöglich, da er mich erst vor kurzem beim Verlassen von Marias und Byrons Wohnung gesehen habe. Später sagte Schipi: „Anfangs fürchtet man sich, wenn sich diese seltsamen Dinge ereignen. Doch dann gewöhnt man sich daran."

Als Andrija und ich uns beruhigt hatten, dachten wir selbstverständlich das gleiche: Entweder waren alle Beteiligten - Yascha, Schipi, Werner, Maria, Byron, Andrija und ich - völlig verrückt, oder wir waren Zeugen des bisher dramatischsten Vorfalles gewesen. Tatsache war: Kein von Menschen erdachtes Transportmittel konnte mich zwischen 18.10 Uhr und 18.15 Uhr in praktisch einem Augenblick von der East Side Manhattans in Andrijas Haus in Ossining versetzt haben.

Andrija dachte, wir könnten vielleicht durch das Tonbandgerät eine Antwort finden. Er holte es und schaltete es ein. Die mechanische Stimme meldete sich fast sofort und erklärte, die geheimnisvollen Kräfte hätten mich fast augenblicklich von New York nach Ossining gebracht. Dann machte die Stimme wichtige Aussagen zu den Zunkunftsplänen, die Andrija und ich hatten. Die Tonbandbotschaft war recht kurz. Sie erwähnte auch die Schwierigkeiten, die Andrija und ich miteinander hatten, und fügte hinzu, ich solle selbständiger werden, denn der freie Wille des Menschen sei stets vorrangig.

Inzwischen befand Solveig Clark sich im Zug nach Ossining. Sie schrieb nach bestem Wissen nieder, woran sie sich noch erinnert:

„Ich hatte Andrija Puharich versprochen, am Wochenende vorbeizukommen, um ihm bei seinen Schreibarbeiten zu helfen. Ich wollte vom Hauptbahnhof aus den Eilzug nehmen, der um 19.04 Uhr in Ossining ankommt, und Andrija wollte mich am Bahnhof abholen. Der Zug fuhr pünktlich ein, aber Andrija war nicht da. Ich wartete etwa zehn Minuten, weil ich dachte, er werde bald kommen. Doch als ich allein im Bahnhof war, ging ich in eine Telefonzelle und wählte Andrijas Nummer.

Ich war verblüfft, als ich am anderen Ende Uris Stimme hörte. Ich hatte nämlich am selben Tag mit ihm gesprochen, und er hatte nicht erwähnt, daß er Andrija besuchen würde. Als ich im Hintergrund den Kassettenrekorder hörte, hatte ich sofort das Gefühl, daß etwas Merkwürdiges geschehen war. Uri sagte nur: ‚Wir sind in fünfzehn Minuten dort und holen dich ab' und hängte ein.

Ich wartete gespannt, auf alles gefaßt. Sie kamen in Andrijas VW - sein Mercedes war in Reparatur. Ich kletterte auf den Rücksitz und erfuhr, was sich zugetragen hatte.

Als wir bei Andrija ankamen, knipste dieser das Licht auf der Veranda an, und ich sah die Bescherung. Es sah aus wie nach einer Katastrophe. Oben im Drahtgitter über den Rhododendronbüschen, die einen Teil der Veranda säumten, war ein großes Loch. Der Holztisch war kaputt, und überall lagen Glassplitter herum, teils große Stücke, teils Glasstaub.

Uri hatte seinen Schock überwunden und befand sich in einem Zustand des Staunens und der Erregung. Wäre einem anderen Menschen das gleiche zugestoßen, hätte er sich gewiß in einem tiefen Schockzustand befunden. Ich war stolz auf Uris seelische und körperliche Kraft. Er war in der Lage, nach einem solchen Erlebnis sein emotionales Gleichgewicht und seinen Humor zu bewahren. Das vermittelte mir den Eindruck, als handle es sich um ein völlig normales Abenteuer in der natürlichen Umwelt des Menschen, deren Teil wir sind."

Ich drucke Solveigs Worte hier ab, weil sie einen sehr klaren Verstand hat und eine gute Beobachterin ist. Als sie ankam, wurde sie auch aus einem ganz nüchternen Grund dringend gebraucht: Aus irgendeinem Grund war ich hungrig wie nie zuvor in meinem Leben. Sie servierte uns Rührei und Salat, während wir versuchten, mehr über den Vorfall herauszubekommen.

Zur Sicherheit ging Andrija mit einer Lampe vor die Veranda und suchte nach Fußspuren. Er fand keine. Dann überprüften wir das Drahtgitter. Es war zweifellos *von außen nach innen zerrissen* worden, und zwar an einem sehr hohen Punkt. Offensichtlich war ich mindestens aus zwei Metern Höhe hinabgestürzt. Einen Fahrstuhl gab es nicht. Immer wieder fragte ich mich: „Warum ist das passiert?" Physisch hatte ich nichts wahrgenommen. Es war ein Gefühl, als hätte ich mich nicht mehr auf dem Gehweg in New York befunden, sondern plötzlich in der Luft über dem Drahtgitter geschwebt. Alles war sehr schnell geschehen. Ich hatte den Draht durchbrochen und war auf den Tisch gestürzt, die Glasplatte war heruntergefallen und zerbrochen; dabei hatte sie mich am linken Bein verletzt. Dann war ich auf den Boden gefallen - 36 Straßenmeilen von Manhattan entfernt. Welcher Transformation oder Beförderung war mein Körper ausgesetzt gewesen? War ich Molekül für Molekül zerlegt worden? War ich durch eine andere Dimension gestoßen oder von einem Strahl oder einem Raumschiff teleportiert worden? Was war geschehen? Ich weiß es nicht. Und warum hatte ich die ganze Zeit über das Fernrohr bei mir behalten? Je mehr ich darüber nachdenke, desto klarer wird mir, wie klein wir alle sind, wieviel wir nicht wissen, wieviel mehr es zu wissen gibt. Wenn wir zuviel Strom in ein Radio leiten, brennt es aus. Ebenso verhält es sich mit unserem Geist. Wenn wir plötzlich zuviel wissen, verlieren wir den Verstand. Vielleicht will ich gar nicht mehr über das Ereignis wissen. Vielleicht sollte ich die Dinge einfach auf mich zukommen lassen. Ich möchte nicht ausbrennen. Aber ich möchte meine Fähigkeiten gerne voll nutzen.

Als wir das Abendessen verzehrten, fühlte ich mich besser, und ich fragte Andrija: „Würde es dir etwas ausmachen, mich nach Manhattan zurückzufahren?"

„Nach dem, was geschehen ist, würde ich dich überall hinfahren", antwortete er.

Es war kalt, und ich war nicht warm angezogen. Ich hatte eine alte Eisenhower-Jacke von Schipi an, die mir nicht einmal paßte. Dennoch stiegen Solveig, Andrija und ich in den VW und fuhren in Richtung Manhattan. Andrija und ich hatten kurz über die Botschaft auf dem Band gesprochen, und wir hatten sogar den Rekorder bei uns. Die Kassette war noch darin, was ein bißchen ungewöhnlich war, und darum spielten wir Solveig ein paar Sätze der seltsamen Stimme vor. Sie war außerordentlich beeindruckt. Solveig spricht mehrere Sprachen und ist sehr an verschiedenen Sprechweisen interessiert. Sie sagte, die männliche Stimme auf dem Tonband habe nichts wirklich Besonderes an sich, abgesehen davon, daß sie offenbar sehr korrekt Englisch sprach und wie eine menschliche Stimme ohne Humor, Akzent oder Höhen und Tiefen klang. Doch sie strahlte eine Menge Autorität aus. Solveig verspürte kein unheimliches Schaudern; aber in der Stimme schwangen Kraft und Selbstsicherheit mit.

Die Fahrt zurück zum Apartment in New York dauerte fast eine Stunde. Erst während dieser Fahrt wurde ich mir der Tatsache voll bewußt, daß ich nicht auf normalem Weg nach Ossining gelangt war. Plötzlich packte mich wieder der Schrecken. Die lange, öde Straße, der Verkehr, die Lichter der Stadt - das alles hatte ich auf dem Weg zu Andrija nicht gesehen. Dann dachte ich an die vielen anderen sonderbaren Vorkommnisse, an Andrijas Hund und an die

Objekte, die sich in Wohnungen und in den Labors berühmter Wissenschaftler dematerialisiert und materialisiert hatten. Das alles deutete auf eine ganz neue Welt hin, in der die Wissenschaft sich auf eine gefährliche Begegnung mit Wundern gefaßt machen mußte - und ich durfte dabei eine Rolle spielen. Je mehr ich darüber nachdachte, desto mehr wuchs mein Selbstbewußtsein. Ich hatte das Glück, ein Kanal für gewaltige Energien und Mächte zu sein, die wir lediglich entdecken und unvoreingenommen erforschen mußten.

Das alles sagten mir nicht nur die Symbole an der Oberfläche, zum Beispiel das Verbiegen von Metall, sondern auch die Gedichte, die mir zuströmten. Ihre Worte und Bedeutungen, selbst wenn sie dunkel waren, schienen die einfachen Kunststücke zu ergänzen. Und zusammen sind sie vielleicht eine Brücke zum tieferen Verständnis des Universums, der Intelligenzen, die viel größer sind als wir, und eines Gottes, der noch viel größer ist.

Diese Gedanken kamen mir in dem engen Volkswagen in jener kalten Nacht, als wir nach New York zurückfuhren. Nur wenige Stunden zuvor hatte der Hinweg lediglich Sekundenbruchteile gedauert - eine Szene, die kein Science-Fiction-Autor dramatischer hätte gestalten können. Dennoch war sie real, absolut real, am 9. November 1973 kurz nach sechs Uhr nachmittags. Und wenn sie damals real war, wird sie auch in Zukunft real sein. Einerlei, was „Spectra" ist - ob es in einem UFO, in einem anderen Raumfahrzeug oder in einem Tonbandgerät steckt -, ich bin heute davon überzeugt, daß es keine Illusion, keine Laune der Natur ist, sondern eine Realität.

Aber „Spectra" ist kein Gott. Es muß eine Art großartige, intelligente Energie im Raum sein, die uns und Gott gleichzeitig dient. Es ist nicht wichtig, aus welchem Teil welcher Galaxis sie stammt.

Diese plötzliche Vermischung der wissenschaftlichen Erkenntnisse mit dieser neuen großen Kraft ist etwas Sonderbares. In den Worten, die durch mich übermittelt werden und die ich festzuhalten und aufzuschreiben versuche (machen Sie sich bitte keine Gedanken darüber, ob es sich um Kunst handelt oder nicht), empfange ich Lichtblitze, die weit über die engen Grenzen unseres Vorstellungsvermögen hinausreichen:

Ja, aber ich kenne die Wahrheit,
Sie liegt tief in dir:
Die Wahrheit des mystischen Wissens, für das alle Pracht nur Tarnung ist;
Das Wissen, das Unglaubliche zu beherrschen und zu vollbringen;
Die unerträgliche Pflicht, die dir ohne jede Vorwarnung auferlegt wurde;
Das Wissen, das dir Macht, Mut und Größe geben wird,
Die größte, gewaltigste, positive, erschreckende, donnernde Tat zu sehen und zum Blühen zu bringen;
Die Tat, die alles Wissen auf Erden und selbst darüber hinaus verändern wird.

Ich *weiß*, daß uns die Mysterien des Universums in naher Zukunft enthüllt werden und daß die unbekannte Energie, die sich heute manifestiert, der Schlüssel zur Harmonie und zur Ordnung für uns alle ist - nicht an einem fernen Tag, sondern sehr bald.

IV

In Richtung Frieden

20
Mein Leben unter den Reichen und Prominenten

Mexikos Präsident bittet mich, für sein Land Öl zu suchen. Ich werde der beste Freund der First Lady Mexikos. Wie ich Henry Kissinger von meinen Fähigkeiten überzeuge. Präsident Carter fragt mich, ob ich Amerikas Energiekrise lösen könne. General Mosche Dayan möchte mich zum paranormalen Superspion machen. Die CIA testet meine Fähigkeit als Agent. Ich arbeite für das FBI und finde einen Entführten. Meine Friedensmission auf Khashoggis James-Bond-Party.

Meine Autobiographie erschien 1975 in englischer Sprache unter dem Titel *My Story* (Meine Geschichte). Ein Jahr später folgte die Taschenbuchausgabe. Innerhalb kurzer Zeit wurde dieses Buch in mehr als zwanzig Sprachen übersetzt. Meine Fernsehauftritte, die Titelgeschichten vieler Zeitschriften in aller Welt und das Buch führten dazu, daß ich sehr viele Einladungen erhielt, nicht nur von Organisationen der Unterhaltungsindustrie und von den Medien, sondern auch von reichen und prominenten Leuten.

Im Spätsommer des Jahres 1976 befanden Schipi und ich uns auf einer PR-Reise durch Mexiko. Mein Buch war eben erst auf Spanisch erschienen. Am Abend vor unserer geplanten Abreise trat ich im Fernsehen auf. Als wir am folgenden Morgen bereits die Koffer in die Halle unseres Fünf-Sterne-Hotels hatten bringen lassen, erhielt ich einen Telefonanruf, der mir den Besuch von Frau Carmen Romano de Lopez Portillo ankündigte, der künftigen First Lady des Landes. Ihr Mann, der damalige Finanzminister, war zum Präsidenten nominiert worden, und während der landesweiten Wahlen war sein Bild auf Plakaten in ganz Mexiko zu sehen. Wir beschlossen, unsere Abreise um einen Tag zu verschieben.

Kurz nach diesem Anruf teilte der Portier uns mit, Frau Portillo sei eingetroffen. Als wir durchs Fenster blickten, sahen wir überall Polizisten und Soldaten. Bald gingen einige von ihnen in unser Stockwerk hinauf und verteilten sich dort. Dann klopfte jemand an die Tür. Wir öffneten und sahen uns einer exotischen Schönheit gegenüber, die durchaus Filmschauspielerin hätte sein können.

Nachdem wir Platz genommen hatten, kam sie sofort zur Sache: „Ich habe gestern Abend Ihre Show gesehen. Es war unglaublich. Ich hielt meine kaputte Uhr in der Hand - und sie fing an zu ticken. Mein Sohn hatte einen Löffel - und er verbog sich! Es war phantastisch. Mein ganzes Leben lang habe ich mir gewünscht, jemanden wie Sie kennenzulernen. Ich glaube an Ihre Kräfte. Sie müssen in Mexiko bleiben."

Das hörte sich fast wie ein Befehl an. Wir unterhielten uns etwa zwei Stunden lang, dann sagte sie: „Jetzt kommen Sie mit mir!"

Wir fuhren durch den regen Stadtverkehr zu ihrer Villa, begleitet von Polizeiautos mit Blaulicht und heulenden Sirenen. Sie stellte uns ihren drei Kindern und ihrer Mutter vor. Wir verbrachten den Tag bei ihr, und am Abend gingen wir zum Essen aus. Selbstverständlich mußten wir unseren Flug erneut verschieben. Am nächsten Tag wurden wir ihrem Gatten in dessen Büro vorgestellt. Er hieß uns willkommen und sagte mit einem Lächeln: „Verbiegen Sie hier nichts!" Es dauerte allerdings nicht lange, bis er mich doch bat, einen Teelöffel zu verbiegen. Dann versuchte er es selbst, genau wie all die Topmanager, Präsidenten, Minister, Generäle und anderen Berühmtheiten, denen ich begegnet war. Und wie den meisten von ihnen gelang es ihm nicht.

Seine Frau hatte mich gebeten, sie Muncy zu nennen. So nannten sie ihre Freunde. Sie wollte mich auch Präsident Echeverria vorstellen. Wir fuhren nach Los Pinos, dem „Weißen Haus" Mexikos. Ich wurde zum Büro des Präsidenten eskortiert und fand dort einige Männer vor, die an einem Tisch saßen, ohne daß jemand präsidiert hätte. Offenbar erwarteten sie von mir, den Präsidenten herauszufinden, dessen Bild ich nie gesehen hatte. Ich entschied mich für einen der Männer, und es war Gott sei Dank der richtige.

Nachdem ich einige höfliche Worte über die Schönheit des Landes geäußert hatte, fragte er mich rundheraus: „Können Sie für uns Öl finden?" Ich dachte, er mache einen Scherz. „Selbstverständlich, Herr Präsident", antwortete ich. „Ich kann es zumindest versuchen. Aber ich kann nichts garantieren." Wie sich später herausstellte, war dies kein Scherz. Dieses Gespräch veränderte mein Leben sehr; doch darüber möchte ich in einem späteren Kapitel berichten.

Muncy bat mich, meinen Hauptwohnsitz nach Mexiko zu verlegen. Ich erklärte ihr, ich sei ständig unterwegs, und sie nahm mir das Versprechen ab, so oft wie möglich in ihr Land zu kommen. Sie telefonierte mit dem Direktor von Aeromexico, und bald darauf unterzeichneten wir einen Vertrag, in dem ich mich verpflichtete, hin und wieder ein T-Shirt mit der Aufschrift „Aeromexico" zu tragen. Dafür sollte ich von dieser Fluggesellschaft jederzeit und auf sämtlichen Flügen ein Ticket erster Klasse bekommen. Ein Freund der Familie Portillo vermietete mir zu einem geringen Preis ein luxuriöses Apartment mit Schwimmbad. Ich war damals dreißig Jahre alt und lebte wie ein reicher Prinz.

Bevor ich zu einer bereits geplanten Serie von Auftritten in anderen Ländern aufbrach, mußte ich Muncy versprechen, rechtzeitig zur Amtseinführung des neuen Präsidenten zurück zu sein. Als ich dann kam, wurde ich wie ein Fürst empfangen. Kurze Zeit später lernte ich die neuen Kabinettsmitglieder kennen. Ich zeigte ihnen einige meiner Künste, und sie waren sehr beeindruckt. Ich hatte das Gefühl, daß sämtliche Minister bereit waren, all meine Wünsche zu erfüllen, einerlei, worum es sich handelte.

Eines Morgens wachte ich aus einem Traum auf, in dem es um ein großes Feuer ging, das den Präsidenten bedrohte. Ich rief seinen Sohn an, der inzwischen ein guter Freund geworden war, und bat ihn, seinen Vater zu warnen. Am nächsten Tag brannte die Halle, in der Portillo eine Rede halten sollte, kurz vor seiner Ankunft ab.

Ich war jetzt nicht nur mit Muncy, sondern mit der ganzen Familie eng befreundet. Eines Tages, als wir uns im Garten aufhielten, fragte mich der Präsident, ob ich meine übersinnlichen Kräfte auch beim Bogenschießen anwenden könne. Da ich diesen Sport nie

ausgeübt hatte, erwiderte ich: „Ohne diese Kräfte hätte ich damit
überhaupt keinen Erfolg. Aber ich will es versuchen." Ich nehme
neue Herausforderungen immer an. Denn ich möchte gerne wissen,
ob meine Kräfte sich auch in ungewohnten Situationen bewähren.
Also konzentrierte ich mich darauf, den Pfeil in die Mitte der Ziel-
scheibe zu befördern, und spannte den Bogen. Zu seiner und meiner Überraschung ging der Schuß ins Schwarze. Solche Vorfälle
begleiten mich durchs ganze Leben, und meine Freunde könnten
viele Geschichten darüber erzählen. Wenn ich all diese Ereignisse
im Kopf behalten könnte, ließe sich ein dickes Buch damit füllen.
Obwohl Muncy, die jetzt First Lady war, eine Menge Arbeit hatte -
hauptsächlich wohltätiger Art -, trafen wir uns ziemlich oft oder
gingen zusammen essen. Bald verbreitete sich das Gerücht, wir
hätten eine Liebesaffäre. Als ich mit ihr darüber sprach, sagte sie:
„Das kümmert mich nicht."
Muncy lud mich auf ein großes Bankett zu Ehren von Rosalynn
Carter ein, der Frau Jimmy Carters, des gewählten, aber noch nicht
eingeführten Präsidenten der USA. Sie wurde von Henry Kissinger,
dem amerikanischen Außenminister, und vom Sohn Präsident
Fords begleitet. Muncy veranlaßte, daß ich zwischen den beiden
Ehrengästen saß. Rosalynn Carter und zu meinem Erstaunen auch
Henry Kissinger waren dem Paranormalen gegenüber sehr
aufgeschlossen. Kissinger sagte: „Es wäre unklug, die Existenz
gewisser unerklärlicher Phänomene zu leugnen."
Als der Kaffee serviert wurde, nahm ich einen Kaffeelöffel und bat
Frau Carter, ihn in der Hand zu halten, wärend ich meine Hand
darüberlegte. Der Griff des Löffels krümmte sich nach oben. Sie
war verdutzt und lachte. Als ich meine Hand wegnahm, verbog der
Löffel sich weiter, bis er einen Winkel von etwa 90 Grad bildete.
„Oh", sagte sie, „das müssen meine Freunde zu Hause sehen. Das
muß ich Jimmy zeigen." Ich bat sie, den Löffel zur Erinnerung zu
behalten.
Dann wandte ich mich Kissinger zu und sagte: „Mit Ihnen würde
ich gerne etwas anderes tun." Abwehrend entgegnete er: „Nein,
nein. Versuchen Sie nicht, meine Gedanken zu lesen. Ich weiß

zuviel!" Ich beruhigte ihn mit der Zusicherung, er brauche lediglich außerhalb meiner Sichtweite etwas zu zeichnen. Das tat er. Dann bat ich ihn, seine Zeichnung in Gedanken mehrere Male zu wiederholen. Ich fertigte eine Zeichnung an, und als wir beide Werke verglichen, waren sie in Form und Größe nahezu identisch. Kissinger wurde bleich und fragte: „Was haben Sie mir sonst noch abgezapft?" Ich versicherte ihm, ich hätte nur seine Zeichnung empfangen. Er bemerkte: „Anscheinend ist alles wahr, was ich über Sie gehört habe. Ich weiß von Ihren paranormalen Fähigkeiten, aber ich hätte nie gedacht, daß sie sogar auf einer Party derart präzise anwendbar sind." Nachdem Schipi und ich nach einer sehr erfolgreichen Demonstrationsreise durch Brasilien, die mir ungefähr eine Million Dollar einbrachte, in unsere New Yorker Wohnung zurückgekehrt waren, rief mich Anfang Januar 1977 eine Dame an, die mit der Familie Carter verwandt war und sich um die Einladungen zur Amtseinführung Jimmy Carters kümmerte. Sie sagte, Frau Carter wolle mich und Schipi als Ehrengäste zu dieser wichtigen Feier bitten. Sie buchte für uns sofort ein Zimmer in jenem Nobelhotel in Washington, in dem alle eingeladenen Verwandten des neuen Präsidenten wohnen würden.

Dort begegnete ich auch Jimmy Carters Bruder Billy, der an meine Kräfte glaubte und mich unverzüglich um eine Demonstration bat. Wir wurden zu allen großen Veranstaltungen eingeladen, auch zum Empfang im Weißen Haus eine Woche später.

Ehe ich davon erzähle, muß ich jedoch ein wenig abschweifen. Während meines Aufenthalts in Mexiko traf ich einen CIA-Beamten, der herausfinden wollte, ob meine übersinnlichen Kräfte dem Geheimdienst nutzen konnten. Als er hörte, daß ich der Amtseinführung Präsident Carters beiwohnen würde, überredete er mich dazu, dem Präsidenten folgende telepathische Botschaft zu senden: „PSI-Forschung ist unbedingt notwendig. Sowjets haben bereits einen Vorsprung. Geld für diesen Zweck ist erforderlich." Als ich im Weißen Haus ankam, war ich durchaus bereit, dem Präsidenten diese Worte zu übermitteln, und ich hatte mich bereits für einen Betrag von sechs Millionen Dollar entschieden.

Fast die Hälfte aller Leute im Weißen Haus kam aus Georgia. Plötzlich standen der Präsident und seine Frau vor mir, und Rosalynn sagte: „Oh, Jimmy, das ist Uri Geller, der junge Israeli, von dem ich dir so viel erzählt habe." Der Präsident schüttelte mir etwa sechs Sekunden lang die Hand. Während dieser Zeit konzentrierte ich mich darauf, ihm meine vorbereitete telepathische Botschaft zu übermitteln.

Dann lächelte Jimmy Carter und fragte: „Können Sie unsere Energiekrise lösen?" Es war das zweitemal, daß ein Staatsoberhaupt mir diese Frage stellte. Ich weiß nicht mehr, was ich antwortete, aber ich hatte das sichere Gefühl, daß meine telepathische Botschaft ihr Ziel erreicht hatte. In solchen Augenblicken weiß ich, daß ich etwas Nützliches geleistet habe.

Am 10. Januar 1984 las ich in der *New York Times*, Präsident Carter habe 1977 nach einem privaten Gespräch mit Uri Geller einen ausführlichen Bericht über den Stand der parapsychologischen Forschung in der Sowjetunion angefordert.

Wann immer ich von meinen vielen Reisen nach Mexiko zurückkehrte - unter anderem war ich in Paraguay, wo ich Präsident Stroessner von meinen Fähigkeiten überzeugen mußte -, traf ich Muncy, und wir besuchten ein Luxusrestaurant. Obwohl ich täglich etwa acht Kilometer lief, um mich fit zu halten, schadete das ungesunde Essen meiner Gesundheit. Ich wurde immer schwächer, und eines Tages sagte mir ein Freund, ich sähe aus wie ein Gefangener in einem Konzentrationslager. Er hatte recht - ich litt an Bulimie. Hanna und ihr Bruder, die mich besuchten, überzeugten mich davon, daß ich meine Eßgewohnheiten ändern mußte.

Pepito, Muncys Sohn, erzählte mir, die Gerüchte über seine Mutter und mich hätten sich verstärkt. Doch sein Vater sei davon überzeugt, daß sie und ich lediglich gute Freunde seien. Anfang 1978 lud Muncy mich ein, sie in Cancun, einem hübschen Seebad, zu besuchen. Wie üblich waren wir von zahlreichen Leibwächtern umgeben. Der Londoner *Daily Express* meldete am 10. Februar unter einer dicken Schlagzeile, mich verbinde mit Präsident Lopez Portillos Frau Carmen mehr als nur Freundschaft, und das alles könne sich sehr wohl zu einem mexikanischen Watergate ausweiten. Dem Hotelpersonal in Cancun zufolge hätte ich gesagt: „Es stimmt, daß ich in Carmen verliebt bin - aber auch in ihren Gatten und in ihre Kinder."

Wer intrigierte gegen mich? Wie war die Geschichte in den *Daily Express* gelangt? Am selben Tag rief mich Pepito, der Sohn des Präsidenten, an und sagte mir, der Artikel liege auf dem Schreibtisch seines Vaters und dieser sei wütend darüber. Er riet mir, das Land sofort zu verlassen. Wir nahmen noch am selben Abend das Flugzeug nach New York.

Unter den vielen Prominenten, die ich traf, waren auch Politiker, die sich sehr für meine Vorführungen interessierten. 1980 lud mich die parapsychologische Gesellschaft der UNO ein. Ich hätte nie gedacht, daß eine solche Organisation existiert. Das Dag-Hammarskjöld-Auditorium war mit Mitgliedern der UNO und Gästen nahezu gefüllt, und ich hatte das Gefühl, daß die meisten von ihnen aus kommunistischen Ländern kamen. Sogar einen FBI-Agenten, den ich vor einiger Zeit kennengelernt hatte, entdeckte ich unter ihnen. Ich bin sicher, daß er nicht meine Vorführung, sondern die Reaktionen der anderen beobachten wollte. Einige Geheimdienste versuchten, meine Kräfte für sich nutzbar zu machen. Und einige behielten mich im Auge, um sich zu vergewissern, daß ich nicht für „die anderen" arbeitete. Darüber darf ich selbstverständlich nicht sprechen, abgesehen von den Ereignissen, die ohnehin bekannt sind.

Die israelische Regierung war sehr an mir interessiert. Mitglieder der Knesset luden mich ein. Einmal, als ich für Schimon Perez eine Vorführung gab, verbog sich der Füllhalter in seiner Tasche und durchstach schließlich den Stoff. Ich führte private Gespräche mit Golda Meir und mit dem Chef des militärischen Geheimdienstes, General Aharon Yariv. Auch General Dayan rief mich einmal an und lud mich zum Essen ein. Im Restaurant unterhielten wir uns über persönliche Angelegenheiten. Er fertigte eine Zeichnung an, die ich „empfing", und ich zeichnete etwas, was er „empfing". Außerdem verbog ich für ihn einen Schlüssel. Er war begeistert, und zwei Wochen später lud er mich in sein Haus ein. Nachdem er mir seine archäologische Sammlung gezeigt hatte, sagte er: „Uri, ich habe in diesem Zimmer ein Foto versteckt. Ich möchte, daß Sie es finden, und bevor Sie danach suchen, möchte ich, daß Sie es mir beschreiben."

Es kam oft vor, daß jemand Halsbänder oder Ringe versteckte, die ich dann suchen mußte. Meist hatte ich dabei Erfolg. Doch ich hatte nie versucht, ein Foto zu finden. Ich sagte, ich sei nicht sicher, ob es mir gelingen werde, aber ich wolle es dennoch probieren. Ich streckte die Arme aus und ging im Zimmer hin und her. Dann hielt ich vor einem Bücherregal an, auf dem etwa vierzig Bücher standen. Ich zeigte auf eines der Bücher und sagte: „Es ist in diesem Buch."

„Sie haben recht", erwiderte Dayan. „Aber sagen Sie mir, was auf dem Bild ist." Ich bat ihn, sich das Foto vorzustellen und mir gedanklich zuzusenden. Ich empfing eine Menge Eindrücke, doch nach einer Weile sah ich deutlich die israelische Flagge. Als ich es ihm sagte, setzte er sich in seinen Lehnstuhl und lachte. Ich fragte ihn, ob ich völlig daneben liege, und er antwortete: „Öffnen Sie das Buch, und sehen Sie selbst." Ich fand kein loses Foto. Er nahm mir das Buch aus der Hand, öffnete es auf Seite 201 und zeigte auf ein Foto, auf dem der Turm des Flughafens Lod abgebildet war. Auf dem Gebäude flatterte eine große israelische Fahne. Dayan sagte: „Uri, Sie haben mir bewiesen, wozu Sie imstande sind. Ich brauche keine weiteren Beweise. Was können Sie für Israel tun?"

Er wollte mich dazu überreden, ein übersinnlicher Superspion für Israel zu werden. Doch mein damaliges Lebensziel bestand darin, reich und berühmt zu werden. Er war schockiert über dieses Ideal.

In Mexiko City hatte ich einen Mann vom CIA kennengelernt, der eine Menge Tests mit mir machte. Ich mußte um die sowjetische Botschaft herumgehen und ihm hinterher alles sagen, was ich auf meinem inneren Bildschirm von den Vorgängen in dem Gebäude gesehen hatte. Wie ich später erfuhr, führte dies zur Verhaftung von Daulton Lee, einem amerikanischen Drogenhändler, der den Sowjets streng geheime Unterlagen ausgehändigt hatte.

Der CIA-Agent fragte mich, ob ich die Flugrichtung eines Modell-flugzeugs beeinflussen könne. Als das kleine Flugzeug in der Luft war, mußte ich mich darauf konzentrieren, es nach links abzu-lenken. Es gelang mir. Doch jedesmal, wenn ich versuchte, es nach rechts fliegen zu lassen, hatte ich keinen Erfolg. Schließlich wurde ich aufgefordert, den mexikanischen Präsidenten und seine Familie auszuspionieren. Da diese Menschen zu meinen besten Freunden gehörten, wies ich dieses Ansinnen zurück.

Das FBI hatte mich bereits früher um Hilfe gebeten. Es ging um Samuel, den Sohn von Edgar Bronfman, des Eigentümers der Seagram Whiskey Company. Der Junge war entführt worden, und die Entführer forderten einen siebenstelligen Dollarbetrag als Lösegeld. Die New Yorker Polizei flog mit mir über jene Teile der Stadt, wo sie Samuel vermuteten. Ich sah jedoch nichts auf meinem inneren Bildschirm. Als ich Mr. Bronfman in seinem Haus besuchte, zog mich ein großer Stadtplan an. Etwas in mir veranlaßte mich, meinen Finger auszustrecken und auf einen bestimmten Punkt zu deuten. „Hier ist er!" rief ich. Und so war es.

Ich behaupte nicht, daß mein Eingreifen allein zur Rettung Samuels führte; aber ich hatte gewiß einen Anteil daran.

Im Oktober 1985 wurde ich zum drittenmal zum Jahrestreffen der YPO (Young Presidents Organization) nach San Diego eingeladen. Unter den Mitgliedern waren einige der einflußreichsten Manager und Politiker der USA. Während der einwöchigen Tagung hielten die führenden Mitglieder Vorträge über zahlreiche verschiedene Themen. Man hatte auch Petra Kelly aus Deutschland, den ehema-ligen Präsidenten Gerald Ford, Henry Kissinger und Alexander Haig eingeladen. Am Ende der Woche wurden die Teilnehmer gewöhnlich gebeten, die Vorträge zu bewerten, und dabei erhielt ich stets die besten Noten.

Ich zeigte ihnen, wie man eine Nadel nur durch Gedankenkraft verbiegen kann. Jemand hatte einige Rettichsamen mitgebracht. Ich hielt sie in einer Hand und strich mit einem Finger der anderen Hand sanft darüber. Die Videokamera zeigte alles auf einem großen Bildschirm. Dann begann ein Samen zu keimen, und er wurde immer größer. Ich hatte das schon oft gemacht, doch diesmal wollte ich etwas Neues versuchen.

Vor zwei Jahren war es mir während einer Fernsehshow in Japan gelungen, ein Programm auf einer Computerdiskette zu löschen. Jetzt wollte ich das gleiche tun. IBM-Techniker hatten einen Computer aufgestellt. Doch es gelang mir nicht, das Programm auf der eingeführten Diskette zu löschen. Ich gab jedoch nicht auf, sondern bat einige Damen aus dem Publikum, auf die Bühne zu kommen und mit mir zu rufen: „Verschwinde!" Aber nichts geschah. Dann rief das ganze Publikum auf mein Kommando: „Verschwinde!" - und jetzt klappte es. Die Fachleute von IBM trauten ihren Augen nicht.

Eine meiner Begegnungen mit Reichen und Berühmten möchte ich hier schildern, weil sie wie eine Party in einem James-Bond-Film verlief. Dennoch handelt es sich um eine wahre Begebenheit. Der Komponist Byron Janis, Schipi und ich saßen beisammen und sprachen darüber, wie wir die Menschen dazu bringen konnten, auf der Erde Frieden zu schaffen. Mir kam eine Idee: Selbst wenn es uns nicht gefällt, daß mächtige Männer große Teile der Erde beherrschen, gibt es meiner Ansicht nach keine bessere Methode, dauerhaften Frieden zu erlangen, als die Mächtigen zu versammeln, damit sie die Hindernisse selbst beseitigen. Wir stellten eine Liste jener einfluß-reichen Leute zusammen, die unserer Meinung nach den Frieden fördern konnten. Einer der Namen auf der Liste fiel mir besonders auf. Es war Adnan Khashoggi, einer der reichsten Männer der Welt, der angeblich eineinhalb Millionen Dollar am Tag verdiente. Also schrieben wir ihm einen Brief und fragten, ob wir ihn besuchen durften. Sechs Wochen später rief uns seine Sekretärin an und wollte wissen, worum es gehe. Byron erklärte ihr, es gebe viele Probleme auf der Welt und wir könnten sie möglicherweise lösen, wenn wir uns wirklich bemühten. Die Sekretärin erwiderte: „An solchen Ideen sind wir selbstverständlich immer interessiert. Mr. Khashoggi hat mir aufgetragen, Sie drei zu seiner Geburtstagsfeier einzuladen."

Als die schriftliche Einladung kam, rief ich die Sekretärin an und fragte sie, ob sie mehr Informationen über uns haben wolle. Ich befürchtete, sie wisse womöglich nicht, daß wir Israelis waren. Khashoggi und wahrscheinlich die meisten seiner Gäste waren Araber, die Israelis mehr als alles andere in der Welt haßten. Als ich jedoch vorschlug, eine Pressemappe zu schicken, antwortete die Sekretärin: „Das wird nicht nötig sein. Wir wissen alles über Sie." Khashoggi besaß in Südspanien Ländereien, die fünfmal so groß waren wie Monaco. Viele der vierhundert Gäste, die sich im Sommer 1985 dort zu dieser besonderen Feier versammelten, wohnten in einer schloßähnlichen Villa. Der Gastgeber feierte seinen fünfzigsten Geburtstag zusammen mit dem fünften seines Sohnes. Die meisten Gäste waren Araber - Politiker, Geschäftspartner und Angehörige. Doch es waren auch viele bekannte Leute, Schauspieler und Schauspielerinnen - einige aus Hollywood - anwesend. Ich erkannte Brooke Shields und sogar Sean Connery, Mister 007, in eigener Person. Shirley Bassey, die berühmte Sängerin, war eingeflogen worden, um „Happy Birthday" zu singen.

Khashoggi empfing alle seine Gäste persönlich. Schipi, Byron und ich wurden ihm vorgestellt. Als wir uns die Hände schüttelten, wußte ich, daß Khashoggi ein gütiger Mensch war. Ich stand ihm gegenüber und erkannte, daß dies nicht die richtige Gelegenheit war, um über den Weltfrieden zu reden. Darum gingen wir weiter zum riesigen Glaspavillon, den man eigens für diese Feier errichtet hatte.

Höchstwahrscheinlich waren dort viele der reichsten Männer und einige der schönsten Frauen der Welt versammelt. Ich sah Smaragde, die groß wie Golfbälle waren, und Halsbänder mit sechzig- und siebzigkarätigen Diamanten. Es war das luxuriöseste Bankett, an dem ich je teilgenommen hatte, obwohl ich in dieser Hinsicht verwöhnt war, weil mich bereits viele Direktoren, Präsidenten, Minister und Millionäre eingeladen hatten.

Wir wurden Khashoggis wunderschöner italienischen Frau vorgestellt. Sie sagte mir, sie habe schon viel von mir gehört. Natürlich mußte ich für sie einen Löffel verbiegen. Dann stellte die Sekretärin mich einigen Mitgliedern von König Feisals Familie vor. Überall liefen Scheichs und Prinzen herum. Ich hatte das Gefühl, daß sie große Sympathie für uns empfanden, denn sie behandelten uns wie ihresgleichen. Selbstverständlich wollten sie alle, daß ich für sie etwas verbog.

Gerade als ich merkte, daß meine Kräfte mich allmählich verließen, führte die Sekretärin mich in ein Empfangszimmer. Ich wußte, daß ich Gelegenheit haben würde, noch einmal mit Khashoggi zu sprechen, und ich bat Gott um neue Kraft, damit ich diesem überaus einflußreichen und wohlhabenden Mann meine Friedensbotschaft übermitteln konnte. Khashoggi war sehr herzlich, und die Atmosphäre war ungezwungen und sehr persönlich. Auf seinen Wunsch und trotz meiner schwindenden Energie bog ich noch einen Löffel für ihn. Doch ich wußte, was nun kommen würde. Er bat mich, ihm dieses Kunststück beizubringen. Während wir weitermachten, übertrug ich unaufhörlich Gedanken des Friedens auf ihn. Und ich hatte das Gefühl, daß ich damit Erfolg hatte. Denn zum Schluß tat er etwas, was vermutlich noch kein Araber getan hat: Er küßte mich, einen Israeli, auf beide Wangen. Im Bewußtsein, meine besondere Mission erfüllt zu haben, wollte ich diese „James-Bond-Party" eben verlassen, als mir ein amerikanischer Filmproduzent über den Weg lief. Er hatte einen Film über das Leben reicher und berühmter Menschen produziert, und Khashoggi hatte ihn gebeten, sein Fest zu filmen. Er fragte mich, was ich von diesem Fest hielte. Sicherlich erwartete er, einige nette Bemerkungen über die Organisation, die Kleider, die Juwelen, den Jet-Set, das Essen usw. zu hören. Doch ich informierte ihn über die wahre Bedeutung dieser Feier. „Sehen Sie denn nicht", sagte ich, „daß ich Israeli bin und daß fast alle Gäste sogenannte Feinde sind - Ägypter, Jordanier, Palästinenser, Saudis und Mitglieder der Königsfamilie? Wissen Sie, daß Khashoggi mich auf die Wangen geküßt hat? Alle Mauern brachen zusammen, als er das tat. Ich habe hier nicht das Gefühl, unter Feinden zu sein. Das ist meiner Meinung nach der wichtigste Aspekt dieses Festes. Jeder kann seinen Geburtstag feiern. Aber es ist nicht leicht, ‚Feinde' zu versöhnen."

21
Die Feindseligkeit schwindet

Ich werde in Israel wie ein Held empfangen. Ein Starreporter gesteht, daß er Lügen über mich verbreitet hat. Israels Magier „ehren" mich. Zwei bekannte Magier beweisen, daß meine Kräfte real sind. Ich beteilige mich an geheimen militärischen Forschungen. Bin ich ein Lügendetektor? Man mißbraucht mich dafür, Delphine telepathisch zu lenken, die feindliche Schiffe in die Luft sprengen sollen. Der „Geller-Effekt" wird von Wissenschaftlern endgültig bewiesen.

Im Jahre 1984 wurde ich zu vier öffentlichen Auftritten in Israel eingeladen. Ich nahm die Einladungen an, obwohl ich in den letzten fünf Jahren gezögert hatte, Shows zu geben. Ich hatte andere Dinge zu tun, über die ich später berichten werde. Mit gemischten Gefühlen kehrte ich in meine Heimat zurück. Die Presse dort hatte mir übel mitgespielt, Lügen über mich verbreitet und sogar Interviews erfunden. Ich kannte den Bibelspruch, wonach der Prophet im eigenen Lande nichts gilt. Dennoch war ich neugierig, wie es mir in Israel ergehen würde.

Die gesamte israelische Presse schien mich zu erwarten, als ich auf dem Flughafen Lod das Flugzeug verließ. Eine der ersten Fragen, die die Reporter mir stellten, lautete: „Wie fühlen Sie sich als heimkehrender Held?" In keiner der Fragen schwang Feindseligkeit mit. Und die vier größten Bühnenauftritte waren ausverkauft.

Bei meiner ersten Vorführung saßen die zehn bekanntesten Bühnenzauberer des Landes in der ersten Reihe. Ich betrat die Bühne in Shorts und im T-Shirt. Das war eine ganz andere Aufmachung, als die Magier sie gewohnt waren. Sie brauchten lange Hosen und Jacken mit langen Ärmeln, um ihre „Wunder" zu vollbringen. Nach meiner Vorführung kam einer der Präsidenten der Magier, der mich vor vierzehn Jahren noch heftig angegriffen hatte, zu mir und sagte: „Uri, ich ziehe den Hut vor Ihnen. Sie waren phantastisch!" Dann überreichte er mir die Verdienstmedaille seiner Organisation. Warum tat er das? Glaubte er immer noch, daß ich Tricks anwandte, die er nicht durchschaute? Wollte er mich als den größten Zauberer ehren? Oder hatte er seine Meinung geändert und akzeptierte mich als eine Art Medium?

Aus den vier Vorstellungen, die ich geplant hatte, wurden schließlich dreißig. Und von 113 Zeitungsartikeln, die über mich geschrieben wurden, waren 99 positiv. Dieser Wandel in den israelischen Medien war eine große Überraschung für mich.

Eine der aggressivsten Zeitungen war *Haolam Hazeh* gewesen. In mehreren Artikeln hatte das Blatt behauptet, ich sei „nachweislich" ein Schwindler. Es erfand Interviews mit meinen Eltern und mit Hanna, meiner künftigen Frau, und unterstellte ihnen Aussagen, die sie nie gemacht hatten. Später gestand ein Redakteur, der diese Artikel verfaßt hatte, daß alles reine Erfindung war. Doch vor einigen Jahren war für ihn alles wahr gewesen, was gegen mich sprach. 1986 schreib er mir in einem Brief: *„Ich habe meine Meinung über Sie geändert. Jetzt bin ich davon überzeugt, daß Sie Fähigkeiten besitzen, die ich nicht erklären kann."*

Eine der Theorien, die *Haolam Hazeh* aufgestellt hatte, ging davon aus, daß ich Chemikalien benutzte, um Metall zu verbiegen. Viele Zeitungen auf der ganzen Welt übernahmen diesen Standpunkt und erklärten, es stehe nunmehr fest, daß ich ein Betrüger sei, der vorgebe, über unidentifizierte Kräfte zu verfügen, in Wirklichkeit aber Tricks benutze. Selbst sogenannte seriöse Zeitschriften wie der *Spiegel* und die amerkanische *Time* veröffentlichten diese Lügen. Ihr Ziel war es, diesem schlimmen Betrüger namens Geller das Handwerk zu legen, der Millionen von Menschen in Aufregung versetzte. Darum zogen sie es vor, zweifelhafte Berichte nachzudrucken, anstatt zu veröffentlichen, was weltbekannte wissenschaftliche Zeitschriften, wie die angesehene *Nature*, die sich auf Forschungsergebnisse stützte, über mich schrieben. Meine Kritiker ignorierten die Tatsache, daß sich in Tausenden von Wohnungen das gleiche ereignete wie in meinen Fernsehshows und daß viele Menschen, sogar Kinder, während dieser Sendungen oder danach Löffel verbiegen konnten.

Während meiner Reise durch Israel lud mich der Eigentümer der *Haolam Hazeh* ein. Ich verbog vor seinen Augen einen Löffel, indem ich ihn nur leicht berührte. Dann legte ich ihn wieder auf den Tisch, wo er sich weiter krümmte. Ich drehte mich um und schloß die Augen, und der Verleger fertigte eine Zeichnung an. Dann zeichnete ich auf, was ich auf meinem inneren Bildschirm empfangen hatte, und wir verglichen die beiden Zeichnungen. Ich hatte die Größe und die Form seines Schiffes richtig wiedergegeben; anstelle der drei Schornsteine hatte ich allerdings drei große Bullaugen gezeichnet. Zusammen mit seiner Frau machten wir noch einige andere Experimente. Und im selben Jahr schrieb er in seiner bekannten Zeitschrift einen ehrlichen Artikel über mich und berichtete, was er selbst mit eigenen Augen gesehen hatte.

Langsam, sehr langsam ließen die Angriffe der Presse gegen mich überall auf der Welt nach. Natürlich gab es Ausnahmen. Einige Leute wollten sich nicht damit abfinden, daß ich bei meinen Vorführungen keine Tricks anwende. Zeitungen und andere Medien hatten mich oft als Schwindler und Lügner bezeichnet. Aber gerade dadurch, daß sie versuchten, mich mundtot zu machen, verbreiteten sie gegen ihren Willen meinen Ruhm. Obwohl man mich Hunderte, nein Tausende von Malen einen Schwindler nannte, brachte ich keine dieser Verleumdungen vor Gericht. Sehr wahrscheinlich hätte ich die Richter davon überzeugen können, daß ich im Recht war. Aber die Zeit arbeitete für mich, und schließlich setzte die Wahrheit sich durch.

Einer meiner früheren Manager verbreitete üble Gerüchte über mich, nachdem wir uns getrennt hatten. Doch in einer öffentlichen Erklärung vom 10. Dezember 1984 gestand er: *„Alles, was ich über Uri Geller und Schipi Schtrang gesagt habe, war falsch. Ich habe diese Beschuldigungen erhoben, weil ich der Meinung war, Geller schulde mir Geld. Ich räume auch ein, daß mich damals viele Leute unter Druck setzten und mich drängten, falsche Aussagen zu machen, um Geller zu schaden. So zum Beispiel traf die Behauptung nicht zu, Geller habe sich nach Mexiko ‚abgesetzt', weil er in Israel mit einer Strafverfolgung habe*

rechnen müssen. Ich habe jedoch nie behauptet, Geller sei ein Schwindler!"

Die Berufszauberer machten mir überall das Leben schwer. Sie waren davon überzeugt, daß ich einer der ihren war. Da ich jedoch erklärte, kein Magier zu sein, versuchten sie mit allen Mitteln, der Presse und dadurch den Menschen einzureden, ich sei ein Betrüger. Sie ahmten sogar einige meiner Darbietungen nach und zeigten dem Publikum, „wie man's macht" - nur um mich als großen Lügner zu „entlarven". Bereits 1970 rief der berühmte israelische Magier Eitan Ayalon alle seine Kollegen auf, mich zu bekämpfen, und dafür nannte er drei Gründe: 1. Gellers Behauptung, er habe paranormale Fähigkeiten, ist unakzeptabel. 2. Geller ist wegen seines Einflusses auf die Regierung eine nationale Gefahr. 3. Geller beschneidet unser Einkommen.

In ihrem Kampf gegen mich schreckten Ayalon und Konsorten nicht einmal davor zurück, zwei junge Männer zu bestechen, die dann öffentlich „gestanden", sie seien früher meine Assistenten gewesen, und ich hätte sie dafür bezahlt, ihnen bei meinen Tricks zu helfen. Ayalon drohte mir, er werde alle meine Tricks entlarven, wenn ich Israel nicht innerhalb von zwei Wochen verließe. Er fügte hinzu, er tue das nur, um das Volk Israel vor mir zu schützen, denn ich sei eine Gefahr für die Nation. Selbstverständlich floh ich nicht. Doch als ich eines Tages durch die Welt reiste, um meine Talente unter Beweis zu stellen, führten die israelischen Magier weiter Krieg gegen mich. Allerdings hatten ihre Angriffe bereits nachgelassen, als ich 1984 in mein Land zurückkehrte.

Einige Zauberer behaupteten zwar, sie verfügten über die gleichen Fähigkeiten wie ich, aber sie hatten nie den Mut, sich den gleichen strengen Tests zu unterwerfen wie ich. Es gibt diese Leute immer noch, doch ihre Zahl geht immer mehr zurück.

Als erster „bekehrte" sich Leo Leslie, wohl der berühmteste Magier Dänemarks, den das dänische Fernsehen im Januar 1974 als eine Art Lockvogel benutzt hatte, um mir eine Falle zu stellen.

Er schrieb sogar ein Buch mit dem Titel *Uri Geller - Schwindel oder Tatsachen?* Da dieses Buch nur auf dänisch erschien, erregte es außerhalb des Landes keine Aufmerksamkeit. Daher konnte Dr. John Worrall vier Jahre später in einem Brief an die Zeitschrift *Time* fälschlicherweise behaupten, mich habe nie ein Berufsmagier wirklich überprüft.

Ein anderer bekannter Magier, der mich 1975 zusammen mit Kollegen unter die Lupe nahm, war Zorka. Er berichtete, daß eine Gabel aus Stahl mit verstärktem Nylongriff plötzlich explodierte, so daß im ganzen Zimmer Bruchstücke lagen, und daß es mir mit Hilfe der Telepathie gelang, einen Hund zu zeichnen, an den er gedacht hatte. Später erfuhr ich, daß er einem Hund den Namen „Uri" gegeben und daß dieses Tier einige Preise gewonnen hatte. Einer seiner Kollegen schrieb mir in einem Brief: *„Sie haben mich davon überzeugt, daß Ihre Fähigkeiten echt sind. Ich bin sicher, daß alle, die Sie als Schwindler bezeichnen, selbst Schwindler sind, denen es nur um Publicity geht."*

In Zorka und seinem Kollegen hatte ich von da an zwei Verbündete, die Anschuldigungen anderer Magier zurückwiesen. Zorka wurde übrigens im Jahre 1976 zum „Magier des Jahres" gewählt.

Zorka schrieb einen genauen Bericht über alle Tests, die er mit mir gemacht hatte und bei denen er sorgfältig jede Täuschungsmöglichkeit ausgeschlossen hatte. Er schickte den Bericht an die Gesellschaft der amerikanischen Magier. Ich möchte hier einige Sätze aus den letzten Absätzen zitieren:

„Das Komitee ist einhellig der Meinung, daß wir als Magier mit Hilfe der uns bekannten Methoden unter geeigneten Bedingungen zwar die gleichen Testergebnisse erzielen können, daß es nach dem Wissen sämtlicher Mitglieder jedoch keine Möglichkeit gab, unter den Bedingungen, denen Uri Geller ausgesetzt war, irgendwelche Tricks anzuwenden."

Selbstverständlich tadelten ihn die amerikanischen Kollegen für diese Zeilen!

Wenn ich ein Schwindler oder Taschenspieler wäre oder wenn ich mit Chemikalien, Laserstrahlen oder Komplizen arbeiten würde, hätte man mich inzwischen schon tausendmal auf frischer Tat ertappt - in meinen vielen Radio- und Fernsehshows, bei Interviews, bei Labortests und bei Auftritten vor Tausenden von Menschen. Ich weiß, daß viele Kameras auf meine Hände gerichtet waren und daß oft Berufszauberer in unmittelbarer Nähe standen oder saßen, um mich zu „entlarven".

Alle Beschuldigungen, die gegen mich erhoben werden, stützen sich nicht auf Tatsachen; es handelt sich teils um Mißverständnisse, teils um böswillige Verleumdungen. Ich bin immer wieder entsetzt darüber, wie oft mein Name mit Menschen und Ereignissen in Verbindung gebracht wird, mit denen ich nie etwas zu tun gehabt habe. Vielleicht ist das der Preis, den ich dafür bezahlen muß, daß ich eine Person des öffentlichen Lebens geworden bin und unerklärliche Phänomene hervorbringe.

Lassen Sie mich abschließend noch einige Stellungnahmen prominenter Zauberer anführen:

Ab Dickson (ein amerikanischer Berufsmagier): *„Als Magier bin ich der Meinung, daß die Tests, die wir mit Geller durchführten, keinesfalls mit Hilfe von Zaubermethoden dupliziert werden könnten."*

Raimondi (ein italienischer Gewinner des „Oskars der Magie"): *„Uri duplizierte eine Zeichnung, die ich heimlich angefertigt hatte. Ich hatte darauf geachtet, daß weder Gehilfen noch Spiegel vorhanden waren und daß er weder die Spitze meines Bleistifts noch die Abdrücke auf dem Papier sehen konnte. Ich kenne viele Tricks dieser Art; aber unter den Bedingungen, denen ich ihn unterwarf, war ein Trick völlig unmöglich. Es gibt eben mehr Dinge zwischen Himmel und Erde, als wir es uns vorstellen können."*

Geoff Maltby (Herausgeber der britischen Magierzeitschrift Club 7): *„Der Mann, der von Magiern am heftigsten angegriffen wird, kam, sprach fünfzehn Minuten und wurde praktisch mit stehendem Beifall verabschiedet. Das zeigt, daß wir eine Bande von Heuchlern sind. Meiner Meinung nach ist dieser Bursche wirklich brillant (einerlei, ob er ein Schwindler ist oder nicht), und es ist Zeit, daß wir das zugeben. Aufgrund seiner Art, seines Selbstvertrauens und seines Charakters hatte er das Publikum in der Hand. Er ist erstaunlich, und viele Zweifel von Magiern wurden im Laufe der Jahre widerlegt. Er drang ins feindliche*

Lager ein wie Daniel in die Löwengrube - und verließ es als Held. Der Beifall, den er erhielt, spricht Bände."

Ich bin hundert-, ja tausendmal getestet worden - von Magiern, Ärzten, Managern, Fernsehmoderatoren und Spezialisten aller Art. Sie trafen Vorkehrungen, bevor ich beginnen konnte. Sie brachten ihre eigenen Schlüssel, Löffel, Uhren usw. mit. Und in den meisten Fernsehshows waren Kameras auf mich gerichtet. Niemals wurde eine Täuschung oder ein Trick entdeckt. Nur diejenigen, die fest entschlossen sind, sich nicht überzeugen zu lassen, erfinden Geschichten über mich. Aber auch sie haben keine Beweise für ihre Behauptungen.

Zwischen 1972 und 1975 wurde ich in mehreren renommierten wissenschaftlichen Labors getestet. Charles Panati, ein Physiker und Mitarbeiter von *Newsweek*, sammelte alle wichtigen Ergebnisse dieser wissenschaftlichen Forschungen und veröffentlichte sie in einem Buch, das 1976 unter dem Titel *The Geller Papers* (Die Geller-Papiere) erschien. Dort können Sie in allen Einzelheiten nachlesen, was die Wissenschaftler mit mir anstellten und zu welchen Resultaten sie gelangten. Viele von ihnen mußten einräumen, daß ich über reale Kräfte verfüge, deren Herkunft sie nicht erklären können.

Alle diese wissenschaftlichen Tests waren mitunter zwar aufregend, aber auch sehr anstrengend für mich. Immer wieder mußte ich die gleichen Versuche machen, manchmal tagelang. Oft verließen mich meine Kräfte, und wir mußten weitere Experimente verschieben. Manchmal hatte ich einfach genug davon. Ich wollte auf einer Bühne stehen und nicht in Labors und Faradayschen Käfigen eingesperrt sein. Andererseits kann ich gut verstehen, daß Professor Taylor ärgerlich war, als ich ihm sagte, ich hätte genug von den vielen Tests und wolle nicht weitermachen.

Ab und zu baten mich jedoch Wissenschaftler, an einem völlig neuen Forschungsprojekt teilzunehmen. Und wenn ich mich neuen Herausforderungen gegenübersehe, zögere ich nicht, sie anzunehmen, sofern sie der Menschheit nützen.

Einmal arbeitete ich zwei Monate für das Militär, um bei telepathischen Experimenten mitzuwirken. Mehrere Menschen waren die Versuchskaninchen. Man sagte mir, das sei ein wichtiges Projekt, mit dem man herausfinden wolle, ob es möglich sei, bei einem Atomalarm Menschen telepathisch zu wecken und ihnen zu sagen, was sie zu tun hätten, um nicht in Gefahr zu geraten. Ich war ziemlich erfolgreich bei den Schlafenden, nicht aber bei den Wachen.

Ein anderes militärisches Projekt wollte feststellen, ob ich Schlüssel über eine große Entfernung hinweg verbiegen konnte, so daß sie unbrauchbar wurden. Ich erklärte, ich könne mich an solchen Versuchen nicht beteiligen, solange mir ihr Zweck nicht bekannt sei. Nachdem man mich zehn Tage lang im Unklaren gelassen hatte, fand ich endlich heraus, worum es ging. Sie wollten wissen, ob ein Feind mit den gleichen Kräften wie ich imstande sein könnte, die Schlüssel unbrauchbar zu machen, die im Falle eines atomaren Angriffs gebraucht wurden, um einen Gegenangriff zu starten, das heißt, um Atomraketen auf den Feind abzuschießen.

Bei einem anderen interessanten Experiment war ich eine Art Lügendetektor. Man ließ mich Telefonanrufe mithören und spielte mir Bänder vor, und ich sollte anhand der Stimmen feststellen, ob die betreffenden Personen logen oder nicht. Ich machte mit, weil positive Ergebnisse möglicherweise Gerichten helfen könnten, die Wahrheit herauszufinden. Bei diesen Versuchen hatte ich Erfolg bei persönlichen Gesprächen, versagte aber, wenn ich Telefongespräche oder Tonbänder hörte.

Da die Regierung nach der Veröffentlichung der Testergebnisse des SRI wußte, was ich tat, bat sie mich gelegentlich, an geheimen Forschungsprojekten teilzunehmen. Einmal brachte man mich auf ein streng abgeschirmtes militärisches Gelände. Dort wollte man in einem Labor herausfinden, ob ich einen Atomsprengkopf zünden könnte, indem ich einen Zündmechanismus, der einige Gramm wog, psychokinetisch betätige, wie ich es im SRI getan hatte. Selbstverständlich war der atomare Sprengkopf vorher entfernt worden. Da die Vorrichtung, auf die ich mich konzentrieren mußte, sich aus

Sicherheitsgründen hinter einer undurchsichtigen Glasscheibe befand, wußte ich nicht, ob ich erfolgreich war. Man hat es mir nie gesagt.

Eine Regierung engagierte mich für Forschungen, die sich zunächst akzeptabel anhörten. Doch dann stellte sich heraus, daß ihr wirkliches Anliegen von vornherein ein anderes gewesen war: Ich sollte versuchen, das Herz eines Schweins psychokinetisch anzuhalten. Ich war angewidert und weigerte mich weiterzuarbeiten. Vielleicht bestand das wahre, geheime Ziel dieser Forschungen darin, das Herz eines Menschen durch Psychokinese zum Stillstand zu bringen.

Ein anderes Mal verlangte man von mir, Delphine oder Wale telepathisch dazu zu bringen, daß sie eine Bombe an ein feindliches Schiff „ankleben", um es zu zerstören. Dieses Geheimprojekt trug den Decknamen „Kamikaze-Delphin". Ich war schockiert, als ich davon hörte. Sie wollten mir einreden, die Delphine könnten die Bombe am Schiff befestigen und sich vor der Explosion in Sicherheit bringen. Ich kündigte sofort meine Mitarbeit auf und war wütend und enttäuscht darüber, daß man mir eingangs nicht die volle Wahrheit gesagt hatte.

Vielleicht verstehen Sie nun, warum ich mich in letzter Zeit nicht mehr dem „wissenschaftlichen Fortschritt" zur Verfügung gestellt habe. Man weiß nie, welchen Zwecken ein Forschungsvorhaben wirklich dient. Ich habe sehr gute Freunde, die Wissenschaftler sind. Ich würde mich nicht weigern, bei Projekten zu helfen, die der Menscheit nützen, zum Beispiel durch Heilen, Telepathie oder Psychokinese. Doch im allgemeinen mißtraue ich einem Projekt, wenn ich nicht genau weiß, wer dahintersteckt und wer dafür bezahlt. Eines steht für mich allerdings fest: Ich werde mich an keinem Projekt mehr beteiligen, das von einer Regierung bezahlt wird. Nach meiner Erfahrung sind die meisten dieser Forschungen aggressiv und destruktiv.

Als die wissenschaftliche Zeitschrift *Nature* im Oktober 1974 endlich einige Befunde des SRI veröffentlichte, entbrannte ein Streit unter den Zeitungen. Einige erkannten die Ergebnisse an, andere wiesen sie zurück. Die *New York Times*, die sich sonst kaum für paranormale Phänomene interessiert, schrieb in einem Kommentar zu *Natures* Bericht:

„Die Wissenschaft ist davon in Kenntnis gesetzt worden, daß es auf dem Gebiet der außersinnlichen Wahrnehmung etwas gibt, was Aufmerksamkeit und Überprüfung verdient. Die Redakteure von ‚Nature' haben einen wichtigen Schritt getan, um die wissenschaftliche Diskussion zu fördern, und offen die Frage gestellt, ob die Wissenschaft derzeit überhaupt fähig ist, sich mit angeblich paranormalen Ereignissen zu befassen."

In einem Leitartikel von *Nature* hieß es, die Befunde des SRI würden zwangsläufig für Unruhe unter den Wissenschaftlern sorgen. Das traf gewiß zu.

Der *New Scientist* lehnte die Arbeit des SRI ab und maß den Aussagen von Zauberern größere Bedeutung bei. Um die Resultate des SRI in Mißkredit zu bringen, schreckte die Zeitschrift auch nicht vor Methoden zurück, die gegen alle wissenschaftlichen Gepflogenheiten verstießen. Es ist eine Ohrfeige für die gesamte Naturwissenschaft, wenn eine wissenschaftliche Zeitschrift Bühnenzauberern mehr Glauben schenkt als hervorragenden Forschern wie Russel Targ und Hal Puthoft. Das Magazin zollte mir sogar ein ironisches Lob, indem es behauptete, diese beiden Wissenschaftler seien mir eben nicht gewachsen. Man behauptete, ich hätte möglicherweise ein von meinem Freund Andrija Puharich erfundenes Minifunkgerät in einem hohlen Zahn bei mir getragen. Auch die Zeitschrift *Time* beteiligte sich an der Kritik.

Anfang 1975 veröffentlichte *Nature* die Resultate der Experimente, die Professor Bohm und Professor Hasted in ihrem Labor mit mir durchgeführt hatten. Einer der beiden schrieb mir in einem Brief, das Verschwinden eines Objekts an einem Ort und sein Wiedererscheinen an einem anderen Ort - ein Vorgang, den er mehrere Male beobachtet hatte - veranlasse ihn zu der Vermutung, dieser Gegenstand habe *„auf seiner Reise nicht in unserem normalen Raum existiert".* Und er fragte: *„Hat er zu existieren aufgehört, oder hat er auf irgendeine andere Weise weiterexistiert?"* Er habe *„das Gefühl, daß dieses Verschwinden und Erscheinen ein Phänomen fundamentaler Art* ist, das *möglicherweise die Grundlage des Metallbiegens und der elektrischen Phänomene ist"*. Als ich ihn später besuchte, sagte er mir, er sei jetzt in der Lage, eine Uhr in seinem Haus wiederholt und offenbar willentlich zum Schlagen zu bringen.

Im Februar 1975 fand in Tarrytown im Staate New York eine internationale Konferenz statt, auf der die Auswirkungen dieser neu entdeckten Kräfte und ihre Folgen für die Naturwissenschaft erörtert wurden. Darum bin ich sicher, daß der „Geller-Effekt", wie meine Kräfte von den Wissenschaftlern genannt werden, eines Tages in der Welt der Wissenschaft als Tatsache anerkannt werden wird, die von führenden Wissenschaftlern immer wieder bestätigt wurde. Und soweit ich es beurteilen kann, werden die Angriffe von Wissenschaftlern gegen die Existenz des „Geller-Effekts" allmählich seltener. Es gibt nur noch wenige Forscher, die lieber sterben würden, als ihre Meinung zu ändern.

Lassen Sie mich an dieser Stelle einige berühmte Wissenschaftler zitieren:

Wernher von Braun (Mitarbeiter der NASA): *„Geller hat meinen Ring in meinem Handteller verbogen, ohne ihn zu berühren. Ich habe keine wissenschaftliche Erklärung dafür."*

Dr. Wilbur Franklin (Fachbereich Physik der staatlichen Universität Kent): *„Die auf metallurgische Analysen von gebrochenen Oberflächen gestützten Befunde lassen darauf schließen, daß Geller einen nicht erklärbaren Einfluß auf das Material ausgeübt hat."*

Dr. Albert Ducrocq (Fach-Klinik in Suren, Frankreich): *„Geller kann die Metallgegenstände nicht mit Hilfe üblicher Methoden verbogen haben."*

William E. Cox (Institut für Parapsychologie in Durham, North Carolina): *„Ich kann mir nicht vorstellen, wie Geller uns bei den statischen Psychokinesetests getäuscht haben sollte. Magier, die ich konsultierte, stimmten mir bei."*

Dr. A. R. G. Owen (New Horizons Research Foundation in Toronto): *„Geller verbog oder zerbrach Metallgegenstände unter Bedingungen, die schlüssig bewiesen, daß die Phänomene echt und paranormal waren."*

Dr. Thomas Coohill (Fachbereich Physik der Universität von West Kentucky in Bowling Green): *„Es gibt keine logische Erklärung für das, was Geller hier getan hat. Aber ich glaube, es ist nicht unbedingt die Logik, die zu neuen wissenschaftlichen Erkenntnissen führt."*

Charles Crussard (Professor für Metallurgie an der Hochschule für Bergbau in Paris): *„Uri verbog eine starke, hitzebehandelte, legierte Metallstange, die mein Assistent und ich an beiden Enden hielten. Während die Stange sich bog, übte Uri nicht den geringsten Druck darauf aus. Alle kontrollierten Experimente, die ich mit Uri durchführte, wurden in ‚Science et Avenir', Nr. 345, S. 1108-1113, beschrieben."*

Professor Helmut Hoffman (Fachbereich Elektrotechnik der technischen Universität Wien): *„Ich habe Uri Geller selbst unter kontrollierten Laborbedingungen getestet und mit eigenen Augen gesehen, wie er einen Schlüssel verbog, den er zu keiner Zeit berührte. Während des Experiments war eine Gruppe von Personen anwesend, die alle bezeugen können, daß der Schlüssel sich innerhalb von elf Sekunden bis zu einem Winkel von dreißig Grad krümmte. Anschließend untersuchten wir den Schlüssel in einem wissenschaftlichen Labor unter anderem mit Hilfe eines Elektronenmikroskops und eines Röntgengerätes und stellten fest, daß bei der Biegung keine chemischen, manuellen oder mechanischen Kräfte angewandt worden waren."*

Dr. Friedbert Karger (Max-Planck-Institut für Plasmaphysik in München): *„Gestützt auf vorläufige Tests mit Uri Geller kann ich keine Täuschung feststellen. Die Kräfte dieses Mannes sind ein Phänomen, das die theoretische Physik noch nicht erklären kann."*

Dr. Walter Frank (Universität Bonn): *„Der Geller-Effekt ist einer jener ‚Para'-Phänomene, welche die Welt der Physik verändert haben. Was die hervorragendsten Physiker der letzten Jahrzehnte dieses Jahrhunderts nur rein theoretisch erfassen konnten, hat Uri als Tatsache zum Bestandteil des täglichen Lebens gemacht."*

22
Mein Leben als wohlhabender Mann

Ich mißbrauche meine übersinnlichen Kräfte in einem Kasino und werfe das gewonnene Geld schließlich weg. Meine vielen elektronischen Erfindungen. Wie ich mit meinen sensitiven Händen nach Gold, Diamanten und Öl suche und in Südafrika neue, ergiebige Kohlevorkommen entdecke. Ich mache Mexiko zu einem der größten ölexportierenden Länder und finde Gold im brasilianischen Urwald. Wie es mir gelingt, den Kurs einer Minenaktie zu verdoppeln. Meine spirituelle Heirat mit Hanna im Jahre 1979. Meine Besitztümer. Wie mein Privatleben sich ändert. Ein Besucher erlebt Wunder in meiner New Yorker Wohnung. Die materialisierten Kugellager aus Israel. Eine antike ägyptische Statue materialisiert sich in einem verschlossenen Schrank. Wer verleiht mir meine Kräfte?

Im Jahre 1975 kehrte ich nach London zurück, um für mein Polydor-Album Uri Geller zu werben. Die Musik zu meinen Liedern hatten Byron Janis und Del Newman komponiert. Eines Abends gingen Schipi und ich in ein Kasino am Marble Arch. Heute kann ich nicht mehr sagen, ob ich die Roulettekugel beeinflußte oder ob ich die Zahlen vorhersehen konnte. Ich weiß nur, daß wir häufiger gewannen als verloren. Wir hatten das Gefühl, es sei „unsere Nacht"!

Am frühen Morgen kehrten wir mit Taschen voller Geld ins Hotel zurück. Als wir aufwachten, zählten wir das Geld und stellten fest, daß wir 17.000 Pfund gewonnen hatten. Sofort beschlossen wir, nach Monte Carlo zu reisen.

Am selben Tag holte man mich im Auto ab, um mich nach Liverpool zu fahren, wo ich am Abend auftreten sollte. Ich hatte das ganze Geld bei mir und freute mich über mein Glück. Dann geschah etwas Schreckliches in jenem Auto. Plötzlich explodierte etwas in meinem Kopf, und ich schrie laut auf. Der Druck in meinem Gehirn wurde immer stärker. Ich hatte das Gefühl, mein Schädel werde platzen. Dann hörte ich eine Stimme in meinem Geist: „Warum hast du deine Kräfte mißbraucht?" Mir wurde abwechselnd heiß und kalt, und ich zitterte heftig. Mein Mund war völlig trocken. Ich dachte: „Jetzt werde ich verrückt. Das ist das Ende!"

Durch die Trennscheibe schrie ich dem Fahrer zu, sofort anzuhalten. Er hörte mich nicht. Dann schlug ich mit den Fäusten gegen das Glas und wiederholte meine Aufforderung. Als er begriff, was ich von ihm wollte, rief er, das Halten auf der Autobahn sei nicht erlaubt. Gleich nach der nächsten Ausfahrt hielt er jedoch sofort an. Wie durch ein Wunder öffnete sich die Tür von selbst - ich kann mich nicht erinnern, sie geöffnet zu haben -, und einen Augenblick später lag ich auf dem Boden und fühlte mich, als sei mein Körper eine Tonne schwer. Ich glaubte wirklich, ich müsse sterben.

Plötzlich war das schreckliche Erlebnis zu Ende. Es war wie das Erwachen aus einem Alptraum. Ich hörte die Stimme des Fahrers, der sich über mich beugte und mich fragte: „Ist alles in Ordnung, Mr. Geller?" Ich sah, daß wir an einer Tankstelle gehalten hatten und daß uns einige Leute umringten und mich anstarrten. „Bitte warten Sie einen Moment", bat ich den Fahrer, als ich wieder imstande war aufzustehen. Ich ging zum Zeitungskiosk, kaufte eine Zeitschrift und gab vor zu lesen. Denn es war mir peinlich, daß der ganze Vorfall sich unter den Augen des Fahrers und der Umstehenden abgespielt hatte. Ich fühlte mich wie ein geprügelter Hund. Als ich zum Auto zurückging, tat ich, als sei nichts geschehen, und sagte: „Fahren wir weiter."

Kaum waren wir wieder auf der Autobahn, holte ich das Geld aus meinen Taschen und warf es aus dem Fenster. Ich habe gelernt, Warnungen zu beachten. Ich habe sie immer gehört, wenn ich gegen meine ethischen Grundsätze verstieß. An jenem Morgen lernte ich eine sehr wichtige Lektion.

Doch nun möchte ich erzählen, wie ich ein wohlhabender Mann wurde, indem ich meine Fähigkeiten nutzte, ohne sie zu mißbrauchen. Meine Vorführungen, die in der Regel bezahlt wurden, brachten mir manchmal ein wenig, manchmal viel Geld ein. Als kleiner Junge hatte ich davon geträumt, Filmstar oder zumindest reich und berühmt zu werden. Nun war ich zwar kein Filmstar, wohl aber ein Fernsehstar, vielleicht einer der berühmtesten auf der Welt, und ich verdiente eine Menge Geld. Ich wollte damit angeben, und darum wohnte ich in den teuersten Hotels, mietete luxuriöse Apartments, fuhr einen speziell für mich angefertigten Cadillac und trug die teuerste Rolex-Armbanduhr. Meine Koffer waren von Gucci, meine Seidenhemden kosteten hundert Dollar pro Stück, und ich kaufte mir hundert Krawatten von Hermes. Vielen Leuten machte ich teure Geschenke, vor allem meinen Eltern, denen ich schon immer ein Leben in Luxus hatte ermöglichen wollen. Auf diese Weise gab ich das Geld, das ich für meine Auftritte erhielt, mitunter schneller aus, als ich es verdiente. Mir war klar, daß ich bei diesem Lebensstil nie ein wirklich wohlhabender Mann sein würde. Ich mußte mich ändern.

Ich bin ein erfinderischer Mensch. Ich wollte immer kreativ sein und machte schon als kleiner Junge Erfindungen. Als ich sechs Jahre alt war, nahm ich leere Patronenhülsen und formte daraus Raketenmodelle. Ich konstruierte eine Vorrichtung mit Gummibändern, um meine „Raketen" zum Mond zu schießen. In meiner Vorstellung erreichten sie auch dann ihr Ziel, wenn sie im Garten des Nachbarn landeten. Da meine Mutter ihre Nähmaschine mit den Füßen in Gang setzen mußte, brachte ich daran einen Elektromotor an, den ich aus einem Ventilator ausgebaut hatte. Das gleiche machte ich mit meinem Fahrrad und verwandelte es so in ein Moped.

Ende der sechziger Jahre verdiente ich meinen Lebensunterhalt als Model und als Unterhalter auf Parties, wo ich Löffel bog und telepathische Kunststücke vorführte. Bei einem dieser Auftritte traf ich einen jungen Mann namens Meir Gitlis. Er hatte eine kleine Reparaturwerkstatt im Garten und reparierte fast alles. Er war genau das Genie, das ich für meine Erfindungen brauchte. Im Laufe der Jahre produzierten wir eine ganze Menge elektrischer Sicherheits- und Alarmsysteme. Er gründete die immer noch existierende „Nachshol Electronics", und da wir gute Freunde sind, unterschrieben wir nie einen Vertrag. Ich habe ihm so viele Erfindungen zur Verwertung überlassen, daß er damit Arbeit für viele Jahre hat. Würde ich nicht über besondere Kräfte verfügen, wäre ich mit Sicherheit Erfinder oder Bauingenieur geworden.

Eines unserer vielen Sicherheitssysteme war das „Diamontron", ein Gerät, das die Echtheit von Diamanten nachweisen konnte. Ein ähnliches Gerät hieß „Moneytron", und man kann damit Geldscheine prüfen. In meinem Buch *The Geller Effect*, das 1986 erschien, beschreibe ich diese Systeme ausführlich. Zunächst war unser Geldprüfer nur für Dollarscheine geeignet; aber heute gibt es verschiedene Geräte für viele Währungen. Sie werden auf der ganzen Welt benutzt, auch in Banken.

Der „elektrische Kanarienvogel" ist ebenfalls ein gefragter Apparat. Mit ihm kann man feststellen, ob eine Gasleitung undicht ist. Er wird auch in Bergwerken benutzt, um Explosionen vorzubeugen. Außerdem erfanden wir ein Gerät, das Quellen radioaktiver Strahlung aufspürt. Nach der Katastrophe in Tschernobyl gingen bei uns zahlreiche Bestellungen aus aller Welt ein. Ein anderes Gerät, das wir auf den Markt brachten, warnt vor unbefugten Eindringlingen, noch bevor sie ein Gebäude betreten. Das wichtigste unserer Sicherheitsgeräte ist ein Sensor, der in allen Größen installiert werden kann und ein Haus, ein Lagerhaus oder sogar eine Staatsgrenze schützt. Er ist eines unserer meistverkauften Produkte, und wir haben mehreren anderen Firmen Lizenzen ausgestellt. Wir wissen, daß die schwedische Regierung einen dieser speziellen Sensoren benutzt, um die Landesgrenzen zu überwachen. Dadurch gelang es ihr im Oktober 1982, ein sowjetisches U-Boot aufzuspüren, bevor es Schwedens geheimen Marinestützpunkt ausspionieren konnte. Der Fall erregte damals großes Aufsehen in der Presse.

Die besten Ideen kommen mir, wenn ich jeden Tag meine acht bis zehn Kilometer laufe. Beim Joggen ersann ich beispielsweise eine Sonnenbrille, mit der man auch nach hinten sehen kann. Sie ist für Frauen nützlich, die wissen wollen, ob ihnen jemand folgt. Außerdem fiel mir ein, wie man mit Hilfe von Computern telepathische und andere paranormale Kräfte fördern kann. Meir und ich möchten auch einen künstlichen Moschusduft herstellen, damit keine Moschustiere mehr getötet werden. Vielleicht bringen wir eines Tages ein Aphrodisiakum als Spray auf den Markt.

Ich weiß nie, welche meiner vielen Ideen Wirklichkeit wird. Meir entscheidet darüber. Meine Aufgabe ist es, Ideen zu entwickeln, sie niederzuschreiben und ihm zu unterbreiten.

Glauben Sie bitte nicht, ich bräuchte lediglich zu kopieren, was mein Geist empfängt. Eine Erfindung besteht nicht immer aus einer bloßen Inspiration, denn man muß wissen, was der Markt benötigt. Betrachten Sie mich also nicht als genialen Erfinder.

Eine meiner jüngsten Ideen ist die Errichtung von Fabriken unter Wasser, wo sie weniger Umweltschäden verursachen können. Eine weitere Idee bezieht sich auf eine heilende Maschine, die dem japanischen „Kosmotron 21" ähnelt. Eine meiner Lieblingsideen betrifft die Gründung einer Fast-Food-Kette, die gesundes Essen anbietet. Denn ich bin inzwischen Vegetarier und weiß genau, welche Nahrung für meinen Körper gesund ist - und ich würde mich freuen, wenn Sie es selbst ausprobieren und davon ebenso profitieren würden wie ich.

Das größte Geld habe ich jedoch auf ganz andere Weise verdient. Wie bereits erwähnt, fragte mich der mexikanische Präsident Echeverria, ob ich für sein Land Öl finden könne. Was sich daraus entwickelte, kann ich nur kurz schildern, weil viele Ölgesellschaften aus verständlichen Gründen geheimhalten möchten, was ich für sie getan habe. Sie wollen verhindern, daß ihre Konkurrenten mir für meine Hilfe mehr Geld bieten und sie dadurch aller Vorteile berauben.

Mein Talent als „Rutengänger" wurde 1973 nach einer Fernsehshow auf einer Party entdeckt. Sir Val Duncan, der Präsident der Rio-Tinto-Zink-Gesellschaft, der zugleich Direktor der Bank von England und von British Petroleum war, fragte mich: „Wie lange reisen Sie schon durch die Welt, um Menschen zu unterhalten? Wollen Sie nicht endlich einmal richtiges Geld verdienen?" Ich dachte, ich hätte bereits genug verdient, um angenehm leben zu können.

„Was wissen Sie über das Wünschelrutengehen?" fragte er. Damals wußte ich nicht einmal genau, was er damit meinte. Ich war der Meinung, Rutengänger seien verrückt. „Ich meine", fuhr er fort, „Sie müßten dazu imstande sein." Er erklärte mir, daß ich mich im Labor des SRI bereits als Rutengänger betätigt hätte, als ich Objekte aufspürte, die in Dosen versteckt waren. Und er informierte mich darüber, daß Rutengänger nicht nur Wasser entdecken könnten, sondern alles, was sich unter der Erdoberfläche befinde.

Er lud mich in sein Haus auf Mallorca ein. Er behandelte mich wie einen Sohn und zeigte mir, was ich mit einer Rute oder mit einem Pendel tun konnte. Er benutzte diese Geräte selbst. Dann versteckte er einige Gegenstände im Haus und im Garten, und ich mußte sie finden. Sie erinnern sich, wie ich in Moshe Dayans Haus ein Buch mit einem bestimmten Foto fand, indem ich einfach die Arme ausstreckte. Jetzt versuchte ich etwas Ähnliches. Als ich in einer Hand ein „magnetisches" Gefühl hatte, merkte ich, daß die Hand immer wärmer wurde, je weiter ich mich meinem Ziel näherte. Schließlich ballte ich eine Faust und streckte einen Finger aus. Mit diesem Finger setzte ich meine Suche fort, bis ich die gleiche Empfindung hatte. Wenn ich der Richtung folgte, in die der Finger zeigte, fand ich die verborgenen Objekte. Ich hatte in fast allen Fällen Erfolg.

Sir Val war beeindruckt. Er sagte, wenn ich in der Lage sei, den Goldring und andere Dinge, die er versteckt hatte, zu finden, dann sei ich auch imstande, Bodenschätze, z.B. Öl und Gold zu entdecken. Dann, sagte er, könne ich wirklich das große Geld verdienen. Wir trafen uns danach noch einige Male, doch bevor er etwas für mich in die Wege leiten konnte, starb er im Dezember 1975.

Als ich einige Monate später durch Südafrika reiste und dort auftrat, begegnete ich dem Aufsichtsratsvorsitzenden einer der größten Minengesellschaften des Landes. Er lud mich zu einem Gespräch ein. Außer ihm und den Direktoren waren auch einige skeptische Geologen anwesend. Ich mußte den Raum verlassen, während sie eine Unze Gold versteckten, die ich anschließend mit meiner erprobten Methode sehr schnell fand. Sie schienen damit zufrieden zu sein, denn jetzt breiteten sie eine große Landkarte auf dem Tisch aus und fragten mich, ob ich darauf Kohlevorkommen entdecken könne. Ich fuhr mit der Hand über die Karte, bis ich das bereits erwähnte eigenartige Gefühl hatte. Dann zeigte ich auf den betreffenden Punkt, und die Geologen markierten ihn.

Damals tat ich lediglich dem Freund eines Freundes einen Gefallen, ohne einen Vertrag zu unterschreiben. Fünf Jahre später erfuhr ich, daß diese Firma genau an dem Punkt, den ich auf der Karte bezeichnet hatte, große unterirdische Kohleflöze gefunden hatte. In diesem Fall bekam ich also überhaupt kein Geld.

Kehren wir nun nach Mexiko zurück. Jorge Diaz Serrano, der Generaldirektor der mexikanischen Erdölgesellschaft Pemex, lud mich eines Tages im Jahre 1977 zu einem Besuch in seinem Hause ein. Ich bin sicher, er war anwesend, als mich Präsident Echeverria fragte: „Können Sie für uns Öl finden?"

Serrano stellte mir genau die gleiche Frage und schlug vor, sofort einen Versuch zu machen.

Ich fragte, ob es in dem Gebäude Öl gebe. Das einzige Öl, das sie finden konnten, war das Olivenöl in der Küche. Ich war damit zufrieden und bat sie, ein Likörglas damit zu füllen und es im Zimmer zu verstecken. Wir waren in einem sehr großen Raum, der Hunderte von Möglichkeiten bot, etwas zu verbergen. Dann verließ ich das Zimmer. Als man mich rief, spürte ich, daß alle Anwesenden eine positive Einstellung hatten, so daß meine Anspannung nachließ. Zunächst streckte ich die Arme aus, dann, als ich die Richtung gefunden hatte, benutzte ich einen Finger. Dieser wurde gleichsam magnetisch von einem Blumentopf angezogen und bohrte sich wie von selbst durch die Erde in den Boden, bis er das dort versteckte Öl erreicht hatte.

Die Zuschauer applaudierten begeistert, und alle Augen strahlten. Ich wußte, was sie alle dachten: „Jetzt haben wir keine Probleme mehr. Geller wird das Öl für uns finden."

Kurz danach flog man mich in eine kleine Provinzstadt mitten in einem Erdölgebiet. Ich streckte die Hände aus dem Hubschrauber und meldete mich, wenn ich Ölfelder „spürte". Mir war klar, daß man mich nur testen wollte. Offenbar waren meine Begleiter mit dem Ergebnis sehr zufrieden. Doch dann flogen wir weiter über Land und Meer. Wann immer ich ein Kitzeln in den Händen verspürte, zeigte ich es an, und sie markierten die Stelle auf ihren Karten. Einige Monate später berichtete Serrano mir, meine Angaben seien sehr genau gewesen, und ein Jahr später verkündete er in einer öffentlichen Rede, Mexiko werde bald der größte Ölexporteur der Welt sein. Man habe bei der Suche nach Öl „großes Glück" gehabt, und die mexikanische Ölproduktion werde bald die saudiarabische übertreffen. Da wir keinen Vertrag geschlossen hatten, bekam ich kein Honorar. Ich wage nicht auszudenken, wieviel Geld ich hätte verdienen können!

Serrano wollte sich angeblich um das Amt des Präsidenten bewerben. Ehe es dazu kam, wurde er jedoch in einen Skandal verwickelt, und Miguel de la Madrid, einer seiner Assistenten, wurde 1982 zum Präsidenten gewählt.

Inzwischen hatte ich einige Konzerne und Regierungen reich gemacht, ohne dafür Geld oder auch nur ein Geschenk als Anerkennung zu bekommen. Ich nahm mir vor, in Zukunft vorsichtiger zu sein, wenn ich mich mit dem Big Business einließ. Von da an mischte mein Anwalt bei allen Verträgen mit.

Im Jahre 1982 lud mich ein Geschäftsmann nach Tokio ein, und ich gab auf einigen Parties Vorstellungen. Dabei traf ich den Generaldirektor einer multinationalen Gesellschaft, die sich mit Bergbau, Transport und Maschinen befaßte. Diese Firma ist in zwölf Ländern vertreten und setzt jährlich mehr als eine Milliarde Dollar um. Aus Gründen der Vertraulichkeit darf ich hier keine Namen verraten. Darum nenne ich den Generaldirektor „D."

D. fragte mich geradeheraus: „Können Sie mir helfen, in Brasilien Gold zu finden?" Ich war nicht sehr begeistert von dieser Idee und sah mich schon im Unterholz eines feuchten Dschungels herumstreifen, von Stechmücken geplagt und vielleicht von Schlangen bedroht. Ich lehnte aber nicht ab.

Wir trafen uns bald darauf in New York, wo wir einen Vertrag über eine Million Dollar unterzeichneten. Ich verpflichtete mich, der

Gesellschaft sechs Jahre lang zu helfen, danach sollte ich eine weitere Million Dollar erhalten. Zu meiner Überraschung wurde schon wenige Tage später eine Million Dollar auf mein Bankkonto überwiesen.

Es dauerte nicht lange, und ich befand mich tatsächlich mitten im Urwald des Amazonasgebietes, ein gutes Stück von Manaus entfernt. Das „Rutengehen" strengte mich mehr an als Bühnenauftritte. Ich wurde schneller müde. Bevor ich ins Flugzeug stieg und die Hände herausstreckte, studierte ich stundenlang Landkarten. Sobald ich im Flugzeug ein magnetisches Kitzeln spürte, ließ ich den Piloten dieses Gebiet noch einmal überfliegen, um die genaue Fundstelle auszumachen. Darin bestand viele Wochen lang meine tägliche Arbeit. Manchmal ging ich zu Fuß und prüfte den Boden genauer. Es war ein harter Job. Und an vielen Stellen, die ich genannt hatte, fand man Gold.

1985 bat mich die Zanex Corporation in Melbourne, ihr bei der Suche nach Gold und Diamanten auf den Salomoninseln zu helfen. Ich unterzeichnete einen Vertrag und übernahm diese Aufgabe. Als ich im Dschungel dieser Inseln eintraf, plagten die Stechmücken mich noch mehr als in Brasilien, und das Klima war das heißeste und schwülste, das ich jemals erlebt habe.

Wir überflogen das Gebiet, und ich sagte den Ingenieuren, wo sie meiner Meinung nach Gold und Diamanten finden würden. Der Direktor der Gesellschaft erklärte mir später, die Wahrscheinlichkeit, eine vielversprechende Stelle zu entdecken, betrage 300:1, aber mit meiner Hilfe habe man sie auf 3:1 verbessert. Aufgrund meiner Hinweise entdeckte man das Mineral Kimberlit, das sehr häufig Diamanten enthält. Und ob Sie es glauben oder nicht - als sich herumsprach, daß ich für Zamex arbeitete, stiegen die Aktien der Gesellschaft innerhalb weniger Monate um mehr als hundert Prozent.

Auf den Salomoninseln erlebte ich eine Überraschung. In einer winzigen Buchhandlung entdeckte ich ein Buch mit meinem Foto und dem Titel „Seltsam, aber wahr". Es enthielt einige Geschichten über paranormale Phänomene. Die wahre Geschichte über mich handelte von meinem Auftritt im schwedischen Fernsehen. Es ging um eine Zuschauerin, deren Intrauterinpessar sich während meiner Show verbogen hatte.

Im Laufe der Jahre arbeitete ich für mehrere Firmen, und heute bin ich stolz darauf, sagen zu können, daß ich ein wohlhabender Mann bin.

Doch in den letzten Jahren verspürte ich den starken Drang, mich von der materiellen Welt zu lösen - auch von der Welt des Geldes. Ich wollte das Gefühl haben, nichts zu besitzen. Darum übertrug ich den größten Teil meiner Besitztümer auf Stiftungen. So kann ich mich auf das Spirituelle konzentrieren und mich bemühen, den Frieden auf der Welt, vor allem im Nahen Osten, zu fördern. Jetzt habe ich auch mehr Zeit zum Heilen. Und ich versuche, Milliarden von Menschen zu vereinen, um die ganze Welt durch die Macht des Geistes von Kernwaffen zu befreien.

Im Jahre 1979 heiratete ich Hanna, Schipis Schwester, die ich - wie ich berichtete - kurz nach dem 1967er Krieg kennengelernt hatte. Ich hatte das Gefühl, wir seien immer verlobt gewesen, ohne jemals darüber zu reden. Nachdem ich zehn Jahre lang von einem Hotel zum anderen, von einem Flughafen zum anderen und von einer Bühne zur anderen gereist war, hatte ich genug davon und sehnte mich nach mehr Ruhe. Die spirituelle Hochzeit fand in sehr bescheidenem Rahmen ohne Publicity und Gäste statt. Und eines wußte ich mit Sicherheit: Ich hatte die beste Frau der Welt.

Da solche spirituellen Ehen nicht anerkannt werden, soweit es die Kinder betrifft, beschlossen wir, am 9. März 1991 „offiziell" zu heiraten. Es war eine unglaubliche Synchronizität, denn wir heirateten in Budapest, also in der Stadt, in der meine Eltern 1938 die Ehe geschlossen hatten. Und die Straße, in der die Zeremonie stattfand, hieß „Uristraße"! Doch die größte Freude empfand ich, weil meine ganze Familie an der Hochzeit teilnahm, und ich glaube, es war der schönste Augenblick meines Lebens, meine beiden Kinder, Daniel und Natalie, in der ersten Reihe sitzen zu sehen.

Von meiner Frau habe ich viel gelernt. Zum Beispiel hörte ich auf, immer das Neuste und Teuerste zu kaufen und damit zu prahlen. Ich stellte mich auf ein gesundes und fast normales Leben um.

Heute bin ich mit einem gewöhnlichen Hemd glücklich, und ich ziehe es an, bis es abgetragen ist. Allerdings fuhr ich weiterhin meinen Cadillac, bis er im Sommer 1994 nach Israel in ein Museum gebracht wurde. Doch davon werde ich weiter unten noch erzählen. Immerhin bin ich bis heute mehr gelaufen, als mein Cadillac gefahren ist, und das waren nach dem letzten Stand etwa 60.000 Kilometer!

Ich hatte einige Häuser in verschiedenen Ländern gekauft - ein Apartment in Mexiko City, eine Wohnung in Tel Aviv, ein Landhaus in Japan, einen geheimen Unterschlupf in Europa und meine palastartige Villa außerhalb von London an der Themse. Für meine Mutter kaufte ich eine Wohnung in New York und ein Haus in Connecticut. Wir sind also daran gewöhnt, mal hier, mal da zu sein. Doch am wohlsten fühle ich mich in meinem herrlichen Haus an der Themse. Ich befahre diesen Fluß mit meiner Motorjacht. Zu meinen vielen Hobbys gehören Joggen, Schwimmen und Kochen. Ich halte mich streng an meine vegetarische Diät; denn ich habe herausgefunden, daß sie meine übersinnlichen Fähigkeiten stärkt. Hanna hat sich inzwischen zur besten vegetarischen Köchin der Welt entwickelt. Ich reise nur noch gelegentlich, um Vorführungen zu geben oder etwas mit den Medien zu unternehmen.

Mein Leben hat sich also seit meiner Heirat sehr verändert. 1981 wurde unser Sohn Daniel geboren, und ein Jahr später vergrößerte sich die Familie um unsere Tochter Natalie. Heute nehme ich mir Zeit für alles, was ich gerne tue. Aber ich bete jeden Tag für die Kranken und für eine bessere Welt. In meinen Gebeten danke ich für die Kräfte, die mir geschenkt wurden und die wissenschaftlich nicht erklärbar, aber auch nicht mehr bestreitbar sind.

Selbstverständlich ereigneten sich auch in den Jahren nach der Veröffentlichung meiner *Story* zahlreiche wunderbare Vorfälle. Manchmal flogen Gegenstände wie Haarbürsten, Taschenspiegel, Dinge aus Plastik und so weiter umher, oder sie dematerialisierten sich vor meinen Augen und materialisierten sich an einem anderen Ort. Mitunter hörte ich etwas zu Boden fallen, sogar Gegenstände aus Glas. Doch selbst wenn sie vom Tisch oder von einem hohen Regal fielen, zerbrachen sie nie. Und später, wenn ich durch mein Haus oder durch meine Wohnung ging, fand ich sie irgendwo auf dem Fußboden. Manchmal ereignen sich fünf kleine Wunder am Tag, und manchmal geschieht wochenlang nichts. Natürlich habe ich mich inzwischen daran gewöhnt. Aber wenn ich Besuch habe und sich Phänomene dieser Art abspielen, weiß ich nicht immer, wie meine Gäste darauf reagieren. Einige von ihnen hoffen allerdings, daß es zu derartigen Ereignissen kommt.

In der amerikanischen Zeitschrift *Esquire* schrieb Dotson Rader einen Artikel mit der Überschrift *„Ein netter Abend mit Uri Geller"*. Er berichtet, wie ein Salzstreuer sich in einem Restaurant von selbst über den Tisch bewegte. Anschließend erhob sich in meiner Wohnung eine Holzfigur von der Wand, flog quer durchs Zimmer, prallte gegen die andere Wand und fiel zu Boden. Dann erschien ein Löffel aus dem Nichts und flog in dieselbe Richtung. Als ich Rader in meinem Auto nach Hause brachte, war sein Bedarf an Wundern gedeckt. Er holte seinen Schlüssel aus der Tasche, um die Haustür aufzuschließen - doch der Schlüssel war verbogen, und Rader mußte den Hausmeister rufen, damit der ihm öffnete. Es ist immer gut, wenn ich ein wenig warte und mich vergewissere, daß meine Begleiter ihre Tür aufschließen können! Ein paar Tage später besuchte Rader mich wieder. Er nahm die Holzfigur ab, die sich bei seinem ersten Besuch selbständig gemacht hatte, legte sie unter ein Kissen und setzte sich darauf. Diesmal flog die Figur nicht herum. Doch als ich Rader zum Aufzug brachte, war sie wieder da - sie lehnte an der Tür des Aufzugs.

Eines Tages war mein Freund Guy Playfair, mit dem ich das Buch *The Geller Effect* geschrieben habe, bei mir. Während ich telefonierte, hörte er zu seinen Füßen einen Knall. Er schaute hinunter und sah zwei goldene Kugeln aus einem Kugellager. Er fragte sich, wo sie hergekommen waren, und hielt nach weiteren Kugeln Ausschau. Plötzlich materialisierte sich eine weitere Kugel mit einem Knall. Es klang wie ein Schuß aus einer kleinen Pistole. Ich hörte das Geräusch und ging dort hin, wo es hergekommen war. In diesem Augenblick erschien eine noch eine Kugel mit sanftem Knall. Ich nahm eine in die Hand und sagte Guy, ich hätte diese goldenen Kugeln in der Fabrik meines Freundes Meir in Israel gesehen. Ich habe keine Erklärung dafür, wie sie von Israel nach England gekommen sind, abgesehen davon, daß „Spectra" dahinterstecken könnte. Ich weiß nicht, ob diese Kräfte für alle Wunder allein verantwortlich sind. Wer immer sie sein mögen, wir wissen fast nichts über sie. Aber sie sind voller Liebe, und manchmal sind sie zu Scherzen aufgelegt. Offenbar haben sie auch meinen Sohn mit einem Teil dieser sonderbaren Fähigkeiten begabt. Wir warten einfach ab, was die Zukunft bringt.

Manchmal ereignen sich sogar Wunder, wenn ich jemanden besuche. Einmal war ich Gast bei einer Dame in Italien. Während wir uns über paranormale Phänomene unterhielten, erhob sich ein Aschenbecher vom Tisch und fiel zu Boden. Anscheinend wollten „sie" der Dame beweisen, daß sie da waren und daß ich die Wahrheit sagte. Doch dann hörten wir ein leises Krachen, das aus einem Glasschrank im Zimmer zu kommen schien. Dort standen Porzellanteller, die meine Gastgeberin sammelte. Wir gingen hinüber, um nachzusehen, und entdeckten eine kleine blaue Statue, die auf einem Bord stand. Die Dame war schockiert, weil der Schrank verschlossen war und dieser Gegenstand sich noch nie darin befunden hatte. Als sie den Schrank aufschloß, zerbrach die Statue plötzlich in zwei Teile.

Es handelte sich um die Statue eines Ägypters, die wie ein billiges Andenken aus Hongkong oder Taiwan aussah. Ich nahm sie mit nach New York, denn ich hatte das Gefühl, sie sei älter, als wir glaubten. Meine Freundin Solveig Clark brachte sie ins Metropolitan- und ins Brooklyn-Museum. Experten beider Museen bescheinigten, daß die Statue zwischen 1200 und 700 v. Chr. geschaffen wurde, und sie fügten hinzu, die Statue sei bemerkenswert gut erhalten.

Wieder bleibt ein Rätsel ungelöst: Wie konnte dieser seltene antike Gegenstand in den verschlossenen Glasschrank einer Frau in Italien gelangen, die ihn nie zuvor gesehen hatte? Vorkommnisse dieser Art ereignen sich also immer noch; allerdings sind sie heute besser belegt - so gut, daß selbst Skeptiker nicht mehr daran zweifeln können.

Letzten Endes weiß ich nicht, worauf die Intelligenzen hinauswollen. Ich weiß nur, daß sie an etwas arbeiten und mit Menschen Verbindung aufnehmen, auch wenn es manchen Leuten schwerfällt, das zu glauben. Ich vermute, meine Energie stammt von einer höheren Quelle. Ich spreche nicht von Gott, sondern von Dienern Gottes. Ich verstehe immer noch nicht, was mit mir oder durch mich geschieht. Aber ich glaube, es ist wichtig, daß die Menschen von diesen Intelligenzen erfahren, weil sie real sind und weil sie das beweisen werden, selbst wenn es einige Zeit dauern mag. Eine andere Möglichkeit wäre, alles geheimzuhalten. Aber das halte ich nicht für richtig. Ich möchte alles auf den Tisch legen. Ich weiß, daß diese Kräfte nur zum Wohle der Menschheit arbeiten und von ihnen keine Gefahr ausgeht.

Wir sollten uns bemühen herauszufinden, warum diese Phänomene sich ereignen. Warum verliert ein Stück Metall sein Gewicht? Wie kam die tiefe, mechanische Stimme auf die Tonbänder? Warum war ich imstande, UFO-Bilder zu fotografieren? Ich benutze den Ausdruck „UFO" nicht gerne, weil viele Leute jeden für verrückt halten, der von UFOs spricht. Ich weiß zwar nicht, aus was UFOs bestehen, aber ich weiß, daß sie existieren. Vielleicht spielt ein großer, kosmischer Clown mit uns. Vielleicht gibt er uns Fingerzeige, kommuniziert aber nicht so intensiv mit uns, wie er könnte.

Ich bleibe dabei, daß es für alle Ereignisse einen Grund geben muß, auch für den Streit, der entbrannt ist, und für die Kritiker, die selbst angesichts harter Tatsachen stur bleiben.

Ich glaube, vieles geht auf die Szene im arabischen Garten in meiner frühen Kindheit zurück. Und ich glaube, daß Gott existiert. Daran gibt es keinen Zweifel. Ich glaube, daß es unendlich viele Intelligenzen im Universum gibt, von denen viele weiter fortgeschritten sind als wir. Ich bin davon überzeugt, daß es auf dieser Erde Menschen mit unglaublichen Kräften gibt, obwohl viele von ihnen sich dessen nicht bewußt sind.

Ich glaube, jeder Mensch hat eine Botschaft zu verkünden. Was mit mit geschieht, das kann auch mit Ihnen geschehen.

23
Meine Friedensmission
auf der Genfer Abrüstungskonferenz

Eine Karikatur geht um die Welt: Geller verbiegt Raketen. Der Chef der CIA testet bei einem Ferngespräch meine telepathischen Fähigkeiten. Der Vorsitzende eines Senatsausschusses fragt mich, ob man übersinnliche Kräfte für den Frieden einsetzen kann. Mein geheimes Gespräch mit dem US-Botschafter. Ich sitze fünf Stunden lang dem Leiter der sowjetischen Delegation in Genf gegenüber. Ich werde ins Kapitol eingeladen, um Senatoren und Pentagonmitarbeitern zu berichten. Mein Brief an Gorbatschow.

Als ich am 4. Mai 1987 den *US News & World Report* aufschlug, las ich und auf der Seite „Washington munkelt" folgendes:
„Claiborne Bell, der Vorsitzende des Senatsausschusses für auswärtige Beziehungen, ließ sich letzte Woche einen Tresorraum im Capitol reservieren - einen Raum, der oft benutzt wird, um höchst geheime Dokumente zu studieren. Grund: Er wollte zusammen mit Regierungsbeamten hören, was der mit übernatürlichen Kräften begabte Israeli Uri Geller von den strategischen Plänen der Sowjets in Erfahrung gebracht hatte. Geller, der behauptet, mit der Kraft seines Geistes Löffel verbiegen zu können, hatte einmal auch den früheren Präsidenten Jimmy Carter informiert."
Es überrascht mich nicht, wenn hin und wieder eine unwahre Geschichte über mich in der Zeitung steht. Diese aber traf zu. Ich war nur überrascht, sie gedruckt zu sehen.
Ich weiß nicht, wie diese Geschichte durchsickerte. Ich weiß nur, daß ich dichtgehalten habe. Viele prominente Leute aus allen Lebensbereichen können bezeugen, daß ich den Mund halte, wenn man mich bittet, eine heikle Angelegenheit vertraulich zu behandeln.
Der kurze Artikel enthielt keinen Hinweis darauf, warum irgend jemand annehmen konnte, ich hätte etwas Wissenswertes über die sowjetische Strategie zu sagen. Natürlich versuchten die Medien der Welt, das selbst herauszufinden. Am schnellsten reagierte

Newsweek, die einen Reporter zu mir nach England schickte. Ich war eben erst von einer sehr anstrengenden dreiwöchigen Werbetour für die erste amerikanische Ausgabe des Buches *The Geller Effect* zurückgekehrt und hoffte, ein paar Tage in der Frühlingssonne ausspannen zu können.

Daraus wurde nichts. Inzwischen war das Heft der *Newsweek* vom 11. Mai erschienen (mehrere Tage vor dem aufgedruckten Datum); *News of the World* vom 3. Mai hatte einen ganzseitigen und Großbritanniens führende Sonntagszeitung, die *Sunday Times*, sogar einen mehrseitigen Artikel gedruckt. Wieder waren alle diese Geschichten im wesentlichen wahr, und erneut stammten die meisten Informationen nicht von mir.

Allmählich stellte die Wahrheit sich heraus: Ich hatte mich in Genf mit dem Chef des sowjetischen Verhandlungsteams, seinem amerikanischen Kollegen, dem Botschafter Max Kampelmann, dem hochangesehenen US-Senator Claiborne Pell (er war fünfmal gewählt worden) und einer Schar von ziemlich hochrangigen Politikern getroffen.

Selbst die wöchentliche Satiresendung der BBC gab mir am 1. Mai die Ehre. Ich wurde in einer fiktiven Szene Präsident Reagan als der Mann vorgestellt, der „seine ehrfurchtgebietenden übersinnlichen Kräfte gegen die Sowjets einsetzen wird". Ein Dialogbeispiel:

Reagan: So'n Quatsch! Ich wette, Sie können mir nicht sagen, was ich gerade denke.

Geller: Sie denken: „Ich wette, Sie können mir nicht sagen, was ich gerade denke."

Reagan: Stimmt. Der Bursche ist echt. Okay, Geller - Sie sind engagiert!

Das war alles recht lustig, obwohl der Schauspieler, der meine Rolle übernommen hatte, nicht nach mir klang. (Außerdem habe ich nie Präsident Reagan getroffen und auch meine „ehrfurchtgebietenden Kräfte" gegen nichts und niemanden eingesetzt, abgesehen von Löffeln.

Die *New York Post* druckte die in diesem Buch wiedergegebene Karikatur ab, auf der eine Reihe von sowjetischen Raketen zu sehen ist.

Ich mag gute Witze, einschließlich solcher, die mich aufs Korn nehmen. Der Weltfriede und die nukleare Abrüstung sind allerdings ernste Themen, und jetzt, da die Geschichte meines kurzen Gastspiels in diesem Bereich zu einem großen Teil bereits von anderen veröffentlicht worden ist, möchte ich berichten, was wirklich geschah. Vor allem möchte ich einige Dinge zurechtrücken, um Spekulationen zu begegnen, die einigen der hervorragendsten Staatsdienern der USA - und vielleicht auch der früheren Sowjetunion - schaden könnten.

Ich weiß nicht, wie alles begann. Ich weiß nicht, wer was zu wem sagte und wann oder wo das war, darum kann ich nicht die ganze Geschichte erzählen. Ich kann nur berichten, was ich weiß.

Nach der Erstveröffentlichung des *Geller Effect* in Großbritannien im Oktober 1986 merkte ich schnell, daß das Interesse an mir plötzlich wieder zunahm. Bruchstücke von Informationen, die ich von Freunden und von deren Freunden erhielt, erweckten in mir den Eindruck, daß einige meiner ehemaligen Kollegen in den Abwehr- und Geheimdiensten der USA sich fragten, warum sie mich hatten gehen lassen und warum sie mich nicht mehr aufforderten, etwas für sie zu tun.

Dann, Ende Dezember 1986, erreichte mich ein äußerst ungewöhnlicher Telefonanruf. Soweit ich mich erinnere, verlief das Gespräch so:

„Mr. Geller? Mein Name ist Casey. Vielleicht haben Sie in letzter Zeit von mir gelesen. Ich kenne Sie seit vielen Jahren."

Jemand wollte mich offenbar auf den Arm nehmen. Der einzige Casey, von dem ich gelesen hatte, war der neuernannte Direktor des CIA, der inzwischen verstorbene William Casey. Ich weiß nicht mehr, was ich antwortete, aber meine Stimme verriet gewiß meinen Unglauben.

„Wenn Sie übersinnliche Fähigkeiten haben, dann wissen Sie, daß dies kein Scherz ist", sagte der Anrufer. Er hörte sich an wie ein älterer Mann mit einer gewissen Autorität. Er konnte durchaus der CIA-Chef sein, und darum beschloß ich, mich weiter mit ihm zu unterhalten und abzuwarten, was sich daraus ergeben würde.

„Okay", erwiderte ich, „ich glaube Ihnen. Was kann ich für Sie tun? Ich bin ziemlich erstaunt und geschmeichelt, daß Sie mich aus heiterem Himmel anrufen. Hat jemand Sie gebeten, sich mit mir in Verbindung zu setzen?"

„Nein, nein, Mr. Geller. Ich wollte Sie nur fragen, ob Sie am Telefon etwas für mich tun könnten - nur für mich persönlich."

„Nun ja, früher habe ich das getan, aber ich weiß nicht, ob es klappt."

Ich nahm an, er wolle eine Art Telepathietest mit mir machen, und ich erinnerte mich daran, daß mein erster Kontakt mit dem CIA ähnlich verlaufen war.

„Ich betrachte gerade etwas", fuhr er fort. „Können Sie mir sagen, was es ist?"

Ich schloß die Augen und wandte meine übliche Visualisierungsmethode an. Dann zeichnete ich, was ich aufgefangen hatte, und beschrieb es dem Anrufer. Ich sagte ihm, ich hätte einen Dolch mit einem dekorativen Schildpatt- oder einem Elfenbeingriff gesehen.

Es blieb lange still. Ich fragte mich, ob die Verbindung unterbrochen war. Dann kam die Antwort.

„Verdammt! Sie haben recht. Okay, okay, das genügt mir. Es war nett, mit Ihnen gesprochen zu haben, Mr. Geller." Das war alles.

Senator Claiborne Pell hatte ich bereits bei geselligen Anlässen getroffen. Es stellte sich heraus, daß er und ich gemeinsame gute Freunde hatten, und darum war an unserer ersten Begegnung nichts Ungewöhnliches. Es kam zustande, als eine alte Freundin von mir, Prinzessin Luciana Pignatelli, mich einem Mitglied der britischen Königsfamilie, der in Deutschland geborenen Prinzessin von Kent vorstellte.

Während meines Gesprächs mit der Prinzessin (es war privat und wird auch privat bleiben, soweit es mich betrifft) erwähnte sie den Senator als alten Freund, der nicht nur eine glanzvolle politische Karriere gemacht habe - er war damals Vorsitzender des amerikanischen Ausschusses für auswärtige Angelegenheiten -, sondern auch sehr aufgeschlossen gegenüber übernatürlichen und spirituellen Phänomenen sei. Damals wußte ich noch nicht, daß über die Interessen des Senators bereits am 10. Januar 1984 in der

New York Times berichtet worden war. Ein Artikel zitierte ihn mit den Worten, er habe „anläßlich eines Besuchs in der Sowjetunion im August mit sowjetischen Forschern über Parapsychologie diskutiert".

Wir verstanden uns von Anfang an sehr gut. Ich fand, daß Senator Pell ein Mann von großer Würde und Weisheit war, und obwohl er als Mitglied der alten Politikergarde gelten konnte, beeindruckte er mich auch als einer der fortschrittlichsten und aufgeschlossensten Menschen, die ich je getroffen hatte. Besonders gefiel mir, daß er vor allem wissen wollte, ob übersinnliche Kräfte meiner Meinung nach genutzt werden können, um den Frieden zu sichern.

Wir hatten ein sehr angenehmes Gespräch. Ich verbog für ihn einen Löffel und reproduzierte eine Zeichnung (sie zeigte ein lächelndes Gesicht), die er angefertig hatte, ohne daß ich es sehen konnte. Wir trafen keine besonderen Verabredungen, und ich hätte mir nicht träumen lassen, daß wir uns schon so bald und unter derart heiklen Umständen wiedersehen sollten.

Nicht lange nach dem sonderbaren Telefongespräch mit dem Chef der CIA erreichte mich zu Hause ein weiterer völlig unerwarteter Anruf vom Sekretär des Botschafters Kampelman. Er teilte mir sehr formell mit, der Botschafter würde gerne mit mir sprechen, und fragte mich, ob ich einen geeigneten Ort wüßte.

Ich nahm an, er wolle zuviel Öffentlichkeit bei unserem Gespräch vermeiden, und darum sorgte ich in aller Eile dafür, daß ein Freund, auf dessen Verschwiegenheit ich mich verlassen konnte, mir den Sitzungssaal seiner Firma zur Verfügung stellte. Dort trafen wir uns dann auch - nur wir beide.

Max Kampelman war einer der wenigen Menschen, die mit mir ein Gespräch führen wollten, ohne mich zu bitten, einen Löffel zu verbiegen oder ihre Gedanken zu lesen. Er beeindruckte mich als ein Mann, der keine Zeit verschwendete, und ich glaube, er war gut darüber informiert worden, was ich zu tun in der Lage war. Er war besonders interessiert daran zu erfahren, ob der menschliche Geist meiner Meinung nach aus der Ferne positiv beeinflußt werden konnte. Und wie bei Senator Pell hatte ich den Eindruck, daß er sehr herzlich war und gute Absichten hatte. Unsere Unterredung dauerte etwa eine Stunde. Unter anderem sprachen wir über die sowjetischen Juden, die uns selbstverständlich interessierten, und als wir uns draußen auf dem Gehsteig die Hände schüttelten, wurde nichts über eine weiteres Treffen vereinbart.

Im Februar 1987 veröffentlichte der Genfer Ariston Verlag die deutsche Ausgabe des *Geller Effect*. Er stellte für mich eine ausgedehnte Werbetour durch Deutschland, Österreich und die deutschsprachigen Gebiete der Schweiz zusammen. Während ich in Zürich weilte, erreichte mich wieder einer dieser Telefonanrufe aus heiterem Himmel. Man lud mich ein, sofort nach Genf zu kommen.

Die amerikanisch-sowjetischen Abrüstungsgespräche waren bereits im Gange, und ich sollte eine Funktion in der amerikanischen Delegation erfüllen. Es war der 27. Februar, und die Einladung kam vom Sekretär des Botschafters Kampelman. (Mir ist nicht bekannt, ob Kampelman der Initiator war.) Wir vereinbarten, daß ich als Entertainer bezeichnet werden sollte, falls die Presse mir auf die Schliche kam, obwohl Entertainer bei Abrüstungsverhandlungen ein Novum sein dürften.

Kaum war ich also in Genf aus dem Flugzeug gestiegen, als ich mich auch schon mitten in einem lebensechten Drama befand, das enorme internationale Folgen haben konnte.

Der formelle Teil des Tages war vorbei (dazu hatte man mich nicht eingeladen), und die Gesandtschaft der USA gab für die amerikanischen und sowjetischen Delegierten und ihre Frauen einen Empfang. Oberflächlich betrachtet war es vielleicht nicht mehr als ein informelles gesellschaftliches Ereignis, doch wie jeder Diplomat weiß, feiert man solche Feste nicht nur zum Vergnügen. Die ernsthaften Gespräche gehen auch dort weiter, und ich brauchte keine PSI-Fähigkeiten, um zu wissen, daß ich mich in einem Raum befand, in dem zwischen all dem Geplauder und Gläserheben über Themen von großer Tragweite gesprochen wurde.

Ich war entzückt, zwei vertraute Persönlichkeiten zu entdecken, nämlich Senator Pell und Botschafter Kampelman. Man stellte mich nicht weniger als fünf anderen Senatoren vor: Ted Stevens, Richard

Lugar, Arlen Spector, Don Nickles und Albert Gore, ein Mann, der sehr wohl einmal US-Präsident werden könnte.* (Noch mehr geehrt fühlte ich mich, als man mich dem ersten stellvertretenden Außenminister der Sowjetunion, Yuli M. Worontsow, vorstellte. Ich hatte in kurzer Zeit einen langen Weg zurückgelegt. Denn der Mann, den ich an diesem Tag traf - schon ein paar Monate nach dem rätselhaften Anruf eines Mannes, der behauptete, William Casey zu sein (wofür ich bis heute keinen Beweis habe) -, war einer der drei einflußreichsten Männer der sowjetischen Außenpolitik, zusammen mit dem Parteivorsitzenden Michail Gorbatschow und Außenminister Edward Schewardnadse.

Worontsow war mir sofort sympathisch. Ich spürte keine Spur von Feindseligkeit bei ihm, und bald entwickelte sich eine angenehme und zwanglose Unterhaltung über Weltprobleme im allgemeinen und die Fähigkeit von Individuen, den Lauf der Dinge allein durch ihre Einstellung und ihren aufrichtigen Wunsch nach Frieden zu beeinflussen.

Ich war sicher, daß auch er diesen Wunsch verspürte. Trotz aller Kriege, Revolutionen und Massaker in Rußland glaube ich, daß die russische Seele eine friedliche Seite hat und über Energie und Lebensfreude verfügt, wie man sie bei anderen Völkern selten findet.

Worontsow wußte, wer ich war, und da ich als Unterhaltungs-künstler eingeladen worden war, hielt ich es für ratsam, ihn ein wenig zu unterhalten. Ich begann, indem ich Samen sprießen ließ, dann nahm ich einen Löffel und verbog ihn auf meine übliche Art. Ich reichte ihn Worontsow und sagte ihm, er werde sich weiter krümmen, während er ihn halte. Zu seinem Entzücken und meiner großen Erleichterung tat er es.

Nach meiner kleinen Vorführung war er noch herzlicher zu mir. Er lächelte und sagte: „Ich weiß, daß diese Kräfte real sind". Dann erzählte er mir von der sowjetischen Heilerin Dschuna Dawi-taschwili, von der man glaubt, sie habe den ehemaligen Partei-

---

* Diese Voraussage wurde erstmals in der Paperbackausgabe des Geller Effect veröffentlicht, die 1987 herauskam, also lange bevor Gore als Vizepräsident nominiert wurde.

sekretär Breschnew behandelt. Allerdings war dies nicht die Zeit, um danach zu fragen.

Nach dem Empfang lud man mich ein, mit einer Gruppe von Leuten in Robertos Restaurant zu essen. Dort saß ich Worontsow gegenüber, und Kampelman, Pell und zwei andere Senatoren saßen am selben Tisch.

Wie der Empfang war auch das Abendessen mehr als nur ein geselliges Ereignis, und ich werde hier keines der Gespräche wiedergeben, die mir während des Mahls um die Ohren schwirrten. Bald war mir klargeworden - auf völlig normale Weise -, daß beide Seiten nach Genf gekommen waren, um zu feilschen, zu verhandeln und zu diskutieren, nicht um bereits vorher feststehende Positionen zu verkünden, wie es wohl frühere sowjetische Regierungen getan hatten. Um mich herum wurde Geschichte gemacht, und das Wohlbefinden von zig Millionen Menschen hing davon ab, wie gut meine Tischgefährten miteinander zurechtkamen.

Während der gesamten Mahlzeit „bombardierte" ich die Mitglieder der Gruppe mit meinen eigenen Verhandlungsbeiträgen: eindringlichen Bildern des Friedens. Im Jahr zuvor hatten mir nur wenige Minuten mit dem ersten „Opfer" meiner Friedenskampagne, Adnan Khashoggi, zur Verfügung gestanden, und ich bin sicher, daß er verstanden hatte. Mit Worontsow verbrachte ich drei oder vier Stunden, und ich habe ihn wirklich intensiv bearbeitet. Ich bin davon überzeugt, daß meine Botschaft ihn erreicht hat.

Ich signierte eines meiner Bücher für Worontsow und seine Frau, und sagte zu ihm, er werde bei der Lektüre etwas zu lachen haben und sich darüber wundern, warum die USA mich immer noch engagierten, obwohl das Buch sich ziemlich negativ über die CIA äußerte.

Worontsow lachte. „Keine Angst", sagte er. „Die lesen nie Bücher!"

Drei Tage später, am Montag, dem 2. März 1987, machte die Konferenz Schlagzeilen in aller Welt. „Westen begrüßt Gorbatschows Vorschläge zur atomaren Abrüstung" (Financial Times) und „Heute *dringliche Gespräche über Raketen und sowjetisches Angebot"* (*The Times*) waren zwei typische Überschriften in britischen Zeitungen. In einem Artikel auf der Titelseite mit der Schlagzeile *"Sowjetisches Angebot ist ernst gemeint"* gab Jonathan Steele im *Guardian* zwei Erklärungen für die seiner Meinung nach „dramatische Kehrtwendung Gorbatschows" in Form eines Angebots ohne Haken und Ösen, das darauf hinauslief, alle atomaren Mittelstreckenraketen aus Ost- und Westeuropa abzuziehen.

Die „Hardliner-Erklärung" war, daß es sich um einen geschickten sowjetischen Schachzug handelte, um Präsident Reagan in einer Zeit voller Schwierigkeiten auf anderen Gebieten zu einem unklugen Geschäft zu verleiten. Die „optimistische" Theorie lautete: *„Gorbatschow macht ein wichtiges Zugeständnis"*, und Steele kommentierte: *„Ich halte die zweite Theorie für zutreffend."*

Ich wäre liebend gerne derjenige, dem das zu verdanken ist; aber ich muß einräumen, daß Gorbatschow sein überraschendes Angebot bereits einen Tag nach meiner Dinnerparty in Genf machte. Es ist wahr, daß ich Worontsow zum Abschied bat, Gorbatschow zu berichten, was geschehen war. Er versprach es mir, und ich zweifle nicht daran, daß er es getan hat. Es gab jedoch viele Indizien dafür, daß der sowjetische Führer bereits seit dem Gipfeltreffen mit Reagan im Jahre 1986 eine wichtige Initiative geplant hatte - und damit hatte ich nichts zu tun!

Dennoch lautete die Schlagzeile der *Sunday Times* am 3. Mai: *„Hat Uri Gorbatschow beeinflußt?"* Habe ich es getan? Wer weiß? Nur Worontsow und Gorbatschow wissen es und verraten es uns nicht.

Als ich nach meinem kurzen Sprung in internationale Angelegenheiten wieder zu Hause war, hatte ich viel zu tun. Die französische Ausgabe des *Geller Effect* kam heraus und verlangte meinen Werbeeinsatz. Ich hatte also nur wenig Zeit, mich körperlich und seelisch auf meine dreiwöchige Amerikareise im April vorzubereiten.

Am 7. April, weniger als eine Woche vor Beginn meiner Reise in die USA, stellte ich fest, daß die Behörden immer noch Pläne mit mir hatten. Ich erhielt eine hochoffizielle Einladung zu einer Dinnerparty im Hause eines prominenten und einflußreichen Industriellen

321

in der Gegend von Washington. Zu den übrigen Gästen gehörten so bekannte Gestalten wie Milton Friedman, Parlamentspräsident James Wright, der Abgeordnete Charlie Rose und eine Handvoll von Senatoren wie Alan Cranston. Es war eine private und informelle Veranstaltung, und ich war sicher, daß man mich nicht nur eingeladen hatte, um Löffel zu biegen.

Ich nutzte die Gelegenheit und hielt meine Predigt über die Probleme der Welt und die Fähigkeit des einzelnen, sie zum Wohle aller zu beeinflussen. Diesen kleinen Vortrag über den Frieden hatte ich inzwischen ziemlich gut eingeübt, und ich hatte bereits Grund zur Annahme, daß er in den letzten Wochen ziemlich viele Herzen geöffnet hatte. An diesem Abend hoffte ich, eines oder zwei weitere zu öffnen.

Vielleicht ist es mir gelungen; denn gegen Ende meiner Reise von Küste zu Küste bekam ich wieder eine jener Einladungen, die man nicht ausschlagen kann. Es ging um eine Konferenz im Capitol, bei der ich laut *US News & World Report* gebeten wurde, amerikanischen Regierungsbeamten zu enthüllen, was ich über die sowjetische Strategie „aufgefangen" hatte.

Ich kam aus Minneapolis, und Senator Pells Sekretär holte mich am Flughafen ab und brachte mich geradewegs zum Capitol. Als wir auf den Parkplatz rollten, merkte ich, daß ich immer noch meine übliche sportliche Kleidung trug, und ich hielt es für angebracht, etwas anzuziehen, was besser zu einem Treffen auf höchster Ebene mit einigen führenden Politikern der mächtigsten Nation der Welt paßte. Die Zeit war knapp, und darum zog ich mich gleich auf dem Parkplatz des Capitols um. Es gelang mir, in meinen Anzug zu schlüpfen und meine Krawatte anzulegen, und dabei hoffte ich, daß kein neugieriger Polizist auftauchen und sich darüber wundern würde, was da vor sich ging!

Die Konferenz war kein voller Erfolg für mich. Laut *Newsweek* nahmen „*vierzig Regierungsbeamte teil, darunter Mitarbeiter des Capitols und des Pentagons. Sie waren in einem abhörsicheren Raum versammelt, um zu hören, wie Geller sich über seine Fähigkeiten ausließ.*" Das war nicht ganz korrekt - ich ließ mich nicht über meine

Fähigkeiten aus, sondern über mein übliches Thema: den Weltfrieden und die Notwendigkeit, mehr in die Entwicklung der geistigen Fähigkeiten zu investieren. Ich erinnerte die Beamten daran, daß ich nunmehr über eigene Erfahrungen verfügte und wüßte, wovon ich sprach, wenn ich ihnen sagte, daß die sowjetischen Politiker sich der Existenz des Übersinnlichen bewußt seien. Erst kürzlich hätte ich einen Abend mit der Nummer drei der sowjetischen Außenpolitik verbracht und ich hätte ihm, glaubte ich, Stoff zum Nachdenken gegeben.

So weit, so gut. Dann, so berichtete *Newsweek* ziemlich zutreffend, *„versuchte der Telepath ohne Erfolg, die Figuren zu erraten, die die versammelten Gäste auf Zettel gezeichnet hatten"*. Ich hatte einfach einen schlechten Tag, was die Telepathie betraf. Meine Rundreise durchs ganze Land hatte mich wirklich ausgelaugt. Ich war seit Oktober auf Tour gewesen, hatte nur sehr wenige Pausen eingelegt, und obendrein war ich plötzlich in eine wichtige internationale Angelegenheit verwickelt worden. Alles, worauf ich mich noch konzentrieren konnte, waren meine Frau, meine Kinder und mein Heim.

Kurz nach Beginn meiner Werbetour durch die USA im April setzte sich ein Israeli mit mir in Verbindung. Er sagte mir nicht, wer er war, und ich fragte ihn nicht danach.

Er war sehr gut über meine jüngsten Aktivitäten informiert, die sich auf Gebieten abgespielt hatten, denen ich nicht meine Bekanntheit verdanke, und seine Nachricht war sehr kurz. Sie lief darauf hinaus, daß ich mich möglicherweise in ernsten Schwierigkeiten befand und auf mich aufpassen sollte.

Vielleicht übertrieb er, aber da ich die Leute kannte, für die er meiner Meinung nach arbeitete, wollte ich darauf keine Wette abschließen. Ich bekam Angst. Würde mich jemand entführen oder „terminieren", wie man in Geheimdienstkreisen sagte? Es schien lächerlich, aber ...

Solche Dinge kommen vor. Mein guter Freund John Lennon wurde vor seinem Haus von einem geistesgestörten jungen Mann erschossen. Terry Waite, der goße Mann des Friedens, verschwand in den Labyrinthen der libanesischen Polit-Intrigen, nachdem er zu einer seiner tapferen Ein-Mann-Friedensmissionen aufgebrochen war. Und was war wirklich mit den drei britischen Wissenschaftlern geschehen, die in der Rüstungsindustrie gearbeitet hatten und die man unter äußerst ungewöhnlichen Umständen tot aufgefunden hatte? Menschen werden tatsächlich entführt. Sie verschwinden tatsächlich. Sie werden tatsächlich ermordet. Draußen laufen einige wirklich kranke Leute herum. Außerdem gibt es einige mächtige und wohlhabende Individuen, die ein persönliches Interesse daran haben, den Frieden zu verhindern. Die Opfer dieser Perversen und Kriegstreiber scheinen immer diejenigen zu sein, die sich mit größter Hingabe für Frieden, Liebe und spirituellen Fortschritt einsetzen.

Sobald ich zu Hause war, schrieb ich drei kurze Briefe, steckte sie in einen Umschlag und ließ sie der sowjetischen Botschaft in London zustellen. Ich legte einen erläuternden Brief an den Botschafter bei, in dem ich ihn bat, die drei anderen Briefe weiterzuleiten. Ein Adressat war Generalsekretär Michail Gorbatschow, der zweite war Yuli Worontsow und der dritte war der Chef des sowjetischen Geheimdienstes KGB. Alle Briefe hatten denselben Wortlaut:

Nach meinen Vorführungen in der amerikanischen Gesandschaft in Genf für die amerikanische und sowjetische Delegation hörte ich gerüchteweise, daß der KGB möglicherweise plant, mich zu entführen oder zu töten.

Ich bin nur ein guter Showmann und Unterhalter, und ich bin nicht gefährlich. Ich hoffe sehr, daß die Gerüchte falsch sind.

Mit den besten Wünschen

Frieden

Uri Geller

Hatte ich überreagiert, oder war die verschlüsselte Botschaft des namenlosen Israeli authentisch? Da ich wußte, wie israelische Geheimdienstleute arbeiten, bezweifelte ich, daß er seine oder meine Zeit verschwenden würde.

Aber hatte ich an die richtigen Leute geschrieben? Wollte mich jemand anders aus dem Weg räumen? Mir fiel niemand ein. Dennoch überprüfte ich meine Sicherheitsvorkehrungen gründlich und verbesserte sie in mancherlei Hinsicht. Dabei holte ich Rat von den besten Quellen ein, die mir zugänglich waren.

Ich versuchte mir vorzustellen, wie Worontsow nach den Genfer Gesprächen seiner Regierung berichtet hatte. Vielleicht glaubte er wirklich, die USA hätten mich für ihre Belange unter Vertrag genommen. Es mußte eine gewisse Verwirrung im Kreml geherrscht haben, denn Entertainer tauchen normalerweise nicht bei Abrüstungsverhandlungen auf. Was hatten die USA vor? Besaßen sie eine Geheimwaffe - mich?

Um die Verwirrung zu vervollständigen, hatte ich eindeutig klargestellt, worum es mir ging. Ich hatte Worontsow mehr oder weniger das gesagt, was ich allen anderen in diesem Kapitel erwähnten Leuten gesagt hatte: daß der Geist mächtiger ist als Raketen und daß wir Geld in die Erforschung des Geistes investieren sollten, anstatt Milliarden für Raketen auszugeben.

Es steht bereits fest, daß ich nicht der einzige war, der so dachte. Denn als die Geschichte meines Besuchs in Genf und im Capitol Schlagzeilen machte, trat eine bemerkenswerte Entwicklung ein: Ich erhielt offizielle Einladungen von nicht weniger als fünf großen Ländern. Alle baten mich um einen Besuch, um mit hohen Regierungsbeamten, darunter Staatsoberhäupter, darüber zu reden, wie wir den Frieden erreichen können.

Als ich diese Einladungen erhielt, nahm ich sie alle an und legte eine Auswahl von Artikeln über meine jüngsten Aktivitäten bei und vergaß auch nicht eine repräsentative Auswahl von negativen Stellungnahmen meiner Kritiker und anderer Skeptiker.

Alle fünf teilten mir sinngemäß mit, nach sorgfältigem Studium des von mir gesandten Materials seien sie immer noch an meinem Besuch interessiert. Frühere „Friedenskonferenzen" haben sich darauf konzentriert, die Zahl der Kriege zu verringern. Heute legen wir größeren Wert darauf, den Frieden zu mehren, was nicht ganz dasselbe ist.

Wenn ich meine Sammlung von Anti-Geller-Artikeln durchgehe, kann ich mich wieder einmal des Eindrucks nicht erwehren, daß ich es weit gebracht habe. Zum Beispiel druckte *The Humanist* 1977 eine Titelgeschichte unter der Überschrift „Hellseher entlarvt". Natürlich war ich einer dieser „Hellseher". Nur zehn Jahre danach räumte der *New Scientist* am 16. April 1987 ein: *„Trotz der Versuche der CSICOP (CSICOP = Commitee for the Scientific Investigation of Claims of the Paranormal, dt. etwa: Ausschuß zur Untersuchung angeblich paranormaler Phänomene), Uri Geller, den löffelbiegenden PSI-Mann aus Israel, zu diskreditieren, verdient dieser bis zu 250.000 Dollar am Tag, indem er Konzernen sagt, wo sie nach Öl und Gold suchen sollen."* Vielleicht erinnern Sie sich, daß dieselbe Zeitschrift mich 1978 als „Schwindler" bezeichnete. Jetzt wurde ich immerhin zum „PSI-Mann" befördert!

Heute geht es nicht mehr darum, ob Uri Geller echt ist oder nicht. Es geht um eine wichtigere Frage: Kann ein tieferes Verständnis der wahren Fähigkeiten des menschlichen Geistes eine bessere Welt schaffen?

Ich bin stolz auf das, was ich in Genf tat, und ich bin den bekannten Persönlichkeiten dankbar, die den Mut hatten, mich einzuladen - trotz des Spottes, der sich, wie sie sehr wohl wußten, möglicherweise über sie ergießen würde. Allerdings stellte sich heraus, daß die Presse sehr objektiv und fair berichtete. Zwei dieser Männer bedankten sich unabhängig voneinander für meine Dienste, nachdem die Geschichte publik geworden war.

Ich weiß nicht, wer letztlich dafür verantwortlich war, daß ich nach Genf eingeladen wurde, und es dürfte einige Zeit vergehen, bis wir wissen, ob und wie weit ich die Haltung der sowjetischen Vertreter, denen ich begegnet bin, beeinflussen konnte.

Ich vermute, daß sie sehr nachdenklich nach Hause reisten und, als sie wieder an ihren Schreibischen saßen, sogleich dringende Botschaften verschickten, von Moskau und Leningrad nach Minsk, Charkow, Kiew, Puschkino, Krasnodar, Nowosibirsk, Alma-Ata, Taganrog, Eriwan und Tiflis - überall dorthin, wo man bereits „Bioelektronik" (der russische Ausdruck für das Paranormale) studierte. Vielleicht wurde hier ein Forschungsbudget erhöht, dort ein neues Labor eingerichtet und anderswo mehr Personal eingestellt.

Seit dem Ende der Sowjetunion haben wir ein wenig - nicht alles - darüber erfahren, was in all den Labors mit rätselhaften Namen wie „Institut für spezielle Probleme" und „Zentrum für nichttraditionelle Technologie" vor sich ging. Wir wissen heute, daß die Sowjets vor allem nach Methoden suchten, das Gehirn aus der Ferne zu beeinflussen. Sie benutzten dafür neben ihren besten Telepathen verschiedene Techniken von Mikrowellen bis zum Infra- und Ultraschall.

Manchmal frage ich mich, ob diese Telepathen getan haben, was ich an ihrer Stelle getan hätte - ob sie ein eigenes Programm entwickelten, um den Frieden statt den „psychotronischen Krieg" zu fördern? Das Ende der Sowjetunion kam plötzlich, und es war zumindest teilweise darauf zurückzuführen, daß die politischen Führer nicht mehr den Willen zur Macht besaßen. Ich kann mich daher des Verdachts nicht erwehren, daß Menschen mit übersinnlichen Kräften - nicht bei uns, sondern bei ihnen! - beim Zusammenbruch des Kommunismus eine Rolle spielten.

24
Mein Leben wird verfilmt

Ken Russel möchte mein Leben verfilmen. David Bowie empfiehlt mir Terence Stamp als einen der Hauptdarsteller. Seltsame Zufälle in Israel. Ich bringe aus der Ferne zweimal Big Ben zum Stillstand. Ein erfolgreiches Massenexperiment aus dem Hubschrauber. Ein stummer Junge kann wieder sprechen. Mein magischer orangefarbener Punkt in der Zeitung und im Fernsehen löst Tausende von Wundern aus. Mein „Friedensauto" wird in Jerusalem ausgestellt. Wir alle können unsere Welt positiv verändern.

Es ist gewiß eine Ehre für mich, wenn jemand einen Film über mein Leben dreht, bevor ich fünfzig bin, vor allem wenn der Regisseur weltbekannt ist. Wie dieser Film über meine Jugend zustande kam, ist eine Geschichte für sich. Es waren so viele sonderbare Zufälle und Synchronizitäten im Spiel, daß jedermann das Gefühl hatte, irgend jemand oder irgend etwas da draußen befasse sich mit diesem Projekt.

Alles begann Mitte der siebziger Jahre, als *My Story* (Meine Geschichte) zum erstenmal in englischer Sprache erschien. Ein Produzent namens Robert Stigwood kaufte die Filmrechte. Er war auch der Manager einer der erfolgreichsten Popgruppen der Geschichte - der „Bee Gees". Er produzierte Filmhits wie *Grease* und *Saturday Night Fever*, wurde aber am bekanntesten durch das Musical *Tommy*, das 1974 entstand und bei dem Ken Russell Regie führte.

Während *Tommy* verfilmt wurde, erwähnte Stigwood in einem Gespräch mit Russell, daß er die Filmrechte an *My Story* besitze, daß sich aus dem Buch ein großartiger Film machen lasse und daß Russell Regie führen solle. Stigwood ließ sogar ganzseitige Anzeigen in *Variety* abdrucken, um sein neues Projekt anzukündigen. Doch aus Gründen, die ich nie erfahren habe, ist daraus nichts geworden, und unsere Wege trennten sich.

Während eines Besuchs in Israel im Jahre 1993 - fast zwanzig Jahre später - traf ich ganz zufällig einen jungen Produzenten namens

Doron Eran. Ich war mit einem Freund, der ihn kannte, in einem Restaurant, und er stellte uns einander vor. Doron fragte mich sofort, ob er mich dazu überreden könne, ihn einen Film über mein Leben machen zu lassen. „Lassen Sie mich einen Drehbuchschreiber darauf ansetzen", sagte er. „Dann werden wir sehen, was wir tun können." Ich war einverstanden, und er machte sich sogleich an die Arbeit. Bald lag das Drehbuch vor, und als nächstes brauchten wir einen Regisseur. Natürlich fiel mir zuerst Ken Russell ein.

Ich hatte ihn nie getroffen und wußte nicht, wo er sich aufhielt oder wie er zu erreichen war. Allerdings wußte ich, daß er im Ruf stand, ein wenig schwierig zu sein, vor allem gegenüber Reportern.

Was konnte ich tun? Vielleicht kennt ihn einer meiner Freunde, dachte ich und begann mich umzuhören. Sofort landete ich einen Volltreffer.

Ich besuchte meinen Freund Michael Halphie, der im Zentrum von London einen Videoshop besitzt. Zudem ist er berühmt als Schauspieler in einem Werbespot von Knorr. Er spielt einen Koch, dessen Löffel sich in der Hand verbiegt. Er hatte mich angerufen und mich gefragt, ob ich etwas dagegen hätte, wenn er in seinem Film einen Teil meiner Vorführung imitiere. Selbstverständlich hatte ich nichts dagegen, und wir wurden gute Freunde.

„Hast du eine Idee, wie ich an Ken Russell rankomme?" fragte ich ihn.

„Komisch, daß du mich fragst", antwortete er. „Er war erst vor ein paar Wochen hier in meinem Geschäft. Ich sah ihn hinausgehen und rannte zu ihm hin, um ihm das Regal mit seinen Filmen zu zeigen." Ken Russell freute sich sehr, etwa zwanzig seiner Filme in einer Reihe zu sehen, und Halphie überredete ihn, Mitglied in seinem Videoclub zu werden. Nun drückte Michael auf seine Computertastatur, und Ken Russells Anschrift erschien auf dem Bildschirm.

Ich schrieb ihm und bat ihn, mich anzurufen, was er fast unverzüglich tat. Ich fuhr gerade nach London, als er mich per Autotelefon anrief, und darum fragte ich ihn, ob ich ihn sofort besuchen dürfe. Er war einverstanden, und ich fuhr zu ihm. Nachdem ich einen Teelöffel für ihn verbogen hatte, der sich in der Hand seines Sohnes Xavier noch weiterbog, fragte ich ihn, ob er daran interessiert sei, in einem Film über mich Regie zu führen.

Er zögerte nicht und sagte auch nicht: „Lassen Sie mich darüber nachdenken." Er sagte einfach ja. Ich konnte beinahe nicht glauben, daß es so einfach gewesen war. Russell war ein Mann, der ein ganzes Zimmer voller Drehbücher besaß, die ihm alle großen Studios der Welt zuschickten. Er hatte eine Menge Bestseller geschaffen und konnte tun, was er wollte - und was er jetzt gleich wollte, war, in meinem Film Regie zu führen!

Von da an ging alles sehr schnell. Russell schrieb ein vollständig neues Drehbuch, und wir begannen uns nach einem Schauspieler umzusehen, der die wichtige Rolle des Wissenschaftlers spielen sollte, der mich im Film entdeckt. Wir wollten einen großen Star haben, und ich hielt David Bowie für den idealen Mann. Ich rief Michael Halphie an und fragte ihn, ob er mir helfen könne, Bowie zu finden. Aber diesmal mußte er passen. „Keine Ahnung, wo er ist", sagte er. „Ich glaube er ist in der Schweiz oder irgendwo im Ausland."

Kaum zwei Stunden später, bevor ich Zeit gehabt hatte, an einen anderen Schauspieler auch nur zu denken, klingelte das Telefon. „Setzt dich erst mal hin, Uri", sagte Michael. „Du wirst es nicht glauben: Nach deinem Anruf beschloß ich, einen Kaffee zu trinken, und ich hatte eben das Café verlassen, als eine riesige Limousine unmittelbar vor mir hielt. Die Tür öffnete sich, und heraus steigt David Bowie!"

Michael eilte ihm nach und bat ihn um eine kurze Unterredung. Die Folge war, daß David Bowie mich schon am nächsten Tag anrief. Wir trafen uns und unterhielten uns lange. Er sagte, er würde den Film sehr gerne machen, habe aber gerade jetzt keine Zeit.

Ich fragte ihn, ob er mir jemand anders empfehlen könne, und den ersten, den er nannte, war einer der besten britischen Filmschauspieler - Terence Stamp. Ich fürchtete, er werde mein Projekt für unter seiner Würde halten - immerhin hatte er mit Regisseuren wie Fellini und William Wyler gearbeitet und in Cannes die Goldene Palme erhalten. Aber fragen kostet nichts, und darum setzte ich mich mit ihm in Verbindung, und wie Russell sagte er sofort zu.

Terence Stamp lieferte mir den nächsten Zufall für meine wachsende Sammlung. Sein Bruder, erzählte er mir, sei der Mann, der die Popgruppe „The Who" gegründet habe, die Stars des Films *Tommy*, bei dem wiederum Ken Russell Regie geführt hatte.

Dies waren nur einige der Zufälle, die sich ereigneten, noch bevor wir mit dem Film begonnen hatten. Dann wurden die Dinge immer sonderbarer ...

Einen Tag werde ich nie vergessen. Ich erlebte so viele sinnvolle Zufälle oder „Synchronizitäten", wie C. G. Jung es ausdrückte, daß ich die Übersicht darüber verloren habe. Es begann, als ich in meinem Geburtshaus zu Besuch war.

Zusätzlich zu dem Spielfilm, bei dem Ken Russell Regie führte, produzierte Doron Eran fürs Fernsehen einen Dokumentarfilm, der mich beim Besuch einiger Stätten meiner Jugend in Tel Aviv zeigte, und es war naheliegend, mit dem Apartment zu beginnen, in dem ich meine ersten Jahre verbracht hatte.

Als wir dort ankamen, stellten wir jedoch fest, daß sich darin jetzt die Praxis eines Steuerberaters befand, und die war geschlossen. Wir wollten eben gehen, als ein Mann auftauchte und die Eingangstür öffnete. Ich stellte mich vor und erklärte ihm, warum ich hier war. Er ließ uns gerne eintreten.

„Sie haben Glück", sagte er. „Ich arbeite hier seit zwölf Jahren, und dies ist das erstemal, daß ich nach Büroschluß zurückkomme - ich muß etwas Wichtiges erledigen." Es folgte ein noch seltsamerer Zufall. Ich sagte, mir liege vor allem daran, das Fenster zu sehen, mit dessen Scherben mein Kinderwagen völlig bedeckt gewesen war, wie ich es in einem Kapitel dieses Buches beschrieben habe. Ich war neugierig, ob die Einschlaglöcher im Rahmen und im Fensterladen noch zu sehen waren.

Sie waren zu sehen - gerade noch. „Nächste Woche lasse ich ein neues Fenster einbauen", sagte der Eigentümer. „Das ist also Ihre letzte Chance, es zu sehen." Mir fiel auf, daß er bereits alle anderen Fenster im Büro ausgetauscht hatte.

Anschließend gingen wir zur Schule, die ich drei Jahre lang besucht hatte, als Sechs- bis Neunjähriger. Auch hier mußte ich wieder feststellen, daß das Gebäude inzwischen anderweitig benutzt wurde - es war jetzt eine Schauspielschule, allerdings nicht mehr lange. Als ich den Direktor bat, mir mein altes Klassenzimmer zu zeigen, erfuhr ich zum zweitenmal innerhalb von zwei Stunden, daß ich „gerade noch rechtzeitig" gekommen war.

„Es ist gut, daß Sie heute kommen", sagte der Mann. „Das Haus wird zu einer Synagoge umgebaut, und dieses Klassenzimmer wird nächste Woche abgerissen."

So ging es weiter. Ich besuchte ein Geschäft, in dem Armeesouvenirs verkauft wurden, und sah einen Schaukasten mit 56 Abzeichen, der an der Wand hing. Ich bemerkte, daß zwei der Abzeichen - und nur diese zwei - zusammengesteckt waren. Ich trat näher und sah, daß eines davon zu meinem alten Regiment, den Fallschirmspringern, gehörte und das andere zur 7. Einheit des Panzercorps, in der mein Vater gedient hatte. Am selben Tag hatten Schipi und ich über einen alten Witz gesprochen, der in dieser Gegend erzählt wurde (er ist unübersetzbar), und dort auf dem Fußboden meines ehemaligen Klassenzimmers lag ein Fetzen Papier, vielleicht aus einem Manuskript herausgerissen, und das einzige, was darauf stand, waren die letzen Worte dieses Witzes.

Als wir schließlich zum Hotel zurückfuhren, unterhielten wir uns über eine Szene in Ken Russells Film, in welcher der Schauspieler, der mich verkörperte, an einem Strand über eine Reihe von Hummern geht, ehe er eine Mine aufhebt, die in seiner Hand explodiert. Wir fragten uns eben, was all die Hummer sollten, als wir um eine Ecke bogen und unmittelbar vor uns einen riesigen Neonhummer über einem Fischrestaurant sahen.

Nach all diesen Zufällen, die so dicht aufeinander folgten, hatten wir das Gefühl, ein kosmischer Spaßmacher beobachte uns. Doch sie waren nichts im Vergleich zu einem wohlbezeugten Ereignis, das allen Beteiligten viel Stoff zum Nachdenken gab.

in den Herzliya-Filmstudios und sahen uns die ersten
s Tages an. Darunter war eine Szene, in der die Zeiger
sich rasch drehten. In diesem Augenblick wandte sich ein
⌐⌐⌐⌐⌐⌐er Journalist namens Dennis Eisenberg, der in Israel
arbeitet, zu mir um und fragte:
„Warum bringen Sie nicht Big Ben zum Stillstand?"
Vielleicht erinnerte er sich an jenen umstrittenen Vorfall am 15.
Dezember 1989, als die Zeiger der berühmtesten Uhr der Welt -
Millionen von Menschen hören sie jeden Tag im Auslands-
programm der BBC - kurz nach elf Uhr stillstanden, nur einen Tag,
nachdem ich ein Telefax bekommen hatte, in dem ich gebeten
worden war, Big Ben anzuhalten.
Diese Nachricht mit dem Datum 13. Dezember 1989 (ich erhielt
sie am frühen Morgen des 14. Dezember) hatte mir Jay Bartlett,
die Präsidentin der New Age Books and Games Inc. geschickt.
Für diese amerikanische Firma hatte ich ein Brettspiel namens
„Mind to Mind" (Geist zu Geist) entworfen. Wie sie später bereitwillig gegenüber dem Reporter Roy Stockdill einräumte, stammte die Idee, die berühmte Uhr anzuhalten, eindeutig von ihr und
nicht von mir. Sie erzählte ihm auch, daß ich ihr telefonisch versprochen hatte, es zu versuchen - am 14., dem Tag vor dem
Stillstand.
Eigentlich hatte sie mich gebeten, die Uhr nicht am 15. Dezember,
sondern in der Neujahrsnacht eine Minute vor zwölf anzuhalten.
Dann würden Millionen von Menschen dem vertrauten Geläute
lauschen, das übrigens im Rundfunk und im Fernsehen stets live
übertragen und nie aufgezeichnet wird. Am Morgen des 15. hatte
ich nichts weiter getan, als eine Postkarte, die Big Ben zeigte, zu
meiner üblichen Morgenmeditation in den Steintempel meines
Rosengartens mitzunehmen.
Dort setzte ich mich still hin, dachte an die Uhr und stimmte mich
sozusagen auf sie ein. Ich versuchte nicht bewußt, sie anzuhalten,
und ich war so überrracht wie alle anderen, als ich später erfuhr,
daß sie tatsächlich stehengeblieben war, etwa eine Stunde, nachdem ich mich auf die Postkarte konzentriert hatte.

Ich kann nicht behaupten, daß ich sie angehalten habe. Ich kann mir keine Methode vorstellen, eine Uhr aus fünfzig Meilen Entfernung durch bloßes Denken anzuhalten, und ich bin sicher, daß es allen Menschen so geht. Dennoch ist es eine Tatsache, daß sie stehenblieb, kurz nachdem ich mich darauf konzentriert hatte, sie anzuhalten.

Ein Zufall, selbstverständlich. Wenn es allerdings noch einmal geschähe ...

Es geschah noch einmal. Oder hätten Sie etwas anderes erwartet? Als Dennis Eisenberg mir im Filmstudio diesen Vorschlag machte, strengte ich mich nicht sonderlich an. Ich dachte nur einen Moment an Big Ben und notierte mir die Zeit: 20.20 Uhr israelischer Zeit, also 18.20 Uhr britischer Zeit.

Später an diesem Abend unterhielt ich mich kurz mit Captain Edgar Mitchell, der vor allem deshalb eingeflogen war, um im Film mitzuspielen. Mitchell, der ehemalige Apollo-14-Astronaut, der auf dem Mond spazierengegangen war - und im Weltraum PSI-Tests durchgeführt hatte -, war in erster Linie dafür verantwortlich, daß ich in den siebziger Jahren in die USA gegangen war, und obwohl er mich seit zwanzig Jahren kannte, glaube ich, daß selbst er nicht auf das, was kommen sollte, vorbereitet war. Ich war es bestimmt nicht.

Am Morgen des 24. Januar 1994 schaltete ich die Nachrichtensendung der CNN ein und sah zu meinem Erstaunen, daß Big Ben am Abend zuvor stehengeblieben war. Um 18.20 Uhr.

An diesem Morgen gaben wir eine Pressekonferenz, auf der Mitchell den israelischen Reportern vorgestellt wurde. Er erzählte ihnen von dem Ereignis und fügte hinzu, daß ich am Abend zuvor mit ihm darüber gesprochen hätte. An der Pressekonferenz nahm auch ein örtlicher Korrespondent von Reuter teil, der sich als Araber aus Ramalle in der West Bank herausstellte, und ihm ist es zu verdanken, daß die Geschichte um die Welt ging. Geller hatte es wieder geschafft!

Und wieder kann ich nicht erklären, was geschah. Ich kann nur wiederholen, daß Big Ben zum zweitenmal stehengeblieben war, kurz nachdem jemand mich gebeten hatte, ihn anzuhalten. Obwohl die Uhr 130 Jahre alt ist, ist sie in gutem Zustand und bleibt kaum einmal stehen. Ich habe auch sonst nie versucht, sie zum Stillstand zu bringen.

Ich ziehe es vor, kaputte Uhren in Gang zu bringen, anstatt einwandfreie anzuhalten, denn ich bin nicht destruktiv veranlagt. Im Laufe der vergangenen paar Jahre habe ich in Zusammenarbeit mit Zeitungen und Radio- und Fernsehsendern mehrere Massenexperimente gemacht, die darauf abzielten, den Menschen zu zeigen, wie sie ihre geistigen Kräfte positiv einsetzen und was sie damit erreichen können. Ich weise stets ausdrücklich darauf hin, daß es sich um ihre Kräfte handelt, nicht um meine. Ich bin lediglich ein Katalysator, der ihre Kräfte aktiviert.

Eines der ehrgeizigsten Experimente fand am 27. August 1987 statt, unterstützt von der auflagenstärksten britischen Tageszeitung, The Sun. Der Plan sah vor, daß ich um 15.00 Uhr mit einem Heißluftballon aufsteigen sollte, und die Leser waren aufgefordert worden, sich zu diesem Zeitpunkt auf mich „einzustimmen" und ihre Löffel, Schlüssel, defekten Uhren und andere nicht funktionierende Dinge auf mein Foto zu legen, das die Zeitung abgedruckt hatte. Ich versprach, daß Uhren und Armbanduhren wieder gehen, Geräte sich selbst reparieren und Schlüssel und Löffel sich verbiegen würden.

Es sieht vielleicht ziemlich destruktiv aus, Löffel und Schlüssel zu verbiegen, aber für mich war es immer eine einfache Methode zu zeigen, wozu der Geist in der Lage ist, wenn wir ihn richtig nutzen. Insofern ist das Ziel eindeutig konstruktiv und positiv.

Es wehte ein starker Wind, als wir kurz vor drei Uhr aufsteigen wollten. Der Pilot sagte, es sei zu gefährlich, und darum mußten wir einen Hubschrauber benutzen. Dem Ballonpiloten fiel übrigens auf, daß der Wind sich genau um drei Uhr plötzlich legte - nachdem ich mit einem anderen Piloten im Hubschrauber gestartet war.

Am nächsten Tag stellte sich heraus, daß alles geschehen war, was ich vorausgesagt hatte - und eine ganze Menge mehr, als ich erwartet hatte. Schlüssel und Löffel verbogen sich im ganzen Land, und einige von ihnen hatte niemand berührt. Uhren begannen zu ticken, die zum Teil jahrelang nicht funktioniert hatten. Ein zwölfjähriger Junge behauptete, seine Uhr gehe wieder, obwohl keine Batterie darin sei. Unter den Geräten, die sich selbst repariert hatten, waren ein Elektrorasierer und eine Rechenmaschine.

Es gab auch einige unerwartete Überraschungen. Eine Frau in London schreckte auf, als ihre gläserne Terassentür genau um drei Uhr zersplitterte und Scherben über den ganzen Teppich verstreute. In einem anderen Haus krachte ein unglücklicher Wellensittich samt Käfig zu Boden, nachdem seine Halterung in zwei Teile zerbrochen war. Eine Seilbahn in Woburn Abbey mit neunzig Menschen an Bord blieb bewegungslos in der Luft stehen; ein paar Minuten später setzte sie sich auf ebenso rätselhafte Weise wieder in Bewegung, wie sie stehengeblieben war. In einem Fischgeschäft explodierte ein Elektrokocher mit lautem Knall und einem blauen Lichtblitz, als die Ehefrau des Besitzers sich auf mein Bild konzentrierte.

Am seltsamsten war der Fall der Familie in Ashford Kent, deren fünfjähriger Sohn seit seiner Geburt kein Wort gesprochen hatte. Um drei Uhr wurde seine Mutter von einem lauten Geräusch überrascht - die Vorhänge im Zimmer fielen ohne erkennbaren Grund zu Boden. Im selben Augenblick begann der kleine Junge zu sprechen. Er rasselte eine Liste von anscheinend willkürlich ausgewählten Wörtern herunter. Für seine Eltern war es ein Wunder.

Im Jahre 1992 führte ich ein weiteres landesweites Experiment durch, diesmal mit Hilfe einer anderen britischen Tageszeitung, dem *Daily Star*. Bei dieser Gelegenheit führte ich meinen „orangefarbenen Punkt" ein, denn auch Sie, liebe Leserinnen und Leser, zu Beginn dieses Buches kennengelernt haben.

Ich ging in die Druckerei der Zeitung und tauchte meine Hand in rote Tinte, die dann mit Gelb gemischt wurde. Das Ergebnis war Orange, eine Farbe, die ich für etwas Besonderes halte. Sie symbolisiert das Verschmelzen der körperlichen (roten) und geistigen (gelben) Kräfte zu einem belebenden Katalysator. Orange ist auch die Farbe, die wir mit dem Spirituellen assoziieren, und viele Mitglieder fernöstlicher Religionen tragen ein orangefarbenes Gewand.

Die Tinte an meiner Hand wurde abgekratzt und in die Druckmaschine gegeben. Jeder Leser - es waren mehr als eine Million - erhielt also, wenn man so will, eine homöopathische Dosis der Tinte, die ich berührt hatte.

Dieses Mal druckte die Zeitung nicht nur ein Foto ab, das mich mit der Hand in der Tinte zeigte, sondern auch einen großen orangefarbenen Punkt von etwa 11 Zentimetern im Durchmesser mit der Aufforderung an die Leser, ihre Schlüssel oder Uhren auf diesen Punkt zu legen. Ich fügte den folgenden Aufruf hinzu, der die Leser in eine positive Stimmung versetzen sollte, so daß sich zerbrochene Scheiben und explodierende Elektrokocher vielleicht vermeiden ließen:

„Denken Sie an etwas Gutes, wenn Sie mit mir dieses Experiment machen. Denken Sie POSITIV! Seien Sie ruhig und gelassen, und stellen Sie sich vor, was Sie sich am meisten wünschen - eine neue Arbeit, ein neues Auto, die Lösung von Geldproblemen, alles, was gut ist.
Streicheln Sie diesen orangefarbenen Punkt langsam und behutsam nur drei Minuten lang, und denken Sie intensiv an all das Wundervolle, was Sie sich oder Ihrer Familie wünschen.
Ich weiß aus Erfahrung, daß es geschehen KANN.
Ich habe es ERLEBT."

Ich empfahl den Lesern dringend, das Experiment auch dann zu machen, wenn sie es für Zeitverschwendung hielten. Ich sagte ihnen, sie hätten nichts zu verlieren und alles zu gewinnen. Und wieder sollte ich eine Überraschung erleben.

Wundervolle Dinge ereigneten sich, und zum Glück waren die meisten von ihnen - nicht alle - konstruktiv und positiv. Abgesehen von den üblichen verbogenen Schlüsseln und reparierten Uhren gab es einen Arbeitslosen, der unerwartet um ein Vorstellungsgespräch gebeten wurde, einen Leser, der ein Angebot für das Haus bekam, das er seit Monaten verkaufen wollte, und mehrere Kranke, die von einer plötzlichen Besserung berichteten.

Allerdings war nicht alles, was geschah, erfreulich. Der Sender Manchester der BBC hatte jedenfalls keinen Grund zur Freude. Jeremy Dry, der Moderator der Vormittags-Show, rief mich am nächsten Tag an und fragte mich, wie das Massenexperiment verlaufen sei. Wir plauderten eine Weile; dann berichteten Anrufer darüber, was bei ihnen geschehen war, als sie sich auf den orangefarbenen Punkt konzentriert hatten. Um zehn Uhr schaltete etwas oder jemand den Strom ab, und BBC Manchester verschwand aus dem Äther.

Der Sender blieb etwa zwei Minuten lang stumm - eine sehr lange Zeit für einen Radiosender! Das passiert der BBC sogar noch seltener als Big Ben. Wieder ein Zufall?

Im März 1994 erlebte mein orangefarbener Punkt sein Fernsehdebut in der Morgenshow des GMTV, für den ich eine achtteilige Serie machte. Ich konzentrierte mich auf nützliche Ereignisse wie Gewichtsabnahme, Verzicht aufs Rauchen und Streßabbau. Der Punkt erschien auf dem Bildschirm, und die Zuschauer wurden gebeten, sich auf ihn zu konzentrieren und sich etwas zu wünschen oder vorzunehmen.

Wieder gingen Hunderte und Tausende von Anrufen und Briefen ein. Ein junges Paar, das dringen Geld brauchte, um ihr Neugeborenes zu ernähren, gewann 500 Pfund in einer Lotterie. Es war das erste Mal in ihrem Leben, daß sie etwas gewannen. Ein junger Mann, der nicht weniger als viermal durch die Führerscheinprüfung gefallen war, berührte den Punkt und wünschte sich, die nächste Prüfung zu bestehen. Sein Wunsch ging in Erfüllung. Eine ältere Dame, deren Katze vor zehn Tagen verschwunden war, wünschte sich, sie möge zurückkommen, und fast sogleich hörte sie das vertraute Kratzen an der Tür. Bei einem Mann in mittlerem Alter ließen die Ischiasschmerzen unverzüglich nach. Und so weiter ...

Nachdem ich nun mehrere dieser Massenexperimente hinter mir habe - erst kürzlich machte ich eines mit der auflagenstärksten Zeitung der Welt, dem *National Enquirer*, bin ich davon überzeugt, daß ich einen Weg gefunden habe, „Zufälle" möglich oder zumindest wahrscheinlicher zu machen.

Es ist kein Geheimnis, wie ich das mache. Wie ich immer wieder sage, wecke ich lediglich die seelischen und geistigen Kräfte anderer Menschen, sie selbst müssen den Rest tun. Ich benutze nichts weiter als direkte Suggestion; ich vermittle meinen Lesern und Zuschauern die einfache Idee, daß sie mehr erreichen können als sie bisher geglaubt haben. Der orangefarbene Punkt dient nur dazu, diese Suggestion zu verstärken und eine Verbindung mit mir herzustellen, welche die Macht der Autosuggestion vergrößert.

Ich glaube, es ist dringend notwendig, daß die Menschen ihre positiven geistigen Kräfte voll nutzen, und zwar nicht nur zu ihrer Unterhaltung. Die Wahrheit ist, daß in der Welt Chaos herrscht, trotz aller Wunder der modernen Technik und des gewaltigen Reichtums, den sie produzieren. Es sollte nicht so sein, und es müßte nicht so sein - aber es ist so. Wir alle sollten etwas dagegen tun.

Es gibt Problemzonen, die mich beunruhigen und die alle Menschen beunruhigen sollten:

Politik: Überall auf der Welt ist die politische Lage kritisch, selbst in Ländern, die seit Jahrhunderten über stabile demokratische Regierungen verfügen. Jeder Tag bringt neue Enthüllungen über Korruption, Unfähigkeit und andere Skandale.

Wirtschaft: Auf fast alle Volkswirtschaften der Welt trifft das gleiche zu, selbst auf diejenigen, die traditionell am sichersten sind. Plötzlich steigende und fallende Zinsen, heftige Ausschläge der Aktien- und Devisenkurse und immer mehr zynische Spielchen mit dem Geld der Investoren haben dafür gesorgt, daß es keine wirtschaftliche Stabilität mehr gibt, und die Folge ist, daß die Bürger der Wirtschaftspolitik nicht mehr vertrauen. Das sind gefährliche Trends; denn sie begünstigen extremistische Demagogen von der Art, wie sie zur Zeit im postsowjetischen Rußland und anderen Ländern auftauchen.

Natur: Es hat immer Naturkatastrophen gegeben, doch die führenden Versicherungsgesellschaften werden Ihnen bestätigen, daß sie in jüngster Zeit größer, schlimmer und wesentlich teurer geworden sind. Angesichts der Waldbrände, der heftigen Erdbeben und der Wirbelstürme, die den Menschen auf der ganzen Welt allmählich vertraut werden, kann ich mich des Gefühls nicht erwehren, daß die Natur jetzt zurückschlägt und uns für all den Schaden bestraft, den wir ihr zugefügt haben.

Umweltverschmutzung: Unser Fehlverhalten zerstört langsam die wertvolle Ozonschicht, die uns davor schützt, von der Sonne geröstet zu werden. Die ebenso wichtigen Regenwälder verschwinden nach und nach - sie werden bewußt und aus Profitgier vernichtet. Wale und Delphine, die am höchsten entwickelten Tiere in der Geschichte des Lebens auf Erden, werden aus den gleichen egoistischen Gründen abgeschlachtet und sind teilweise fast schon ausgerottet.

Überbevölkerung, verursacht durch unverantwortliche Immobilienspekulationen, schlechte Wohnungen und Umweltverschmutzung durch Industrie und Straßenverkehr, haben das Leben in vielen großen Städten der Welt unerträglich gemacht.

Medizin: Der Schaden, den das HIV und die mörderische Krankheit AIDS in nur einem Jahrzehnt angerichtet haben, ist enorm, und es gibt keinen Anlaß zum Optimismus. Ein Heilmittel ist nicht in Sicht. Außerdem entdecken wir immer mehr andere Viren und Bakterien, die wir nicht in Schach halten können, da die Natur jetzt neue Arten entwickelt, die gegen unsere chemischen Gifte und Pestizide immun sind.

Zu diesen Problemzonen kommt noch der größte aller Alpträume hinzu: die **Gefahr der Vernichtung.** Sie ist heute vielleicht nicht mehr so groß wie zur Zeit des kalten Krieges, weil die russischen Raketen nicht mehr ständig auf vorgegebene Ziele im Westen gerichtet sind. Dennoch ist die Gefahr nicht beseitigt, und in gewisser Hinsicht ist sie sogar größer als früher. Die Großmächte mögen Frieden miteinander geschlossen haben, doch viele Länder werden von Wahnsinnigen beherrscht, die gerne eine Atombombe in die Hände bekommen wollen.

Soweit die schlechten Nachrichten. Wir sollten sie nicht vergessen, aber wir dürfen auch die guten Nachrichten nicht übersehen. Betrachten wir einmal die jüngsten Ereignisse in einigen ehemaligen Brennpunkten der Welt:

– Die **Sowjetunion**, eine der mächtigsten Diktaturen der Geschichte, fiel 1991 nach 74 Jahren auseinander, fast ohne daß ein Schuß abgefeuert wurde.

– Die **Berliner Mauer**, das düstere Symbol schändlicher Unterdrückung, wurde von den Menschen buchstäblich in Stücke gehauen - wiederum ohne Blutvergießen.

– Die rassistische weiße **Regierung Südafrikas** ließ sich selbst abwählen, und zwar in einer Wahl, die angesichts der Umstände als fair und sehr friedlich gelten darf.

– **Israelis und Palästinenser**, in der Vergangenheit die unversöhnlichsten Feinde, haben ein Abkommen über ein friedliches Zusammenleben geschlossen, das selbst die größten Optimisten unter den Arabern und Israelis noch vor wenigen Jahren für unmöglich gehalten hätten.

Mein wichtigstes Anliegen ist die Förderung des Friedens durch die Kräfte des Geistes. Eines Morgens wachte ich auf und sah in einer Vision meinen alten Cadillac mit Tausenden von verbogenen Löffeln und Gabeln bedeckt. Und plötzlich wußte ich, daß aus ihm ein „Friedensauto" werden würde. Im Geiste sah ich Löffel und Gabeln so angeordnet, daß sie Symbole mehrerer Religionen und das Wort „Frieden" in verschiedenen Sprachen formten. Mir fiel ein, daß Israel Jericho und dem Gazastreifen die Unabhängigkeit einräumen wollte und daß sich zwischen Israelis und Arabern allmählich Frieden ausbreitete. Mein „Friedensauto" konnte dazu beitragen, den Frieden zu fördern.

Ich sprach mit dem Direktor des israelischen Museums in Jerusalem über meine Idee, und er war hocherfreut darüber, daß er das Auto zwei Monate lang in der Eingangshalle seines Museums ausstellen durfte. Ich sagte ihm, ich wolle nichts daran verdienen und den Wagen sogar auf meine Kosten von England nach Israel fliegen lassen. Ich bat den israelischen Künstler Avi Pines, mir bei der Verwirklichung meines Planes zu helfen und mit mir ein Kunstwerk besonderer Art zu schaffen. Innerhalb eines halben Jahres befestigten wir 5000 verbogene Löffel und Gabeln an der Karosserie des Autos. Ich steuerte meine Sammlung von verbogenen

Löffeln und Gabeln bei. Darunter befand sich ein alter tibetischer Löffel, mit dem angeblich der erste Dalai Lama seine Kräuterarznei eingenommen hatte. Ein Löffel hatte Chopin gehört, ein anderer Albert Einstein. Einsteins ehemaliger Assistent David Bohm hatte diesen Löffel zur Erinnerung behalten. Er legte ihn mir vor, damit ich ihn verbiegen konnte, und später schenkte er ihn mir. Wenn ich für berühmte Leute einen Löffel verbog, ließ ich meist einen zweiten folgen und führte ihn meiner privaten Sammlung zu. Daher befanden sich an meinem „Friedensauto" Löffel und Gabeln vieler bekannter Menschen, darunter Salvador Dali, Präsident Carter, Henry Kissinger, Kaiser Hiroito, Adnan Khashoggi, Prinzessin Nur, Prinz Edward, der Astronaut Edgar Mitchell, Willy Brandt, John Lennon, Charlie Chaplin, Gary Cooper, Jimmy Hendrix, David Bowie, Joan Baez, Muhammad Ali, Peter Gabriel, Wernher von Braun, Whoopi Goldberg und viele andere. Zahlreiche Löffel und Gabeln hatten mir Kinder gegeben, die sie mit der Kraft ihres eigenen Geistes verbogen hatten. Und die restlichen Gabeln und Löffel verbog Avi Pines mit der Kraft seines Körpers.

Sie werden nicht glauben, was am 3. August 1994 geschah. Genau in dem Moment, als Teddy Kollek, der frühere Oberbürgermeister von Jerusalem, dieses „Friedensauto" in Anwesenheit vieler Ehrengäste und Journalisten enthüllte, hörten wir alle ein Geräusch von oben. Als wir hinaufschauten, sahen wir das Flugzeug des jordanischen Königs Hussein, von ihm selbst gesteuert und von zwei israelischen Kampfflugzeugen begleitet. Sie befanden sich im Augenblick der Enthüllung genau über dem Auto. Ich hatte das Gefühl, daß eine unsichtbare Kraft diese unglaubliche Synchronizität herbeigeführt hatte. Denn Israel und Jordanien hatten eben erst begonnen, ihre Grenzen zu öffnen, und ich war auch zur Einweihung des ersten Grenzüberganges eingeladen. Als Zeichen der neuen Freundschaft durfte König Hussein nach vielen Jahren voller Feindseligkeit zum ersten Mal Jerusalem überfliegen. Hätte es bei der Enthüllung meines „Friedensautos" einen seltsameren Zufall geben können?

Es wäre schön, wenn dieses Auto nach Jordanien, Syrien und sogar in den Irak und in den Iran gebracht würde, um dem Frieden zu dienen. Und anschließend möchte ich es auf vielen Ausstellungen in der ganzen Welt zeigen. Alle Einkünfte aus dem Verkauf von T-Shirts und Plakaten mit der Abbildung des Autos sollen behinderten Kindern in Israel und in den arabischen Ländern zugute kommen.

Das Bild des Autos ging übrigens um die Welt: denn mehr als 1700 Zeitungen zeigten es innerhalb weniger Tage. Eine halbe Stunde nach der Enthüllung hatte Ken Russels Film *Mindbender* - eine Fantasy-Version meines Lebens - im selben Museum Premiere. Da die Zuschauer gebeten worden waren, kaputte Uhren mitzubringen, ging ich nach der Vorführung auf die Bühne und setzte viele Uhren wieder in Gang. Ich werde diesen besonderen Tag nie vergessen.

Das alles ereignete sich, weil die Menschen es *wollten*. Geschichte wird eben nicht nur von Politikern und Generälen, Königen und Königinnen, Diktatoren und Terroristen gemacht. Immer wieder scheinen die kollektiven Wünsche einfacher Menschen die Mauern der Unterdrückung allein mit Hilfe unsichtbarer Kräfte niederzureißen.

Das nenne ich „übersinnliche Kräfte", und das können sie bewirken.

Diese Kräfte halte ich für die stärksten und beständigsten, die es gibt. Ist es nicht Zeit, daß wir sie besser nutzen?

Ein Nachwort
von Trutz Hardo

Die Bedeutung des Phänomens
URI GELLER für unsere heutige Zeit

Wer heute noch behauptet, Uri Gellers „angebliche" Phänomene könnten schon allein deswegen nicht echt sein, weil sie gegen alle physikalischen Gesetze sprechen, befindet sich auf dem untergehenden Schiff des Absolutheit beanspruchenden Newtonschen Weltbildes. Er schlägt auch jenen exzellenten Wissenschaftlern ins Gesicht, die den Mut (!) hatten, Uri Geller auf seine Fähigkeiten hin unter strengsten wissenschaftlichen Auflagen und Methoden zu testen. Ihrer Ehrlichkeit ist es zu verdanken, daß seine vor ihnen demonstrierten paranormalen Fähigkeiten als echt und somit als „bewiesen" angesehen werden müssen.

Jeder Fernseh- oder Zeitschriftenjournalist, der noch jene Phänomene als „Betrug" oder „Täuschung" anzweifelt, hat sich nicht um die wissenschaftlichen Ergebnisse gekümmert. (Veröffentlicht in „The Geller Papers", edited by Charles Panati, Houghton Mifflin Co., Boston 1976.) Er kämpft einen schon verlorenen Kampf, das untergehende Newtonsche Schiff doch noch über Wasser zu halten. Seine vergeblichen Versuche erweisen sich einfach als rückständig.

Mit Uri Geller ist, wie durch Galilei („Und sie dreht sich doch!"), ein neuer Wendepunkt im Welt-Denken eingekehrt. Was für viele leider unbequem ist - denn Umdenken ist immer lästig! -, ist von den Fortschrittlicheren bereits vollzogen worden. Und die zuerst noch „schlauen" Widerstreiter - denn die Mehrheit ist anfangs noch auf ihrer Seite - sind die späteren Verlierer, die man aus einer Zukunftsperspektive rückwärtsblickend belächelt. Dies ist allen professoralen Semmelweis-Gegnern geschehen wie vielen tausend anderen „Ungläubigen".

Nach Sigmund Freud - auch einer von den anfangs Abgelehnten - gibt es drei Phasen für ein neues, sich bahnbrechendes Denken: In

der ersten Phase ignoriert man das Neue. In der zweiten Phase bekämpft man es oder lehnt es ab, und in der dritten Phase erfolgt die
Anerkennung.

In bezug auf Uri Geller beschränkte sich die erste Phase auf die ersten Monate seiner Bühnenauftritte in Israel, wo man ihn seitens
der öffentlichen Medien als einen von vielen Zauberkünstlern
ansah. Als aber Tausende von Zuschauern zu seinen Auftritten her-
beiströmten, konnte man ihn nicht mehr ignorieren, so daß seine
zweite Phase sehr schnell hereinbrach. Wohl kaum ein Bühnen-
unterhalter ist in Israel je derart bekämpft worden wie er, ja, man
schämte sich nicht, erfundene Interwiews und Lügen zu drucken,
um ihn - weil man anders ihm nicht zu schaden wußte - als Schwindler zu brandmarken.

Diese zweite Phase setzte sich auch in anderen Ländern fort, in
welchen er seine paranormalen Fähigkeiten demonstrierte. Selbst
angeblich „objektive" Journale SPIEGELten dem Publikum vor, daß
hier ein genialer Trickser am Werke sei, vor dem man sich doch nicht
an der Nase herumführen lassen solle. Damit schien der Pressekampf
in Deutschland für die Gegner Gellers gewonnen zu sein , und man
wagte seinen Lesern nach dem vernichtenden „ex catetra"-Verdikt
von Deutschlands „vernünftigstem Journal" jahrelang keinerlei
positive Berichterstattung über diesen unliebsamen Israeli
anzubieten. Und somit blieb Uri Geller um die Mitte der 70er Jahre
für Deutschland eine kometenhafte Erscheinung , deren aufflackern-
den Schweif man „mir - nichts - dir - nichts" abgeschnitten hatte.
Und trotzdem schlug dieser Komet auf die Erde ein, auch wenn man
bei uns so tat, als sei nichts geschehen.

In der Zwischenzeit hat sich vieles im Zuge eines einbrechenden
Paradigmenwechsels geändert, auch die Bevölkerung hat dank
einiger mutiger ausländischer Journalisten und Fernsehreporter
umzudenken gelernt. Uri Geller ist in vielen Ländern als Phänomen
anerkannt und ist damit dort in die dritte Phase vorgerückt. Spä-
testens mit diesem vorliegenden Buch und seinem Kinofilm
„Mindbender" dürfte endlich auch in Deutschland die dritte Phase
eingeläutet worden sein, so daß man das, was Uri Geller demon-

striert, als bewiesene „paranormale" Phänomene anerkennt, auch wenn sie nicht mit unseren „normalen" physischen Gesetzen im Einklang stehen.

Zu dieser Erkenntnis sind die Wissenschaftler, die Uri Gellers Fähigkeiten untersucht haben, schon Mitte der siebziger Jahre gekommen. Auch sie wurden nach ihren Veröffentlichungen von ihren Kollegen und der Presse angefeindet. Heute aber ist der „Geller-Effekt" als solches zu einem wissenschaftlich anerkannten Begriff geworden. Was Einstein theoretisch vorbereitet hatte, Planck mit seiner Quantentheorie fixierte, wurde von Uri Geller exemplifiziert und somit konkretisiert, nämlich, daß es eine oder sogar mehrere Dimensionen gibt, die sich jenseits von unserer Zeit und unserem Raum befinden. Somit haben unsere Zeit und unser Raum, nebst allen auf diese Konstanten basierenden physikalischen Gegebenheiten, allein in unserer relativen Wirklichkeit Gültigkeit. Durch Uri Geller ist der Quantensprung, das Einwirken der Gesetze einer höheren Dimension in unsere Welt, demonstriert worden. Durch ihn ist weltweit eine Bewußtseinserweiterung in Gang gesetzt. Die Newtonschen Gesetze bleiben nur noch in bezug auf Erdkörper mit einem Gravitationsmittelpunkt gültig. In einer anderen Dimension herrschen offensichtlich ganz andere Gesetze. Dieser Paradigmenwechsel ist kein Angriff auf die Schul-Physik, sondern ihre Erweiterung hinsichtlich noch auszulotender multidimensionaler Gesetzesmöglichkeiten.

Es scheint, daß der „Weltgeist" - wie Goethe ihn benennen würde - neben genialen wissenschaftlichen Theoretikern bzw. Entdeckern in einem jeden Jahrhundert mindestens einen herausragenden Träger oder Demonstrator „phänomenaler" Erkenntnisse in Erscheinung treten läßt. Auf der einen Seite wären Kopernikus/Kepler, Galilei, Newton, Darwin, Einstein/Planck zu nennen, auf der anderen Seite Paracelsus, Setonius, Swedenborg/Mesmer, D.D. Home, Geller. Und die drei letzten demonstrierten ihre Phänomene vor den angesehensten Wissenschaftlern ihrer Zeit und ließen sich aufs gründlichste testen. Wer sich solchen strengen Tests zur Verfügung stellt, muß von der Echtheit seiner Fähigkeiten überzeugt sein. Kein

Zauberkünstler würde es gewagt haben, sich freiwillig wie Uri Geller in die „Höhle des Löwen" der renommiertesten Forschungsstätten dieser Welt begeben zu haben.

Uri Gellers großer Verdienst besteht darin, daß er Millionen von Fernsehzuschauern in vielen Ländern demonstriert hat, daß es mehr gibt, als die fünf Sinne uns erkennen lassen, daß etwas Übernatürliches existiert, das „Menschenunmögliches" bewirkt, indem vor Tausenden von Fernsehschirmen das Besteck sich verbiegt oder stillstehende Uhren wieder gehen, ohne jegliche sichtbare oder meßbare Einwirkung, daß weiterhin selbst Hunderte von Kindern und Halbwüchsigen bereits Löffel und Gabel in die Hand nehmen und sie ebenfalls verbiegen können.

Uri Geller verbreitet den Glauben an das Übernatürliche wie kaum ein anderer vor ihm. Die desmystifizierte „aufgeklärte" Welt wehrt sich „verständlicherweise" gegen dieses sich mehr und mehr Raum verschaffende neo-magische Weltbild. Durch ihre Abwehr erzeugte sie gerade die Hinweise auf diese „lästigen" Phänomene.

Die öffentlichen Medien wiederum leben vom öffentlichen Interesse und müssen diesem Tribut zollen. Eine ungeheuer große Zahl von Fernsehzuschauern und Zeitungslesern hat irgendwann in ihrem Leben übernatürliche Eigenerlebnisse gehabt, die rational nicht einzuordnen waren. Diese Menschen fühlen sich bei der Auseinandersetzung mit Gellers Demonstrationen bewußt oder unbewußt an eigene Erfahrungen erinnert. Sie glauben an die Möglichkeit, wenn nicht gar an eine Tatsächlichkeit dieser Phänomene, oder sind neugierig, mehr darüber zu erfahren. Die Zahl der Widerstreiter schrumpft beträchtlich, denn die Beweise über die Echtheit der Phänomene ist zu offenkundig. Sie sind dabei, sich eine Niederlage zu erstreiten - und werden andere erleiden, da Wahrheit sich letztendlich immer durchsetzen wird.

Indem Uri Geller vom Bildschirm aus seine Zuschauer auffordert, bei sich Zuhause einen Löffel oder eine Gabel in die Hand zu nehmen und diese gleicherweise wie er zu biegen - was bei vielen Ausprobierern prompt gelingt -, überzeugt er von der Tatsache, daß in jedem übernatürliche Kräfte schlummern oder daß bei ihnen zu

Hause von unbekannter Seite paranormale Erscheinungen erzeugt werden können. Er wirkt somit als ein Katalysator, der diese in uns schlummernden Kräfte mobilisiert. Uri Geller schreibt seine Fähigkeiten einer Intelligenz aus einer höheren Dimension zu. Diese Intelligenz hat Freude daran, uns liebevoll in Erstaunen zu versetzen, ohne uns Schaden zuzufügen. Sie bewirkt dadurch ganz gezielt, daß wir uns als Menschheit auf das Einwirken höherer Intelligenzen einstellen. Diese agieren gleichsam wie tierliebende Ameisenforscher, die das Leben der Ameisen studieren. Jene Forscher suchen einzelne Exemplare unter ihnen aus, um diese vor anderen Artgenossen Wunder vollbringen zu lassen, während sie beobachten, wie die übrigen Ameisen damit umgehen.

Hatte man früher alles überirdische Einwirken Gott, seinen Engeln oder einem Heiligen zugewiesen, so ist Uri Geller davon überzeugt, daß diese Intelligenzen zwischen uns und Gott anzusiedeln seien. Daß er uns das Einwirken solch höherer Intelligenzen durch viele hundert Demonstrationen bewußt gemacht hat (denn wie sonst könnte sich zu gleicher Zeit in Tausenden Haushalten das Besteck auch ohne Berührung verbiegen), ist wohl sein größtes Verdienst. Vielleicht ist er auch dazu ausersehen, ein Wegbereiter zu sein zu einem Magischen Zeitalter - hoffentlich einem von Licht und Liebe strahlenden - einem Zeitalter, in welchem uns Begegnungen mit der „3. Art", also mit Außerirdischen oder mit Wesen aus anderen Dimensionen, etwas Selbstverständliches sein könnten.

Warum wählt aber eine höhere Intelligenz gerade Uri Geller als Wegbereiter? Er, der doch ein ganz normaler Erdbewohner ist, ohne hervorstechende Eigenschaften? Dies bleibt natürlich ein Geheimnis. Doch vielleicht wurde er auf diese Aufgabe vorbereitet, indem ihm nebst seinen Fähigkeiten der Mut gegeben wurde, mit Freude und Ausdauer den Menschen „Unerklärbares" zu demonstrieren.

Uri Geller ist - so kann vermutet werden - ein gedanklicher Wegbereiter für eine eventuell bevorstehende Landung Außerirdischer, die ihn ausgesucht haben, die Menschen auf solch eine mögliche Kontaktaufnahme vorzubereiten.*

Er ist Vegetarier aus Überzeugung und interessiert und engagiert sich heute im besonderen für die Verlängerung des Erdenlebens mittels gesunder Ernährung, für die weltweite Absetzung der Todesstrafe, für die Abschaffung aller Nuklearwaffen, und er unterstützt behinderte Kinder. Doch sein größtes Anliegen ist es, Frieden auf der ganzen Erde zu schaffen - und einen großen Beitrag dazu hat er schon in bewunderungswürdiger Weise geleistet.

Auf seine Initiative hin - so ist es geplant - werden während der Olympischen Spiele in Sydney an den Fernsehapparaten in über einer Milliarde Haushalten alle Zuschauer zu gleicher Zeit mit ihm ein bis zwei Minuten lang an globalen Frieden denken. Somit wird durch diese Aktion ein morphogenetisches Feld von weltumspannenden Friedensgedanken geschaffen, was vielleicht einmal aus weiterer Zukunft rückblickend als die Ouvertüre für ein neues friedliches Jahrtausend angesehen werden dürfte.

*Wer noch an der Existenz von Ufos und Außerirdischen zweifelt, dem empfehle ich, Michael Hesemanns Buch GEHEIMSACHE UFO (Verlag die Silberschnur, Neuwied 1994) zu lesen.

Michael Hesemann

Geheimsache UFO
Die wahre Geschichte der unbekannten Flugobjekte

ISBN 3-923 781-83-0
gebunden, 524 Seiten,
DM 49,00

Dieses Buch ist ein Kompendium aus 40 Jahren UFO-Forschung, fundiert durch gründliche Recherchen des Autors und freigegebene Geheimakten des CIA und des KGB - das beste, das vollständigste Buch zum Thema, nach dessen Lektüre selbst für den Skeptiker kein Zweifel mehr bestehen kann, daß wir nicht allein im Weltall sind - und daß Insidern dieser Tatbestand schon seit über vier Jahrzehnten bekannt ist.

Michael Hesemann

Botschaft aus dem Kosmos

Rückkehr der Außerirdischen

ISBN 3-923 781-64-4
gebunden, 183 Seiten,
DM 39,00

Seit Jahren mehren sich die Beweise, daß wir nicht allein im Weltall sind. In dieser umfassenden Geschichte der Kornkreise weist der Autor überzeugend nach, daß Außerirdische die Hersteller der *echten* Zeichen in Korn- und Reisfeldern, in Schnee und Stein sind; die meisten aber treten in Südengland, im Umkreis prähistorischer Kultstätten, auf.

Steve Richards

Levitation

Was sie ist - Wie sie funktioniert - Wie man sie erlernt.

ISBN 3-923781-75-X
broschiert, 136 Seiten,
DM 19,80

Das erste Buch in deutscher Sprache über die Kunst, mit seinem physischen Körper „abzuheben". Für Super-Esoteriker einfach super!

Denise Eisenberg

„MINDBENDER"

– das Buch zum gleichnamigen Film von KEN RUSSEL –

Der berühmte englische Filmregisseur drehte diesen Spielfilm über das Leben des weltbekannten „Löffelbiegers" URI GELLER. Dieser hat nicht nur Metall verbogen und stillstehende Uhren zum Ticken gebracht, er hat auch bei vielen Wissenschaftlern einen Quantensprung im Denken ausgelöst und Millionen von Menschen bewiesen, daß es Kräfte gibt,die über unsere Vorstellungen hinausgehen.

ISBN 3-923 781-91-1
Mit Farbabbildungen aus dem Film,
ca. 350 Seiten,
brochiert,
DM 32,00

William Berton

COLORES

Dieses neue Kartenspiel besteht aus jeweils 2 mal 39 verschiedenfarbigen Karten und vermittelt mit Hilfe eines Begleitbüchleins über den Sinn einer jeden Farbe die Möglichkeit, sich selbst und vieles andere besser kennenzulernen.

ISBN 3-923781-89-X
DM 45,00

2 x 39 Farbkarten nebst Anleitungsbuch in Box.

ELISABETH KÜBLER-ROSS

Über den Tod
und das Leben danach

Verlag ... NEUE BEWUSSTSEIN GmbH

ISBN 3-923 781-02-4
broschiert, 89 Seiten,
DM 19,80

Elisabeth Kübler-Ross

Über den Tod und das Leben danach

20. Auflage

Dieses Buch ist nach acht Jahren immer noch einer der esoterischen Bestseller in Deutschland und wurde bereits über 300.000 mal verkauft. Die berühmte Wissenschaftlerin hat als erste das Tabu-Thema „Tod" öffentlich aufgegriffen und sich eingehend damit beschäftigt. Das Ergebnis präsentiert sie in diesem Buch und belegt in einer für jeden verständlichen Sprache, daß es ein Leben nach dem Tod gibt.
Eines der wichtigsten Bücher unserer Zeit.

Otto Höpfner

Einhandrute und
Pyramidenenergie

ISBN 3-923 781-78-4
broschiert, illustriert,
156 Seiten, DM 24,80

Otto Höpfner

Einhandrute und Pyramidenenergie
-Hilfsmittel für Ihre Gesundheit-

ERWEITERTE NEUAUFLAGE

Der Autor zeigt anhand von praktischen Beispielen, wie auch der Laie mit Hilfe der Einhandrute die Verträglichkeit von Nahrungsmitteln, Medikamenten oder Schlafplätzen prüfen kann. Weiterhin erläutert er, wie mit speziellen Meßkreisen Radioaktivität, Giftstrahlung oder krankmachende Störzonen gemessen und durch die Pyramidenenergie gemindert bzw. verbessert werden können.

Beate Bock

UN - MÖGLICHES
MÖGLICH MACHEN

Ein Übungsbuch

ISBN 3-923781-67-9
broschiert, 192 Seiten,
DM 24,80

Beate Bock

Un-mögliches möglich machen

Ein praktisches Übungsbuch

Dieses Buch ist für Menschen geschrieben, die ihr Leben in einfacher Weise positiv verändern wollen. Beate Bock stellt Übungen vor, die im alltäglichen Leben mit erstaunlicher Leichtigkeit anzuwenden sind. Jeder kann die für ihn passenden Übungen auswählen, um sein Leben einfach und vergnüglich positiv zu verändern.

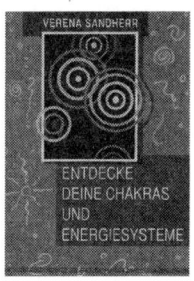

Verana Sandherr

Entdecke Deine Chakras und Energiezentren

Die Autorin interpretiert nicht nur die bekannten sieben Chakras neu, sondern zeigt noch unbekannte Chakraketten auf und erklärt genau ihre Bedeutung für den Menschen.

ISBN 3-923 781-86-5
broschiert, 168 Seiten,
DM 29,80

Dieses Buch zeigt die Anatomie der Chakras und feinstofflichen Systeme in einer bislang einmaligen Ausführlichkeit auf.

Dick Sutphen

Das Orakel in Dir

Anstatt Tarot-Karten zu mischen und die „richtigen" Karten zu ziehen, nimmt man für einen Augenblick dieses Buch zwischen seine Hände, konzentriert sich auf seine Frage bzw. sein Problem und schlägt dann, von Intuition geleitet, eine Seite auf, auf der die zutreffende Antwort zu lesen ist.

ISBN 3-923 781-73-3
broschiert, 276 Seiten,
DM 29,80

Dick Sutphen ist einer der bekanntesten spirituellen Lehrer u. Autoren der USA, man könnte ihn geradezu den „Dethlefsen Amerikas" nennen.

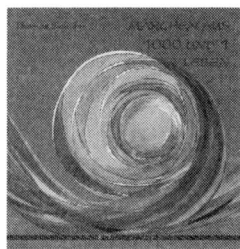

Thomas Schäfer

Märchen aus 1000 und 1 Leben

Seit eh und je sind in Märchen Spiritualität und Esoterik versteckt. Doch in einigen treten sie ganz unverblümt hervor. Thomas Schäfer hat eine Sammlung der schönsten esoterischen Märchen der Welt zusammengestellt zu Themen wie *Naturgeister, Astralwelt, Jenseitserfahrungen, Reinkarnation, Karma* u.a.

ISBN 3-923 781-84-9
21x21cm, broschiert,
180 Seiten, DM 25,00

Märchen sind oft Schatztruhen für höhere Wahrheiten. Und dieses Buch birgt viele diese wahrheitsvollen Schätze.

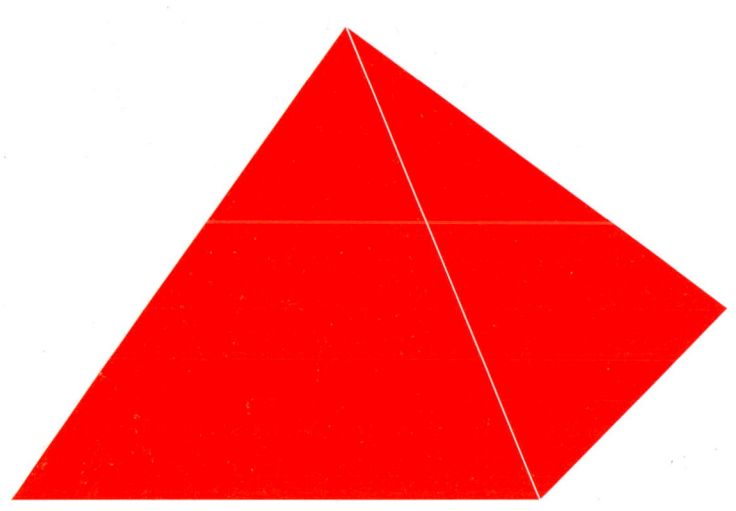